AF553643

भगवान महावीर
एवं
जैन दर्शन
(जीवन और दर्शन)

भगवान महावीर
एवं
जैन दर्शन

प्रोफेसर महावीर सरन जैन
एम.ए., डी. फिल., डी. लिट्.

लोकभारती प्रकाशन
पहली मंजिल, दरबारी बिल्डिंग, महात्मा गाँधी मार्ग, इलाहाबाद-1

लोकभारती प्रकाशन
पहली मंजिल, दरबारी बिल्डिंग
महात्मा गाँधी मार्ग, इलाहाबाद-1
बेवसाइट : www.lokbhartiprakashan.com
ई-मेल : info@lokbhartiprakashan.com

शाखाएँ : 1-बी, नेताजी सुभाष मार्ग, दरियागंज
नई दिल्ली-110 002
अशोक राजपथ, साइंस कॉलेज के सामने
पटना-800 006

प्रथम संस्करण : 2006
तृतीय संस्करण : 2013

आवरण : लोकभारती स्टूडियो

इण्डियन प्रेस प्रा. लि.
36, पन्नालाल रोड, इलाहाबाद-211 002
द्वारा मुद्रित

BHAGVAN MAHAVIR
EVM JAIN DARSHAN
by Prof. Mahavir Saran Jain
ISBN : 978-81-8031-080-5

मूल्य : रु. 375.00

अनुक्रम

भूमिका 9-26

प्रथम अध्याय : भगवान महावीर पूर्व जैन धर्म की परम्परा 27-35

1.1 श्रमण परम्परा 29
1.2 आर्हत् धर्म 29
1.3 निर्ग्रन्थ धर्म 29
1.4 जैन तीर्थंकर : ऐतिहासिक अस्तित्व 30
(i) ऋषभदेव 30
(ii) नेमिनाथ 31
(iii) पार्श्वनाथ 31
(iv) भगवान महावीर 33

द्वितीय अध्याय : भगवान महावीर : जीवनवृत्त 36-113

2.1 समकालीन चिन्तक 36
2.2 भगवान महावीर का जन्म 38
(i) पुनर्भवों की साधना का परिणाम 38
(ii) जन्म काल 41
(iii) जन्म स्थान 41
(iv) माता–पिता 47
(v) स्वप्न और उनका फल 48
(vi) जन्मोत्सव 49
2.3 नामकरण एवं नाम 50
2.4 साधना पथ पर बढ़ते चरण 51
2.5 श्रमण दीक्षा 52
2.6 साधनाकाल एवं केवल ज्ञान की उपलब्धि 54
2.7 तीर्थंकर देशना, गणधर एवं चतुर्विध संघ सहित चर्या 63
(i) देशना 63
(ii) गणधर 70
(iii) चतुर्विध संघ की स्थापना 73
(iv) केवली चर्या 75
2.8 भगवान महावीर का निर्वाण 81

(i) निर्वाण काल 81
(ii) निर्वाण समय 81
(iii) निर्वाण स्थल 82
2.9 भगवान महावीर का उपदेशामृत तथा उपदेशों का संकलन 88
(i) उपदेशामृत 88
(ii) जैन श्रुतांग एवं अन्य श्रुतधारक आचार्यों का साहित्य 94

तृतीय अध्याय : जैन दर्शन एवं जैन धर्म 114-209
3.1 ईश्वर की कर्तृत्व शक्ति 114
3.2 ज्ञान मीमांसा 122
3.3 तत्व बोध की दृष्टि एवं अभिव्यक्ति 134
3.3.1 अनेकान्त : तत्वबोध की दृष्टि 137
3.3.2 स्याद्वाद : तत्वबोध की अभिव्यक्ति का मार्ग 140
3.4 सत्ता मीमांसा/तत्व मीमांसा/पदार्थ मीमांसा/द्रव्य मीमांसा 150
(i) सामान्य गुण 154
(ii) विशेष गुण 156
(1) जीव (2) पुद्गल (3) धर्म
(4) अधर्म (5) आकाश (6) काल
3.5 कर्म सिद्धान्त 167
(i) विभाव परिवर्तन 169
(ii) अमूर्त आत्मा पर मूर्त कर्म के प्रभाव की मीमांसा 172
कर्म का अर्थ, कर्म प्रवाह की दृष्टि से बंध 172
कर्म सिद्धान्त की वैज्ञानिकता 173
कर्म के आस्त्रव एवं बंध के मूल कारण 174
बंध प्रकार 177
कर्म प्रकार 178
3.6 आचार मीमांसा : कर्मबंध से मुक्ति 180
3.6.1 संवर 182
(i) सम्यक्त्व 182
(ii) व्रत 183
(iii) अप्रमाद 186
(iv) अकषाय 188
(v) अयोग 190
3.6.2 निर्जरा 191
3.6.3 गुण स्थानों/मार्गणाओं की दृष्टि से विवेचन 200

3.6.4 कर्म-मुक्ति के प्रतिपादन की अन्य शैलियाँ 202
3.6.5 मोक्ष 203

चतुर्थ अध्याय : जैन धर्म एवं दर्शन **210-264**

प्रत्येक प्राणी के कल्याण का मार्ग तथा सामाजिक प्रासंगिकता 210
4.1 आत्मा का परमात्मा होना 213
4.2 जैन : सम्प्रदायातीत दृष्टि 214
4.3 समभाव एवं समदृष्टि 215
4.4 सामाजिक समता एवं एकता 216
4.5 आत्मतुल्यता एवं लोक मंगल की आचरण मूलक भूमिका 217
4.6 अहिंसा : जीवन का सकारात्मक मूल्य 218
4.7 अहिंसा से अनुप्राणित अर्थतंत्र : अपरिग्रह 219
4.8 वैचारिक अहिंसा : अनेकान्तवाद 220
4.9 प्राणी मात्र के कल्याण तथा सामाजिक सद्‌भाव एवं सामरस्य की दृष्टि से दशलक्षण धर्म 221
(i) क्षमा 222
(ii) मार्दव 226
(iii) आर्जव 230
(iv) सत्य 234
(v) शौच 238
(vi) संयम 243
(vii) तप 247
(viii) त्याग 250
(ix) आकिंचन्य 255
(x) ब्रह्मचर्य 259

पंचम अध्याय : जैन धर्म एवं दर्शन की वर्तमान युगीन प्रासंगिकता **265-291**
5.1 जैन धर्म-दर्शन एवं विज्ञान 270
5.2 जैन धर्म-दर्शन एवं लोकतंत्र 271
5.3 जैन धर्म-दर्शन एवं सर्वधर्म समभाव 273
5.4 जैन धर्म-दर्शन एवं अन्योन्याश्रित व्यवस्था 276
5.5 जैन धर्म-दर्शन एवं विश्वशान्ति तथा अन्तर्राष्ट्रीय सद्‌भावना 282
5.6 उपसंहार 290

ग्रन्थ-सूची **292-304**

भूमिका

इस पुस्तक की भूमिका लिखते समय मुझे अहसास है कि यह क्षण चार दशकों की यात्रा का एक पड़ाव है। इस यात्रा में अध्यात्म विषयक ग्रन्थों का अनुशीलन मेरे लिए प्रभु की वंदना का पर्याय रहा है। भगवान महावीर एवं जैन धर्म-दर्शन सम्बन्धी चिंतन-मनन-लेखन प्रार्थना का रूप रहा है। प्रार्थना- जो भगवान महावीर के जीवन वृत्त के प्रसंग में आस्था एवं विश्वास आपूरित स्वरों में गूँजी है, प्रार्थना- जो भगवान महावीर के उपदेशों के आलोक में लोक के प्रत्येक प्राणी के कल्याण के मार्ग का संधान करने में लीन रही है, प्रार्थना- जो संयस्त की मुक्ति के साथ-साथ सामाजिक जीवन की सुख-शान्ति का रास्ता तलाशने में तत्पर हुई है, प्रार्थना- जो युगीन एवं भविष्यत विश्व की समस्याओं के अहिंसा आधारित स्थायी समाधान के पथ को प्रशस्त से प्रशस्ततर बनाने के लिए ध्यानलीन रही है।

भगवान महावीर जैन धर्म के प्रवर्तक नहीं हैं। वे प्रवर्तमान काल के चौबीसवें तीर्थंकर हैं। आपने आत्मजय की साधना को अपने ही पुरुषार्थ एवं चारित्र्य से सिद्ध करने की विचारणा को लोकोन्मुख बनाकर, भारतीय साधना परम्परा में कीर्तिमान स्थापित किया। अपने युग के संशयग्रस्त मानव-समाज को धर्म-आचरण की नवीन दिशा एवं ज्योति प्रदान की। आपने धर्म के क्षेत्र में मंगल क्रान्ति सम्पन्न की। आपने उद्घोष किया कि आँख मूँदकर किसी का अनुकरण या अनुसरण मत करो। धर्म दिखावा नहीं है, रूढ़ि नहीं है, प्रदर्शन नहीं है, किसी के भी प्रति घृणा एवं द्वेषभाव नहीं है, मनुष्य एवं मनुष्य के बीच भेदभाव नहीं है, मनुष्य-मनुष्येत्तर प्राणी के बीच विषम-भाव नहीं है। आपने धर्मों के आपसी भेदों के विरुद्ध आवाज उठाई। धर्म को कर्म-काण्डों, अंध विश्वासों, पुरोहितों के शोषण तथा भाग्यवाद की अकर्मण्यता की जंजीरों के जाल से बाहर निकाला। आपने प्राणी मात्र की समता का उद्घोष किया। आपने निभ्रन्ति स्वरों में घोषणा की कि धर्म उत्कृष्ट मंगल है, धर्म एक ऐसा पवित्र अनुष्ठान है जिससे आत्मा का शुद्धिकरण होता है। धर्म न कहीं गाँव में होता है और न कहीं जंगल में, बल्कि वह तो अन्तरात्मा में होता है। जीवात्मा ही ब्रह्म है। आत्मा ही सर्वकर्मों का नाश कर सिद्ध लोक में सिद्ध पद प्राप्त करती है। भगवान महावीर की यह क्रान्तिकारी अवधारणा थी। इसके

आधार पर उन्होंने प्रतिपादित किया कि कल्पित एवं सर्जित शक्तियों के पूजन से नहीं अपिंतु अन्तरात्मा के सम्यग् ज्ञान, सम्यग् दर्शन एवं सम्यग् चारित्र्य से ही आत्म साक्षात्कार सम्भव है, उच्चतम विकास सम्भव है, मुक्ति सम्भव है। मुक्ति दया का दान नहीं है, यह प्रत्येक मनुष्य का जन्म सिद्ध अधिकार है। बंधन से मुक्त होना तुम्हारे ही हाथ में है। उन्होंने व्यक्ति के विवेक को जागृत किया, उसके पुरुषार्थ को ललकारा। उन्होंने स्पष्ट रूप में कहा— 'पुरुष! तू अपना मित्र स्वयं है।' उनका संदेश प्राणी मात्र के कल्याण के लिए है। उनका निर्देश था कि समस्त जीवों पर मैत्री भाव रखो। आपने अहिंसा को परम धर्म के रूप में मान्यता प्रदान कर, धर्म की सामाजिक भूमिका को रेखांकित किया। आर्थिक विषमताओं के समाधान का रास्ता परिग्रह-परिमाण-व्रत के विधान द्वारा निकाला। वैचारिक क्षेत्र में अहिंसावाद स्थापित करने के लिए अनेकांतवादी जीवन दृष्टि प्रदान की। व्यक्ति की समस्त जिज्ञासाओं का समाधान स्याद्वाद की अभिव्यक्ति के मार्ग को अपनाकर किया। आपने सामाजिक सद्भाव, अनुराग, विश्वबंधुत्व के लिए आत्मतुल्यता एवं समभाव की आचरण-भूमिका प्रदान की।

भगवान महावीर ने पहचाना कि धर्म साधना केवल संन्यासियों एवं मुनियों के लिए ही नहीं अपितु गृहस्थों के लिए भी आवश्यक है। आपने संयस्तों के लिए महाव्रतों के आचरण का विधान किया तथा गृहस्थों के लिए अणुव्रतों के पालन का विधान किया। धर्म केवल पुरुषों के लिए ही नहीं, स्त्रियों के लिए भी आवश्यक है। आपने सभी को अपने संघ में शरण दी। आपने सभी के लिए धर्माचरण के नियम बनाए।

प्रस्तुत पुस्तक पाँच अध्यायों में विभक्त है—

1. भगवान महावीर पूर्व जैन धर्म की परम्परा
2. भगवान महावीर : जीवन वृत्त
3. जैन दर्शन एवं जैन धर्म
4. जैन धर्म एवं दर्शन : प्रत्येक प्राणी के कल्याण का मार्ग तथा सामाजिक प्रासंगिकता
5. जैन धर्म एवं दर्शन की वर्तमान युगीन प्रासंगिकता

पहले अध्याय में श्रमण परम्परा, आर्हत् धर्म, निर्ग्रन्थ धर्म तथा प्रथम तीर्थंकर ऋषभदेव अथवा आदिनाथ, बाईसवें तीर्थंकर नेमिनाथ तथा तेईसवें तीर्थंकर पार्श्वनाथ के ऐतिहासिक संदर्भों की विवेचना प्रस्तुत है। 'जैन' शब्द का स्वतंत्र प्रयोग तो महावीर के परवर्ती काल में आरम्भ हुआ। इस कारण बहुत से इतिहासकारों ने भगवान महावीर को जैन धर्म का संस्थापक माना है। इस

अध्याय में इस मान्यता का निराकरण करते हुए प्रतिपादित है कि जैन धर्म की भगवान महावीर के पूर्व जो परम्परा प्राप्त है, उसके वाचक निगंठ धम्म (निर्ग्रन्थ धर्म), आर्हत् धर्म एवं श्रमण परम्परा रहे हैं। पार्श्वनाथ के समय तक 'चातुर्याम धर्म' था। भगवान महावीर ने छेदोपस्थानीय चारित्र (पाँच महाव्रत, पाँच समितियाँ, तीन गुप्तियाँ) की व्यवस्था की।

दूसरा अध्याय भगवान महावीर का जीवनवृत्त प्रस्तुत करता है। भगवान महावीर की साधना का संक्षिप्त ब्यौरा पाठक के जीवन में आस्था, विश्वास तथा धर्माचरण की प्रेरणा प्रदान करने में समर्थ हो सका तो इस अध्याय के लेखन का श्रम सार्थक होगा। साधना की सिद्धि परमशक्ति का अवतार बनकर जन्म लेने में अथवा साधना के बाद परमात्मा में विलीन हो जाने में नहीं है, बहिरात्मा के अन्तरात्मा की प्रक्रिया से गुजरकर स्वयं परमात्मा हो जाने में है। वर्तमान में जैन भजनों में भगवान महावीर को 'अवतारी' वर्णित किया जा रहा है। इस अध्याय में स्पष्ट किया गया है कि भगवान महावीर का जन्म किसी अवतार का पृथ्वी पर शरीर धारण करना नहीं है। उनका जन्म नारायण का नर शरीर धारण करना नहीं है, नर का ही नारायण हो जाना है। परमात्म शक्ति का आकाश से पृथ्वी पर अवतरण नहीं है। कारण-परमात्मास्वरूप का उत्तारण द्वारा कार्य-परमात्मास्वरूप होकर सिद्धालय में जाकर अवस्थित होना है।

भगवान महावीर के जन्म स्थान के सम्बन्ध में लेखक परम्परागत मान्यताओं को स्वीकार नहीं कर सका है। भगवान महावीर का जन्म स्थान एक परम्परा बिहार में नालन्दा से पश्चिम में दो किलोमीटर की दूरी पर स्थित 'कुंडलपुर' को तथा दूसरी परम्परा बिहार के मुंगेर जिले में लछुवाड़ गाँव से दक्षिण में नदी किनारे स्थित 'छत्रिय कुंड' को मानती है। लेखक ने इतिहासज्ञ विद्वानों की इस मान्यता को स्वीकार किया है कि वैशाली जिले में स्थित 'वासु कुंड' (प्राचीन नाम कुंडपुर) भगवान महावीर का जन्म स्थान है। अनुमोदन के लिए इतिहाससम्मत प्रमाणों, इतिहासज्ञ जैन विद्वानों एवं शोधकों के उद्धरणों तथा प्रमाणिक जैन ग्रन्थों के संदर्भित प्रसंगों का उल्लेख किया गया है। भगवान महावीर के जीवन चरित में अनेक प्रकार की चमत्कारिक एवं अलौकिक घटनाओं के उल्लेख मिलते हैं। लेखक की मान्यता है कि इन घटनाओं की प्रामाणिकता, सत्यता, इतिहास-सम्मतता पर तर्क वितर्क करने की अपेक्षा उनकी जीवन दृष्टि को जीवन में उतारने की आवश्यकता है। उनके जीवन-चरित की प्रासंगिकता प्रज्ञा, ध्यान, संयम एवं तप द्वारा आत्मस्थ होने में है। उनके जीवन-चरित की चरितार्थता अहिंसा आधारित जीवन दर्शन के अनुरूप जीवन यापन करने में है। इसी कारण लेखक ने उनकी साधना का विवरण

प्रस्तुत करते समय इस दृष्टि से विचार किया है कि 'वर्धमान' ने किस प्रकार तप एवं साधना के आयामों को नया विस्तार दिया।

इस अध्याय में कुछ परम्परागत मान्यताओं पर पुनर्विचार की संस्तुति की गई है। उदाहरण के लिए जैन विद्वानों में यह मान्यता है कि भगवान महावीर दक्षिण भारत के किसी भू-भाग में नहीं गए। इसका आधार परम्परागत मान्यता है कि जैन धर्म का दक्षिण भारत में प्रवेश मौर्य सम्राट चन्द्रगुप्त के राजत्याग के बाद हुआ। यह घटना वीर निर्वाण से 150 वर्ष बाद मानी जाती है। चन्द्रगुप्त के दक्षिण भारत जाने के पूर्व श्री लंका में जैन धर्म के प्रचार-प्रसार के प्रमाण अब उपलब्ध हैं। श्रीलंका में जैन धर्म दक्षिण भारत से ही पहुँचा होगा। लेखक ने इस प्रसंग में विद्वानों से तमिलनाडु, केरल तथा कर्नाटक में प्राप्त होने वाले शिलालेखों, प्राप्त जैन मूर्तियों, इन राज्यों की पहाड़ियों में स्थित जैन बस्तियों के गहन अध्ययन एवं शोध करने तथा भगवान महावीर के साधना काल के पाँचवे वर्ष में मलय देश के प्रवास के संदर्भ को रेखांकित करते हुए उनके दक्षिण भारत के प्रवास की सम्भावनाओं को तलाशने का आह्वान किया है।

इसी अध्याय में केवल ज्ञानी महावीर की देशना से सम्बन्धित विवरण सूत्र शैली में निबद्ध हैं। इनके अध्ययन के बाद जिन बिन्दुओं पर सहज जिज्ञासायें उत्पन्न होती हैं तथा कहीं-कहीं परस्पर विरोध भी प्रतीत होते हैं, उन्हें प्रस्तुत किया गया है। यथा—

1. जब भगवान महावीर को दिव्य ज्ञान की प्राप्ति हो गई, वे सर्वदर्शी एवं सर्वज्ञ हो गए तो वे तत्काल उपस्थित परिषद् को उपदेश क्यों नहीं दे सके? केवल ज्ञान होने के 66 दिनों के बाद ही भगवान महावीर ने उपदेश क्यों दिया?
2. कुछ ग्रन्थों में वर्णित है कि केवल ज्ञान प्राप्ति के बाद उन्होंने कुछ काल उपदेश तो दिया किन्तु वहाँ उपस्थित एक भी मनुष्य ने भावित होकर महाव्रतों को धारण नहीं किया। उपस्थित परिषद् उनके उपदेश से भावित नहीं हुई। सर्वज्ञ महावीर ऐसा उपदेश क्यों नहीं दे सके जिससे उपस्थित प्राणी भावित होते।
3. जब भगवान महावीर ने साधना द्वारा सिद्धि प्राप्त कर ली, परमपद प्राप्त कर लिया तब गणधर के अभाव में वाणी मुखर न होने का क्या कारण हो सकता है? तीर्थंकर की वाणी की मुखरता के लिए गणधर की अनिवार्य उपस्थिति का क्या प्रयोजन है?

4. कुछ ग्रन्थों में यह वर्णित है कि भगवान महावीर ने केवल ज्ञान के बाद दिव्य ध्वनि की। यह दिव्य ध्वनि वर्ण-विन्यास से रहित थी। यह अभाषिक थी। शब्द रचना से रहित थी। इतना होने पर भी संसार के समस्त प्राणियों को तृप्त करने वाली थी।

5. कुछ ग्रन्थों में वर्णित है कि भगवान महावीर ने अपना उपदेश भाषा-विशेष में दिया था।

6. कुछ ग्रन्थों में वर्णित है कि दिव्य ध्वनि ने अठारह महाभाषा तथा सात सौ भाषा-रूपों में परिणमन किया। एक योजना के भीतर दूर अथवा समीप में बैठे हुए अठारह महाभाषा और सात सौ कुभाषाओं से युक्त तिर्यंच, मनुष्य और देवों की भाषा के रूप में परिणत होने वाली तथा न्यूनता और अधिकता से रहित मधुर, मनोहर, गम्भीर और विशद भाषा के अतिशयों से युक्त तीर्थंकर की दिव्य ध्वनि होती है। कुछ ग्रन्थों में वर्णित है कि भगवान महावीर ने अपना प्रवचन अर्धमागधी भाषा में दिया जो अठारह देशी भाषाओं में नियत अथवा परिणत होने वाली भाषा थी। वर्णविन्यास से रहित ध्वनि अथवा भाषा-विशेष की अठारह महाभाषाओं तथा सात सौ भाषाओं में परिणमन की क्या व्याख्या की जाए। क्या इस प्रकार की स्थिति सम्भव हो सकती है?

उपर्युक्त सभी जिज्ञासाओं का बुद्धिसंगत, युक्तिमूलक एवं तर्कणापरक समाधान प्रस्तुत करने का प्रयास किया गया है।

भगवान महावीर के जीवन चरित के कुछ बिन्दुओं पर भिन्न मत मिलते हैं। इन भिन्न मतों की विवेचना प्रायः आम्नाय भेद/पंथ भेद/दिगम्बर-श्वेताम्बर भेद रूप में की जाती है जिससे भेद-दृष्टि उत्पन्न होती है तथा अपने-अपने मत एवं मान्यता के प्रति आग्रह मूलक दृष्टि का विकास होता है। लेखक ने जहाँ आवश्यक हुआ है वहीं इनकी ओर संकेत किया है। इनकी विवेचना के समय यह प्रयत्न रहा है कि कहीं दुराग्रह एवं मतवाद का भाव उत्पन्न न हो। यथा—

1. कल्पसूत्र आदि ग्रन्थों में भगवान महावीर के 26 पूर्व भवों का वर्णन है, तिलोयपण्णत्ति आदि ग्रन्थों में 32 पूर्व भवों का वर्णन है।

2. कल्पसूत्र के अनुसार भगवान महावीर 72 वर्ष जीवित रहे।

उत्तर पुराण के अनुसार वे 72वें वर्ष में कुछ माह तक ही जीवित रहे।

3. भगवान महावीर का जन्म स्थान एक परम्परा 'कुंडलपुर' तथा दूसरी परम्परा 'छत्रिय कुंड' मानती है।
4. भगवान महावीर की माता त्रिशला को उत्तर पुराण में राजा चेटक की पुत्री तथा आवश्यक चूर्णि में राजा चेटक की बहन बतलाया गया है।
5. भगवान महावीर के गर्भावतरण की मान्यता एक परम्परा में है। यह संदर्भ आचारांग एवं कल्पसूत्र आदि ग्रन्थों में वर्णित है।
6. रात्रि के अन्तिम प्रहर में माता त्रिशला द्वारा देखे गए स्वप्नों की संख्या कुछ ग्रन्थों में 14 तथा कुछ ग्रन्थों में 16 वर्णित है।
7. कल्पसूत्र की परम्परा के ग्रन्थों में भगवान महावीर के विवाह की चर्चा है। तिलोयपण्णत्ति की परम्परा के ग्रन्थों में भगवान महावीर के बिना विवाह किए ही दीक्षा ग्रहण का वर्णन है।
8. भगवान महावीर का निर्वाण समय एक परम्परा के अनुसार कार्तिक कृष्णा चतुर्दशी रात्रि का अन्तिम प्रहर तथा दूसरी परम्परा के अनुसार कार्तिक अमावस्या का अन्तिम प्रहर है।

इसी अध्याय में तीर्थंकर महावीर ने केवलीचर्या के लगभग 30 वर्षों में जिन देशों/राज्यों/जनपदों के ग्राम-नगरों में भ्रमण कर धर्मोपदेश दिया, सम्पूर्ण मानव जाति के लिए लोक मंगल के जो सूत्र प्रदान किए उनका संक्षिप्त विवरण प्रस्तुत है। निर्ग्रन्थ महावीर ने कोई ग्रन्थ नहीं लिखा। उन्होंने जो उपदेश दिए, गणधरों ने उनका संकलन किया। ये संकलन ही शास्त्र बन गए। जैन आचार्यों ने उपतंत्रकर्ता एवं अनुतंत्रकर्ता के रूप में जैन दर्शन एवं भगवान महावीर की वाणी को जिन प्रमुख ग्रन्थों के रूप में निबद्ध किया है उसका संक्षिप्त विवरण भी इस अध्याय में प्रस्तुत है।

तीसरे अध्याय के अन्तर्गत जैन दर्शन एवं जैन धर्म सम्बन्धी तत्त्व चिंतन तथा तत्त्वप्राप्ति के साधनों का सैद्धान्तिक अध्ययन प्रस्तुत है। यह अध्ययन सूत्रात्मक, सारगर्भित एवं विश्लेषणात्मक शैली में नियोजित है। तत्त्व चिंतन की दृष्टि ही दर्शन है। दर्शन दृष्टि प्रदान करता है। तत्त्व प्राप्ति के अनुरूप आचरण की प्रेरणा धर्म प्रदान करता है। आत्मा का परमात्म स्वरूप, ज्ञान मीमांसा, अनेकांतवाद, स्याद्वाद, तत्त्व मीमांसा (सत्ता/पदार्थ/द्रव्य), कर्म सिद्धान्त, आचर मीमांसा (संवर, निर्जरा, मोक्ष) आदि उपभागों के अन्तर्गत जैन दर्शन एवं जैन

धर्म के प्रतिपादन का विनम्र प्रयास है। इस अध्याय में नया कुछ भी नहीं है। गौतम गणधर से लेकर श्रुतधारक आचार्यों द्वारा भगवान महावीर की वाणी को जिन ग्रन्थों के रूप में निबद्ध किया गया तथा जिन पर बाद के आचार्यों ने उच्चारण वृत्ति, टीका, चूर्णि सूत्रों एवं सूत्रों की रचना की, उन्हीं के सार तत्त्व को इस अध्याय में इस अपेक्षा से प्रस्तुत करने का प्रयास है जिससे इस अध्याय के अध्ययन के बाद पाठक के मन में मूल शास्त्रों एवं ग्रन्थों को पढ़ने की रुचि उत्पन्न हो सके तथा उन ग्रन्थों में अभिव्यक्त प्रबुद्ध, गहन, गम्भीर, गूढ़, विशद, विशाल, विराट, विचारणीय एवं मननशील सामग्री को आत्मसात करने की दशा एवं दिशा प्राप्त हो सके।

इस अध्याय में जैन धर्म एवं दर्शन के सम्बन्ध में व्याप्त कुछ भ्रामक धारणाओं का निराकरण भी किया गया है। यथा—

1. कुछ विद्वानों ने जैन धर्म को नास्तिक माना है। इसका कारण यह है कि जैन दर्शन ईश्वर की कर्तृत्व शक्ति में विश्वास नहीं करता। लेखक ने प्रश्न उठाया है कि यदि आत्मा अनादि-निधन है तो ईश्वर की कर्तृत्व शक्ति मानने की क्या संगति है, उसका क्या औचित्य है? जैन दर्शन तो प्रत्येक जीवात्मा में परमात्मा बनने की शक्ति का उद्घोष करता है। सभी आत्माएँ अनादि-निधन हैं। सभी आत्माएँ अविनाशी हैं। मुक्त दशा में आत्मा सिद्ध हो जाती है, परमात्मा-स्वरूप हो जाती है। इस अपेक्षा से जैन दर्शन एवं धर्म परम आस्तिक है।

2. इसी प्रकार अनेकांतवाद एवं स्याद्वाद की सम्यग् अवधारणा को स्पष्ट किया गया है। अनेकांत को 'अनिश्चित' एवं अनेकांतवाद को 'अनिश्चितता' मानने की भ्रान्त धारणा कुछ विद्वानों में भी व्याप्त है। अनेकांत अनेक एवं अंत इन दो शब्दों के मेल से बना है। अंत का हिन्दी में वर्तमान में प्रचलित अर्थ 'समाप्त होना' है। संस्कृत में अंत के अनेक अर्थ थे। अनेकांत में अंत का अर्थ है— धर्म। प्रत्येक वस्तु में अनेक गुणधर्म होते हैं। इस कारण हमें किसी वस्तु पर 'एकांत' दृष्टि से नहीं अपितु अनेकांत दृष्टि से विचार करना चाहिए। अनेकांत एकांगी एवं आग्रह के विपरीत समग्रबोध एवं अनाग्रह का द्योतक है।

इसी प्रकार 'स्याद्वाद' का 'स्यात्' निपात शायद, सम्भावना, संशय अथवा कदाचित् आदि अर्थों का वाचक नहीं है। स्याद्वाद का अभिप्रेत अर्थ शायदवाद, संशयवाद, सम्भावनावाद आदि नहीं है। 'स्यात्' अनेकांत का वाचक

है। 'स्यात्' का इस दृष्टि से अर्थ है— अपेक्षा से। स्याद्वाद का अर्थ है— अपेक्षा से कथन करने की विधि या पद्धति। अनेक गुणधर्म वाली वस्तु के प्रत्येक गुणधर्म को अपेक्षा से कथन करने की पद्धति।

इस अध्याय में लेखक ने स्पष्ट किया है कि अनेकांतवाद से किस प्रकार परस्पर प्रतीयमान विरोधी गुणों/धर्मों/लक्षणों को अंश-अंश जानकर/पहचानकर समग्र एवं अनंत का समग्र बोध किया जाता है तथा स्याद्वाद से अनेक धर्मात्मक पदार्थ के प्रत्येक धर्म को अपेक्षा से मुख्य करके वैज्ञानिक विधि से अभिव्यक्त किया जाता है।

विभिन्न शास्त्रों एवं ग्रन्थों का पारायण करते समय जिन बिन्दुओं पर व्यतिरेक/विरोधाभास प्रतीत होता है, उन्हें भी इस अध्याय में स्पष्ट किया गया है। यथा—

1. शास्त्रों में कहीं आत्मा के स्वरूप की विवेचना ज्ञान, दर्शन एवं चारित्र्य लक्षणों की दृष्टि से प्रस्तुत है तो कहीं यह क्यों प्रतिपादित है कि आत्मा अनंत गुणों का अखण्ड-पिंड एक ज्ञायक मात्र है?
2. कुछ शास्त्रों में पुद्गल के गुणों का क्रम सूक्ष्य से स्थूल का है तो कहीं स्थूल से सूक्ष्य क्रम से वर्णन है।
3. 'कर्म' शब्द का प्रयोग कहीं व्यक्ति के अच्छे-बुरे कार्यों के लिए हुआ है तो कहीं आत्मा पर लगे हुए सूक्ष्म पौद्गलिक पदार्थ का वाचक 'कर्म' है।
4. मोक्ष मार्ग के निरूपण के प्रसंग में कुछ शास्त्रों में सम्यग् दर्शन, सम्यग् ज्ञान, सम्यग् चारित्र्य का क्रम है तो कुछ में सम्यग् ज्ञान, सम्यग् दर्शन, सम्यग् चारित्र्य का क्रम है।

शास्त्रों में जिन विवेच्य बिन्दुओं के प्रतिपादन की भिन्न शैलियाँ मिलती हैं उन्हें भी यथासम्भव व्यक्त किया गया है। यथा—

1. कर्मबंधन के मूल कारणों की विवेचना कुछ शास्त्रों में 'आश्रव के 5 द्वार', कुछ शास्त्रों में 'मिथ्यात्व के 8 प्रकार' तथा कुछ शास्त्रों में 'कषाय एवं योग' के रूप में की गई है।
2. मोक्ष प्राप्ति के मार्ग का प्रतिपादन भिन्न शैलियों में हुआ है। कहीं कर्म मुक्ति के 5 सोपान, कहीं 13 निर्दिष्ट विकास मार्ग (गुणस्थानों/मार्गणाओं), कहीं रत्नत्रय का मार्ग, कहीं चतुष्ट्य का मार्ग, कहीं दो सूत्र, कहीं तीन अवस्थाएँ, कहीं तीन कारण

रूप में कर्म-मुक्ति का मार्ग प्रतिपादित है।

जिन स्थलों पर मन में जिज्ञासायें एवं शंकायें उत्पन्न हुई हैं, वहाँ लेखक ने चिंतन मनन की भूमि पर ठहरकर अधिक विश्राम किया है। समाधान का प्रयास खण्डन-मण्डन शैली में नहीं, अनेकांतवादी दृष्टि से सत्य को उजागर करने की भावना से संवलित है। यथा—

1. वायु में भी वर्ण गुण मानने का आधार क्या है?
2. जैन दर्शन में शब्द को आकाश का गुण न मानकर, पुद्गल पदार्थ की ही पर्याय क्यों माना गया है?
3. संसारी जीव की स्वदेह परिणामी स्थिति का वैज्ञानिक आधार क्या है?
4. कार्मण शरीर और कर्म को पुद्गल मानने पर इनके वर्ण, स्पर्श आदि गुणों का अध्ययन किस प्रकार सम्भव है?
5. जैन दर्शन आकाश को गति एवं स्थिति का निमित्तकारण क्यों नहीं मानता?
6. जैन दर्शन में धर्म एवं अधर्म पदार्थों की विशिष्ट अर्थवत्ता/अवधारणा क्या है?
7. आकाश पदार्थ में अवगाहनत्व गुण की मान्यता में अवगाहन शब्द की अर्थ संगति किस प्रकार स्वीकार की जा सकती है?
8. कुछ दर्शन आकाश को भौतिक पदार्थ के अन्तर्गत मानते हैं। जैन दर्शन दोनों को भिन्न पदार्थ क्यों मानता है?
9. आत्मवादी दर्शन आत्मा की भौतिक पदार्थ से भिन्नता स्वीकार करते हैं। जैन दर्शन दोनों की पृथक सत्ता स्वीकार करने के साथ यह भी मानता है कि अनादिकाल से आत्मा एवं कर्म का, जीव एवं शरीर का सम्बन्ध है। जब दोनों की पृथक सत्ता है, दोनों का भिन्न स्वभाव है, एक अमूर्तिक है तथा दूसरा मूर्तिक है, तब दोनों का अनादिकालीन सम्बन्ध किस प्रकार सम्भव है।
10. जैन शास्त्रों की मान्यता है कि प्रत्येक द्रव्य की प्रति समय की पर्याय अपने उपादान से ही होती है। फिर यह क्यों कहा जाता है कि राग-द्वेष आदि भाव पर के आश्रय से उत्पन्न होते हैं?
11. आत्मा ही कर्मों को बाँधता है अथवा कर्म आत्मा को बाँधते हैं।

12. जैन दर्शन की मान्यता है कि अरहंत के चार घातिया कर्मों का तो नाश हो जाता है किन्तु वेदनीय आदि चार अघाति कर्मों का सद्भाव बना रहता है। वेदनीय कर्म का कार्य है— सुख-दुःख की संवेदना का अनुभव। इसलिए अरहंत की आनन्दपूर्ण होने की स्थिति किस प्रकार सम्भव है।
13. कुछ शास्त्रों में राग-द्वेष परिणामों को उत्पन्न न होने को अहिंसा कहा गया है। कुछ शास्त्रों में अहिंसा को परम धर्म कहा गया है। क्या राग-द्वेष परिणामों के उत्पन्न न होने मात्र को परम धर्म माना जा सकता है?
14. संवर के धरातल पर माना जाता है कि द्रव्य मन का सद्भाव रहता है। मन, वचन, काय की क्रियाएँ होने पर भी कर्मों का आत्मा के साथ इस धरातल पर संश्लेष क्यों नहीं होता, आत्म प्रदेशों में परिस्पन्द रूप योग क्यों नहीं होता।
15. उपशम श्रेणी वाला जीव ग्यारहवें गुणस्थान में पहुँचकर संसार चक्र में क्यों लौटने लगता है।
16. सकल परमात्म दशा प्रकट होने के पूर्व तो तप-ध्यान की प्रासंगिकता समझ में आती है किन्तु सर्वदर्शी एवं सर्वज्ञ के लिए तप-ध्यान का क्या प्रयोजन है। सयोग केवली भी तप क्यों करते हैं?

चौथे अध्याय में यह स्पष्ट किया गया है कि किस प्रकार जैन धर्म एवं दर्शन विश्व के प्रत्येक प्राणी के कल्याण का मार्ग प्रशस्त करता है। सामाजिक जीवन भयमुक्त एवं आतंकमुक्त हो सके, सुखी हो सके, शान्ति, सद्भाव, मैत्री एवं अपनत्व भाव का संचारण एवं विकास हो सके— इन लक्ष्यों की प्राप्ति की दृष्टि से जैन धर्म एवं दर्शन की सामाजिक प्रासंगिकता की विवेचना इस अध्याय का विवेच्य विषय है। इस अध्याय के उपविभाग हैं—

1. आत्मा का परमात्मा होना।
2. जैन : सम्प्रदायातीत दृष्टि।
3. समभाव एवं समदृष्टि।
4. सामाजिक समता एवं एकता।
5. आत्मतुल्यता एवं लोकमंगल की आचरणमूलक भूमिका।
6. अहिंसा : जीवन का सकारात्मक मूल्य।
7. अहिंसा से अनुप्राणित अर्थतंत्र : अपरिग्रह।

8. वैचारिक अहिंसा : अनेकांतवाद।
9. प्राणीमात्र के कल्याण तथा सामाजिक सद्भाव एवं सामरस्य की दृष्टि से दशलक्षण धर्म।

संन्यासी का लक्ष्य है— मोक्ष। गृहस्थ का लक्ष्य है— जीवन में सुख, शान्ति, संतोष एवं सद्भावना। संन्यासी के लिए आचरण का प्रतिमान कर्मबंधन से मुक्त होकर मोक्ष प्राप्त करना है। गृहस्थ के लिए आचरण क प्रतिमान स्वयं सुख से जीवन जीना तथा संसार के अन्य प्राणियों के दुःख को दूर करना, उनका हित सम्पादन करना है।

तीसरे अध्याय में जहाँ मोक्ष प्राप्ति की दृष्टि से आचरण की मीमांसा है वहीं इस अध्याय में गृहस्थ की दृष्टि से आचरण की मीमांसा करना अभीष्ट है। इस अध्याय के लेखन की सार्थकता तब मानी जाएगी जब इस अध्याय को पढ़ने के बाद पाठक को सदाचरण की प्रेरणा प्राप्त हो सके, यह बोध हो सके कि इन्द्रियों को तृप्त करने वाला सुख एवं मानसिक शान्ति प्रदान करने वाला आचरण एकार्थक नहीं है। जीवन की सार्थकता इसमें है कि व्यक्ति सफल, सम्पन्न एवं समृद्ध होने के साथ-साथ संतुष्ट एवं सुखी हो सके। सुख धर्म के अधीन है। धर्म के पालन से, अहिंसा के आचरण से सुख, शान्ति, सद्भावना, मानवीयता एवं सामाजिकता का उद्भव एवं उद्रेक होता है।

पाँचवें अध्याय का शीर्षक है— 'जैन धर्म एवं दर्शन की वर्तमान युगीन प्रासंगिकता।'

इस अध्याय क़ा प्रतिपाद्य है कि अनेकांतवाद दृष्टि, परिग्रह-परिमाण-व्रत का अनुपालन तथा अहिंसामूलक जीवन मूल्यों के आचरण से विश्व की वर्तमान युगीन समस्याओं का समाधान किस प्रकार सम्भव है तथा आगामी वैज्ञानिक, विवेकी एवं तार्किक विश्व-मानस जैन धर्म एवं दर्शन से धर्माचरण की प्रेरणा किस प्रकार प्राप्त कर सकता है। जैन धर्म एवं दर्शन पृथ्वीलोक को सुरक्षित, समृद्ध तथा विकासशील बनाने के लिए व्यवहारिक सूत्र प्रदान करता है। इस अध्याय में लेखक ने यह अवधारणा व्यक्त की है कि आज के मनुष्य को वही धर्म-दर्शन प्रेरणा दे सकता है तथा मनोवैज्ञानिक, सामाजिक, राजनैतिक समस्याओं के समाधान में प्रेरक हो सकता है जो वैज्ञानिक अवधारणाओं का परिपूरक हो, लोकतंत्र के आधारभूत जीवन मूल्यों का पोषक हो, सर्वधर्म समभाव की स्थापना में सहायक हो, अन्योन्याश्रित विश्व व्यवस्था एवं सार्वभौमिकता की दृष्टि का प्रदाता हो तथा विश्व शान्ति एवं अन्तर्राष्ट्रीय सद्भावना का प्रेरक हो। विज्ञान की मान्यता है कि भौतिक पदार्थ का रूपान्तर या स्वरूप-परिवर्तन तो सम्भव है, उसका विनाश सम्भव नहीं है। भारतीय

आत्मवादी दर्शनों की आत्मा के सम्बन्ध में इसी के समानान्तर अवधारणा है। जैन दर्शन यह भी मानता है कि मुक्त आत्मा स्वयं परमात्मस्वरूप हो जाती है, उसका परमात्मा में विलय नहीं होता।

लोकतंत्र के आधारभूत जीवन मूल्य–– स्वतंत्रता, समानता एवं बंधुत्व हैं। जैन दर्शन में अस्तित्व की दृष्टि से आत्मा की स्वतंत्रता तथा स्वरूप की दृष्टि से सभी मुक्त आत्माओं की समता एवं आत्मतुल्यता का प्रतिपादन है। लोकतंत्रात्मक शासन व्यवस्था की सफलता एवं स्थायित्व के लिए अहिंसामूलक समाज की स्थापना की अनिवार्यता है। प्रतीयमान विरोधी दर्शनों में अनेकांत दृष्टि से समन्वय स्थापित कर सर्वधर्म समभाव की आधारशिला रखी जा सकती है। मानव की मूलभूत भौतिक आवश्यकताओं एवं मानसिक आकांक्षाओं को पूरा करने वाली न्यायसंगत विश्व व्यवस्था की स्थापना अहिंसा मूलक जीवन दर्शन के आधार पर सम्भव है। भौतिकवादी दृष्टि है–– योग्यतम की उत्तरजीविता। इसके विपरीत भगवान महावीर की दृष्टि है–– विश्व के सभी पदार्थ परस्पर उपकारक हैं। भौतिकवादी दृष्टि संघर्ष एवं दोहन की वृत्तियों का संचार करती है। भगवान महावीर की दृष्टि अहिंसा भाव का विकास करती है। अहिंसा की भावना पर आधारित विश्व शान्ति की प्रासंगिकता, सार्थकता एवं प्रयोजनशीलता स्वयंसिद्ध है। विश्व शान्ति की सार्थकता एक नए विश्व के निर्माण में है जिसके लिए विश्व के सभी देशों में सद्भावना का विकास आवश्यक है। सह-अस्तित्व की परिपुष्टि के लिए आत्म तुल्यता एवं समभाव की विचारणा आवश्यक है। अन्तर्राष्ट्रीय सद्भावना के लिए विश्व बन्धुत्व की भावना का पल्लवन आवश्यक है। आज के युग ने मशीनी सभ्यता के चरम विकास से सम्भावित विनाश के जिस राक्षस को उत्पन्न कर लिया है वह किसी यंत्र से नहीं, अपितु 'अहिंसा-मंत्र' से ही नष्ट हो सकता है।

प्रस्तुत पुस्तक की रचना सन् 1964 से सन् 2002 की काल-अवधि में हुई है। इस पुस्तक के अंशों का प्रकाशन सन् 1966 से सन् 2000 के मध्य विभिन्न अभिनन्दनग्रन्थों/शोध पत्रिकाओं/स्मारिकाओं/लघु पुस्तिकाओं के रूप में हुआ है तथा इसके अंशों का वाचन विभिन्न संगोष्ठियों/कार्यशालाओं/परिसंवादों/सम्मेलनों/महावीर जयन्ती समारोहों में हुआ है। इनमें से कुछ अपेक्षाकृत अधिक महत्वपूर्ण प्रसंगों/संदर्भों का उल्लेख आवश्यक है।

प्रस्तुत पुस्तक का बीजारोपण सन् 1964 में मेरे द्वारा जबलपुर के विश्वविद्यालय के हिन्दी विभाग में व्याख्याता पद पर कार्यभार ग्रहण करने के बाद हुआ। नगर की संस्थाओं एवं जैन समाज द्वारा जब मुझे व्याख्यान देने हेतु आमंत्रित किया जाने लगा तो धर्म, अध्यात्म एवं संस्कृति विषयक ग्रन्थों का अध्ययन करने एवं तद्विषयक चिंतन मनन की प्रेरणा प्राप्त हुई। विश्वविद्यालय

में उस समय संस्कृत, पालि एवं प्राकृत विभाग के प्रोफेसर एवं अध्यक्ष पद पर डॉ. हीरालाल जैन, प्राचीन भारतीय इतिहास, संस्कृति एवं पुरातत्त्व विभाग के प्रोफेसर एवं अध्यक्ष पद पर डॉ. राजबली पाण्डेय, दर्शन विभाग के प्रोफेसर एवं अध्यक्ष पद पर डॉ. चन्द्रधर शर्मा आसीन थे तथा विश्वविद्यालय से सम्बद्ध महाकौशल कला शासकीय महाविद्यालय के दर्शन विभाग में आचार्य रजनीश (बाद में ओशो के नाम से विख्यात) पदस्थ थे। इनसे विचार विमर्श का अवसर प्राप्त होता था। साथ-साथ भाषण/प्रवचन देने का सुयोग प्राप्त होता था। मेरे मन में इसी काल-अवधि में भगवान महावीर तथा जैन धर्म एवं दर्शन पर लिखने का विचार बीज अंकुरित हुआ। डॉ. हीरालाल जैन के कारण विश्वविद्यालय के ग्रन्थालय में जैन धर्म एवं दर्शन से सम्बन्धित बहुमूल्य ग्रन्थ उपलब्ध थे। इस स्थिति ने लेखन कर्म के उद्दीपन में निमित्त का कार्य किया। जबलपुर के जैन समाज ने सन् 1966 में 3 अप्रैल को आयोजित 'महावीर जयन्ती समारोह' के उपलक्ष्य में 'आलोक' शीर्षक स्मारिका प्रकाशित करने का निश्चय किया तथा इसके लिए मुझसे जैन धर्म पर एक लेख लिखने का आग्रह किया। इसी से भगवान महावीर एवं जैन धर्म विषयक लेखन-कर्म की शुरुआत हुई।

सन् 1966 से सन् 1975 की अवधि में मध्य प्रदेश के विभिन्न नगरों में मेरे व्याख्यान हो चुके थे तथा विशेष रूप से महावीर जयन्ती के अवसर पर होने वाले समारोहों में अपने विचार व्यक्त करने का अवसर मिल चुका था।

सन् 1975-76 में भगवान महावीर के 2500वें निर्वाण महोत्सव के अवसर पर मध्य प्रदेश के विभिन्न विश्वविद्यालयों एवं संस्थाओं ने विचार गोष्ठियों/व्याख्यान मालाओं का आयोजन किया तथा स्मारिकाओं/पत्रिकाओं के विशेषांकों का प्रकाशन किया।

इस पुस्तक के कुछ अंशों का व्यवस्थित लेखन इसी कारण सम्भव हुआ। इनका संक्षिप्त विवरण इस प्रकार है—

व्याख्यान मालाओं के अन्तर्गत मैंने इन्दौर विश्वविद्यालय (25 सितम्बर, 1975), विक्रम विश्वविद्यालय, उज्जैन (22 अक्टूबर, 1975), अवधेश प्रताप सिंह विश्वविद्यालय, रीवा (1 दिसम्बर, 1975), भोपाल विश्वविद्यालय (29 दिसम्बर, 1975) तथा सागर विश्वविद्यालय (3 जनवरी, 1976) में व्याख्यान दिए।

संगोष्ठियों/विचार गोष्ठियों के अन्तर्गत प्रमुख हैं— विक्रम विश्वविद्यालय द्वारा उज्जैन में अक्टूबर, 1975 में आयोजित संगोष्ठी में "जैन दर्शन की

आधार भित्ति : अनेकांतवाद एवं स्याद्वाद'' शीर्षक आलेख का वाचन, भोपाल विश्वविद्यालय द्वारा भोपाल में नवम्बर, 1975 में आयोजित विचार गोष्ठी में ''जैन-धर्म-दर्शन'' विषय पर व्याख्यान, अखिल भारतीय दिगम्बर भगवान महावीर निर्वाण महोत्सव समिति द्वारा अजमेर में दिसम्बर, 1975 में आयोजित संगोष्ठी में ''जैन-धर्म एवं दर्शन की प्रासंगिकता'' शीर्षक आलेख का वाचन, सागर विश्वविद्यालय द्वारा सागर में जनवरी, 1976 में आयोजित संगोष्ठी में ''भगवान महावीर का संदेश एवं आधुनिक जीवन संदर्भ'' शीर्षक आलेख का वाचन तथा रविशंकर विश्वविद्यालय द्वारा रायपुर में मार्च, 1976 में आयोजित संगोष्ठी में ''भगवान महावीर-पूर्व जैन धर्म की परम्परा'' शीर्षक आलेख का वाचन।

प्रकाशित शोध निबन्धों एवं आलेखों का संक्षिप्त विवरण प्रस्तुत करना भी अप्रासंगिक नहीं होगा—

1. जैन दर्शन की आधारभित्ति— अनेकांतवाद एवं स्याद्वाद : The Vikram : Journal of Vikram University, Ujjain (1974)
2. महावीर की वाणी का मंगलमय क्रान्तिकारी स्वरूप : वीर निर्वाण विचार सेवा, इन्दौर द्वारा नवम्बर, 1974 में पत्र-पत्रिकाओं के प्रकाशनार्थ प्रसारित।
3. भगवान महावीर का संदेश एवं आधुनिक जीवन संदर्भ : महाराष्ट्र मानस (भगवान महावीर विशेषांक), बम्बई (1975)
4. भगवान महावीर की विचारधारा में मानवीय उन्नयन एवं सामाजिक समता की भावना : महावीर निर्वाण स्मारिका, खेतड़ीनगर (1976)
5. आत्मानुसंधान की यात्रा : पं. सुमेरुचन्द्र दिवाकर अभिनन्दन ग्रन्थ, जबलपुर (1976)
6. महावीर का संदेश एवं आधुनिक सन्दर्भ : तुलसी प्रज्ञा (स्मृति विशेषांक), जैन विश्व भारती, लाडनू (1976)
7. अनुसंधान की अनेकांतवादी दृष्टि : सम्भावना (शोधतंत्र विशेषांक), विश्वविद्यालय, कुरुक्षेत्र (1977)
8. भगवान महावीर पूर्व जैन धर्म की परम्परा : श्री राजेन्द्र ज्योति, राजेन्द्र सूरीश्वर जन्म सार्ध शताब्दी समिति, मध्य प्रदेश (1977)

9. सव्वे जीवामित्ति में भूएसू : जैन जगत, बम्बई (1977)

उपर्युक्त विवरण से स्पष्ट है कि इस पुस्तक के प्रथम अध्याय, तृतीय अध्याय के एक खण्ड एवं चतुर्थ अध्याय की आधारभूत सामग्री की रचना इसी कालखण्ड में हुई।

सन् 1978 में जबलपुर में पर्यूषण पर्व के दस दिन मैंने दशलक्षण धर्म पर व्याख्यान दिए। टेपांकित सामग्री को दिगम्बर जैन पंचायत सभा ने लिपिबद्ध कराया तथा मुझे उक्त सामग्री इस आग्रह के साथ प्रदान की कि मैं इसके प्रकाशन के लिए इसका परिवर्धन/संशोधन कर दूँ। इसका प्रकाशन "आवरण के परे" शीर्षक से 1 सितम्बर, 1978 को हुआ।

श्रीमद् जवाहराचार्य स्मृति व्याख्यानमाला के अन्तर्गत मैंने 24 दिसम्बर, 1978 को कलकत्ता में "भारतीय दर्शनों में अहिंसा का स्वरूप : जैन दर्शन के विशेष संदर्भ में" विषय पर व्याख्यान दिया। इसका प्रकाशन श्री अखिल भारतीय जैन विद्वत परिषद् एवं सम्यग्ज्ञान प्रचारक मण्डल जयपुर द्वारा "ज्ञान प्रसार पुस्तकमाला" के अन्तर्गत अक्टूबर, 1990 में हुआ।

सन् 1978 में मेरा एक लेख जयपुर से 'महावीर जयन्ती स्मारिका' में प्रकाशित हुआ— 'ईश्वर-परिकल्पित निरर्थकता, आत्मा का परब्रह्मत्व स्वरूप' जो इस पुस्तक के तीसरे अध्याय के प्रथम भाग की सामग्री का आधार है।

सन् 1984 से 1988 की अवधि में, मैं यूरोप में रहा। इस अवधि में मुझे यूरोप के 18 देशों के वैज्ञानिकों एवं भारतीय विद्या के मनीषियों से विचार विमर्श का अवसर मिला। विज्ञान की अवधारणाओं, वैज्ञानिकों की अध्यात्म सम्बन्धी जिज्ञासाओं तथा विश्व की युगीन समस्याओं को जानने का अवसर प्राप्त हुआ।

सन् 1987 एवं 1988 में मैंने 'डिप्लोमैटिक सर्किल ऑफ बुकारेस्त' में हिन्दू, बौद्ध एवं जैन धर्मों पर 12 व्याख्यान दिए। विभिन्न देशों के राजनयिकों के विचारों/अवधारणाओं का बोध हुआ। व्याख्यान देने के कारण हिन्दू धर्म के षट् दर्शनों तथा जैन एवं बौद्ध दर्शनों में व्याप्त अभेदक एवं समान तत्त्वों का निदर्शन भी सम्भव हुआ। प्रस्तुत पुस्तक में 'जैन धर्म एवं दर्शन का जैनेतर भारतीय दर्शनों एवं संस्कृतियों से अन्तर एवं भेदों को उभारते हुए उसकी प्रमुखता एवं विशिष्टता प्रस्तुत करने' की अपेक्षा 'जैन धर्म एवं दर्शन का अन्य धर्मों, दर्शनों तथा विज्ञान एवं मानविकी की धारणाओं से तुलना करते हुए सदृश्य, समरूप एवं तुल्य का प्रतिपादन करने' की दृष्टि एवं सोच अधिक रही है। इस कारण यह सहज एवं स्वाभाविक है कि इस दृष्टि एवं सोच के आधार पर जो पुस्तक लिखी जाएगी, उसमें संघ-भेद/पंथ-भेद/आम्नाय भेदों को

उभारकर प्रस्तुत करने का उद्देश्य एवं प्रयोजन नहीं होगा और इसी कारण उसकी विवेचना के लिए अवकाश भी नहीं होगा।

यूरोप-प्रवास में लेखक ने पुस्तक के चतुर्थ अध्याय की सामग्री का संशोधन किया तथा पंचम अध्याय की सामग्री का संकलन आरम्भ किया। इस प्रवास में धर्म एवं अध्यात्म सम्बन्धी विवेचन की नीति स्पष्ट एवं संपुष्ट हुई—

धर्म की गृहस्थ जीवन एवं सामाजिक जीवन की दृष्टियों से प्रासंगिकता को रेखांकित किया जाना चाहिए। धर्म के लोकमंगल की आचरणमूलक भूमिका स्पष्ट होनी चाहिए। धर्म का सार्वभौमिक महत्त्व है। विश्व शान्ति एवं अन्तर्राष्ट्रीय सद्भावना के प्रेरक रूप में धर्म की प्रासंगिकता स्पष्ट होनी चाहिए। आज का विवेकी, तार्किक एवं संज्ञानात्मक शक्ति सम्पन्न मानस परम्परागत धर्म पर विश्वास नहीं कर पा रहा है। हमें आज के मनुष्य के लिए धर्म एवं दर्शन के ऐसे प्रतिमान प्रस्तुत करने चाहिए जिन्हें वह सुखी जीवन जीने के उद्देश्य से अपने जीवन में धारण करे।

कोरी आस्तिकता एवं अंधभक्ति से संचालित धर्म आज के मनुष्य को संतुष्टि प्रदान करने में असमर्थ है। धर्म एवं दर्शन का स्वरूप वैज्ञानिक, विवेकी, तर्कयुक्त, प्रज्ञा सम्पन्न एवं व्यवाहारिक दृष्टि से आचरणशील होना चाहिए। बहुत अधिक उत्पादन कर लेने से आर्थिक समस्याओं का स्थाई समाधान सम्भव नहीं है। धर्म से परिग्रह-परिमाण-व्रत के अनुपालन की सहज प्रेरणा मिलनी चाहिए। आज के युग में विज्ञान एवं दर्शन के बीच संवाद भी जरूरी है। विज्ञान से हम शक्ति, गति, ऊर्जा प्राप्त करें, जीवन को सुखी बनाने के साधनों का विकास करें, भौतिक प्रगति एवं विकास करें। अध्यात्म, दर्शन एवं धर्म से हम दिशा प्राप्त करें, लक्ष्यों का निर्धारण करें, जीवन को सार्थक एवं चरितार्थ बनाने के लिए उद्यम, कौशल, पुरुषार्थ, औदार्य, विवेक, समभाव, आत्मतुल्यता, परहित कामना एवं लोकमंगल की भावना आदि सद्वृत्तियों को अपने आचरण एवं व्यवहार में समाहित करें।

इसी विचारणा की अभिव्यक्ति सन् 1985-1986 में लिखे गए 'विश्व धर्म के रूप में जैन धर्म एवं दर्शन की प्रासंगिकता' आलेख में हुई जिसका प्रकाशन सन् 1987 में आचार्यरत्न श्री देशभूषण जी महाराज अभिनन्दन ग्रन्थ में हुआ। यूरोप से लौटकर मुझे 19 अक्टूबर, 1989 को कलकत्ता में "भारतीय दर्शनों में मोक्ष का स्वरूप" विषय पर व्याख्यान देने का अवसर मिला।

पुस्तक की विषय सामग्री के अनुशीलन-परिशीलन के कार्य ने गति लेनी आरम्भ ही की थी कि सन् 1992 में मेरी नियुक्ति भारत सरकार के केन्द्रीय

हिन्दी संस्थान के निदेशक पद पर हो गई। जनवरी, 2001 तक मुझे उक्त पद के प्रशासनिक कार्यों में व्यस्त रहना पड़ा। वहाँ से सेवानिवृत्त होने के बाद सन् 2001-2002 की अवधि में सम्पूर्ण पुस्तक के लेखन कार्य का उपसंहार हुआ। सन् 2003 में मुझे पुनः विदेश प्रवास पर जाना पड़ा। लौटकर सामग्री के टंकण एवं प्रूफ संशोधन आदि का कार्य पूर्ण हुआ।

इस पुस्तक की भाषा एवं वर्तनी के सम्बन्ध में कुछ संकेत करना भी प्रासंगिक है। जहाँ संस्कृत एवं प्राकृत के उद्धरण हैं, वहाँ शब्द की वर्तनी एवं व्याकरणिक अन्विति उन्हीं भाषाओं के अनुरूप है। जो सामग्री लेखक ने हिन्दी में लिखी है उसमें शब्द की अन्विति हिन्दी भाषा की व्याकरणिक व्यवस्था के अनुरूप है। उदाहरणार्थ— 'आत्मा' शब्द हिन्दी में स्त्रीलिंग में प्रयुक्त है।

वर्तनी के सम्बन्ध में निम्न नियमों का अनुपालन किया गया है—

1. हल चिह्न के सम्बन्ध में तत्सम शब्दों की वर्तनी में सामान्यतः संस्कृत रूप रखने का प्रयास किया गया है किन्तु जिन शब्दों के प्रयोग में हिन्दी में हल चिह्न लुप्त हो गया है, उसमें उसको नहीं लगाया गया है। जैसे— 'भगवान', 'महान', 'विद्वान' आदि के 'न' में।
2. हिन्दी में कुछ संस्कृत मूलक तत्सम शब्दों के उच्चारण में स्वन परिवर्तन हो गया है जैसे— 'ब्रह्मा' का उच्चारण 'ब्रम्हा', 'चिह्न' का उच्चारण 'चिन्ह' रूप में होता है। इस पुस्तक में स्वन परिवर्तन के साथ शब्दों की वर्तनी को नहीं बदला गया है। 'ब्रह्म' रूप में लिखा गया है।
3. संस्कृत के जिन तत्सम शब्दों में तीन व्यंजनों के गुच्छ की स्थिति में एक द्वित्व मूलक व्यंजन लुप्त हो गया है, उसे न लिखने की छूट ली गई है। उदाहरण— 'तत्त्व/तत्व', 'अर्द्ध/अर्ध' दोनों रूपों को मान्य माना गया है।
4. संस्कृत के जिन शब्दों में विसर्ग का प्रयोग होता है उनके यदि तद्‌भव रूपों में विसर्ग का लोप हो चुका है तो उन्हें विसर्ग के बिना लिखा गया है।
5. हिन्दी में कुछ शब्दों के दो-दो रूपों की एक-सी मान्यता है। इनकी एकरूपता आवश्यक नहीं समझी गई है।
6. मानक हिन्दी वर्तनी का नियम है कि संयुक्त व्यंजन के रूप में जहाँ पंचमाक्षर के बाद सवर्गीय शेष चार वर्गों मे से कोई वर्ण हो तो पंचमाक्षर के लिए अनुस्वार का प्रयोग करना चाहिए।

सामान्य रूप से इस नियम का पालन किया गया है। तवर्ग एवं पवर्ग के व्यंजनों के पूर्व सवर्गीय पंचमाक्षर 'न'/'म' के प्रयोग में इस नियम का पालन उन शब्दों में नहीं किया गया है जिनमें आज भी विद्वत्समाज अनुस्वार के स्थान पर 'न'/'म' का अधिक प्रयोग करता है। इसी कारण 'हिन्दी/हिंदी', 'चिंतन/चिन्तन', 'सम्पादक/संपादक' दोनों रूपों को मान्य माना गया है।

7. संयुक्ताक्षर शब्दों को यथा सम्भव पुरानी शैली में लिखा गया है। उदाहरणार्थ— विद्वान, वृद्ध, द्वितीय, बुद्धि।

8. संयुक्ताक्षर को पुरानी शैली में लिखने के कारण 'इ' की मात्रा का प्रयोग व्यंजन गुच्छ (व्यंजन-युग्म) से पूर्व किया गया है। उदाहरणार्थ— द्वितीय, बुद्धिमान आदि। मानक हिन्दी वर्तनी के अनुरूप इन्हें द्‌वितीय, बुद्‌धिमान रूप में नहीं लिखा गया है।

इस पुस्तक के लेखन में जिन मनीषियों, विद्वानों, आचार्यों से विचार विमर्श का सुयोग प्राप्त हुआ है, उनका परामर्श एवं मार्गदर्शन प्राप्त हुआ है, उन सबके प्रति कृतज्ञता-ज्ञापन की अभिव्यक्ति करने में असमर्थता की अनुभूति हो रही है। इस पुस्तक की पाण्डुलिपि की निर्मिति एवं प्रूफ संशोधन में मेरी धर्मपत्नी श्रीमती इला जैन का अपरिमित सहयोग प्राप्त हुआ है। उसका मूल्यांकन एवं मानांकन भावात्मक है जिसे शब्दों में व्यक्त नहीं किया जा सकता। कृतज्ञता एवं आभार ज्ञापित कर उसका मूल्य एवं महत्व कम करना मुझे उपयुक्त एवं उचित प्रतीत नहीं हो रहा।

पाठकों के द्वारा इस पुस्तक का पारायण लेखक के श्रम की सार्थकता होगी। भगवान महावीर ने **प्राणी** मात्र के कल्याण के लिए आत्मतुल्यता एवं अनेकांतवाद की लेखनी से अहिंसा, सत्य एवं अपरिग्रह के पृष्ठों पर स्याद्‌वाद की स्याही से धर्म-आचरण का जो प्रतिमान एवं कीर्तिमान प्रस्थापित किया है वह सर्वोदय का कारक बने-इसी मंगल कामना के साथ मैं भूमिका लेखन के कार्य को विराम दे रहा हूँ।

बुलन्दशहर **महावीर सरन जैन**

17 जनवरी, 2006

भगवान महावीर पूर्व जैन धर्म की परंपरा : आत्मानुसंधान की यात्रा

यह तथ्य सर्वविदित है कि भगवान महावीर जैन धर्म के प्रवर्तक नहीं, प्रवर्तमान अवसर्पिणि काल के चौबीसवें तीर्थंकर हैं। जैन मान्यता के अनुसार कालचक्र चलता रहता है। प्रत्येक कालचक्र के दो भाग होते हैं। विश्व में कभी सामूहिक रूप से क्रमिक विकास होता है; कभी क्रमिक ह्रास। क्रमिक ह्रास वला कालचक्र अवसर्पिणि काल है जिसके क्रमिक अपकर्ष काल—1. अति सुषमा, 2. सुषमा, 3. सुषमा-दु:षमा, 4. दु:षमा-सुषमा, 5. दु:षमा, 6. अति दु:षमा हैं। यह दस कोटा-कोटि सागर की स्थिति वाला काल होता है जिसमें पुद्गलो के वर्ण, गंध, रूप, रस, स्पर्श एवं प्राणियों की आयु, अवगाहना, संहनन, बल, बल-वीर्य आदि का क्रमिक अपकर्ष एवं ह्रास होता है। क्रमिक विकास वाला काल चक्र उत्सर्पिणि काल है जिसमें क्रमिक उत्कर्ष काल—1. अति दु:षमा, 2. दु:षमा 3. दु:षमा-सुषमा, 4. सुषमा दु:षमा, 5. सुषमा, 6. अति सुषमा हैं। अवसर्पिणि की चरम सीमा ही उत्सर्पिणि का प्रारंभ है। इस प्रकार उत्सर्पिणि अवसर्पिणि काल के उल्टे क्रम से उत्कर्षोन्मुख दस कोटा कोटि सागर की स्थिति वाला काल है।

प्रवर्तमान अवसर्पिणि काल में वर्तमान चौबीस तीर्थंकरों का जन्म हुआ तथा अवसर्पिणि काल के दु:षमा-सुषमा पूरा होने के 74 वर्ष 11 महीने 7½ दिन पूर्व महावीर का जन्म हुआ।

जैन मान्यता के अनुसार आदिनाथ या ऋषभदेव प्रवर्तमान काल के चौबीसी तीर्थंकरों में प्रथम तीर्थंकर हैं। कुछ विद्वानों ने मोहनजोदड़ो के खंडहरों से प्राप्त ध्यानस्थ नग्न योगी की मूर्ति को योगीश्वर ऋषभ की कायोत्सर्ग मुद्रा के रूप में स्वीकार किया है।[1] इसके विपरीत कुछ इतिहासकारों ने जैन धर्म को बुद्ध धर्म के समानान्तर उत्पन्न धर्म मानकर इसकी पूर्व महावीरकालीन परंपरा को अस्वीकार किया। उनकी अस्वीकृति का मूल कारण सम्भवत: यह रहा होगा कि 'जिन' एवं 'जैन' शब्दों का प्रयोग महावीरोत्तर युग के ग्रन्थों में मिलता है। 'दशवैकालिक' में 'सोच्चाणं जिण सासणं', 'सूत्रकृतांग' में 'अणुत्तरंधम्म मिणं जिणाणं' तथा 'उत्तराध्ययन' में 'जिणवयणे अणुरत्ता जिणवयणं जे करेंति भावेण',

'निणवमय' आदि शब्दों का सर्वप्रथम प्रयोग पढ़कर धर्म एवं दर्शन की अविरल परम्परा से अनभिज्ञ किसी भी अनुसंधित्सु को इस प्रकार की प्रतीति होना सहज है कि जिन शासन, जिन मार्ग के उपदेशक महावीर ही जैन धर्म के संस्थापक रहे होंगे।

शब्दों की यात्रा के साथ-साथ उपराम हो जाने का परिणाम इसी प्रकार का होता है। जीवन के प्रत्येक चरण में शब्द बदलते रहते हैं। परिवर्तित संस्कृति या वातावरण के साथ शब्दों के अर्थ बदल जाते हैं। भाषा में शब्दावली सहज ही प्रविष्ट होती रहती है और लुप्त होती रहती है।

मनुष्य की आत्मा की खोज की यात्रा बहुत पुरानी है। उस यात्रा की साधना को व्यक्त करने वाली शब्दावली बदलती रही है। 'जैन' शब्द का स्वतंत्र प्रयोग तो महावीर के बहुत बाद जिनभद्रगणी क्षमा श्रमण कृत विशेषावश्यक भाष्य में मिलता है।[2] किन्तु जब हम ज्ञात से अज्ञात की ओर बढ़ना आरंभ करते हैं तो अज्ञात युग के वाचक जगह-जगह अपनी अतीत परम्परा की याद दिला जाते हैं। महावीर के उपदेशों का संकलन करने वाले 12 ग्रन्थों में एक ग्रन्थ का नाम है **'नायाधम्म कहाओ'** (ज्ञातृ धर्म कथा)। इससे जैन धर्म के पूर्ववर्ती नामों की खोज की प्रेरणा अनायास प्राप्त होती है। महावीर के समसामयिक गौतमबुद्ध के उपदेशों के ग्रन्थ **'त्रिपिटक'** में महावीर को **'निगंठनाटपुत्त'** के नाम से पुकारा गया और इतिहास के पन्नों में निगंठ (निर्ग्रन्थ) धम्म (धर्म) का उल्लेख मिलता है। 'णमो अरिहंताणं-णमोकार पढ़ते पढ़ते जब पद्मपुराण की पंक्तियां मानस में गूजतीं हैं कि आर्हत् धर्म सर्वश्रेष्ठ धर्म है[3] तो महावीर द्वारा प्रतिपादित **'धम्मोमंगल मुक्किट्ठं'**[4] के पूर्ववर्ती सूत्र सहज ही प्राप्त होने लगते हैं। जब इतिहास यह उद्घोष करने लगता है कि भारत में श्रमण परंपरा प्राक्वैदिक परंपरा है और जब महावीर परवर्ती ग्रन्थ 'उत्तराध्ययन' निर्भ्रान्त रूप में अभिव्यक्त करता है कि **'समयाएसमणो होइ'**[5] (समभाव की साधना करने से श्रमण होता है) तो यह बात साफ होने लगती है कि महावीर ने जिस धर्म एवं दर्शन का प्रचार एवं प्रसार किया है, उसकी परंपरा प्राक् वैदिक युग से पोषित एवं विकसित है।

जैन धर्म के पूर्व-महावीर-युगीन नामों का अस्तित्व अब अनुमानाश्रित नहीं, इतिहास के द्वारा अनुमोदित तथ्य है। भारतीय इतिहास श्रमण परंपरा, आर्हत् धर्म एवं निर्ग्रन्थ धर्म का तथ्यपरक उल्लेख करता है।

1.1 श्रमण परम्परा

'श्रमण' शब्द 'श्रम' एवं 'सम' भाव को व्यक्त करता है। 'श्राम्यतीति श्रमण: तपस्यंतीत्यर्थ:' श्रम करने वाला श्रमण है और श्रम का भाव है तपस्या

करना। श्रमण का व्युत्पत्यर्थ ही इसकी परम्परा के स्वरूपगत वैशिष्ट्य को प्रकट करता है। यह परंपरा अकर्मण्य, भाग्यवादी एवं भोगवादी नहीं; मानव के पौरुष की परीक्षा करने वाली, कर्म में विश्वास रखने वाली तथा अपनी ही साधना एवं तपस्या के बल पर 'तीर्थ' का निर्माण कर सकने की भावना में विश्वास रखकर तदनुरूप आचरण करने वाली साधना परंपरा है। इसी भाव को सायण टीकाकार ने व्यक्त किया है—

वातरशनाख्या ऋषयः श्रमणास्तपस्विनः[6]

श्रमण की 'सम' अर्थपरकता को श्रीमद्भागवत व्यंजित करता है—

'आत्मारामाः समदृशः प्रायशः श्रमणा जनाः'[7]

जैन ग्रन्थों में 'श्रमण' के उपर्युक्त दोनों ही अर्थ प्रतिपादित एवं मान्य हैं। उत्तराध्ययन इसकी 'समभाव' साधना के अर्थ को उद्घाटित करता है[8] तो दशवैकालिक सम्यग् ज्ञान, सम्यग् दर्शन सम्पन्न तथा संयम व तप में निरत श्रमण साधु के विशिष्ट अर्थ को व्यक्त करता है-

''नाणदंसण संपण्णं, संजमे य तवे रयं''[9]

श्रमण परंपरा की प्राचीनता के सम्बन्ध में श्री रामधारी सिंह दिनकर ने लिखा है कि—अनुमान यह है कि श्रमण-संस्कृति आर्यों के आगमन के पूर्व से ही इस देश में विद्यमान थी। ये श्रमण अवैदिक होते थे। ब्राह्मण यज्ञ को मानते थे, श्रमण उन्हें अनुपयोगी समझते थे।[10]

1.2 आर्हत् धर्म

भगवान महावीर के समय तक **''आर्हत् धर्म''** या **''निर्ग्रन्थ धर्म''** शब्दों का प्रयोग मिलता है। जैन धर्म के अनुसार तीर्थंकरों ने अर्हत् होकर ही धर्म का उपदेश दिया। जैन दर्शन के 'अर्हत्' शब्द की विशेष सार्थकता है। जब जीव कर्मों से पृथक होने का उपक्रम करके ज्ञानावरणीय, दर्शनावरणीय, मोहनीय और अंतराय कर्मों से अपने को पृथक् कर लेता है तब वह ''केवलज्ञानी'' हो जाता है और उसे 'अर्हत्' संज्ञा की प्राप्ति होती है। अर्हत् शब्द की व्युत्पत्ति 'अर्ह' धातु से है, जो पूजा वाचक है। अर्हतों द्वारा प्रतिपादित और अर्हन्तावस्था की उपलब्धि करने वाले 'आर्हत् धर्म' के सूत्र प्राचीन साहित्य में उपलब्ध हैं। ऋग्वेद में कहा गया है—**अर्हन्ता चित्पुरोदधेंऽशेव देवावर्वते।**[11]

1.3 निर्ग्रन्थ धर्म

श्रमण परंपरा में जैन साधु निर्ग्रन्थ कहलाते थे। भगवान महावीर को भी

इसी कारण पालि साहित्य में निगण्ठ (निर्ग्रन्थ) कहा गया है। त्रिपिटकों में प्राप्त निर्ग्रन्थों की तपस्या के अनेक स्थलों का मुनि श्री नगराजजी ने अपनी पुस्तक "आगम और त्रिपिटक: एक अनुशीलन" में उल्लेख किया है।[12] जैन शास्त्रों में पाँच प्रकार के श्रमणों का उल्लेख हुआ है—

1. निर्ग्रन्थ, 2. शाक्य, 3. तापस, 4. गेरूअ और 5. आजीवक।

"निग्गंथा, सक्क, तावस, गेरूय, आजीव पंचहा समणा"[13]

जैन श्रमणों को निर्ग्रन्थ कहा गया है। वैदिक साहित्य में भी निर्ग्रन्थ शब्द का प्रयोग मिलता है—

"निर्ग्रन्था निष्परिग्रहाः इति संवर्त श्रुतिः"[14]

श्रमण परम्परा के दिगम्बर (वातरशना) ऋषियों एवं मुनियों का उल्लेख प्राचीनतम ग्रन्थों में मिलता है। ऋग्वेद में वातरशना मुनि का वर्णन है—

"मुनयो वातरशनाः पिशङ्गा वसते मला"[15]

दिगंबर ऋषि श्रमण एवं ऊर्ध्वरेता होते थे। इसकी पुष्टि उपनिषद् एवं भागवत करते हैं। तैत्तरियोपनिषद् का कथन है—

"वातरशना ह वा ऋषयः श्रमणा ऊर्ध्वमथिनौ बभूवः"। इसी भाव को श्रीमद्भागवत में व्यक्त किया गया है—**"वातरशना य ऋषयः श्रमणा ऊर्ध्वमन्थिनः"**।

1.4 जैन तीर्थंकर : ऐतिहासिक अस्तित्व

महावीर पूर्व प्रवर्तमान अवसर्पिणि काल के 23 तीर्थकरों में से इतिहास भी प्रथम तीर्थंकर ऋषभदेव या आदिनाथ, 22 वें तीर्थंकर नेमिनाथ तथा 23वें तीर्थंकर पार्श्वनाथ का ऐतिहासिक अस्तित्व स्वीकार करता है।

(i) ऋषभदेव

श्रीमद्भागवत के अनुसार वातरशना श्रमणों के धर्म का प्रवर्तन भगवान ऋषभदेव ने किया।[18]

डा० हर्मन जेकोबी ने स्पष्ट लिखा है कि जैन परम्परा सर्व-सम्मति से एकमतेन ऋषभ को तीर्थंकर अर्थात् आदि संस्थापक मानती है। इस पुष्ट परम्परा में ऐतिहासिकता हो सकती है—

"Jain tradition is unanimous in making Rishab, the first Tirthankar as the founder. There may be some historical tradition which makes him the first Tirthankar."[19]

विद्वान अब इस बात को मानते हैं कि ऋषभदेव उस अहिंसा परम्परा के आदि जनक थे जिसके सूत्र प्राग्वैदिक है। "प्राग्वैदिक परम्परा के प्रभाव से अहिंसा धर्म और अहिंसक यज्ञ की कल्पना भारत में बुद्ध से पहले फैल चुकी थी और उसके मूल प्रवर्तक घोर-आंगिरस और ऋषभदेव थे।[20]

श्रमण परम्परा की प्राग्वैदिक परम्परा एवं भगवान ऋषभदेव का विवेचन आचार्य श्री तुलसी ने 'Pre-Vedic existance of SRAMAN Tradition' में विस्तारपूर्वक किया है।[21]

(ii) नेमिनाथ

विद्वानों ने नेमिनाथ को श्रीकृष्ण के चचेरे भाई के रूप में स्वीकार किया है। महाभारत के अनुशासन पर्व के 50 एवं 82 वें श्लोकों में "शूर: शौरिजिनेश्वर" पाठ मानकर कृष्ण के साथ साथ अरिष्टनेमि का उल्लेख किया गया है।[22] जैन ग्रन्थों के अनुसार यादवों की राजधानी पहले शूरसेन प्रदेश में शौरीपुर थी। शौरीपुर में जन्में शौरिजिनेश्वर: नेमिनाथ के उल्लेख अन्यत्र भी प्राप्त हैं। ये उसी प्रकार के ऐतिहासिक या पौराणिक व्यक्तित्व हैं जिस प्रकार भगवान श्रीकृष्ण हैं।

(iii) पार्श्वनाथ

पार्श्वनाथ की ऐतिहासिकता अब असंदिग्ध है। पार्श्वनाथ का निर्वाण महावीर-जन्म से 250 वर्ष पूर्व हुआ था और उनकी आयु 100 वर्ष थी। अत: पार्श्वनाथ का समय ई०पू० 877-777 है। भगवान महावीर एवं बुद्ध के समय पार्श्वनाथ की परम्परा के साधुओं के व्यापक प्रभाव का उल्लेख मिलता है। आवश्यक सूत्र निर्युक्ति में वर्णित है कि जब भगवान महावीर कुमारक सन्निवेश पधारे तो उद्यान में ध्यानावस्थित हो गए। उनके शिष्य गोशालक जब बस्ती में गए तो वहाँ उन्होंने कूपनय नामक एक धनाढ्य कुंभकार की शाला में पार्श्वनाथ परम्परा के आचार्य मुनिचन्द्र को अपने शिष्यों सहित देखा।[23]

जैन आगमों में पार्श्वसंतानीय निर्ग्रन्थ श्रमण केशीकुमार का अपने बृहत् शिष्य समुदाय के साथ महावीर के संघ में प्रविष्ट होने का उल्लेख है। उनके साथ महावीर के गणधर गौतम के विस्तृत वार्तालाप का भी उल्लेख है जिसमें वे दोनों इस बात पर भी विचार करते हैं कि महामुनि पार्श्वनाथ ने चातुर्याम धर्म का उपदेश दिया और स्वामी वर्द्धमान पाँच शिक्षा रूप धर्म का उपदेश करते हैं।[24]

पार्श्वानुगामी अन्य साधुओं के भी उल्लेख आगमों में मिलते हैं। जैन परम्परा महावीर के माता-पिता को भी पार्श्वापत्यीय (पार्श्वनाथ की परम्परा से

संबंध रखने वाले) श्रावक मानती है। यद्यपि महावीर ने अपना धर्मसंघ बनाया तथापि उन्होंने भी यह सदैव स्वीकार किया कि जो पूर्व तीर्थंकर पार्श्व ने कहा है, वही वे कह रहे हैं।[25]

कुछ इतिहासकार राजा श्रेणिक की वंश परम्परा को पार्श्व से सम्बन्धित मानते हैं। डॉ० जायसवाल ने लिखा है कि राजा श्रेणिक के पूर्वज काशी से मगध आए थे। काशी में उनका वही राजवंश था जिसमें तीर्थंकर पार्श्व पैदा हुए थे।[26]

डॉ० धर्मानन्द कौसाम्बी ने बुद्ध के जीवन से सम्बन्धित त्रिपिटक से एक ऐसे प्रसंग का उल्लेख किया है जिससे यह निश्चित होता है कि वे बोधि प्राप्ति के पूर्व पार्श्व परम्परा से सम्बद्ध रहे थे। मज्झिम निकाय के महासिंहनाद सुत्त में वर्णित है कि भगवान बुद्ध ने अपने प्रमुख शिष्य सारिपुत्र से कहा—"सारिपुत्र ! बोधि प्राप्ति के पूर्व दाढ़ी, मूँछों का लुंचन करता था, खड़ा रहकर तपस्या करता था, उकड़ू बैठकर तपस्या करता था, नंगा रहता था, हथेली पर भिक्षा लेकर खाता था। बैठे हुए स्थान पर आकर दिए हुए अन्न को, अपने लिए तैयार किए हुए अन्न को और निमंत्रण को भी स्वीकार नहीं करता था।"[27]

इस संदर्भ के आधार पर डॉ० धर्मानन्द कौसाम्बी[28] एवं पं० सुखलाल[29] ने इस धारणा को व्यक्त किया है कि बुद्ध कुछ समय के लिए पार्श्वनाथ की परम्परा में रहे थे।

डॉ० राधाकुमुद मुकर्जी ने भी इस मत से अपनी सहमति प्रकट की है।[30] बुद्ध द्वारा जैन धर्म की तप विधि के अभ्यास की पुष्टि श्रीमती राइस डेविड्स[31] ने भी की है।

पार्श्व के ऐतिहासिक व्यक्तित्व की स्थापना का पाश्चात्य विद्वानों में सर्वप्रथम श्रेय डॉ० जेकोबी को है।[32]

डॉ० चार्ल शार्पेंटियर ने लिखा है कि जैन धर्म निश्चित रूप से महावीर से प्राचीन है तथा उनके पूर्वगामी पार्श्व निश्चित रूप से इतिहास के एक यर्थाथ पात्र रहे हैं। उनके शब्दों में—

"We ought also to remember that the Jain religion is certainly older than Mahavira, his reputed predecessor Parshva having almost certainly, existed as a real person & that consequently, the main points of the original doctrine may have been codified long before Mahavira."[33]

डॉ० रामधारी सिंह दिनकर ने अहिंसा धर्म की परम्परा में पार्श्वनाथ की देन को इन शब्दों में व्यक्त किया है—

"श्रीकृष्ण के समय से आगे बढ़ें, तब भी, बुद्ध देव से कोई ढाई सौ वर्ष पूर्व हम जैन तीर्थंकर श्री पार्श्वनाथ को अहिंसा का विमल संदेश सुनाते पाते हैं। ध्यान देने की बात यह है कि पार्श्वनाथ के पूर्व. अहिंसा केवल तपस्वियों के आचरण में सम्मिलित थी, किन्तु पार्श्व मुनि ने उसे सत्य, अस्तेय और अपरिग्रह के साथ बांधकर सर्व साधारण की व्यावहारिक कोटि में डाल दिया।"[34]

पार्श्वनाथ ने चार मुख्य उपदेश दिये। इस कारण पार्श्वनाथ के धर्म को चातुर्याम धर्म भी कहते हैं। पार्श्वनाथ ने सामयिक चारित्र धर्म की शिक्षा चातुर्याम—चार विरतियों—के रूप में दी—

1. सर्व-प्राणातिपात-विरमण - हिंसा से विरति
2. सर्व-मृषावाद-विरमण - असत्य से विरति
3. सर्व-अदत्तादान-विरमण - चौर्य से विरति
4. सर्व-बहिद्धादान-विरमण - परिग्रह से विरति

पार्श्वनाथ के समय में धर्म साधक अत्यन्त ऋजु, प्रज्ञ एवं विज्ञ थे तथा वे स्त्री को भी परिग्रह के अंतर्गत समझकर बहिद्धादान में उसका अन्तर्भाव करते थे।

(iv) चौबीसवें तीर्थंकर भगवान महावीर

महावीर ने अपने समय की परिस्थितियों के संदर्भ में ब्रह्मचर्य व्रत का अलग से उल्लेख किया। उन्होंने छेदोपस्थानीय चारित्र अर्थात् विभागयुक्त चारित्र की व्यवस्था की। पूज्यपाद (वि०सं० 5-6 शताब्दी) ने महावीर के विभाग-युक्त चारित्र का स्वरूप बतलाते हुए लिखा है -

भगवान महावीर ने चारित्र धर्म के तेरह विभाग किए। पाँच महाव्रत, पाँच समितियाँ और तीन गुप्तियाँ। ये विभाग उनके पूर्व नहीं थे।

तिस्रः सत्तमगुप्तयस्तनुमनोभाषा निमित्तोदयाः
पंचेर्यादिसमाश्रयाः समितयः पंचव्रतानी व्यपि
चारित्रोपहितं त्रयोदशतयं पूर्व न दिष्टं परै-
राचारं परमेष्ठिनो जिनमते वीरान् नमामो वयम्।।[35]

महावीर का महत्त्व इस दृष्टि से है कि उन्होंने उग्र तपस्या करके संघर्षों को सहज रूप से झेलने का एक मानदंड स्थापित किया तथा आत्मजय की साधना को अपने ही पुरुषार्थ एवं चारित्र से सिद्ध करने की विचारणा को लोकोन्मुख बनाकर भारतीय मनीषा को नया मोड़ दिया।

संदर्भ

1. डॉ० नेमीचंद शास्त्री (ज्योतिषाचार्य)—तीर्थंकर महावीर और उनकी आचार्य परंपरा, पृ० 3
2. आचार्य हस्तीमलजी महाराज—जैन धर्म का मौलिक इतिहास, प्रथम खण्ड (तीर्थंकर खण्ड), पृ०-43
3. पद्म पुराण 13/350
4. दशवैकालिक 1/1
5. उत्तराध्ययन 25/32
6. सायण टीकाकार 5
7. श्रीमद्भागवत 13/3/18-19
8. उत्तराध्ययन 25/32
9. दशवैकालिक 7/49
10. रामधारी सिंह दिनकर— संस्कृति के चार अध्याय, पृ० 121 (तृतीय संस्करण)।
11. ऋग्वेद 6/86/5
12. मुनि श्री नगराज-आगम और त्रिपिटक : एक अनुशीलन
13. प्रवचन सारोद्धार 94
14. तैत्तरीय आरण्यक 10/63
15. ऋग्वेद 10/11/136/2
16. तैत्तरीयोपनिषद् 2/7
17. श्रीमद्भागवत 11/6/47
18. श्रीमद्भागवत 11/2/20, 5/3/20
19. Dr. Hermann Jakobi - Indian Antiquity.
20. रामधारी सिंह दिनकर - संस्कृति के चार अध्याय, पृ० 126
21. Acharya Shree Tulsi—Pre-Vedic Existence of SRAMAN Tradition. Paper read at XXIV International Congress of Orientalists. New Delhi, 4th January 1964.
22. श्रीचंद रामपुरिया - अर्हत् अरिष्टनेमि और वासुदेव कृष्ण, पृ० 6 : श्री जैन श्वेताम्बर तेरापंथी महासभा, कलकत्ता; 1960 ई०

23. आवश्यक सूत्र निर्युक्ति, मलयगिरि वृत्ति, पूर्वभाग गा० 477, पत्र संख्या 279
24. उत्तराध्ययन सूत्र अ० 23
25. व्याख्या प्रज्ञप्ति, श० 5, उद्दे० 9, सू० 227
26. डॉ० काशीप्रसाद जायसवाल - भारतीय इतिहास : एक दृष्टि, पृ० 62
27. डॉ० धर्मानन्द कौसाम्बी - भगवान बुद्ध, पृ० 67-69
28. डॉ० धर्मानन्द कौसाम्बी - पार्श्वनाथ का चातुर्याम धर्म, पृ० 28-31
29. पं० सुखलाल - चार तीर्थंकर, पृ० 140-141
30. डॉ० राधाकुमुद मुकर्जी - हिन्दू सभ्यता - अनु० डॉ० वासुदेव शरण अग्रवाल (राजकमल प्रकाशन, दिल्ली), पृ० 239
31. Mrs. Rhys Devis - Gautam the man, PP. 22-25.
32. Dr. Jacobi - Sacred Books of the East. Vol. XIV, Introduction to Jain Sutras, Vol. II, P. 21.
33. डॉ० चार्ल शार्पेंटियर—The Uttradhyan Sutra : Introduction, P. 21.
34. डॉ० रामधारी सिंह दिनकर-संस्कृति के चार अध्याय, पृ० 126
35. पूज्यपाद, चारित्र भक्ति, 7

◆◆◆

भगवान महावीर : जीवनवृत्त

2.1 समकालीन चिन्तक : संशय का साम्राज्य

भगवान महावीर के युग में भौतिकवादी चिन्तकों ने समस्त नैतिक मूल्यों की प्रासंगिकता पर प्रश्नवाचक चिह्न लगा दिया था। पूरण कश्यप, मक्खलि गौशाल, अजित केश कंबलि, प्रकुद्ध कात्यायन एवं संजय वेलट्ठिपुत्र आदि के विचारों के अध्ययन से इसका आभास होता है कि युगीन जनमानस किस सीमा तक संशय, संत्रास, अनास्था, अविश्वास, प्रश्नाकुलता, उद्विग्नता आदि वृत्तियों से आक्रान्त था।

पूरण कश्यपः अक्रियावाद का प्रवर्तन कर इन्होंने सामाजिक जीवन में पाप एवं पुण्य की सभी रेखाएँ मिटाकर अनाचार एवं हिंसा के बीजों का वपन किया। इनका तर्क था कि आत्मा एवं शरीर भिन्न हैं। आत्मा क्रिया नहीं करती, शरीर करता है। इसी कारण किसी भी प्रकार की क्रिया करने से न पाप होता है न पुण्य : "अगर कोई कुछ करे या कराये, काटे या कटवाये, कष्ट दे या दिलाये, शोक करे या कराये .... प्राणियों को मार डाले, चोरी करे, घर में सेंध लगाए, डाका डाले, ... पर-दार गमन करे या असत्य बोले तो भी उसे पाप नहीं लगता।............... दान, धर्म, संयम और सत्य-भाषण से पुण्य की प्राप्ति नहीं होती।"[1]

मक्खलि गौशालः नियतिवाद का प्रवर्तन कर इन्होंने सुख-दुःख की प्राप्ति का कारण नियति को मानकर व्यक्ति के पुरुषार्थ को कोई महत्त्व नहीं दिया। इनका उल्लेख बौद्ध एवं जैन साहित्य में मिलता है। 'मज्झिम निकाय' में इनकी जीवन दृष्टि को 'अहेतुकदिट्ठि' अथवा 'अकिरियादिट्ठि' कहा गया है।[2] "अपने सामर्थ्य से कुछ नहीं होता............। पुरुषार्थ से कुछ नहीं होता है। होना होकर ही रहता है। ....सर्वसत्व, सर्वप्राणी, सर्वभूत, सर्वजीव तो अवश, दुर्बल और निर्वीर्य हैं। वे नियति एवं स्वभाव के कारण परिणत होते हैं और सुख दुख का उपभोग करते हैं।"[3]

अजित केश कंबलि : उच्छेदवाद का प्रवर्तन कर इन्होंने शरीर की समाप्ति के साथ ही यह भी माना है कि उसमें विद्यमान—पृथ्वी धातु, जल-अंश,

तेजोधातु और वायु धातु—इन चारों भूतों का शरीर से उच्छेद हो जाता है। आत्मा की कोई सत्ता नहीं है।

"मनुष्य चार भूतों का बना हुआ है। जब वह मरता है, तब उसमें समाहित पृथ्वी धातु पृथ्वी में, आपा (जल) धातु जल में, तेजोधातु तेज में और वायु धातु वायु में जा मिलते हैं तथा इन्द्रियाँ आकाश में चली जाती हैं।.......... मृत्यु के अनन्तर कुछ भी शेष नहीं रहता।"[4-क]

प्रकुद्ध कात्यायन : अन्योन्यवाद का प्रवर्तन कर इन्होंने यह मत प्रतिपादित किया कि—(1) पृथ्वी (2) जल (3) वायु (4) तेज (5) सुख (6) दुःख एवं (7) जीवन—ये सात पदार्थ अकृत, अनिर्मित, अबध्य, कूटस्थ और अचल हैं। इस कारण एक दूसरे को सुख-दुःख उत्पन्न करने में असमर्थ है। इस स्थापना के आधार पर इनका तर्क था कि इन्हें जब कोई नष्ट नहीं कर सकता तो कोई हत्यारा भी नहीं हो सकता। यदि तीक्ष्ण शस्त्र द्वारा किसी को काट भी दिया जाए तो उसे किसी को प्राण से मारना नहीं कहा जा सकता।[4-ख]

संजय वेलट्ठिपुत्र : इनके विचारों में अनिश्चयात्मकता, भ्रान्तियाँ, प्रश्नाकुलता है। इस कारण इन्हें विक्षेपवाद का प्रवर्तक माना जाता है। इनके मतानुसार परलोक, पुनर्जन्म, आत्मा, कर्मफल आदि के सम्बन्ध में निश्चित रूप से कुछ नहीं कहा जा सकता।[4-ग]

वैदिक ऋषियों ने सहयोगपूर्ण सामाजिक जीवन की आधारशिला स्थापित की थी। 'संगच्छध्वं संवदध्वं सं वो मनांसि जानताम—तुम मिलकर चलो, मिलकर बोलो, तुम्हारे मन साथ-साथ विचार करें।'[5] उपनिषद् के ऋषियों ने 'एकस्तथा सर्वभूतान्तरात्मा—सभी प्राणियों की अन्तरात्मा में एक ही निरपेक्ष' तथा 'ईशावास्यमिदं सर्वम्—यह समस्त ईश्वर (परब्रह्म) से व्याप्त' का उद्घोष कर एकात्म चेतना को जागृत किया।

भगवान महावीर के युग में एक ओर वैदिक धर्म धार्मिक अंधविश्वासों, शुष्क कर्मकांडों, यज्ञ में पशु-आहुति आदि विकृतियों से व्याप्त हो गया था तो दूसरी ओर श्रमण परम्परा के युगीन चिन्तक अनात्मवाद की तार्किक स्थापना कर रहे थे, नैतिक मूल्यों का निषेध कर रहे थे। भोगवाद एवं भौतिकवाद अपने चरम पर पहुँच गया था। सामाजिक जीवन में एक अजीब छटपटाहट, बेचैनी, अशान्ति, व्याकुलता एवं विक्षुब्धता व्याप्त थी। ऐसे ही युग में भगवान महावीर एवं गौतम बुद्ध का जन्म हुआ। गौतम बुद्ध ने मानवजाति के लिए मैत्री एवं करुणा का संदेश दिया तथा भगवान महावीर ने प्राणी मात्र की आत्मचेतना को जागृत किया एवं अहिंसा को परमधर्म की मान्यता प्रदान कर धर्म की सामाजिक भूमिका को रेखांकित किया।

2.2. भगवान महावीर का जन्म

(i) पुनर्भवों की साधना का परिणाम—जैन ग्रन्थों में भगवान महावीर के पूर्व भवों का वर्णन मिलता है। इतिहास इसकी पुष्टि नहीं करता। प्रश्न उपस्थित होता है कि इस प्रकार के पौराणिक विवरणों को प्रस्तुत करने की क्या सार्थकता है? मेरी दृष्टि में इसके प्रस्तुतीकरण का महत्व दो कारणों से है। एक तो इससे जैन धर्म की तत्सम्बन्धी विशिष्ट मान्यताओं की जानकारी प्राप्त होती है। दूसरे इससे पाठक को यह सहज प्रतीति हो सकेगी कि किस प्रकार प्राणी मात्र उत्तरोत्तर विकास कर, आत्म साक्षात्कार कर, परम पद की प्राप्ति कर सकता है। पूर्व जन्मों में महावीर एक संसारी जीव मात्र थे। वे न तो 'अमरत्व के अधीश्वर' थे और न सच्चिदानन्द स्वरूप, अरूप, अव्यक्त, अनाम, अनंत, निर्विकल्प, निरवयव तथा देशकाल परिच्छेद रहित ब्रह्म। उनका जन्म निर्गुण से सगुण तथा निराकार से साकार होने की घटना नहीं है। उनका जन्म किसी अवतार का पृथ्वी पर शरीर धारण करना नहीं है। उनके जीवन-चरित का इतिवृत्त एक सामान्य जीव का अपने विकारों पर चरम पुरुषार्थ एवं तप, त्याग, साधना द्वारा विजय प्राप्त करने के बाद निज स्वरूप को प्राप्त करने की गाथा है। इस कारण उनका जीवन आकाश से पृथ्वी पर उतरना नहीं है। पृथ्वी से उत्तरोत्तर विकास करते हुए इतना उठना है कि इसके बाद उठने की कोई सीमा ही शेष न रहे। उनका जन्म नारायण का नर शरीर धारण करना नहीं है, नर का ही नारायण हो जाना है।

प्रत्येक जीव अनादिकाल से संसार में परिभ्रमण करता चला आ रहा है। महावीर के जीव के भी असंख्यात पर्याय-जन्म होंगे। जीव के असंख्यात पर्याय जन्मों का तब तक महत्त्व नहीं, जब तक वह आत्म चेतना के साक्षात्कार के लिए कोई प्रयास नहीं करता। महावीर के जीव के संख्यातीत जन्मों में से आत्म चेतना के साक्षात्कार का आरम्भ पुरूरवा भील का भव अथवा नयसार का भव से होता है। इसी कारण महावीर के पूर्व भवों का समारम्भ इसी भव के वर्णन से करना प्रासंगिक है। इस भव से आरम्भ करने के बाद भी पूर्व भवों की संख्या के सम्बन्ध में दो परम्परायें हैं—

(1) कल्पसूत्र आदि ग्रन्थों में नयसार का भव अगणित भवों में भ्रमण करने के पश्चात अन्ततः भगवान महावीर के रूप में जन्म लेता है। कल्पसूत्र में भगवान महावीर के 26 पूर्व भवों का वर्णन है।

(2) तिलोय पण्णत्ति में पुरूरवा भील का भव अन्ततः भगवान महावीर के रूप में जन्मा है। इसमें महावीर के 32 पूर्व भवों का वर्णन है।

32 पूर्व भव	26 पूर्व भव
1. पुरूरवा : भीलों का राजा	1. नयसार ग्राम चिन्तक
2. सौधर्म देव	2. सौधर्म देव
3. मरीचि : भरत का पुत्र	3. मरीचि
4. ब्रह्म स्वर्ग में देव	4. ब्रह्म स्वर्ग का देव
5. जटिल : कपिल ब्राह्मण का पुत्र	5. कौशिक ब्राह्मण
6. सौधर्म स्वर्ग का देव	6. पुष्यमित्र ब्राह्मण
7. पुष्यमित्र ब्राह्मण	7. सौधर्म देव
8. सौधर्म स्वर्ग का देव	8. अग्निद्योत्
9. अग्निसह ब्राह्मण	9. द्वितीय कल्प का देव
10. सानत्कुमार स्वर्ग का देव	10. अग्निभूति ब्राह्मण
11. अग्निमित्र ब्राह्मण	11. सानत् कुमार देव
12. माहेन्द्र स्वर्ग का देव	12. भारद्वाज
13. भारद्वाज ब्राह्मण	13. महेन्द्र कल्प का देव
14. माहेन्द्र स्वर्ग का देव	14. स्थावर ब्राह्मण
15. स्थावर ब्राह्मण	15. ब्रह्म कल्प का देव
16. माहेन्द्र स्वर्ग का देव	16. विश्वभूति
17. विश्वनन्दी : विश्वभूति राजा का पुत्र	17. महाशुक्र स्वर्ग का देव
18. महाशुक्र स्वर्ग का देव	18. त्रिपृष्ठ नारायण
19. त्रिपृष्ठ कुमार : पौदनपुर नगर के राजा का पुत्र	19. सातवें नरक का नारकी
20. सातवें नरक में नारकीय जीवन	20. सिंह
21. शेर : सिंह गिरि के पहाड़ों में	21. चतुर्थ नरक (अनेक भव)
22. रत्नप्रभा नामक प्रथम नरक का नारकी	22. पोट्टिल (प्रिय मित्र) चक्रवर्ती
23. सिंह	23. महाशुक्र कल्प का देव
24. सौधर्म प्रथम स्वर्ग में सिंह केतु देव	24. नन्दन
25. कनकोज्जवल राजा	25. प्राणत देवलोक
26. ऋद्धिधारी देव : लातंक स्वर्ग में	26. देवानन्दा के गर्भ में

27. हरिषेण राजा : ब्रजसेन राजा का पुत्र
28. महाशुक्र स्वर्ग में ऋद्धिधारी देव
29. प्रिय मित्र चक्रवर्ती : राजा सुमित्र का पुत्र
30. सहस्त्रार स्वर्ग में सूर्यप्रभ देव
31. नन्द राजा : नंदीवर्धन राजा का पुत्र
32. अच्युत स्वर्ग का देव : अच्युतेन्द्र

महावीर के पूर्वभवों एवं चरित के वर्णन में कुछ रचनाकारों ने 'तिलोयपण्णत्ति'[6] से तथा कुछ ने कल्पसूत्र[7] से प्रभाव ग्रहण किया है। इन दोनों परम्पराओं के प्रमुख ग्रन्थ निम्न हैं। यहाँ केवल संस्कृत, प्राकृत एवं अपभ्रंश भाषाओं मे रचित प्रमुख ग्रन्थों के ही नाम दिए जा रहे हैं—

तिलोयपण्णत्ति से प्रभावित

क्र० सं०	रचनाकार	रचना का नाम	रचना का काल	रचना की भाषा
1.	गुणभद्र	**उत्तर पुराण[8] के अन्तर्गत महावीर चरित**	9 वीं सदी	संस्कृत
2.	पुष्पदंत	**हरिवंश पुराण[9] के अन्तर्गत वड्ढमाण चरिउ**	10 वीं	अपभ्रंश
3.	असग	**वर्धमान चरित्र[10]**	10 वीं	संस्कृत
4.	विबुध श्रीधर	**वड्ढमाण चरिउ[11]**	12 वीं	अपभ्रंश
5.	आशाधर	**त्रिषष्टि स्मृति शास्त्र के[12] अन्तर्गत महावीर पुराण**	13 वीं	संस्कृत
6.	रइधू	**सम्मइजिण चरिउ[13]**	13 वी	अपभ्रंश
7.	दामनन्दि	**पुराणसार-संग्रह[14] के अन्तर्गत महावीर पुराण**	16 वीं	संस्कृत
8.	सकल कीर्ति	**वर्धमान चरित[15]**	15 वीं	संस्कृत

कल्पसूत्र से प्रभावित

1.	शीलांकाचार्य	चउपन्न महापुरिस चरियं[16] के अन्तर्गत वड्ढमाणचरियं	9 वीं	प्राकृत
2.	गुणचन्द्रगणि	महावीर चरियं[17]	12 वीं	प्राकृत
3.	देवेन्द्रगणि (नेमिचन्द्र)	महावीर चरित्र[18]	11 वीं	प्राकृत
4.	अमर चन्द्र सूरि	चतुर्विंशति जिन चरित्र[19] के अन्तर्गत महावीरचरितम्	13 वीं	संस्कृत
5.	हेम चन्द्राचार्य सूरि	त्रिषष्टि शलाका पुरुष चरित्र[20] के अन्तर्गत महावीर चरित	13 वीं	संस्कृत
6.	मेरू तुंग	महापुराण-चरित[21] के अन्तर्गत वर्द्धमान-चरित	14 वीं	संस्कृत
7.	जिनेश्वर सूरि के शिष्य	महावीर चरिउ[22]	14 वीं	अपभ्रंश

(ii) जन्मकाल–भगवान महावीर का निर्वाणकाल 527 ई०पू० निश्चित हो चुका है। सन् 1974-75 ई० में भगवान महावीर की 2500 वीं निर्वाण शती मनाई गई।

कल्पसूत्र के अनुसार भगवान महावीर 72 वर्ष जीवित रहे। उत्तर पुराण के अनुसार वे 72वें वर्ष में कुछ माह तक ही जीवित रहे। इस दृष्टि से महावीर का जन्मकाल (527+72) = 599 ईस्वी पूर्व हुआ। भगवान महावीर का 2600वाँ जन्म कल्याणक महोत्सव वर्ष सन् 2001 ईस्वी (2001 + 599 = 2600) में मनाया गया।

कल्पसूत्र, निर्वाण भक्ति एवं उत्तर पुराण आदि रचनाओं में भगवान महावीर की जन्मतिथि चैत्र शुक्ला त्रयोदशी की रात्रि वर्णित है। उस समय चन्द्रमा उत्तरा फाल्गुनी नक्षत्र का उपभोग कर रहा था। आधुनिक काल-गणना के अनुसार उनकी जन्मतिथि 27 मार्च, सोमवार, 598 ईस्वी पूर्व मानी जाती है।

(iii) जन्म स्थान—आधुनिककाल में इतिहासज्ञ विद्वानों ने विदेह राज्य एवं वैशाली के सम्बन्ध में प्रचुर शोध कार्य किया है। जैन विद्वानों ने भी प्राचीन

जैन शास्त्रों का अवलोकन किया है। परम्परागत दृष्टि से भगवान महावीर का जन्मस्थान बिहार में नालन्दा से पश्चिम में दो किलोमीटर की दूरी पर स्थित ''कुंडलपुर'' अथवा बिहार के मुंगेर जिले में लछुवाड़ गांव से दक्षिण में नदी किनारे स्थित ''क्षत्रिय कुंड'' माना जाता रहा है। ये दोनों स्थान भगवान महावीर के समय स्थित मगध राज्य की सीमा के अन्तर्गत आते हैं।

भगवान महावीर के जन्म के समय भारत में दो प्रकार की शासन-व्यवस्थायें थीं। मगध साम्राज्य में राजतंत्रात्मक शासन व्यवस्था थी। मध्य हिमालय से लेकर बिहार में गंगा नदी तक का प्रदेश अनेक गणतंत्रों में विभक्त था। विदेह में राजतंत्र की समाप्ति के बाद गणतंत्र स्थापित हो गया था। 18 गणराज्यों ने मिलकर महासंघ का निर्माण किया था। इनमें एक वृज्जि संघ था। इसमें लिच्छवी, विदेह, ज्ञातृक (नाथ, नाट, नाय), वृज्जि, उग्र, भोग, कौरव और इक्ष्वाकु—ये आठ कुल सम्मिलित थे। भगवान महावीर एवं गौतम बुद्ध के समय 'वृज्जि संघ' विद्यमान था। पाणिनी और कौटिल्य ने भी वृज्जियों का उल्लेख किया है। इन आठों कुलों का वैशाली नगरी और इसके उपनगरों से घनिष्ठ सम्बन्ध था। वैशाली उस समय की अति प्रसिद्ध, भव्य एवं विशाल नगरी थी। इसकी प्रसिद्धि अत्यंत प्राचीन काल से रही है। रामायण, श्रीमद् भागवत पुराण एवं विष्णु पुराण में उल्लेख आया है कि राजा विशाल ने इसे विशाला नगरी के नाम से बसाया था।[23] कहा जाता है कि भगवान महावीर के समय इस विशाल नगरी में 7707 प्रासाद, 7707 अटारियों वाले मकान, 7707 उद्यान और 7707 सरोवर थे। वैशाली संस्कृति और सभ्यता का प्रधान केन्द्र था। वैशाली की न्याय व्यवस्था की कीर्ति चारों ओर व्याप्त थी। बौद्ध साहित्य में भी इसका विवरण मिलता है।[24] वैशाली गणतंत्र के 7707 ऐसे सभासद थे जो राजा कहलाते थे। भगवान महावीर के पिता सिद्धार्थ भी इनमें से एक थे।

जैन शास्त्रों में भगवान महावीर को 'वेसालिय' कहा गया है (वैशाली में उत्पन्न होने वाला)। आचारांग/कल्पसूत्र की परम्परा तथा तिलोयपण्णत्ति की परम्परा—दोनों परम्पराओं के ग्रन्थों में भगवान महावीर को विदेहवासी कहा गया है। इन ग्रन्थों में उनका जन्म स्थान जम्बू द्वीप के भारतवर्ष के विदेह के अन्तर्गत स्थित ''कुंडपुर'' (वैशाली का उपनगर) अथवा क्षत्रिय कुंड (कुंडपुर का उपनगर) माना गया है। विदेह मगध के पूर्वोत्तर में विद्यमान देश था। विदेह के अन्तर्गत प्राचीन काल में नेपाल के एक भाग के अतिरिक्त वे सब स्थान सम्मिलित थे जो अब सीतामढ़ी, मुजफ्फरपुर, वैशाली आदि कहलाते हैं।

इतिहासज्ञ विद्वानों के अनुसार तिरहुत सम्भाग अथवा मुजफ्फरपुर जिले में ''वनियां वसाढ़'' ही वह स्थान है जो भगवान महावीर के समय में वैशाली नगर था।[25] वसाढ़ के निकट 'वासुकुंड' है। यही प्राचीन 'कुंडपुर' था। (पहले वैशाली मुज्जफ्फरपुर जिले के अन्तर्गत आता था। अब वैशाली स्वतंत्र जिला है।)

कुंडपुर या कुण्डग्राम ही दो भागों में विभक्त था—

(1) क्षत्रिय कुंड तथा (2) ब्राह्मण कुंड।

गंडकी नदी के पश्चिम तट पर ये दोनों कुंडपुर के उपनगर एक दूसरे के पूर्व-पश्चिम दिशा में स्थित थे।

क्षत्रिय कुंड सन्निवेश में ज्ञातृवंशी क्षत्रियों का राज्य था। 'ज्ञातृ' के पालि में 'नात' तथा प्राकृतों में 'नाय' रूप मिलते हैं।

इस प्रकार भगवान महावीर का जन्म स्थान विदेह क्षेत्र के अन्तर्गत वैशाली के समीपवर्ती स्थित कुंडपुर/कुंडग्राम/क्षत्रिय कुंड है।

इस स्थापना के अनुमोदन के लिए जैन शास्त्रों के संदर्भित प्रसंगों का संकेत आवश्यक है।

1. कल्पसूत्र में भगवान महावीर को विदेहवासी कहा गया है।[26] (विदेह-विदेह दिन्ने)
2. आचारांग में भगवान की जननी को 'विदेह दिन्ना' कहा गया है।[27]
3. आचार्य पूज्यपाद ने विदेह के अन्तर्गत कुंडपुर का उल्लेख किया है जिसके राजा सिद्धार्थ थे "**सिद्धार्थ नृपति तनयो, भारतवर्षे विदेह कुंडपुरे**"।[28]
4. आचार्य जिनसेन ने इसका उल्लेख किया है—

भरतेऽस्मिन् विदेहाख्ये, विषये भवनांगणे।

राज्ञः कुंडपुरेशस्य, वसुधारापतत् पृथुः।।[29]

5. आचार्य जिनसेन ने विदेह देश के अन्तर्गत कुंडपुर नगर की शोभा का वर्णन किया है।

उसकी शोभा ऐसी दिखाई पड़ती है मानो वह सुखरूपी जल का कुंड ही हो तथा इन्द्र के सहस्त्र नेत्रों की पंक्तिरूपी कमलनी खण्ड से मंडित हो।[30]

6. आचार्य गुणभद्र ने भरत क्षेत्र के विदेह देश में कुण्डपुर नरेश के प्रासाद के प्रांगण में विशाल धन की धारा-वर्षण का वर्णन किया है।[31]
7. महाकवि असग ने भी "............ **स्व समान शोभम् ख्यातं पुरं जगति कुंडपुराभिधानं**" कुंडपुर की शोभा का वर्णन किया है।[32]
8. विबुध श्रीधर ने वड्ढमाणचरिउ में विदेह देश एवं कुंडपुर नगर का आलंकारिक शैली में वर्णन किया है :

"उसी भारतवर्ष में विद्याधरों एवं अमरों से सुशोभित प्रदेश वाला विदेह नामक एक सुप्रसिद्ध देश है—'णिवसइ् विदेहु णामेण देसु' .... उसी विदेह देश में कुंडपुर नामक एक नगर है—'तहिँ णिवसइ कुंडपुराहिहाणु'........।"[33]

9. आचार्य विजयेन्द्र सूरि ने कुंडपुर की ऐतिहासिकता सिद्ध करने तथा जैन शास्त्रों में कुंडपुर' सम्बन्धी उद्धरण खोजने का प्रशंसनीय प्रयास किया है। उनके मतानुसार आवश्यक निर्युक्ति, कल्पसूत्र, आवश्यक सूत्र, महावीर चरियं (नेमिचन्द्र तथा गुणचन्द्र दोनो में), पउमचरियं, आवश्यक चूर्णि आदि ग्रन्थों में 'कुंडपुर' शब्द का प्रयोग लगभग 46 बार हुआ है।[34]

10. भगवती सूत्र में ब्राह्मणकुंड से पश्चिम दिशा में क्षत्रिय कुंड और दोनों के मध्य में बहुशाल चैत्य वर्णित है :

"तस्सणं माहणकुंडग्गामस्स णयरस्स पच्चत्थिमेणं एत्थणं खत्तिय कुंडग्गामे नामं नयरे होत्था।"[35]

"जाव एगाभिमुहे खत्तिय कुंडग्गामं नयरं मज्झंमज्झेगं निगच्छइ, निगच्छित्ता जेणेव माहण कुंडगामे नयरे जेणेव बहुसालए चेइए।"[36]

11. आचारांग सूत्र में भी वर्णित है कि कुंडपुर के दक्षिण में ब्राह्मण कुंडपुर तथा उत्तर में क्षत्रिय कुंडपुर था :

"दाहिण माहण कुंडपुर सन्निवेसाओ उत्तर खत्तिय कुंडपुर सेन्निवेसंसि नायाणं खत्तियाणं सिद्धत्थस्स.........॥"[37]

इतिहास सम्मत दृष्टि रखने वाले शोधकर्ताओं एवं जैन विद्वानों ने मुजफ्फरपुर (सम्प्रति वैशाली) जिले के वासुकुंड को ही भगवान महावीर का जन्म स्थान स्वीकार किया है। इस दृष्टि से शोधक डॉ० शोभानाथ पाटक एवं जैन विद्वान डॉ० हीरालाल जैन के विचार उद्धृत हैं :

(क) **डॉ० शोभानाथ पाठक** - (विक्रम विश्वविद्यालय से "संस्कृत एवं प्राकृत जैन साहित्य में महावीर कथा" शीर्षक शोध प्रबन्ध पर पी-एच०डी० की उपाधि प्राप्त):

"महावीर का जन्म स्थान आज 'वासुकुंड' के नाम से जाना जाता है। बसाढ़ (वैशाली) के भग्नावशेष महत्वपूर्ण हैं। समीप ही "प्राकृत शोध संस्थान" है। 'वासुकुंड' (कुंडपुर) में महावीर के जन्मस्थान की गरिमानुसार 1951 ई० में भारत

के प्रथम राष्ट्रपति डॉ० राजेन्द्र प्रसाद द्वारा एक शिलापट्ट प्रतिष्ठित किया गया है। आसपास बंजर जमीन है। मैंने समीप के ग्रामीणों से जब इस विषय में पूछा तो उन्होंने बताया कि महावीर के जन्म स्थान की महत्ता के मान में कभी यहाँ हल नहीं चलाया गया। लोगों की इस स्थान के प्रति असीम श्रद्धा है। वहाँ का शांत वातावरण वास्तव में एक अजीब सी सिहरन पैदा कर देता है। यह अनुभूति मुझे आज भी रोमाचिंत कर देती है।

'कुण्डपुर' की यात्रा तथा तत्सम्बन्धी साहित्योदधि को थहाकर मैं स्वयं बेहद संतुष्ट हूँ। अतीत के 'अंग', 'मगध' की कल्पनाएं निराधार हैं। तथ्यतः महावीर ने वैशाली के पास 'कुंडपुर' में ही माँ त्रिशला की कुक्षि से जन्म लिया था। यह स्थान आज 'वासुकुण्ड' नाम से जन-जन की श्रद्धा का केन्द्र बना हुआ है।''[38]

(ख) डॉ० हीरालाल जैन -

''भगवान् का जन्मस्थान कुंडपुर कहां था, इसके संबंध में पश्चात्कालीन जैन परंपरा में भ्रान्ति उत्पन्न हुई पाई जाती है। दिगम्बर सम्प्रदाय ने उनका जन्मस्थान नालंदा के समीप कुंडलपुर को माना है, जबकि श्वेताम्बर सम्प्रदाय ने मुंगेर जिले के लछुआड़ के समीप क्षत्रियकुंड को उनकी जन्मभूमि होने का सम्मान दिया है। किन्तु जैन आगमों व पुराणों में उनकी जन्मभूमि के सम्बन्ध में जो बातें कही गई हैं, वे उक्त दोनों स्थानों में घटित होती नहीं पाई जातीं। दोनों परम्पराओं के अनुसार भगवान् की जन्मभूमि कुंडपुर विदेह देश में स्थित माना गया है (ह०पु० 2, 4; उ०पु० 74, 251) और इसी से महावीर भगवान को विदेहपुत्र, विदेह-सुकुमार आदि उपनाम दिये गये हैं और यह भी स्पष्ट कहा गया है कि उनके कुमारकाल के तीस वर्ष विदेह में ही व्यतीत हुए थे। ....उपर्युक्त वर्तमान में जन्मभूमि माने जाने वाले दोनों ही स्थान कुण्डलपुर व क्षत्रियकुंड, गंगा के उत्तर में नहीं, किन्तु दक्षिण में पड़ते हैं, और वे विदेह में नहीं, किन्तु मगधदेश की सीमा के भीतर आते हैं। महावीर की जन्मभूमि के समीप गंडकी नदी प्रवाहित होने का भी उल्लेख है। गंडकी, उत्तर बिहार की ही नदी है, जो

हिमालय से निकलकर गंगा में सोनपुर के समीप मिली है। उसकी गंगा से दक्षिण में होने की संभावना ही नहीं। महावीर को आगमों में अनेक स्थलों पर बेसालिय (वैशालीय) की उपाधि सहित उल्लिखित किया गया है, (सू०कृ० 1, 2; उत्तरा. 6) जिससे स्पष्ट होता कि वे वैशाली के नागरिक थे, जिस प्रकार कि कौशल देश के होने के कारण भगवान ऋषभ-देव को अनेक स्थलों पर कोसलीय (कौशलीय) कहा गया है। इन्हीं कारणों से डॉ० हार्नले, जैकोबी आदि पाश्चात्य विद्वानों को उपर्युक्त परम्परा-मान्य दोनों स्थानों में से किसी को भी महावीर की यथार्थ जन्मभूमि स्वीकार करने में संदेह हुआ है, और वे वैशाली को ही भगवान् की सच्ची जन्मभूमि मानने की ओर झुके हैं। पुरातत्व की शोधों से यह सिद्ध हो चुका है कि प्राचीन वैशाली आधुनिक तिरहुत मंडल के मुज्जफरपुर जिले के अन्तर्गत बसाढ़ नामक ग्राम के आसपास ही बसी हुई थी, जहां राजा विशाल का गढ़ कहलाने वाला स्थल अब भी विद्यमान है। इस स्थान के आसपास के क्षेत्र में वे सब बातें उचित रूप से घटित हो जाती हैं, जिनका उल्लेख महावीर जन्मभूमि से संबद्ध पाया जाता है। यहाँ से समीप ही अब भी गंडक नदी बहती है, और वह प्राचीन काल में बसाढ़ के अधिक समीप बहती रही हो, यह भी संभव प्रतीत होता है। भगवान् ने प्रव्रजित होने के पश्चात् जो प्रथमरात्रि कर्मार ग्राम में व्यतीत की थी, वह ग्राम अब कम्मन-छपरा के नाम से प्रसिद्ध है। भगवान् ने प्रथम पारणा कोल्लाग संनिवेश में की थी, वही स्थान आज का कोल्हुआ ग्राम हो तो आश्चर्य नहीं। जिस वाणिज्यग्राम में भगवान ने अपना प्रथम व आगे भी अनेक वर्षावास व्यतीत किये थे, वही अब बनिया ग्राम कहलाता है। इतिहास इस बात को स्वीकार कर चुका है कि लिच्छिविगण के अधिनायम, राजा चेटक, इसी वैशाली में अपनी राजधानी रखते थे। भगवान् का पैत्रिकगोत्र काश्यप और उनकी माता का गोत्र वशिष्ठ था। ये दोनो गोत्र यहां बसने वाली जथरिया नामक जाति में अब भी पाये जाते हैं। इस पर से कुछ विद्वानों का यह भी अनुमान है कि यही जाति ज्ञातृवंश की आधुनिक प्रतिनिधि हो तो आश्चर्य नहीं। प्राचीन वैशाली के समीप ही एक वासुकुंड नामक ग्राम है, जहां के निवासी

परंपरा से एक स्थल को भगवान् की जन्मभूमि मानते आए हैं, और उसी पूज्य भाव से उस पर कभी हल नहीं चलाया गया। समीप ही एक विशाल कुंड है जो अब भर गया है और जोता-बोया जाता है। वैशाली की खुदाई में एक ऐसी प्राचीन मुद्रा भी मिली है, जिसमें 'वैशाली नाम कुंडे' ऐसा उल्लेख है। इन सब प्रमाणों के आधार पर बहुसंख्यक विद्वानों ने इसी वासु-कुंड को प्राचीन कुंडपुर व महावीर की सच्ची जन्मभूमि स्वीकार कर लिया है, व इसी आधार पर वहां के उक्त क्षेत्र को अपने अधिकार में लेकर, बिहार राज्य ने वहाँ महावीर स्मारक स्थापित कर दिया है, और वहाँ एक अर्द्धमागधी पद्यों में रचित शिलालेख में यह स्पष्ट घोषणा कर दी है कि यही वह स्थल है, जहाँ भगवान महावीर का जन्म हुआ था। इसी स्थल के समीप बिहार राज्य ने प्राकृत जैन विद्यापीठ को स्थापित करने का भी निश्चय किया है।''[39]

(iv) माता-पिता—

भगवान महावीर के माता-पिता तीर्थंकर पार्श्वनाथ की परम्परा के अनुयायी थे। उनके पिता ज्ञातृवंशीय सिद्धार्थ कुंडपुर के राजा थे। उनकी माता लिच्छवी वंश की त्रिशला थीं। प्रिय और मधुर वचन बोलने के कारण, छोटे-बड़े सभी के प्रति सद्व्यवहार करने के कारण, राजा सिद्धार्थ के मन को प्रिय लगने के कारण उनका अपर नाम 'प्रियकारिणी' भी था।[40] इसका उल्लेख किया जा चुका है कि आचारांग में उन्हें 'विदेह दिन्ना' भी कहा गया है। जैन पुराणों में भगवान महावीर की माता को मगध साम्राज्य के राजा चेटक की सम्बन्धी बतलाया गया है। इन्हें उत्तर पुराण में राजा चेटक की पुत्री तथा आवश्यक चूर्णि में राजा चेटक की बहन कहा गया है।

आचारांग सूत्र एवं कल्पसूत्र की परम्परा के ग्रन्थों में वर्णित है कि नयसार का जीव पहले ब्राह्मण कुंड ग्राम के ब्राह्मण ऋषभदत्त की पत्नी देवानन्दा की कुक्षि में गर्भरूप से उत्पन्न हुआ। देवानन्दा के गर्भ में 82 रात्रियाँ बिता चुकने के पश्चात् 83 वीं रात्रि में हरिणैगमेषी ने भगवान महावीर के गर्भ को बाधा-पीड़ा रहित दिव्य प्रभाव से करतल में लेकर त्रिशला की कुक्षि में प्रतिष्ठित किया।[41]

इन ग्रन्थो में कुक्षि में जीव के गर्भधारण करने की रात्रि को देवानन्दा द्वारा चौदह मंगलकारी शुभ स्वप्नों को देखने का भी उल्लेख हुआ है।

(v) स्वप्न एवं उनका फल—

प्रसन्नबुद्धि प्रियकारिणी त्रिशला अपने सप्तखंडी महल में रत्नदीपों से प्रकाशित अपने भवन में आनन्द से निद्रा मग्न थीं। रात्रि के अन्तिम प्रहर में गर्भावतरण के समय उन्होंने सुन्दर स्वप्न देखे। कुछ ग्रन्थों में स्वप्नों की संख्या 14 तथा कुछ में संख्या 16 वर्णित है।

ये स्वप्न इस प्रकार थे—

(1) हाथी, (2) वृषभ, (3) सिंह, (4) दो मालाएँ, (5) पूर्ण चन्द्र, (6) सूर्य, (7) जल से भरे स्वर्ण कलश, (8) कमल सिंहासन पर स्थित लक्ष्मी, (9) स्वच्छ जल से भरपूर जलाशय, (10) गम्भीर घोष करता हुआ सागर, (11) मणिजटित सिंहासन, (12) रत्नों से प्रकाशित देव विमान, (13) रत्नों की विशाल राशि, (14) निर्धूम अग्नि। इनके अतिरिक्त कुछ ग्रन्थों में— (15) जलाशय में क्रीड़ारत् मत्स्य युगल एवं (16) धरणेन्द्र का गगन चुम्बी विशाल भवन/नाग-विमान देखने का भी उल्लेख है।

राजा सिद्धार्थ ने, त्रिशला द्वारा बताए गए स्वप्नों को सुनकर, उनका फल त्रिशला को स्वयं/ ज्योतिषियों से मालूम करके बतलाया कि भावी शिशु किस प्रकार का होगा—

	स्वप्न	फल
(1)	हाथी (चार दाँतों वाला उन्नत गज)	महान पुत्र, तीर्थंकर
(2)	श्वेत वृषभ	सत्य संध और धर्मनिष्ठ
(3)	सिंह	अनन्तानंत शक्ति का धारक
(4)	लक्ष्मी	मोक्ष रूपी लक्ष्मी प्राप्त करने वाला
(5)	दो मालाएँ	मुनि धर्म एवं श्रावक धर्मों का उपदेशक
(6)	पूर्णचन्द्र	मोहरूपी अन्धकार को नष्ट करने वाला
(7)	सूर्य	सम्पूर्ण ज्ञान का प्रकाशक
(8)	जल से भरे कलश	दिव्य वैभव से परिपूर्ण
(9)	स्वच्छ जल से भरपूर जलाशय	सम्पूर्ण लक्षणों वाला
(10)	गम्भीर घोष करता हुआ सागर	सागर समान गम्भीर एवं शान्त

(11)	मणिजटित सिंहासन	तीनों लोकों का स्वामी
(12)	रत्नों से प्रकाशित देव विमान	स्वर्ग का पृथ्वी पर आरोहण
(13)	रत्नों की विशाल राशि	गुण भंडार
(14)	निर्धूम अग्नि	कर्म-दहन कर निर्वाण की प्राप्ति
(15)	जलाशय में क्रीड़ारत मत्स्य युगल	सर्वजन कल्याणक एवं सुख समृद्धि का स्वामी
(16)	धरणेन्द्र का गगनचुम्बी विशाल भवन	आत्मशुद्धि द्वारा लोक को दिव्य आलोक प्रदाता

(vi) जन्मोत्सव—

महारानी त्रिशला का जिस समय गर्भ कल्याणक हुआ उसी समय से महाराजा सिद्धार्थ का राज भण्डार स्वर्ण आदि से भरने लगा। समस्त ज्ञातृ कुल की विपुल धन-धान्य आदि से अभिवृद्धि होने लगी।[42]

वर्द्धमान के जन्म लेते ही चारों ओर आनन्द और उल्लास का वातावरण लक्षित होने लगा। ऐसा प्रतीत हो रहा था मानो कुण्डग्राम का प्रत्येक कण स्वयमेव उत्सव मनाने लगा हो। चतुर्दिक हर्ष ध्वनि के साथ मंगलगान होने लगा। कुण्डपुर में जनमानस के हर्ष का प्रकर्ष अपने उत्कर्ष पर पहुँच गया। आकाश निर्मल हो गया, प्रकृति मनोरम हो गई। दस दिनों तक आनन्दोत्सव मनाया गया।

विभिन्न पुराणों एवं महाकाव्यों में जन्मोत्सव का काव्यात्मक विवरण मिलता है। कल्पसूत्र से कुछ अंश उद्धृत किए जा रहे हैं :

> "दिव्य उद्योत से तीनों लोक प्रकाशित हो गए। आकाश में देवदुंदुभियाँ बजने लगीं। आकाश में बादल नहीं थे फिर भी चंदन की गंध से निमज्जित कलित ललित कमलों की वर्षा हुई। सुखद, मनोहर, अनुकूल, शीतल, मन्दगति से पवन बहने लगा। .... उद्यान असमय ही सब ऋतुओं के कुसुमों की निधियों से सुसज्जित हो गये। जलाशयों का जल विमल हो गया। जनपद का जनमानस हर्ष के प्रकर्ष में चंचल हो उठा। वनवासी जन्तु जन्मजात वैर को त्यागकर एक साथ आहार विहार करने लगे। कोकिल आदि पक्षी आम्र की सरस मंजरियों के रसास्वाद से जनित आनन्द से पंचम स्वर में बोलने लगे।"[43]

"भवनपति, व्यन्तर, ज्योतिष्क और वैमानिक देव और देवियाँ भगवान के समीप आये।"[44]

"आसन कांपने पर शक्र नामक देवाधिपति देवनायक ने अवधिज्ञान द्वारा चौबीसवें तीर्थंकर का जन्म जानकर सिद्ध भगवान को तथा तीर्थंकर को 'नमोत्थुणं' का पाठ पढ़ाकर नमस्कार किया। पैदल सेना के नायक हरिणैगमेषी देव को एक योजना के घेरे वाली यथानाम तथागुण मनोहर ध्वनि वाले घण्टे को बजाने की आज्ञा दी। सौधर्म कल्प में एक कम बत्तीस लाख विमानों में, एक कम बत्तीस लाख घण्टे एक ही साथ बजने लगे।"[45]

2. 3. नामकरण एवं नाम—

भगवान महावीर के विभिन्न नाम मिलते हैं :

महाराजा सिद्धार्थ ने दस दिनों तक जन्मोत्सव मनाने के पश्चात् अपने समस्त बन्धु-बान्धव और इष्ट मित्रों को आमंत्रित कर वीर बालक का नामकरण उत्सव सम्पन्न किया। उन्होंने कहा—'जबसे यह शिशु गर्भ में आया है तभी से इस कुल में विपुल हिरण्य, सुवर्ण, धन धान्य, आनंद, ऐश्वर्य, ऋद्धि, सिद्धि, समृद्धि, सम्मान, पुरस्कार, राज्य, राष्ट्र, बल, वाहन, कोष, कोष्ठागार, पुर, अन्त:पुर, जनपद, जानपद, यश कीर्ति, प्रशंसा, अर्द्धदिशा व्यापी साधुवाद, गुणों के बखान, विपुल धन, स्वर्ण, रत्न, मोती, शंख, शिला, प्रवाल, रत्न आदि वास्तविक सम्पत्ति की तथा प्रीति एवं सत्कार प्राप्ति की अधिकाधिक वृद्धि हुई है। अत: इस बालक का गुणमय गुणनिष्पन्न वर्धमान नाम रखा जाए।' उपस्थित जनसमुदाय ने प्रस्ताव का समर्थन किया। वीर बालक का नाम 'वर्धमान' रखा गया।[46] उत्तराध्ययन में भगवान महावीर को धर्म तीर्थंकर, जिन, सर्वलोक में विश्रुत एवं लोक प्रदीप कहा गया है।[47]

माता ने इन्हें 'विदेह दिन्न' और 'वैशालिक' कहा। पितृवंश के कारण इन्हें ज्ञातृवंशी ज्ञातृपुत्र, अर्धमागधी प्राकृत ग्रन्थों में 'णायपुत्त' तथा त्रिपिटकों में 'निगंठ नातपुत्त' (निर्ग्रन्थ ज्ञातृ पुत्र) कहा गया है। सहज प्राप्त सद्बुद्धि के कारण 'समण' तथा साधना में कठिन श्रम के कारण 'श्रमण' कहा गया। संजय एवं विजय चारण ऋद्धि धारक मुनियों ने इनका नाम 'संमति' रखा। इन्द्र ने इन्हें 'वीर' की उपाधि से विभूषित किया तो मदोन्मत्त हाथी पर विजय प्राप्त करने के कारण कुंडपुर की जनता ने इन्हें 'अतिवीर' कहा। विकराल सर्प को निर्भय वर्धमान द्वारा क्रीड़ा करते हुए दूर करने के कारण संगम नामक देव द्वारा इन्हें

'महावीर' की संज्ञा से अभिहित किया गया। इनकी उग्र साधना और तपस्या के कीर्तिमान के कारण इनका 'महावीर' नाम अति प्रसिद्ध हो गया।

2. 4. साधना-पथ पर बढ़ते चरण—

भगवान महावीर सम्बन्धी चरित ग्रन्थों में उन्हें शिशु रूप से ही लोकोत्तर प्राणी के रूप में चित्रित किया गया है। संकुली खेल में विषधर सर्प को निःशंक भाव से पकड़कर रज्जु की तरह उठाकर एक ओर डाल देना,[48] देव द्वारा सात ताड़ के बराबर ऊँचे और भयावह शरीर बनाने पर आठ वर्षीय बालक महावीर का उसकी पीठ पर साहसपूर्वक मुष्टि प्रहार कर उसे वामन बना देना,[49] देवेन्द्र का वृद्ध ब्राह्मण के रूप में प्रकट होकर व्याकरण सम्बन्धी अनेक जटिल प्रश्नों का पूछना तथा महावीर द्वारा दिए गए उन प्रश्नों के युक्तिपूर्ण यथार्थ उत्तरों को सुनकर कलाचार्य आदि का विस्मित होना[50] आदि घटनायें महावीर के बाल्यकालीन जीवन की अलौकिक झाँकी प्रस्तुत करती हैं।

इसमें संदेह नहीं कि भगवान महावीर एक सामान्य शिशु नहीं थे। अनन्तानन्त जीवों की साधना की परिणति जिनेश के जन्म लेने में हुई थी। इस कारण वे जन्म से ही विलक्षण प्रतिभा सम्पन्न थे। वे तीर्थंकर प्रकृति के बंधक थे। उनके शरीर का वर्ण लालिमा मिश्रित दूध के समान श्वेत, पवित्र एवं उज्जवल तथा तप्त कांचन के समान आभायुक्त था। उनका शरीर शुभ लक्षणों से युक्त था। शैशव काल से ही वे अत्यन्त साहसी एवं पराक्रमी थे। निर्भयता की प्रतिमूर्ति थे। उनका जन्म ही आत्म कल्याण के साथ-साथ लोकमंगल के लिए हुआ था। इतना होने पर भी इस प्रकार की घटनाओं की प्रामाणिकता इतिहास सम्मत सिद्ध नहीं की जा सकती। मैं विद्वानों का ध्यान इस तथ्य की ओर आकर्षित करना चाहता हूँ कि किसी भी धर्म के श्रद्धालु रचनाकारों द्वारा अपने उपास्य का जीवन चरित लिखते समय इस प्रकार के मिथकों के निर्माण की परम्परा मिलती है। कृष्ण चरित में भी इस प्रकार की घटनाओं का वर्णन मिलता है। कालिदह में कृष्ण कालिय नाग को नाथते हैं। काली दमन लीला का वर्णन कृष्ण लीला के प्रसंगों में मिलता है। इसी प्रकार पूतना वध, श्रीधर अंग-भंग, कागासुर वध, तृणावर्त वध, बकासुर वध, अघासुर वध तथा दावानल लीला आदि प्रसंग मिलते हैं। लोक में आराध्य के प्रति अगाध श्रद्धा के कारण इस प्रकार के प्रसंग 'लोक विश्वास' होते हैं। लोक साहित्य के विद्वान इन्हें 'प्ररूढ़ियों' के नाम से पुकारते हैं। भगवान महावीर के जीवन चरित में भी इस प्रकार के अनेक प्रसंग हैं। सम्प्रति, मैं इतना ही निवेदन करना चाहता हूँ कि भगवान महावीर के जीवन चरित्र की प्रासंगिकता इस प्रकार की घटनाओं के घटने में नहीं है। जीवन चरित्र की प्रासंगिकता अपने ज्ञान एवं आचरण के द्वारा जीवात्मा के

उच्चतम विकास में है, अहिंसा आधारित जीवन दर्शन के निरूपण में है। उनके जीवन चरित की घटनाओं की प्रामाणिकता, सत्यता एवं इतिहास सम्मतता पर तर्क वितर्क करने की अपेक्षा उनकी जीवन दृष्टि को जीवन में उतारने की आवश्यकता है।

भगवान महावीर के विवाह प्रस्ताव के प्रसंग में यशोदा के सौन्दर्य का वर्णन मिलता है। मांसल पुष्ट देह, सुवर्ण चम्पक तुल्य वर्ण, शिरीषसम मृदुल गात, विशाल नेत्र, पूर्णेन्दु-तुल्य मुख, कोकिल कंठी और मृगनयनी यशोदा का सौन्दर्य महाराजा सिद्धार्थ और महारानी त्रिशला के मन को अभिभूत कर लेता है।

कल्पसूत्र की परम्परा के ग्रन्थों में विवाह की चर्चा है।[51] तिलोयपण्णत्ति की परम्परा के ग्रन्थों में भगवान महावीर के बिना विवाह किए ही दीक्षा ग्रहण का वर्णन है।[52]

दोनों परम्परा के ग्रन्थ यह स्वीकार करते हैं कि भगवान महावीर ने कुमार अवस्था में प्रव्रज्या (दीक्षा) ली। 'तिलोयपणणत्ति' की परम्परा के ग्रन्थों में 'कुमार' का अर्थ अविवाहित माना गया है। कल्पसूत्र की परम्परा के ग्रन्थों में कुमार का अर्थ अनभिषिक्त राजकुमार अर्थात् राज्याभिषेक न होना तथा कुमारवास में प्रव्रज्या लेना माना गया है।

2. 5. श्रमण दीक्षा—

जैसे प्रज्जवलित अग्नि-शिखा का पान करना कठिन है, वैसे ही यौवन में श्रमण धर्म का पालन करना अति दुष्कर है। जो अपनी मनः स्थिति को पूर्णतया परख लेता है, जो संसार में रहकर भी जल में कमलनी पत्र के समान अलिप्त रहता है, जो अपने कर्तव्य-पथ पर आगे बढ़ने को तत्पर हो जाता है वह प्राप्त हुए कान्त और प्रिय भोगों को सहज भाव से त्याग देता है।

हेमन्त ऋतु का प्रथम मास। उत्तराफाल्गुनी के मध्य विजया मुहूर्त का क्षण। मार्ग शीर्ष कृष्ण दशमी का दिन। आधुनिक कालगणना के अनुसार 29 दिसम्बर 569 ईस्वी पूर्व।

वर्धमान ने राजमहल के वैषयिक सुखों को त्याग दिया। मानवीय जीवन की समस्त उदात्त भावनाएँ लोक कल्याण के लिए सजग एवं सचेष्ट हो उठीं। वे धन, सम्पत्ति, परिग्रह, ममत्व, मान, मोह आदि कषायों को छोड़कर साधना लीन होने के लिए पालिका में अवस्थित हुए। आत्मनिष्ठ साधक ने क्षत्रिय कुंड के मध्य भाग से होते हुए खंडवन/ज्ञातृ खंड वन/नाय खंडवन की ओर गमन किया। वैशाली के अनेक लिच्छवि कुलगण दर्शनार्थ उपस्थित हो गए। विशाल

जनसमूह उमड़ पड़ा। लक्ष-लक्ष जनसमूह जय जय निनाद के साथ आगे बढ़ा। प्रभु ने सिद्धों को नमस्कार करते हुए प्रतिज्ञा की—'सव्वं में अकरणिज्जं पावं कम्मं-अब से मेरे लिए समस्त पाप-कर्म अकरणीय हैं'। उन्होंने संकल्प किया—'करेमि सामाइयं सव्वं सावज्जं जोगं पच्चक्खामिं-आज से सम्पूर्ण सावद्य कर्म का त्याग करता हूँ'। विश्व के इतिहास में यह अभूतपूर्व था। इतिहास मे राज्य, सत्ता, धन, सम्पत्ति, भोग्या आदि की प्राप्ति के लिए होने वाले युद्धों, संघर्षों एवं कलहपुंजों की गाथा मिलती है। भौतिक तत्त्वों की प्राप्ति के लिए किए गए प्रयासों का इतिवृत्त ही इतिहास है। भगवान महावीर की साधना यात्रा प्रतिक्रमण से आरम्भ होती है। संसार में आने जाने वाले का प्रवाह तो निरंतर है। भगवान महावीर संसार के प्रवाह में नहीं बहे। तो क्या भगवान महावीर रुक गए। नहीं। महावीर कभी रुके नहीं, निरन्तर बढ़े, बढ़ते ही गए—अपने आत्म-स्वरूप की प्राप्ति के लिए। महावीर उस तलाश में निकले जो प्रतिक्षण उत्पन्न और नष्ट होते हुए भी अपने स्वरूप में सदा स्थित है, जो अनिश्वर है। वे अपने आपको जानने एवं अपने में लीन रहने के लिए निरन्तर साधना-प्रवाह में बहने के लिए निकल पड़े। वे सांसारिक सुखों को छोड़कर अनन्त सुखों की प्राप्ति के लिए निकल पड़े। वे संसार में व्याप्त विषमताओं को दूर करने के लिए आत्म द्रष्टा बनने के लिए निकल पड़े। घने वन में पहुँचकर वे पालकी से उतरे, स्वयं जिन-दीक्षा धारण की। आभूषणों एवं वस्त्रों को हटाकर प्रभु ने अपने हाथ से पंच मुष्टि केश लोंच किया। सांसारिक पदार्थों के मोह पर पूर्ण विराम लग गया। आत्मालोचन के लिए हिमालय के समान दृढ़ प्रतिज्ञ महावीर ध्यानस्थ हो गए। भगवान महावीर अपने साधनाकाल में धर्म ध्यान में मेरूवत अचल रहे; आत्म साधना में लीन रहे। उन्होंने अन्तर्लोक की यात्रा के विभिन्न चरण पूर्ण किए; प्राण साधना से आरम्भ कर सिद्धि प्राप्ति तक की सभी सीढ़ियों पर क्रमशः आरोहण किया। वे कायोत्सर्ग कर सभी भावों का विसर्जन कर देते थे तथा अपने शुद्ध स्वरूप में निरत होने का अभ्यास करते थे। जब तक उन्हें केवल ज्ञान नहीं हो गया वे मौन रहे, बोले नहीं। जो केवल बोलते हैं, वे वाणी के सहारे बन्ध और मोक्ष की केवल चर्चा करते है किन्तु आचरण कुछ भी नहीं करते। भगवान महावीर का मार्ग ग्रन्थियों के भेदन करने का था; अन्तरात्मा की शक्ति की जागृति का था। उन्होंने अन्य समस्त विषयों से भिन्न आत्मानुभूति के द्वारा आत्म तत्त्व की प्रतीति तथा अनुभूति का साधना मार्ग चुना था। उन्होंने संयम और तप के द्वारा अपने पूर्व संचित कर्मों का क्षय कर परम सिद्धि प्राप्त करने का मार्ग चुना था। उनका मार्ग विवेक का मार्ग था, उनका मार्ग जागृति का मार्ग था, उनका मार्ग सम्यक्त्व का मार्ग था। वे अन्तर-द्रष्टा साधक बने। उन्होंने कामनाओं पर पूर्ण विजय प्राप्त कर मुक्त पुरुष बनने का मार्ग चुना। महावीर का मार्ग प्रज्ञा, ध्यान, संयम एवं तप द्वारा आत्मस्थ होने का मार्ग था।

2. 6. साधना काल एवं केवल ज्ञान की उपलब्धि—

साधना का प्रथम वर्ष–

तीर्थंकर बनने के लिए त्याग एवं तपस्या का जीवन जीना होता है। वर्धमान की साधना की तपस्या अन्य तीर्थंकरों की अपेक्षा तीव्र एवं प्रचंड थी। वर्धमान ने तप के आयामों को नया कीर्तिमान दिया, नया विस्तार दिया, वर्धमान नाम की सार्थकता सिद्ध की। साधना के प्रथम वर्ष में कुर्मार ग्राम के निकट पहुँचकर समीप ही वृक्ष के नीचे बारह प्रहर तक कायोत्सर्ग कर ध्यानावस्थित हो गए।

दुस्सह परिषहों एवं उपसर्गों के निवारण के लिए देवेन्द्र देवराज ने साथ रहना चाहा। (परिषह एवं उपसर्ग पारिभाषिक शब्द हैं। परिषह स्वेच्छा से सहन किए जाते हैं। उपसर्ग परकृत होते हैं। उपसर्ग किसी दूसरे प्राणी के द्वारा साधना खंडित करने के उद्देश्य से होते हैं।) भगवान ने उसे स्वीकार नहीं किया। वे जानते थे कि आत्मार्थी साधक को तो जल कमल की तरह निर्लिप्त एवं आकाश की तरह निरावलम्ब होना चाहिए। भगवान ने केवल पढ़ा नहीं, केवल कहा नहीं; आचरण में उसे उतारा, अपने व्यवहार में उसे जिया। नि:स्पृह होकर कष्टों को वहन किया। अगर कष्टों से बचना ही होता तो वैशाली का राजकुमार जंगल की शरण क्यों लेता? उन्हें तो अपने आत्म प्रदेश पर लगी हुई कर्मरज को दूर करना था। संयम और तप द्वारा अपने पूर्व संचित कर्मों का क्षय कर परम सिद्धि प्राप्ति के मार्ग का उन्होंने सहज एवं स्वेच्छा से वरण किया था। चार माह से अधिक समय तक भ्रमर आदि जीव जन्तु उनके शरीर से मांस और रुधिर चूसते रहे। वे अविचल रहे। वे जानते थे—शरीर अनित्य है। वे जान चुके थे—'अन्नो जीवो, अन्नं सरीरं—आत्मा और है, शरीर और है। वन में श्वान, सिंह, श्रृगाल, और शार्दूल गर्जना करते हुए चारों ओर विचरण करते रहते थे। भगवान स्थिर स्तम्भ की भांति रात्रि-रात्रि भर ध्यानमग्न खड़े रहते थे। वे सत्यनिष्ठ साधक थे। प्रथम चातुर्मास में भगवान ने पन्द्रह-पन्द्रह दिनों के आठ बार अर्ध-मासी उपवास किए। कुछ लोग खाने के लिए जीते हैं। भगवान तो जीने के लिए परिमित आहार ग्रहण करते थे। संयम रूपी साधना के भार को वहन करने के लिए ही तो उन्हें आहार की आवश्यकता थी। इसी आवास में शूलपाणि नामक यक्ष ने भयानकतम उपसर्ग दिए। भगवान द्वेषातीत रहे। अचल, अकम्पित, अक्षुब्ध मन: स्थिति से साधना करते रहे। वे जानते थे कि क्रोध से नहीं अपितु संयम, विवेक एवं धैर्य से ही दुखों से मुक्ति सम्भव है। उनका मार्ग आत्मा को आत्मा से जानने का था। दुर्जेय आत्मा को जीतकर सर्वज्ञ होना था। इस वर्ष ग्वाले की घटना[53] तथा शूलपाणि यक्ष के उपसर्ग[54] की प्रमुख घटनाएँ घटित हुई। अस्थिग्राम का चातुर्मास समाप्त कर आप मोराक सन्निवेश पधारे।

साधना का दूसरा वर्ष—

साधना के दूसरे वर्ष में उन्होंने अनेक ग्रामों/नगरों में विहार किया। इनमें उत्तरवाचाला, श्वेताम्बी नगरी, सुरभिपुर, स्थूणाक सन्निवेश एवं राजगृह के उपनगर नालन्दा विशेष उल्लेखनीय हैं।

उत्तरवाचाला में कनकखल आश्रम में पहुँचे। वहाँ से प्रभु उस मार्ग पर वन की ओर बढ़े जहाँ चंड कौशिक नामक दृष्टिविष वाला भयंकर सर्प रहता था। वन में प्रचंड सर्प ने विषाक्त दंश से आघात किया। भगवान निर्भय एवं अडोल खड़े रहे। वे न तो उद्विग्न हुए और न ही उन्होंने किसी प्रकार का रोष प्रकट किया। वे शान्त, द्वेषातीत एवं उद्वेगरहित रहे। करुणा सागर के सामने पाषाण पिघल गया। शान्ति के सागर के चरणों में क्रोध की प्रतिमूर्ति ने नमन किया। आपने दूसरा चातुर्मास राजगृह नगर के नालन्दा उपनगर में 'मासखमण' तपस्या के साथ किया। प्रत्येक महीने में पूरे महीने के तप के बाद पारणा/आहार ग्रहण किया। प्रथम आहार विजय सेठ के यहाँ, दूसरा आनन्द गाथापति के यहाँ, तीसरा सुनन्द गाथापति के यहाँ तथा चौथा चौमासे के पश्चात् नालन्दा से विहार कर, कोल्लाग सन्निवेश में बहुल नामक ब्राह्मण के यहां किया। यहीं प्रभु की आजीवक सम्प्रदाय के धर्मगुरु गोशालक से भेंट हुई। आजीवक अर्थात् जीवन के एक नवीन प्रकार को अपनाने वाला। भगवती सूत्र में गोशालक विषयक विशद विवेचन मिलता है। गोशलक ने प्रभु का शिष्यत्व ग्रहण किया।

साधना का तीसरा वर्ष—

कोल्लाग सन्निवेश से विहार कर प्रभु गोशालक के साथ स्वर्णखल पधारे। वहाँ से ब्राह्मण गाँव आदि ग्रामानुग्रामों में विचरण करने के अनन्तर भगवान चम्पा पधारे और अगला चातुर्मास यहीं किया। चम्पा अंग राज्य की राजधानी होने के कारण अंगपुरी भी कहलाती थी। चम्पा आजकल भागलपुर से 5 किलोमीटर दूर चम्पापुर / चम्पापुर नाथ नगर है।

भगवान विहार करते हुए चम्पा के निकट वन में पहुँचे तथा ध्यान में लीन हो गए। किसी वनचर ने चम्पा नगरी पहुँचकर जनता को प्रभु के आगमन का संदेश दिया। धार्मिक जन प्रभु दर्शन के लिए वन की ओर चल पड़े। राजा श्वेतवाहन ने अपने पूरे वैभव के साथ प्रभु के पास पहुँचकर उनकी आरती उतारी। भगवान नगर के बाहर एक जीर्ण चैत्य में ठहर गए। ग्रीष्म का आतप संताप दे रहा था। प्रभु के मंगलप्रद आगमन के कारण कारी-कजरारी बदलियाँ बरसने लगीं। चम्पावासियों ने भगवान से उपदेश देने की प्रार्थना की परन्तु प्रभु मौन ही रहे। योग मुद्रा में स्थित रहे, साधना में लीन रहे।

नालन्दा में भगवान ने मासखमण किया था। इस बार के चातुर्मास में

आपने केवल दो बार आहार ग्रहण किया। उत्कट तप द्वारा भोगवृत्तियों को जर्जर करते रहे। पहला आहार चम्पा में तथा दूसरा चम्पा के बाहर किया।

साधना का चौथा वर्ष—

आपने चम्पानगरी से ग्राम-ग्राम, नगर-नगर की यात्राएं सम्पन्न कीं एवं विहार किया। प्रमुख स्थानों—कालाय सन्निवेश, पत्रकालय, कुमाराक सन्निवेश, चोराक सन्निवेश-आदि में विहार करने के अनन्तर आपने पृष्ठ चम्पा में चातुर्मास किया। नालन्दा के चातुर्मास में भगवान ने दो बार द्विमासीय तप किए थे। साधना के चौथे वर्ष के चातुर्मास से लेकर केवल ज्ञान की उपलब्धि तक प्रत्येक वर्षाकाल में आपने चार मास का दीर्घ तप किया तथा अनेक प्रकार की प्रतिमाओं से ध्यानमुद्रा में कायोत्सर्ग करते रहे।

चोराक सन्निवेश की विहार यात्रा में पहरेदारों ने भगवान को उपसर्ग दिए। सोमा और जयन्ती नामक परिव्राजिकाओं द्वारा धर्मचक्रवर्ती सिद्धार्थ पुत्र महावीर के व्यक्तित्व से अवगत कराने पर पहरेदारों ने क्षमा माँगी। पृष्ठ चम्पा से प्रस्थान कर नगर के बाहर महावीर ने पारणा किया।

साधना का पंचम वर्ष—

पृष्ठ चम्पा से कयंगला, श्रावस्ती, हल्यदुयग्राम, नांगला, आवर्त्तग्राम, चोराक सन्निवेश एवं कलम्बुका सन्निवेश आदि विभिन्न नगरों एवं ग्रामों में विचरण एवं विहार करते हुए आप लाढ़ देश गए। लाढ़ या लाट देश नर्मदा के पश्चिम में फैला हुआ था। यहाँ की भूमि कंकरीली, पथरीली एवं विषम थी। यहाँ भगवान को भयंकर उपसर्ग दिए गए। इसका वर्णन आचारांग सूत्र में इस प्रकार मिलता है : "उनको रहने के लिए अनुकूल आवास प्राप्त नहीं हुए।...... वहाँ के कुत्ते दूर से ही भगवान को देखकर काटने को दौड़ते।..... ग्राम कंटकों-दुर्वचनों को सहर्ष सहन करते हुए वे सदा प्रसन्न रहते।...... भगवान महावीर लाढ़ देश में विभिन्न उपसर्गो की किंचित भी परवाह किए बिना विचरण करते रहे। .... उन्हें भयंकर अरण्य में ही रात्रि निवास करना पड़ता। .... लोग उन्हें मारने लग जाते।......... दण्ड, मुष्टि, भाला, पत्थर तथा ढेलों से प्रहार करते।......... उन्हें अनेक प्रकार के असहनीय भयंकर उपसर्ग दिए। .... भगवान शरीर से ममत्व रहित होकर, बिना किसी प्रकार की इच्छा एवं आकांक्षा के संयम-साधना में स्थिर, शांतिपूर्वक सहन करते रहे।"[56]

लाढ़ देश में पर्याप्त समय व्यतीत करने के बाद भगवान ने मलय देश की ओर विहार किया। मलय भारत की सात मुख्य पर्वत शृंखलाओं में से एक है। बाल्मीकि (ईस्वी पूर्व तीसरी-चौथी शताब्दी) ने रामायण में मलय एवं दर्दुर को भारत के दक्षिण प्रदेश के दो वक्ष स्थल माना है। भवभूति (आठवी शताब्दी)

के अनुसार मलय देश कावेरी से घिरा हुआ है। वर्तमान में कर्नाटक राज्य से लेकर केरल राज्य के प्राचीन त्रावणकोर तक इस देश की पहचान की जा सकती है। परम्परागत मान्यता है कि जैन धर्म का दक्षिण भारत में प्रवेश मौर्य सम्राट चन्द्रगुप्त के राजत्याग के बाद हुआ।[57] उत्तर भारत में 12 वर्षों का भयंकर सूखा एवं अकाल पड़ने के कारण अन्तिम श्रुतकेवलि भद्रबाहु के साथ चन्द्रगुप्त मौर्य राजत्याग कर दक्षिण भारत गए।[58] दोनों मैसूर राज्य में श्रवणबेलगोल के पास चिक्कबेट्ट गुफा में रहे तथा वहीं दोनों ने प्राण त्याग किया। चन्द्रगुप्त मौर्य के राजत्याग की घटना वीर निर्वाण से 150 वर्ष बाद मानी जाती है। इस प्रकार इसका काल (470-150) 320 विक्रम सम्वत पूर्व अथवा (527-150) 377 ईस्वी पूर्व ठहरता है।

मैं विद्वानों का ध्यान इस ओर आकर्षित करना चाहता हूँ कि बुद्ध निर्वाण के 106 वर्ष पश्चात् श्रीलंका में जैन धर्म के प्रचार-प्रसार की स्थिति के प्रमाण मिले हैं।[59]

बौद्ध साहित्य में मज्झिम निकाय के सामगाम सुत्तन्त में वर्णित है कि गौतमबुद्ध को निगंठनातपुत्त (भगवान महावीर) के निर्वाण का समाचार प्राप्त हुआ।[60] भगवान बुद्ध का निर्वाण-काल अभी भी विवादास्पद है। यह बात अब विद्वानों ने स्वीकार कर ली है कि भगवान महावीर गौतम बुद्ध की अपेक्षा आयु में बड़े थे। यह भी स्वीकार्य है कि भगवान महावीर का निर्वाण 72 वर्ष की आयु में तथा गौतम बुद्ध का निर्वाण 80 वर्ष की आयु में हुआ।

इस विवरण से श्रीलंका में जैन धर्म के प्रचार प्रसार की स्थिति का जो पूर्व उल्लेख हुआ है, उसका काल (527-106) 421 ई०पू० के आसपास ठहरता है। यहाँ केवल इतना अभीष्ट है कि आचार्य भद्रबाहु एवं चन्द्रगुप्त के दक्षिण भारत जाने के पूर्व श्रीलंका में जैन धर्म के प्रचार प्रसार की स्थिति थी।

श्रीलंका में जैन धर्म दक्षिण भारत से ही पहुँचा होगा। तमिलनाडु, केरल तथा कर्नाटक में जो जैन मूर्तियाँ, शिलालेख आदि प्राप्त हो रहे हैं तथा इन राज्यों की पहाड़ियों में जो जैन बस्तियाँ प्राप्त हुई है[61]—उनके गहन अध्ययन एवं शोध की आवश्यकता है।

सम्प्रति, भगवान महावीर का मलय देश में प्रवास का संदर्भ उनके दक्षिण भारत के प्रवास की ओर इंगित करता है।

मलय की राजधानी भद्दिलनगरी में भगवान ने चातुर्मास किया। चार मास के उपवास के पश्चात् नगरी के बाहर पारणा किया। तत्पश्चात् आपने कयलि या कदली 'समागम' की ओर प्रस्थान किया।

साधना का छठा वर्ष—

कयलि या कदली से जम्बूखण्ड, तंबाय सन्निवेश, कूविय सन्निवेश, वैशाली, ग्रामक सन्निवेश, शालि शीर्ष आदि स्थानों में विहार करने के अनन्तर प्रभु ने अंग देश के नगर 'भद्रिका' (वर्तमान में भागलपुर से दक्षिण में स्थित भदरि ग्राम) में चातुर्मास किया। चातुर्मास के पश्चात् नगर के बाहर उन्होंने पारणा की तथा मगध राज्य की ओर प्रस्थान किया।

अनेक स्थानों पर भगवान को यातनाएँ दी गईं, उपसर्ग दिए गए। कूविय सन्निवेश में गुप्तचर समझकर राजपुरुषों ने इन्हें बंदी बना लिया। मौन व्रत साधना में लीन रहने के कारण जब प्रभु ने राजपुरुषों के प्रश्नों का उत्तर नहीं दिया तो उन्हें यातनाएँ दी गईं। विजया और प्रगल्भा परिव्राजिकाओं ने प्रभु का परिचय दिया। वैशाली की कम्मारशाला (लोह धातु की उद्योगशाला) में ध्यान में अवस्थित प्रभु पर लोहार द्वारा हथौड़े से प्रहार करने का प्रयास तो किया गया किन्तु वह प्रहार कर न सका; उसके हाथ स्तम्भित रह गए। शालिशीर्ष में कटपूतना द्वारा भगवान को कठोर उपसर्ग दिए गए। भगवान ध्यानस्थ ही रहे। यहीं उन्हें परमावधिज्ञान प्राप्त हुआ जिससे वे सम्पूर्ण लोक के द्रष्टा हो गए।[62]

साधना का सातवाँ वर्ष—

मगध के ग्राम-ग्राम, नगर-नगर एवं विभिन्न क्षेत्रों में भ्रमण करने के अनन्तर भगवान महावीर 'आलंभिया' नगरी पधारे। यहाँ आपने चातुर्मासिक तप किया।

आपने नगर के बाहर पारणा किया। कुंडाग सन्निवेश में वासुदेव मंदिर में तथा भद्दणा सन्निवेश में बलदेव मंदिर में आपने ध्यान साधना की। तदनन्तर, बहुसाल गाँव के बाहर सालवन उद्यान में ध्यानावस्थित हो गए। यहाँ शालार्य ने आपको अनेक उपसर्ग दिए। आत्म साधक महावीर परिषहों एवं उपसर्गों को सहन करते हुए अपने आत्म स्वभाव को पहचानने की दिशा में ही लीन रहे।

साधना का आठवाँ वर्ष—

आप लोहार्गला नामक राजधानी की ओर पधारे। यहाँ राजा जितशत्रु का शासन था। उन दिनों राजा जितशत्रु के अन्य राज्यों से वैमनस्यपूर्ण सम्बन्ध थे। राजपुरुष एवं पहरेदार सतर्क थे। राज अधिकारी ने नगर-प्रवेश की सीमा पर परिचय पूछा। मौन व्रत साधना में लीन प्रभु ने उत्तर नहीं दिया। राज अधिकारियों ने प्रभु को जितशत्रु की राजसभा के सामने उपस्थित किया। उस समय वहाँ आस्थिक गाँव का नैमित्तिक उत्पल विद्यमान था। उसके द्वारा धर्मचक्रवर्ती प्रभु का परिचय देने पर राजा जितशत्रु ने प्रभु की वंदना की। यहाँ से प्रभु ने पुरिमताल

की ओर प्रयाण किया। नगर के बाहर शकटमुख उद्यान में पहुँचकर आप ध्यान साधना में लीन हो गए। यहाँ से उन्नाग एवं गौभूमि होते हुए आप राजगृह पधारे। यहाँ प्रभु ने चातुर्मासिक तप किया। महावीर ने चित्त शुद्धि का पूर्ण अभ्यास किया। आपने पहचान लिया था कि निर्मल चित्तवाला साधक पुनः जन्म नहीं लेता। उन्होंने जान लिया था कि चित्त की निर्मलता से ही ध्यान की सही अवस्था प्राप्त होती है; निर्मल मन से धर्म में स्थिर रहने पर ही निर्वाण-मोक्ष की प्राप्ति होती है। मन जैसे-जैसे शान्त और निष्कंप होता गया, मन की स्थिरता बढ़ती गई। चातुर्मास की समाप्ति पर प्रभु ने राजगृह से विहार किया तथा नगर के बाहर पारणा किया।

साधना का नौवाँ वर्ष—

इसके अनन्तर प्रभु ने लाढ़ देश के विभिन्न क्षेत्रों का भ्रमण किया। प्रभु ने वज्रभूमि, शुद्ध भूमि तथा सुम्हभूमि में भी विचरण किया। आपने संयम और तप से आत्मा को सतत् भावित करते हुए विचरण किया। संसारी जीवों का मार्ग अनुस्रोत का होता है। वे विषय के प्रवाह में बहते रहते हैं। भगवान महावीर ने तो प्रतिस्रोत का मार्ग चुना था। प्रतिस्रोत विषयों के प्रवाह से बाहर निकलने का उपाय द्वार है। आठ महीनों की इस यात्रा के बाद आपने एक वृक्ष के नीचे चातुर्मास किया। आप राग-द्वेष से परे, निश्चल भाव से साधना एवं तप में प्रवृत्त निरतिचार चरित्र के मार्ग में लीन रहे।

साधना का दसवाँ वर्ष—

सिद्धार्थपुर, वैशाली एवं वाणिज्यग्राम आदि क्षेत्रों के ग्रामानुग्राम तथा नगरानुनगर में भ्रमण कर आप चातुर्मास के लिए सावत्थी (श्रावस्ती) पधारे। प्रभु ने विविध प्रकार की योगसाधना करते हुए चातुर्मासिक तप किया। ध्यान योग की उस भूमि में आपने प्रवेश किया जहाँ राग-द्वेष, मेरा-तेरा आदि विकार नष्ट हो जाते हैं; यहाँ तक कि देह-भावना भी विसर्जित हो जाती है। अपने शरीर के प्रति ममत्व भाव का लोप हो जाता है; सर्वत्र समता-भाव आ जाता है। सम्पूर्ण विश्व को प्रभु समभाव से देखने लगे।

साधना का ग्यारहवाँ वर्ष—

महावीर ने श्रावस्ती में चातुर्मासिक तप के पश्चात् सानुलट्ठीय सन्निवेश की ओर विहार किया। आनन्द उपासक के यहाँ पारणा करने के बाद आपने दृढ़भूमि की ओर प्रस्थान किया। मार्ग में पेढ़ाल उद्यान में जाकर आप एक शिला पर ध्यान साधना में लीन हो गए।

यहाँ संगम देव ने अनेक उपसर्ग दिए। संगम देव रातभर विभिन्न उपसर्ग

देता रहा। जितेन्द्रिय और सामायिक संयमी किंचित भी विचलित नहीं हुए। प्रभु ने बालुका, सुयोग, सुच्छेत्ता, मलभ एवं हस्तीशीर्ष आदि गाँवों में विहार किया। संगमदेव प्रत्येक स्थान पर विभिन्न उपद्रव करता रहा; परसर्ग देता रहा।

एक समय आत्म संयमी महावीर तोसलि गाँव के उद्यान में ध्यानस्थ थे। संगमदेव साधु रूप धारण कर गाँव में आया और एक भवन में सेंध लगाने लगा। गाँव वालों ने उसे चोर समझकर पकड़ लिया और मारने लगे। संगम ने सारा दोष अपने गुरु के मत्थे मढ़ दिया कि मुझे मेरे गुरु ने चोरी करने का आदेश दिया था तथा मैं तो उन्हीं की आज्ञा का पालन कर रहा था। जब गाँववालों ने उससे उसके गुरु के बारे में जानना चाहा तो उसने बतलाया कि उसके गुरु तो उद्यान में आँखें बन्दकर ध्यानमुद्रा में बैठे हैं। गाँववाले उद्यान आए। वहाँ उन्होंने देखा कि एक व्यक्ति वास्तव में आँखें बन्दकर ध्यानमुद्रा में बैठा है। चोर समझकर गाँववालों ने महावीर पर आक्रमण किया, उन्हें मारा-पीटा और बाँधकर नगर ले जाने लगे। इसी बीच एक व्यक्ति ने महावीर को पहचान लिया। उसने महावीर को 'कुंडपुर' में देखा था। उसने गाँव वालों को बतलाया कि यह चोर नहीं है, सिद्धार्थ राजा के पुत्र हैं। गाँव वालों ने क्षमा याचना की। महावीर तो मान-अपमान में सम थे; यश-अपयश की सीमाओं से ऊपर उठ चुके थे। इसके बाद प्रभु मोसलि ग्राम पधारे। संगमदेव ने यहाँ पर भी उन पर चोरी का आरोप लगाया। महावीर को पकड़कर राजसभा में ले जाया गया। यहाँ प्रान्त अधिकारी सुमागध ने महावीर को पहचान लिया। यहाँ से लौटकर प्रभु तोसलि आए तथा गाँव के बाहर ध्यानस्थ हो गए। वहाँ से प्रभु सिद्धार्थपुर पधारे। सभी स्थानों पर संगमदेव ने अनेक प्रकार से प्रभु को यातनाएँ दिलाने का प्रयत्न किया। उसके सारे प्रयास निष्फल रहे। ब्रजगाँव, आलंभिया, श्वेताम्बिका, श्रावस्ती, कौशाम्बी, वाराणसी, राजगृह और मिथिला आदि क्षेत्रों एवं नगरों में परिभ्रमण तथा ध्यान- तपस्या करते हुए प्रभु वैशाली पधारे। नगर के बाहर समर-उद्यान में बलदेव के मंदिर में आपने चातुर्मासिक तप किया। वैशाली के एक सामान्य गृहस्थ के यहाँ उन्होंने पारणा किया। उस गृहस्थ के यहाँ जो कुछ रूखा-सूखा भोजन तैयार था, उसी को प्रभु ने अत्यंत संतोष और शान्तचित्त ग्रहण किया। आत्म स्वभाव की ओर उन्मुख प्रभु ने वीतरागता को नए आयाम प्रदान किए।

साधना का बारहवाँ वर्ष—

तदनन्तर, प्रभु सुन्सुमार, भोगपुर, नंदिग्राम, मेढ़िया ग्राम होते हुए कौशाम्बी पधारे। यहाँ उन्होंने विकट अभिग्रह धारण किया। भगवान अभिग्रह धारण करके ही चर्या को निकलते थे—आज मुझे इस प्रकार के घर में इस प्रकार का भोजन मिलेगा तभी मैं आहार ग्रहण करूँगा। यदि अभिग्रह पूरा नहीं होता तो बिना

आहार ग्रहण किए वे संतोषपूर्वक लौट आते और तप साधना में स्थित हो जाते। उन्होंने जो अभिग्रह धारण किया, वह इस प्रकार था—कोई राजकुमारी दासी बनी हो, उसके हाथ में हथकड़ी और पैरों में बेड़ी हो, वह मुंडित हो, आंखों में अश्रु और तेले की तपस्या किए हुए हो, क्षेत्र से देहली के बीच खड़ी हो तथा द्रव्य से उड़द के बाकले सूप के कोने में हो, काल से भिक्षा का समय व्यतीत हो चुका है और उस स्थिति में वह भिक्षा दे तभी वे भिक्षा ग्रहण करेंगे अन्यथा नहीं।

भगवान प्रत्येक दिन भिक्षा के लिए जाते किन्तु बिना कुछ ग्रहण किए अपनी साधना भूमि लौट आते। पाँच महीने पच्चीस दिन व्यतीत हो गए।

कौशाम्बी के एक सेठ की पत्नी ने अप्रतिम रूपवती चंदनबाला का सिर उस्तरे से मुंडवाकर उसे हथकड़ी पहनाकर तलघर में बंद कर दिया था। अगले दिन भगवान सेठ के घर पारणा के लिए पहुँचे। चंदनबाला तीन दिन की भूखी प्यासी, सूप के कोने में उड़द के बाकले लिए हुए देहली के बीच खड़ी हुई धर्म पिता के आगमन की प्रतीक्षा कर रही थी। भगवान को देखकर वह प्रसन्न हो उठी। उसके मन में भगवान को आहार देने की भावना जाग्रत हो गई। महावीर अभिग्रह की पूर्णता में कुछ कमी पाकर लौटने लगे। चंदना की आंखों में अश्रु छलक आये। अभिग्रह पूरा हो गया। भगवान ने चंदनबाला के हाथों भिक्षा ग्रहण की। केवल ज्ञान उत्पन्न होने के अनन्तर यही चन्दन बाला भगवान की प्रथम शिष्या एवं साध्वी संघ की प्रथम सदस्या बनीं।

कौशाम्बी से विहार कर प्रभु सुमंगल, सुछेत्ता, पालक गावों में भ्रमण करते हुए चम्पा नगरी पधारे। वहां स्वातिदत्त ब्राह्मण की यज्ञशाला में चौमासी तप करके बारहवाँ चौमासा पूर्ण किया। तत्पश्चात् प्रभु जंभियग्राम एवं मेढियाग्राम विचरण करते हुए छम्माणि ग्राम के बाहर ध्यानावस्थित हो गए।

भगवान महावीर के साधनाकाल की तपश्चर्या का अत्यंत मनोहारी एवं रोमांचक विवरण प्राप्त होता है। शिशिर ऋतु में पवन जोर से फुफकार मारता था, कड़कड़ाती सर्दी होती थी। दूसरे साधू गर्म स्थान की खोज करते थे, वस्त्र लपेटते थे और लकड़ियाँ जलाते थे। महावीर खुले स्थान में नंगे-बदन ध्यानावस्थित रहते थे। उन्हें रसों में कोई आसक्ति न थी; मिताहारी थे। मानापमान में समभाव रखते हुए भिक्षा यापन करते थे। आहार नित्य नहीं; कई-कई दिनों के अन्तर से करते थे। स्वाद-जयी उनका स्वभाव हो गया था। शरीर के प्रति ममत्वहीनता निरीहता की सीमा तक पहुँच चुकी थी। रोग उत्पन्न होने पर भी औषध नहीं लेते थे। प्रतिक्षण जागृत रह, ध्यान एवं कायोत्सर्ग में लीन रहते थे।

इन्द्रिय विजयी को स्त्री-पुरुषों के परस्पर काम-कथा में लीन दृश्य भी विचलित नहीं करते थे। वे अनासक्ति की प्रतिमूर्ति थे। समस्त संतापों से रहित

तथा अर्न्तवृत्ति से प्रशान्त महावीर ठंड में छाया में बैठकर ध्यान करते तथा गर्मियों में चिलचिलाती धूप में उत्कट आसनों से ध्यान करते थे। निर्विकार, कषायरहित, मूर्छारहित, निर्मल ध्यान एवं आत्मलीन का पथिक आत्मानुसंधान करता रहा। कई स्थान पर लोगों ने उन्हें बहुत त्रास दिया। कितनी ही बार लकड़ियों, मुट्ठियों, भाले की अणियों, पत्थर या हड्डियों के खप्परों से पीट-पीटकर उनके शरीर में घाव कर दिये। वे ध्यानावस्थित होते, दुष्ट लोग उनके मांस को नोच लेते, उन पर धूल बरसाते, उन्हें ऊँचा उठाकर नीचे गिरा देते, उन्हें आसन पर से नीचे ढकेल देते।[63] क्षमा के क्षीर सागर ने शान्त चित्त सब सहन किया।

कल्पसूत्र में कहा गया है कि भगवान महावीर क्रोध, मान, माया, लोभ से रहित, अन्तर्वृत्ति से शान्त, बाहर से प्रशान्त, भीतर बाहर से उपशान्त, समस्त संतापों से रहित, आस्त्रव रहित, द्रव्य और भाव मल से वर्जित, आत्मनिष्ठ, आत्महित, आत्म ज्योतिष्क, आत्मबल से सम्पन्न, समाधि मोक्षमार्ग में स्थित, रागातीत, निर्मल, देदीप्यमान, समस्त पदार्थों को प्रकाशित करने वाले, इन्द्रिय विजयी, स्वजन आसक्ति रहित, इहलोक-परलोक में अनासक्त, संसार पारगामी और कर्मो को नष्ट करने के लिए पराक्रमशील होकर विचरण करते थे।[64] वे सर्वोत्तम ज्ञान, दर्शन, तप, संयम, उद्यम, कर्म-क्रिया, बल, आत्मजनित सामथ्र्य, पुरुषार्थ, पराक्रम, क्षमा, निर्लोभता, लेश्या, ऋृजुता, मृदुता, द्रव्य से अल्प उपाधि और भाव से गौरव का त्याग, सत्य, ध्यान एवं आत्मिक परिणाम से अपनी आत्मा को भावित करते रहे।[65]

साधना का तेरहवाँ वर्ष एवं केवल-ज्ञान की उपलब्धि—

कल्पसूत्र के अनुसार भगवान महावीर दीक्षा ग्रहण करने के बाद, बारह वर्षों से कुछ अधिक काल तक साधना में तत्पर रहे। साधना के प्रथम वर्ष में कुर्मार ग्राम में ग्वाले का उपसर्ग हुआ था। छम्माणि ग्राम के बाहर जब प्रभु ध्यानावस्थित थे तो अन्तिम उपसर्ग भी ग्वाले के शलाका-छेदन द्वारा हुआ। प्रतीकात्मक रूप में मानो कर्मों के पाश बिंध गये; माया से लिप्त आत्मा का पृथक्करण हुआ; कर्म उदीर्ण होकर निर्जरित हो गए; स्व एवं पर का भेद-विज्ञान प्रकट हो गया; जीवन के चरम सत्य की तर्क संगत अनुभूति तथा अन्तश्चेतना की जागृति हुई।

वैशाख शुक्ला नौवीं तिथि की रात्रि में जम्भृका ग्राम के निकट ऋजुकूला नदी के तट पर प्रभु प्रतिमायोग को धारण कर केवल-ज्ञान की सिद्धि के लिए ध्यान में सतत लीन धर्म-ध्यान की गहराइयों में उतरने लगे। यात्रा का पथ प्रशस्त से प्रशस्ततर होता गया। राग-द्वेष के समस्त विकल्प शान्त हो चुके थे। सर्वत्र

समता-भाव व्याप्त हो गया था। वीतराग भाव अपने उत्कर्ष पर पहुँच गया था। परमहंस योगी जिस सविकल्प समाधि को प्राप्त करते हैं, प्रभु ने उस स्थिति को प्राप्त कर लिया था।

वैशाख शुक्ला दशमी को सुव्रत दिवस, विजय मुहूर्त, उत्तरा फाल्गुनी नक्षत्र का योग था। आधुनिक कालगणना के अनुसार 23 अप्रैल ईस्वी पूर्व 557 का दिन था। दिन के तीसरे पहर के लगते ही दिव्य प्रकाश आविर्भूत हो उठा। अब भगवान 'अर्हत्', राग-द्वेषों के विजेता तथा केवल ज्ञान सम्पन्न हो गए। आत्मा में अनन्त ज्ञान प्रकट हो गया। वे सर्वज्ञ हो गए; सर्वदर्शी हो गए। अब आत्मा ने निर्विकल्पक स्थिति को प्राप्त कर लिया। केवल ज्ञान के बल से उन्होंने शीघ्र ही समस्त लोक-अलोक को समझ लिया—'केवल-वलेण सम्मइय लोउ'।[65] इसका वर्णन भाषा के द्वारा करना सम्भव नहीं है; धर्म, आत्मा, अनन्त ज्ञान, परम आनन्द ये सब मानों पर्याय हो गए। बहिरात्मा अन्तरात्मा की प्रक्रिया से गुजरकर परमात्मा बन गई।

2. 7. तीर्थंकर देशना, गणधर एवं चतुर्विध संघ सहित चर्या

(i) देशना—

केवल ज्ञान प्राप्ति की घटना का लोकोत्तर प्रभाव पड़ा। आठों दिशाएँ एवं आकाश निर्मल हो गया। शीतल मंद सुगंधित समीर बहने लगा। पौराणिक मान्यता है कि ज्ञान कल्याणक महोत्सव मनाने के लिए सौधर्म इन्द्र देव-समूह के साथ स्वर्ग से भारत वसुंधरा पर उतरे। प्रतीकार्थ है कि मनुष्य की उच्चतम प्रगति के सामने देवीय शक्तियाँ नतमस्तक हो गईं। देव-असुर, मनुष्य एवं मानवेतर प्राणी, जाति-पाँति, ऊँच-नीच के समस्त भेद समाप्त हो गए। सर्वत्र समरसता व्याप्त हो गई। महाकवि प्रसाद ने कामायनी के आनन्द सर्ग में जो वर्णन किया है, मानो वही परिवेश मूर्तिमान एवं सजग हो गया।

'समरस थे जड़ या चेतन, सुन्दर साकार बना था
चेतनता एक विलसती, आनन्द अखण्ड घना था।'

सभा-मण्डप बनाया गया। सभा मंडप 'समवशरण' बन गया—उपस्थित सभी, 'सर्वम्' समभाव की चेतना से अभिभूत, आत्मतुल्यता की प्रतीति करते हुए भगवान के चरणों में नतमस्तक हो गए। महावीर सर्वज्ञ एवं सर्वदर्शी बन चुके थे। उनकी मुद्रा अविचल थी। भाषा के द्वारा उस प्रभा मंडल का वर्णन करना सम्भव नहीं है। अनन्त ज्ञान, अनन्त दर्शन एवं अनन्त सुख की उज्जवलता सर्वत्र विद्यमान थी। सभी प्राणी-वर्ग भगवान महावीर का उपदेश सुनने के लिए लालायित थे।

भगवान महावीर के चरित ग्रन्थों में केवल-ज्ञानी महावीर की देशना से सम्बन्धित विवरण प्राप्त हैं। इनके अध्ययन के बाद कुछ बिन्दुओं पर सहज जिज्ञासायें उत्पन्न होती हैं, कहीं कहीं परस्पर विरोध भी प्रतीत होते हैं।

(i) जब भगवान महावीर को दिव्य ज्ञान की प्राप्ति हो गई, वे सर्वदर्शी एवं सर्वज्ञ हो गए तो वे तत्काल उपस्थित परिषद् को उपदेश क्यों नहीं दे सके? केवल ज्ञान होने के 66 दिनों के बाद ही भगवान महावीर ने उपदेश क्यों दिया।[67]

(ii) कुछ ग्रन्थों में वर्णित है कि केवल ज्ञान प्राप्ति के बाद उन्होंने कुछ काल उपदेश तो दिया किन्तु वहाँ उपस्थित एक भी मनुष्य ने भावित होकर महाव्रतों को धारण नहीं किया। उपस्थित परिषद् उनके उपदेश से भावित नहीं हुई।[68] सर्वज्ञ महावीर ऐसा उपदेश क्यों नहीं दे सके जिससे उपस्थित प्राणी भावित होते।

(iii) जब भगवान महावीर ने साधना द्वारा सिद्धि प्राप्त कर ली, परमपद प्राप्त कर लिया तब गणधर के अभाव में वाणी मुखर न होने का क्या कारण हो सकता है। तीर्थंकर की वाणी की मुखरता के लिए गणधर की अनिवार्य उपस्थिति का क्या प्रयोजन है?

(iv) कुछ ग्रन्थों में यह वर्णित है कि भगवान महावीर ने केवल ज्ञान के बाद दिव्य ध्वनि की। यह दिव्य ध्वनि वर्ण-विन्यास से रहित थी। यह अभाषिक थी। शब्द रचना से रहित थी। इतना होने पर भी संसार के समस्त प्राणियों को तृप्त करने वाली थी। स्याद्वाद रूपी अमृत से युक्त होने के कारण इसने समस्त प्राणियों के हृदय के अंधकार को नष्ट कर दिया।

(v) कुछ ग्रन्थों में वर्णित है कि भगवान महावीर ने अपना उपदेश भाषा-विशेष में दिया था।[69]

(vi) कुछ ग्रन्थों में वर्णित है कि दिव्य ध्वनि ने अठारह महाभाषा तथा सात सौ भाषा-रूपों में परिणमन किया। 'एक योजन के भीतर दूर अथवा समीप में बैठे हुए अठारह महाभाषा और सात सौ कुभाषाओं से युक्त तिर्यंच, मनुष्य और देवों की भाषा के रूप में परिणत होने वाली तथा न्यूनता और अधिकता से रहित मधुर, मनोहर, गम्भीर और विशद भाषा के अतिशयों से युक्त तीर्थंकर की दिव्य ध्वनि होती है।'[70] कुछ ग्रन्थों में वर्णित है कि भगवान महावीर ने अपना प्रवचन अर्धमागधी भाषा में दिया जो अठारह देशी भाषाओं में नियत

अथवा परिणत होने वाली भाषा थी। 'अट्ठारह देसी भासा णियतं अद्धमागहं'।[71]

वर्णविन्यास से रहित ध्वनि अथवा भाषा-विशेष के अठारह महाभाषाओं तथा सात सौ भाषाओं में परिणमन की क्या व्याख्या की जाए। क्या इस प्रकार की स्थिति सम्भव हो सकती है?

उपर्युक्त सभी जिज्ञासाओं का बुद्धिसंगत, युक्तिमूलक एवं तर्कणापरक समाधान आवश्यक है। आज के वैज्ञानिक युग में अनेकान्त दर्शन को मानने वाले शैक्षिक वर्ग से यह अपेक्षित है। इसी प्रकार की समाधानकारक व्याख्या विवेकी मानस को संतुष्ट कर सकती है।

कालगत व्यवधान—

केवल ज्ञान की प्राप्ति के बाद देशना में कालगत व्यवधान के सम्बन्ध में कलाकार/कवि की रचना-प्रक्रिया के परिप्रेक्ष्य में विचार सम्भव है। भाषा का विद्यार्थी यह जानता है कि किसी भाषा के शब्दों से मनुष्य के इन्द्रिय गृहीत ब्रिम्बों का एक सामान्य अंश ही प्रकट हो पाता है। साहित्य शास्त्र का ज्ञाता जानता है कि भावों की अभिव्यंजना के समय रचनाकार को भाषा की सीमा का किस प्रकार अनुभव होता है; अभिव्यक्ति के समय कितनी विवशताओं का सामना करना पड़ता है। रचनाकार के अन्तर्मन में जब कोई भाव उत्पन्न/जागृत होता है तब वह भाव उसका अपना होता है, निजी होता है, विशिष्ट होता है, सर्वथा नवीन होता है। अन्तर्मन में जागृति के समय भाव का रूप धुँधलका, अस्पष्ट एवं अर्मूत होता है। भाव संप्रेषण के लिए रचनाकार को भाषा का सहारा लेना ही पड़ता है। रचनाकार अपनी स्वानुभूति को काव्यानुभूति बनाने के लिए उपयुक्त शब्दों की खोज करता है। शब्द-समूह काव्य का शरीर मात्र होता है। सामान्य भाषा की शब्दार्थ योजना तथा काव्य की शब्दार्थ योजना का अन्तर सर्वविदित है।[72] भाषा के शब्द काव्यरचना में अतिशय अर्थ की सिद्धि करते हैं। उपयुक्त शब्द विधान तथा अतिशय अथवा विशिष्ट अर्थ सिद्धि (विशिष्ट पद रचना रीति:) के अनन्तर भी कवि के विशिष्ट भाव को अभिव्यंजित करने में शब्दार्थ योजना पूर्णत: समर्थ नहीं हो पाती। काव्य केवल 'शब्दार्थ योजना' नहीं है; काव्य 'शब्दार्थौ सहितौ' है। इस अतिरिक्त के लिए ही कवि 'चयन', 'विचलन' या 'विपथन' करता है, अनेक प्रकार के उपमानों, रूपकों, उत्प्रेक्षाओं आदि का सहारा लेता है, शब्दों के अभिधा-व्यापार के अतिरिक्त लक्षणा एवं व्यंजना व्यापारों का आश्रय लेता है, प्रतीकों एवं बिम्बों का प्रयोग करता है। सम्पूर्ण कवि-व्यापार या रचना-प्रक्रिया स्वानुभूति को भाषा के विशिष्ट प्रयोक्ताओं के समष्टिचित्त में अभिव्यंजित करने की सामर्थ्य का नाम है। यह साहित्यशास्त्र का

विषय है। यहाँ केवल इतना कहना अभीष्ट है कि रचनाकार के अन्तर्मन में सौन्दर्यात्मक अनुभूति के उन्मेष तथा उसके संप्रेषण में कालगत व्यवधान होता है।

कवि की भाव-अभिव्यंजना मन के धरातल पर होती है। भगवान महावीर को मन के धरातल से बहुत ऊँचे धरातल पर ज्ञान प्राप्त हुआ था; आत्मिक ज्ञान, केवल ज्ञान। इसकी देशना में कालगत व्यवधान का होना स्वाभाविक है। भगवान महावीर देशना नहीं दे सके। उन्होंने 'स्यात् अनिर्वचनीय' को आत्मसात किया। 'त्रिभंगी' तो पहले भी था—

(1) स्यात् है,

(2) स्यात् नहीं है,

(3) स्यात् है भी, नहीं भी। 'अनिर्वचनीय' के जुड़ने पर त्रिभंगी 'सप्तभंगी' हो गया

(4) स्यात् अनिर्वचनीय है,

(5) स्यात् है और अनिर्वचनीय है,

(6) स्यात् नहीं है और अनिर्वचनीय है,

(7) स्यात् है भी, नहीं भी है और अनिर्वचनीय है।

दिव्य ध्वनि का स्वरूप—

दिव्य ध्वनि को कंठ, तालु तथा ओष्ठ आदि के हलन-चलन व्यापार से रहित किन्तु भव्य जनों को आनन्द देने वाली बतलाया गया है।[73] कुछ ग्रन्थों में इसे बादलों की गर्जना का अनुकरण करने वाली अतिशय युक्त महादिव्य ध्वनि कहा गया है।[74] वर्णविन्यास से रहित इसे सर्वहितकारक भी बतलाया गया है।[75] संक्षेप में इस दिव्य ध्वनि का स्वरूप वाक् अवयवों के उच्चारण स्थानों (Place of articulation) एवं उच्चारण प्रयत्नों (Manner of articulation) से उच्चारित वाक् ध्वनियों के अनुक्रम से निर्मित शब्दात्मक नहीं था। संसार के सभी प्राणियों को आनन्द प्रदान करने के कारण इसका स्वरूप अभाषिक था।

अभाषिक ध्वनि के द्वारा सभी प्राणियों पर पड़ने वाले प्रभाव को तथा किसी भाषा के शब्द तथा इस प्रकार की ध्वनि के प्रभाव-ग्रहण के अन्तर को प्राणी संकेत विज्ञान (Zoo Semiotics) एवं भाषा विज्ञान (Linguistics) के ज्ञान के आधार पर समझा जा सकता है। संसार का प्रत्येक प्राणी अपने प्राणी-वर्ग में संप्रेषण-व्यवहार करता है; सभी प्राणी अनेक माध्यमों से संवेदनाओं एवं सूचनाओं का संवहन करते हैं।[76] इन माध्यमों में जहाँ मुख-मुद्राएँ, शरीर के अन्य

अंगों का विक्षेप, इन्द्रियों के संकेत आदि होते हैं वहीं सहज वाचिक उत्तेजनाएँ भी होती हैं। अधिकांश प्राणियों में मनोभावों को व्यक्त करने के लिए विशेष-विशेष प्रकार की आवाजें उत्पन्न करने की सहज एवं नैसर्गिक शक्ति होती है। ये आवाजें किसी भाषा के शब्द/वाक्य की ध्वनि से भिन्न होती हैं। भाषिक-शब्द कंठ, तालु, दंत, ओष्ठ, जिह्वा आदि वाक्-अवयवों द्वारा सायास उच्चारित वाक्-ध्वनियों के विशेष सम्बन्ध-क्रमचय से निर्मित होते हैं। शब्द में वाक् ध्वनियों का क्रम होता है, जिन्हें स्वनविज्ञानी विभक्त कर उनका भिन्न वाक् ध्वनियों के रूप में अध्ययन करता है। इसके विपरीत ये आवाज़ें ध्वनियों का मिश्रित अविभक्त प्रवाह होती हैं; उनकी ध्वनियाँ शब्द अथवा भाषा की वाक् ध्वनियों के समान अलग-अलग नहीं होतीं। प्राणी ज़ब ऐसी आवाज़ें करते हैं तो बिना प्रयास के करते हैं; बिना सीखे करते हैं; सहज वाचिक उत्तेजनाओं के रूप में अपने मनोभाव प्रकट करते हैं। वाक् ध्वनियों का उच्चारण प्रयत्नज होता है, सायास होता है, सीखने के कारण होता है। इसके विपरीत इन आवाजों का बोलना अप्रयत्नज होता है, बिना इच्छा के होता है, बिना सीखे नैसर्गिक होता है। दोनो का नियंत्रण मस्तिष्क के भिन्न भागों से होता है। शरीर विज्ञान में इसका अध्ययन हुआ है। बिना प्रयास के सहज आवाजों के बोलने की क्रिया मस्तिष्क के पृष्ठ भाग (Medulla oblongata) के द्वारा संचालित होती है। वाक्-ध्वनियों के उच्चारण की क्रिया मस्तिष्क के प्रमस्तिष्क (Cerebrum) के चेष्टा-क्षेत्र के वाक् चेष्टा क्षेत्र (motor speech centre) के द्वारा संचालित होती है।[77]

बोलने की शक्ति मानवेतर प्राणियों में भी है, भाषा की वाक्-शक्ति का विकास केवल मनुष्य ने किया है। कोई प्राणी, जब अपने दु:ख-दर्द या हर्ष-उल्लास को व्यक्त करने वाली सहज वाचिक उत्तेजना करता है तब प्राणी-वर्ग प्रभावित होता है। जंगल में शेर की दहाड़ सुनकर कितने प्राणी-वर्गों के सदस्य भयभीत हो जाते हैं। क्रौंच की करुण आवाज ने आदि कवि को कितना प्रभावित किया? भगवान महावीर की ध्वनि तो दिव्य थी, लोक हृदय को अपूर्व दिव्यता प्रदान करने वाली थी, अन्तरात्मा की समस्त कालिमा को धोने वाली थी। उनकी दिव्य ध्वनि का सभी प्राणी वर्गों के सदस्यों के मन पर पुण्य प्रभाव पड़ा।

समस्त प्राणियों पर प्रभाव—

प्राणी आवाज सुनता है। सुनने के कारण प्रभाव पड़ता है। मगर जिन प्राणियों के पास सुनने की इन्द्रिय नहीं होती; कर्णेन्द्रिय नहीं होती, वे किस प्रकार प्रभावित हो सकते हैं? इस सम्बन्ध में जापान की निप्पोन टेलिग्राफ एवं टेलीफोन कारपोरेशन में वायरलैस तरंगों की संचार प्रणाली के क्षेत्र में जो अनुसंधान कार्य हो रहा है, वह कार्य दिशाबोधक है। प्रभावित होने के लिए कान का होना अनिवार्य नहीं है। प्राणी का शरीर अथवा शरीर का कोई अंग भी वायरलैस से

निकलने वाली विद्युत तरंगों का वाहक हो सकता है। दिव्य ध्वनि के कारण सभी प्राणियों पर पुण्य प्रभाव पड़ा, आत्मतुल्यता का समता भाव लोक में अनुभूत होने लगा। इतना होने पर भी मनुष्य वर्ग के उपस्थित सदस्यों की भाषिक देशना सुनने की उत्कंठा बनी रही।

समवशरण में परिषद् का भावित न होना—

समवशरण में परिषद् में ऐसा कोई भव्य व्यक्ति विद्यमान नहीं था जो भगवान महावीर का गणधर बन सके, तत्त्वज्ञान की आगम वाचना कर सके, केवल ज्ञान को अंशतः लोकभाषा में संप्रेषित कर सके। भाषिक देशना के लिए गणधर की अनिवार्यता का रहस्य संप्रेषण शास्त्र के ज्ञान के आलोक में सुलझाया जा सकता है।

कवि स्वानुभूति को अभिव्यंजित कर देता है। काव्य-रचना पूर्ण हो जाती है। कवि की कारयित्री प्रतिभा की कार्यकारिता सम्पन्न हो जाती है। सामान्य जन को रचना कृति का आस्वादन नहीं हो पाता। सहृदय ही रचना कृति के भाव सौन्दर्य का रसास्वादन कर पाता है। सहृदय के पास कवि की कारयित्री प्रतिभा के समान भावयित्री प्रतिभा होती है; सहृदयता होती है। 'सहृदयता' काव्यशास्त्र का पारिभाषिक शब्द है। पारिभाषिक दृष्टि से सहृदयता सौन्दर्य का अवगाहन और आस्वादन करने की क्षमता का नाम है। सहृदय या आलोचक रचना कृति के सौन्दर्य का अवगाहन और आस्वादन करने के बाद रचनाकृति की समीक्षा करता है। उसके भाव पक्ष एवं कला पक्ष के समस्त अंगों / उपांगो के वैशिष्ट्य का विश्लेषण एवं विवेचन करता है। उसकी टीका लिखता है। उसके शब्दों के सामान्य अर्थों, लक्षणा-शक्ति के अर्थों तथा व्यंजना-शक्ति के अर्थों का उद्घाटन करता है। उनका भाष्य करता है। अप्रस्तुत विधान, प्रतीक योजना, बिम्ब योजना आदि सभी की सम्पूर्ण बारीकियों की जानकारी देता है। उसकी आलोचना करता है। इसके बाद ही साहित्य का पाठक रचनाकृति के सौन्दर्य के हार्द को समझ पाता है।

भगवान महावीर को केवल ज्ञान हो गया। परिषद् में कोई गणधर नहीं था। गणधर केवल-ज्ञानी के आत्मिक ज्ञान को आत्मसात् करने में समर्थ होते हैं। गणधर उसे लोकभाषा में संप्रेषित कर पाते हैं। गणधर सर्वतन्मयी चेतना को उद्बुद्ध कर पाते हैं।

अनक्षरात्मक देशना का अक्षरात्मक परिणमन—

तीर्थंकर की देशना अनक्षरात्मक होती है। श्रोताओं के सुनते समय अक्षरात्मक हो जाती है।[78]

कंप्यूटर-विज्ञान के आलोक में इस प्रकरण पर विचार किया जा सकता है। सूचना-इनपुट अनिवार्य नहीं कि भाषिक रूप में ही हो, शब्द/वाक्य रूप में ही हो, अक्षरात्मक ही हो। यह अंको अथवा संवेदकों द्वारा प्राप्त भौतिक राशिये के अंकीय रूप आदि में भी हो सकता है। कंप्यूटर सूचना-इनपुट से प्राप्त आँकड़ो को शून्य एवं एक की बाइनरी भाषा में प्राप्त कर संसाधित करता है। इसके बाद एप्लीकेशन सॉफ्टवेयर द्वारा वांछित आउटपुट होता है। इसे कंप्यूटर के डिस्पले यूनिट पर देखा जाता है। आउटपुट वर्ण-अंकीय होता है तो प्रिन्टर द्वारा मुद्रित किया जाता है, संसाधित-शब्द होता है तो कंप्यूटर में लगे स्पीकर द्वारा बोला जाता है। आउटपुट प्रतिमाओं अथवा चित्र रूप में भी होता है। आउटपुट को यदि संग्रहीत करना होता है तो अपने कंप्यूटर में संग्रहीत हो जाता है अथवा संचार तकनीक के लाइन संचार, माइक्रोवेव संचार, उपग्रह संचार आदि द्वारा दूसरे छोर पर लगे कंप्यूटर की स्मृति में संग्रहीत हो जाता है।

भाषिक अथवा संप्रेषण की दृष्टि से तीन चरण होते हैं—(1) कूट (Code) (2) कूट अंतरण (Code transfer) (3) विसंकेतन (Decoding)

इन्पुट/कूट अनक्षरात्मक हो सकता है, आउटपुट/विसंकेतन अक्षरात्मक हो सकता है।

देशना का विभिन्न भाषाओं में परिणमन—

ग्रन्थों में वर्णित है कि भगवान महावीर का उपदेश अर्ध मागधी प्राकृत में हुआ। अर्ध मागधी का श्रवण के समय अठारह महाभाषाओं तथा सात सौ भाषाओं में परिणमन होने लगा। इसकी एक व्याख्या इस प्रकार सम्भव है कि भगवान महावीर एवं गौतमबुद्ध के समय मगध और शूरसेन प्रदेश के मध्यवर्ती भूभाग में व्यवहृत जनभाषा (अर्ध मागधी का महावीर युगीन भाषा रूप) का व्यवहार अठारह महाभाषाओं के क्षेत्र में सम्पर्क भाषा के रूप में होता था। अर्ध मागधी सम्पर्क भाषा थी जबकि अन्य भाषाएँ प्रदेशों की भाषाएँ थीं। कुछ ग्रन्थों में मगध, मालव, महाराष्ट्र, लाट, कर्णाटक, गौड़, विदर्भ आदि देशो की भाषाओं को देशी भाषा कहा गया है। कुछ ग्रन्थों में कोल्ल, मगध, कर्णाटक, अन्तर्वेदी, कीर, ढवक, सिन्धु, मरु, गुर्जर, लाट, मालवा, ताजिक, कोशल, मरहट्ठ (महाराष्ट्र) और आन्ध्र प्रदेश की भाषाओं का देसी भाषा के रूप में उल्लेख मिलता है। अर्धमागधी का जो रूप सम्पूर्ण प्रदेशों में सम्पर्क भाषा के रूप में व्यवहृत था उसमें उन देशी भाषाओं के शब्द आदि का मिश्रण हो गया था। सम्पर्क-भाषा होने के कारण यह सर्वभाषात्मक थी। इसका प्रयोग होने पर सभी प्रदेशों के निवासियों के लिए बोधगम्य थी।

इस स्थिति को वर्तमान भारत के बहुभाषिक परिवेश एवं उसमें सम्पर्क

भाषा हिन्दी के समतुल्य समझा जा सकता है। भारत में अनेक भाषाएँ बोली जाती हैं। हिन्दी का पूरे भारत में सम्पर्क भाषा के रूप में प्रयोग होता है।[79]

मगर बोधगम्य होने में तथा परिणमन होने में अन्तर है। एक भाषा का अनेक भाषाओं में परिणमन होने की व्याख्या भाषान्तरण अथवा मशीनी अनुवाद के द्वारा करना अधिक तर्कसंगत है। एक भाषा का दूसरी भाषा में मशीनी अनुवाद करने की दिशा में पर्याप्त प्रगति हुई है। कंप्यूटर वैज्ञानिक एवं भाषावैज्ञानिक मिलकर अनेक परियोजनाओं पर कार्य कर रहे हैं। इस दृष्टि से 18 देशों द्वारा प्रायोजित 'यूनिवर्सल नेटवर्किंग लैंग्वेज' परियोजना का उल्लेख आवश्यक है। जिस प्रकार एक भाषा का अन्य भाषा में मशीनी अनुवाद होता है उसी प्रकार एक भाषा का अनेक भाषाओं में भी मशीनी अनुवाद सम्भव है। भगवान महावीर ने विश्वजनीन चेतना के उद्‌बोधक के रूप में एक भाषा (अर्ध मागधी का महावीर-युगीन भाषिक रूप) में देशना की जिसका श्रोताओं के स्तर पर विभिन्न भाषाओं में परिणमन हुआ।

(ii) गणधर—

लोक मंगल के लिए एवं सकल जीवों के उपकार के लिए भगवान महावीर ने ज्ञानामृत दिया। इस कार्य में भगवान को ग्यारह गणधरों तथा उनके चार हजार चार सौ पचास शिष्यों का सहयोग प्राप्त हुआ। जिन ग्यारह गणधरों ने दीक्षा धारण की वे सभी सर्वशास्त्र पारंगत विद्वान थे। इनके नाम एवं इनका संक्षिप्त परिचय इस प्रकार हैं—

1. गौतम गोत्रीय इन्द्रभूति : आप मगध के प्रसिद्ध विद्वान एवं प्रकांड तर्कशास्त्री थे। आपकी माता का नाम पृथ्वी और पिता का नाम वसुभूति था। आप दर्शन, न्याय, तर्क, ज्योतिष और आयुर्वेद के मर्मज्ञ विद्वान थे। भगवान महावीर की आचार्य परम्परा में इन्द्रभूति 'गौतम गणधर' के नाम से प्रसिद्ध हैं। महावीर चरित ग्रन्थों में यह भी मान्यता है कि भगवान महावीर द्वारा गौतम इन्द्रभूति की शंकाओं के समाधान के बाद भगवान का सार्वभौमिक कल्याणकारी उपदेश प्रारम्भ हुआ। कल्पसूत्र में यह भी वर्णित है कि इन्द्रभूति अपने पाँच सौ शिष्यों के साथ भगवान महावीर के साथ शास्त्रार्थ करने के लिए आए थे किन्तु समवशरण की लोकोत्तर विभूति और प्रभु के तेज को देखकर चकित रह गए।[80] तिलयोपण्णत्ति में वर्णित है कि आषाढ़ की पूर्णिमा को गौतम इन्द्रभूति ने दीक्षा धारण की थी, इसी कारण यह दिन 'गुरु पूर्णिमा' के नाम से लोक में प्रसिद्ध है। अगले दिन श्रावण कृष्ण-प्रतिपदा के ब्रह्म मुहूर्त में भगवान महावीर की दिव्य ध्वनि आरम्भ हुई तथा इसी दिन धर्म तीर्थ की उत्पत्ति हुई।[81]

2. अग्निभूति : आप इन्द्रभूति के मझले भाई थे। आपकी विद्वत्ता,

तत्त्वज्ञान, तपस्या एवं साधना की कीर्ति चतुर्दिक व्याप्त थी। आप वेद, उपनिषद् और कर्मकांड के महान ज्ञाता थे। आपने 46 वर्ष की अवस्था में तीर्थंकर महावीर से दीक्षा धारण की।

3. वायुभूति: आप इन्द्रभूति के छोटे भाई थे। आपने 42 वर्ष की आयु में दीक्षा धारण की।

अन्य गणधरों के नाम एवं उनका संक्षिप्त परिचय प्रस्तुत है—

क्र.	गणधर का नाम	निवास प्रदेश का नाम	गोत्र	माता का नाम	पिता का नाम
1.	आर्य व्यक्त अथवा शुचिदत्त	कोल्लाग सन्निवेश	भारद्वाज	वारुणी	धनमित्र
2.	सुधर्मा	कोल्लाग सन्निवेश	अग्नि वैश्यायन	भद्दिला	धम्मिल्ल
3.	मण्डिक अथवा मण्डित	मौर्य सन्निवेश	वाशिष्ठ	विजयदेवी	धनदेव
4.	मौर्यपुत्र	मौर्य सन्निवेश	काश्यप	विजया देवी	मौर्य
5.	अकम्पिक	मिथिला	गौतम	जयन्ती	देव
6.	अचल	कोशल	हारीत	नन्दा	वसु
7.	मेदार्य अथवा मेतार्य	वत्स	कौण्डिन्य	वरुणि देवी	दत्त
8.	प्रभास	राजगृह	कौण्डिन्य	अतिभद्रा	बल

कुछ ग्रन्थों में वर्णित है कि प्रत्येक गणधर जब समवशरण में पहुँचे तो उनके ज्ञानचक्षु खुल गए, उनकी अन्तरात्मा पवित्र हो गई तथा प्रत्येक ने भगवान महावीर से दीक्षा धारण की।

कुछ ग्रन्थों में भगवान महावीर के द्वारा शंका समाधान का विवरण भी प्राप्त होता है। जो विवरण प्राप्त होता है, वह जैन दर्शन का तत्त्व निरूपण है। इनमें गौतम इन्द्रभूति द्वारा जीव के अस्तित्व तथा सभी जीवों में एक ही परमात्म शक्ति की व्याप्ति तथा अग्निभूति द्वारा जड़ एवं रूपी कर्म का चेतन एवं अरूपी

आत्मा के साथ सम्बन्ध विषयक की गई शंकाओं का भगवान महावीर के द्वारा समाधान अधिक उल्लेखनीय है।

(1) जीव अथवा आत्मा का अस्तित्व :

'तुम्हारे मन में आत्मा के अस्तित्व के सम्बन्ध में संदेह है। आत्मा बर्तन एवं वस्त्र आदि की तरह प्रत्यक्ष दिखाई नहीं देती। मगर तुम्हारे अन्तर में आत्मा के अस्तित्व अथवा अनस्तित्व के सम्बन्ध में शंका हुई है। शंका का होना ही आत्मा के अस्तित्व का प्रमाण है। मैं सोच रहा हूँ, मैं बोल रहा हूँ, मैं पढ़ रहा हूँ आदि वाक्यों में अपने कार्यकलापों के सम्बन्ध में अनुभव होता है। इस प्रकार के अनुभव में, **'मैं'** की प्रतिध्वनि से प्रत्येक व्यक्ति अपनी आत्मा का अनुभव कर सकता है। जड़ को ऐसा अनुभव नहीं होता। चेतन को ही ऐसा अनुभव होता है। शरीर और आत्मा भिन्न हैं। व्यवहार में कहा जाता है कि शरीर आत्मा का आधार है। आत्मा शरीर का आधेय है। यह आधार-आधेय भाव भी परमार्थ सत्य नहीं है। इसका कारण यह है कि जो जिसका वास्तविक आधार होता है, उसका वह कभी त्याग नहीं करता। आत्मा और शरीर में एकत्व भाव का कारण मिथ्या मान्यता है। तत्त्वतः आश्रयभूत शरीर आदि पुद्गल द्रव्य भिन्न है और ज्ञायक आत्मा भिन्न है।

(2) अस्तित्व की दृष्टि से प्रत्येक आत्मा स्वतंत्र :

संसार में भिन्न-भिन्न आत्मायें हैं अथवा यह जितना भी स्थावर जंगम संसार है वह एक ही परमात्मा से व्याप्त है। यदि एक ही परमात्मा सभी आत्माओं में व्याप्त होता तो भिन्न-भिन्न जीवों में कर्ता, भोक्ता, सुख, दुःख, बंध, मोक्ष आदि की भिन्न दशाएं विद्यमान न होतीं। वस्तुस्थिति प्रत्यक्ष है। प्रत्येक आत्मा के राग-द्वेष आदि भावों को निमित्त करके क्रोध, अहंकार, मान, माया, लोभ आदि विकार आत्मा से बंधते हैं। प्रत्येक संसारी जीव अनादि काल से पर के निमित्त से अपने अपने स्वकाल में जब जो पर्याय उत्पन्न होती है उसे ही अपनी आत्मा मानता आ रहा है। किसी विवक्षित पर्याय के उत्पन्न होने पर रागवश वह उसकी प्राप्ति में हर्ष का अनुभव करता है और उसके व्यय होने पर दुःखी होता है। सभी जीवों का हर्ष एवं उल्लास तथा दुःख एवं विषाद समान रूप एवं एकरूप नहीं दिखाई पड़ते। प्रत्यक्ष दिखाई पड़ने वाला यह अन्तर इसका प्रमाण है कि समस्त जीवों में एक परमात्मा नहीं अपितु अलग-अलग अनन्त आत्माएँ हैं। स्वरूप की दृष्टि से सभी आत्माएँ समान हैं क्योंकि सभी ज्ञायक स्वभाव हैं, सभी विज्ञाता हैं, सभी चेतन हैं। अस्तित्व की दृष्टि से प्रत्येक आत्मा स्वतंत्र है। प्रत्येक आत्मा अविनाशी है। अविनाशी है, इस कारण स्वतंत्र है, अपने-अपने कर्मों का विपाक फल भोगती है। इस प्रकार जीव की विविधता,

अनादिबद्धता तथा मुक्ति सम्बन्धी शक्यता प्रत्यक्ष दिखाई देती है। अगर समस्त जीव वस्तुत: एकान्त अभिन्न होते तो एक जीव के सुख में समस्त जीव उतने ही सुखी होते। इसी प्रकार एक जीव के दु:ख में समस्त जीव उतने ही दु:खी होते। एक जीव के बंधनमुक्त होने पर समस्त जीव बंधनमुक्त हो जाते। जब तक एक भी जीव बंधनयुक्त होता तब तक कोई अन्य जीव मुक्त नहीं हो पाता। इससे यह सहज सिद्ध है कि वस्तुत: जीव अस्तित्व दृष्टि से संख्यातीत और परस्पर भिन्न हैं।

(3) आत्मा एवं कर्म का सम्बन्ध :

आत्मा और कर्म का अनादिकाल से सम्बन्ध रहा है। इस सम्बन्ध का अवसान किया जा सकता है। जीव के राग-द्वेष आदि आस्रवभूत परिणामों के निमित्त से पुद्गल (रूप-रसादि-गुणयुक्त तथा पूरण-गलन स्वभावी मूर्तिक या भौतिक द्रव्य) स्वयं कर्मरूप परिणमन करते हैं। इसी प्रकार जीव भी पुद्गल के निमित्त से राग-द्वेष आदि रूप परिणमन करते हें। जिस प्रकार अरूपी आकाश के साथ रूपमय द्रव्य का सम्बन्ध होता है उसी प्रकार संसारी जीव अनादिकाल से पर के निमित्त से अपने-अपने स्वकाल में जब जो पर्याय उत्पन्न होती है उसे ही अपनी आत्मा मानता आ रहा है। पर्यायों का उत्पन्न होना और नष्ट होना— यह उनका अपना स्वभाव है। संसारी जीव उनके उत्पाद और व्यय को अपना ही उत्पाद और व्यय मानता आ रहा है। जीव के अनादिकाल से संसार में भ्रमण करने का मूल कारण यही है।

जब जीव को आत्मा एवं अनात्मा का भेद समझ में आ जाता है, स्व एवं पर का भेद समझ में आ जाता है, जब वह यह जान जाता है कि मेरे ज्ञान-दर्शन स्वभाव आत्मा से भिन्न अन्य जितने पदार्थ हैं, वे पर हैं; जब वह मुक्ति-मार्ग की ओर बढ़ना आरम्भ कर देता है तब वह अपने विकारों पर पुरुषार्थ द्वारा विजय प्राप्त कर निज स्वरूप को प्राप्त कर लेता है, आत्मस्वरूप का साक्षात्कार कर आत्मस्थ हो जाता है, सर्वकर्मों का नाश कर सिद्ध लोक में सिद्धपद को प्राप्त कर लेता है।

(iii) तीर्थंकर महावीर द्वारा चतुर्विध संघ की स्थापना

भगवान के शिष्यों की संख्या बढ़ती गई। आपके उपदेश ने विशाल मानव समाज को आकृष्ट किया। आपने अपने युग में धर्म के क्षेत्र में मंगलक्रान्ति सम्पन्न की। अपने युग के संशयग्रस्त मानव समाज को धर्म-आचरण की नवीन दिशा एवं ज्योति प्रदान की। उन्होंने उद्घोष किया कि किसी का अनुकरण या अनुसरण मत करो—'णो लोगस्स एसणं चरे'। धर्म दिखावा नहीं, रूढ़ि नहीं, प्रदर्शन नहीं, किसी के प्रति घृणा नहीं, मनुष्य-मनुष्य के बीच भेदभाव नहीं,

मनुष्य-मनुष्येतर प्राणी के बीच विग्रह-भाव नहीं अपितु धर्म उत्कृष्ट मंगल है—'धम्मो मंगलमुक्किट्ठं'। मुक्ति दया का दान नहीं है, यह प्रत्येक मनुष्य का जन्मसिद्ध अधिकार है। बंधन से मुक्त होना तुम्हारे ही हाथ में है—'बंधप्प मोक्खो तुज्झज्झत्थेव'। आपने धर्मों के आपसी भेदों के विरुद्ध आवाज उठाई तथा धर्म को कर्मकांडों, अन्धविश्वासों, पुरोहितों के शोषण तथा भाग्यवाद की अकर्मण्यता की जंजीरों के जाल से बाहर निकाला। आपने प्राणी मात्र की समता का उद्घोष किया। आपने अहिंसा को परम धर्म के रूप में मान्य कर, धर्म की सामाजिक भूमिका को रेखांकित किया। उन्होंने निर्भ्रान्त स्वरों में घोषणा की—धर्म ही एक ऐसा पवित्र अनुष्ठान है जिससे आत्मा का शुद्धिकरण होता है—'एगा धम्मपडिमा, जं से आया पज्जवजाए'। धर्म न कहीं गाँव में होता है और न कहीं जंगल में, बल्कि वह तो अन्तरात्मा में होता है। उन्होंने धर्म साधनों का निर्णय विवेक और सम्यग् ज्ञान के आधार पर करने की बात कही। जीवात्मा ही ब्रह्म है, आत्मा ही सर्वकर्मों का नाश कर सिद्धलोक में सिद्ध पद प्राप्त करती है। भगवान महावीर का यह अत्यंत क्रान्तिकारी विचार था। इसके आधार पर उन्होंने यह प्रतिपादित किया कि जगत की कल्पित बाह्य शक्तियों के पूजन से नहीं अपितु अपनी अन्तरात्मा के दर्शन, ज्ञान एवं परिष्कार से ही मुक्ति संभव है, आत्म साक्षात्कार सम्भव है, उच्चतम विकास सम्भव है। उनका स्पष्ट मत था कि शास्त्रों को पढ़ने मात्र से उद्धार सम्भव नहीं है। उन्होंने व्यक्ति को सचेत किया कि यदि हृदय में परमाणु मात्र भी राग-द्वेष है तो समस्त आगमों का निष्णात होते हुए भी वह आत्मा को नहीं जान सकता। उन्होंने व्यक्ति की प्रश्नाकुलता को शान्त किया। उन्होंने समस्त जिज्ञासाओं का स्याद्वाद की कथन शैली के आधार पर समाधान किया। उन्होंने व्यक्ति के विवेक को, उसके पुरुषार्थ को जागृत किया। उन्होंने स्पष्ट रूप में कहा कि पुरुष! तू अपना मित्र स्वयं है—'पुरिसा ! तुममेव तुमं मित्तं'। उन्होंने साम्प्रदायिकता के विरुद्ध आवाज उठाई, उन्होंने वर्णवाद एवं जातिवाद के विरुद्ध आवाज उठाई। उनका संदेश प्राणि मात्र के कल्याण के लिए था। उनका निर्देश था कि समस्त जीवों पर मैत्री भाव रखो—'मेत्तिं भूएसु कप्पए'। महावीर की वाणी ने व्यक्ति की दृष्टि को व्यापक बनाया। व्यक्तिगत दृष्टि से आत्म साधना के निगूढ़तम एवं रहस्यात्मक उपाय-द्वारों को वैज्ञानिक ढंग से आत्मबल के द्वारा खोलने की प्रक्रिया का निर्वचन किया। उन्होंने अपनी स्वयं की साधना से बहिरात्मा के परमात्मा बनने की शास्त्रसम्मत भाषिक स्तर की बात को लोक में जीते-जागते सिद्ध कर दिखाया। सामाजिक दृष्टि से उन्होंने सृष्टि के प्राणी मात्र के प्रति राग-द्वेष की सीमाओं के परे आत्मतुल्यता एवं समभाव की भावभूमि प्रदान की।

उनकी देशना को सुनकर विद्वान तपस्वियों ने, सामान्य नागरिकों ने, पुरुषों ने, स्त्रियों ने बहुत बड़ी संख्या में उनका धर्म ग्रहण किया। सबने समवशरण

में शरण ली। भगवान महावीर सर्वज्ञानी थे, सर्वद्रष्टा थे। उन्होंने किताब पढ़ी नहीं अपितु साधना की, धर्माचरण को जीवन में उतारा। वे काल्पनिक दार्शनिक नहीं थे; लोक-अलोक तत्त्ववेत्ता थे। भगवान ने पहचाना कि धर्म साधना केवल मुनियों के लिए ही नहीं अपितु गृहस्थों के लिए भी आवश्यक है। धर्म केवल पुरुषों के लिए ही नहीं, स्त्रियों के लिए भी आवश्यक है। आपने एक कुशल संगठक के रूप में सभी को अपने संघ में शरण दी—सभी के लिए धर्माचरण के नियम बनाए। जो गृहस्थ जीवन का त्याग कर, अपना सम्पूर्ण जीवन त्याग, तप, साधना के लिए समर्पित करने के इच्छुक थे, उनके लिए भगवान ने श्रमण धर्म अथवा मुनि धर्म का विधान किया। पुरुषों के लिए मुनि संघ, स्त्रियों के लिए आर्यिका संघ। पूर्व में कहा जा चुका है कि चन्दनबाला भगवान की प्रथम शिष्या तथा आर्यिका/साध्वी संघ की प्रथम सदस्य बनीं। जो गृहस्थ जीवन व्यतीत करते हुए धर्म का आचरण करना चाहते थे, उनके लिए उन्होंने 'सागार धर्म' अथवा 'गृहस्थ धर्म' अथवा 'श्रावक धर्म' का विधान किया। पुरुषों को श्रावक कहा, स्त्रियों को श्राविका। भगवान ने गृहस्थों को हेय दृष्टि से नहीं देखा। 'यदि गृहस्थ जीवन जीते हुए भी, अपने घर में निवास करते हुए भी कोई श्रावक-धर्म का पालन करता है, प्राणातिपात आदि हिंसा से निवृत्त होता हुआ सर्वप्राणियों के प्रति समभाव रखता है, वह देवलोक को प्राप्त होता है—

गारं पि य आवसे नरे, अणु पुव्वं पाणेहिं संजए।
सामत सव्वत्थ सुव्वए, देवाणं गच्छे स लोगयं।।[82]

इस प्रकार भगवान महावीर ने मुनि या साधु, साध्वी अथवा आर्यिका, श्रावक एवं श्राविका रूप चतुर्विध संघ की स्थापना की। तीर्थंकर महावीर ने संघ सहित जीवन का शेष समय लोक कल्याण के लिए, विश्व के प्राणी मात्र के साथ मैत्री भाव की जागृति के लिए केवली-चर्या में व्यतीत किया।

(iv) केवली चर्या

भगवान महावीर ने केवली-चर्या के लगभग 30 वर्षों में मगध, विदेह, वत्सदेश, कुणाल, अंगदेश, काशी, पांचाल, कुरु, कोशल, शूरसेन एवं दशार्ण आदि जनपदों एवं राज्यों तथा विदेशों में चतुर्दिक ग्राम-नगरों में भ्रमण कर धर्मोपदेश दिया। सम्पूर्ण मानव जाति के लिए लोक मंगल के सूत्र प्रदान किए। नीचे केवली-चर्या के वर्ष क्रमानुसार उनके विहार के प्रमुख क्षेत्र राज्यों, प्रमुख नगरों के नाम, चातुर्मास का स्थान एवं वर्ष की प्रमुख घटनाओं का विवरण प्रस्तुत किया जा रहा है।

वर्ष	क्षेत्र राज्य	प्रमुख नगरों में आवास	चातुर्मास का स्थान (वर्षावास)	वर्ष की प्रमुख घटनायें
1	2	3	4	5
1.	मगध	राजगृह (राजगीर)	राजगीर	राजगृह में धर्मदेशना सुनकर राजा श्रेणिक (बिंबसार) ने सम्यकत्व स्वीकार किया तथा अभय कुमार आदि ने श्रावक धर्म ग्रहण किया।
2.	विदेह	1. वैशाली, 2. कुंडपुर	वैशाली	वैशाली के गणनायक महाराज चेटक द्वारा दीक्षा ग्रहण। कुंडपुर के क्षत्रियकुण्ड के राजकुमार जमालि ने 500 क्षत्रिय राजकुमारों तथा जमालि धर्मपत्नी प्रियदर्शना ने 1000 स्त्रियों के साथ दीक्षा ग्रहण की।
3.	वत्सदेश, कुणाल, कोशल, विदेह	1. कौशाम्बी 2. श्रावस्ती	वाणिज्यग्राम (वैशाली के ही निकट)	कौशाम्बी में 'मृगावती' ने अपने पुत्र कौशाम्बी के राजा 'उदयन' तथा अपनी ननद 'जयन्ती' के साथ प्रभु वंदना की। श्रावस्ती में 'सुमनोभद्र' एवं 'सुप्रतिष्ठ' ने दीक्षा ग्रहण की। वाणिज्य ग्राम में आनंद गाथापति ने श्रावक धर्म ग्रहण किया।
4.	मगध	राजगृह	राजगृह	राजगृह श्रेष्ठी गौभद्र के पुत्र शालिभद्र ने दीक्षा ग्रहण की।
5.	अंगदेश, विदेह	1. चम्पा 2. वीतभय नगरी 3. वाणिज्यग्राम	वाणिज्यग्राम	चम्पा में राजकुमार महाचन्द्र द्वारा पहले श्रावक धर्म ग्रहण तथा कालान्तर में प्रव्रज्या ग्रहण।
6.	काशी, मगध	1. वाराणसी 2. आलंभिया	राजगृह	वाराणसी में चुल्लिनी पिता तथा सुरादेव आदि द्वारा श्रावक धर्म ग्रहण। आलंभिया में राजा जितशत्रु द्वारा प्रभु दर्शनार्थ आगमन। राजगृह

				में मंक्राई, किकंत, अर्जुनमाली, काश्यप द्वारा मुनि दीक्षा ग्रहण।
7.	मगध	राजगृह	राजगृह	राजा श्रेणिक (बिंबसार) द्वारा घोषणा— 'जो कोई भगवान के पास जाकर प्रव्रज्या ग्रहण करेगा वे उसकी सहायता करेंगे', घोषणा सुनकर अनेक नागरिकों के साथ 23 राजकुमारों एवं 13 रानियों द्वारा दीक्षा ग्रहण।
8.	काशी, वत्स, विदेह	1. आलंभिया 2. कौशाम्बी	वैशाली	–
9.	विदेह, पांचाल	1. मिथिला (जनकपुर) 2. काकंदी 3. कांपिल्यपुर 4. वाणिज्यग्राम	वैशाली	काकंदी में सुनक्षत्र कुमार तथा धन्यकुमार द्वारा दीक्षा ग्रहण।
10.	मगध	राजगृह	राजगृह	महाशतक गाथापति द्वारा श्रावक धर्म अंगीकार। पार्श्वापत्यिक श्रमणों का आगमन तथा भगवान महावीर द्वारा उनकी शंकाओं का समाधान।
11.	कुणाल, कोशल, विदेह	1. कृतंगला –कयंगला 2. श्रावस्ती	वाणिज्य ग्राम	कृतंगला-कयंगला में श्रावस्ती के परिव्राजक 'स्कंदक' द्वारा दीक्षा ग्रहण।
12.	विदेह, वत्स, मगध	1. ब्राह्मणकुण्डग्राम (वैशाली के निकट) 2. कौशाम्बी	राजगृह	भगवान महावीर ने घोषणा की कि वे पुरुषादानीय पार्श्व का ही अनुसरण करते हैं। पार्श्व के चातुर्याम धर्म तथा उनके पाँच महाव्रतों में तात्विक भेद नहीं है।
13.	अंगदेश	चम्पा	चम्पा	राजा कूणिक (अजात शत्रु) द्वारा प्रभु संघ की पूर्ण व्यवस्था। अनेक नागरिकों सहित राजा कूणिक के

			परिवार के सदस्यों द्वारा दीक्षा ग्रहण।
14. विदेह, अंग	1. काकंदी 2. मिथिला 3. चम्पा	मिथिला	—
15. विदेह, कोशल, कुणाल	1. वैशाली के निकट 2. श्रावस्ती 3. मेढ़ियाग्राम	मिथिला	श्रावस्ती विहार में आजीवक सम्प्रदाय के संघपति गोशालक द्वारा प्रभु से प्रतिस्पर्द्धा तथा महावीर को भस्म करने के लिए तेजोलेश्या का प्रहार : प्रभु प्रभाव के कारण तेजोलेश्या का प्रभावहीन होना।
16. कुरु, विदेह	1. हस्तिनापुर 2. मोका 3. वाणिज्यग्राम	वाणिज्यग्राम	हस्तिनापुर के राजा शिव राजर्षि द्वारा श्रमण धर्म स्वीकार।
17. मगध		राजगृह	–
18. अंगदेश, दशार्ण, विदेह	1. चम्पा एवं पृष्ठ चम्पा (चम्पा के निकट) 2. दशार्णपुर 3. वाणिज्यग्राम	वाणिज्यग्राम	पृष्ठचम्पा के राजा शाल एवं उनके छोटे भाई महाशाल द्वारा दीक्षा ग्रहण। वाणिज्य ग्राम में वेद वेदांग के निष्णात सोमिल के प्रश्नों का समाधान तथा सोमिल द्वारा श्रावक धर्म अंगीकार।
19. कोशल, कुणाल, पांचाल विदेह	1. साकेत (अयोध्या) 2. श्रावस्ती 3. कांपिल्यपुर 4. वैशाली	वैशाली	कांपिल्यपुर में अम्बड़ नामक ब्राह्मण परिव्राजक द्वारा सात सौ शिष्यों के साथ श्रावक धर्म स्वीकार।
20. विदेह	1. वैशाली 2. वाणिज्यग्राम	वैशाली	वाणिज्यग्राम में पार्श्वापत्यिक गांगेय मुनि महावीर के श्रमण संघ में सम्मिलित।
21. मगध	राजगृह	राजगृह	–

22. मगध	राजगृह	नालन्दा	राजगृह में कालोदायी की शंकाओं का समाधान। कालोदायी द्वारा मुनि-धर्म स्वीकार।
23. विदेह	वाणिज्यग्राम	वैशाली	वाणिज्यग्राम में वहाँ के प्रमुख सेठ सुदर्शन द्वारा श्रमण धर्म स्वीकार।
24. कोशल, पांचाल, शूरसेन, विदेह	1. साकेत 2. कांपिल्यपुर 3. मथुरा, 4. सौरिपुर, 5. नंदिपुर, 6. मिथिला	मिथिला	साकेत में किरातराज का दीक्षा ग्रहण।
25. मगध	राजगृह	राजगृह	भगवान के प्रभास गणधर का निर्वाण।
26. मगध	राजगृह	नालन्दा	भगवान के अचल एवं मेदार्य अथवा मेतार्य गणधरों का निर्वाण
27. विदेह	मिथिला	मिथिला	–
28. विदेह	मिथिला	मिथिला	–
29. मगध	राजगृह	राजगृहे	भगवान के अग्निभूति एवं वायुभूति गणधरों का निर्वाण।
30. ?	पावा	पावा (अन्तिम चतुर्मास)	भगवान के जीवनकाल में ही आर्य व्यक्त अथवा शुचिदत्त, मण्डिक अथवा मण्डित, मौर्य पुत्र तथा अकम्पिक गणधरों का निर्वाण। भगवान महावीर का निर्वाण।

प्रसिद्ध राज्यों की भौगोलिक स्थिति का विवरण निम्नलिखित है—

1. **अंगदेश :** गंगा के दक्षिणी तट पर स्थित राज्य। इसकी राजधानी चम्पा थी जो अंगपुरी भी कहलाती थी। वर्तमान में इसकी पहचान बिहार राज्य के भागलपुर एवं उसके चतुर्दिक निकटस्थ भूभाग से की जाती है।
2. **काशी :** इसकी राजधानी वाराणसी थी। यह वरुणा और असि

नदियों के संगम पर बसी थी। वैभव, शिल्प, बुद्धि और ज्ञान के लिए राज्य की प्रसिद्धि थी।

3. **कुरु :** दिल्ली और मेरठ के समीपवर्ती यह राज्य स्थित था। इसकी राजधानी इन्द्रप्रस्थ थी।

4. **कोशल :** रामायण के अनुसार सरयू नदी के तट पर स्थित राज्य था। भगवान महावीर के युग में इसकी राजधानी श्रावस्ती थी। अयोध्या के उत्तर में वर्तमान साहेत माहेत से इसकी एकरूपता मानी जाती है। इस भाग को उत्तर कोशल भी कहा जाता है। दक्षिण कोशल की स्थिति विन्ध्यपर्वत की घाटी में मानी जाती है। रामकथा में वर्णित है कि भगवान राम की मृत्यु के बाद उनके पुत्र लव ने उत्तरी कोशल में स्थित श्रावस्ती में रहकर राज्य किया। उनके दूसरे पुत्र कुश ने दक्षिणी कोशल की कुशावती राजधानी में राज्य किया।

5. **दशार्ण :** यह मालवा का पूर्वी भाग था। इसकी राजधानी विदिशा नगरी थी। वर्तमान में इसकी पहचान मध्य प्रदेश में विदिशा जिले में भिलसा/भेलसा से की जाती है।

6. **पांचाल :** राजशेखर के अनुसार यह गंगा-यमुना का मध्यवर्ती भाग था। इसलिए यह दोआब कहलाता था। द्रुपद के काल में यह प्रदेश चंबल के तट से लेकर उत्तर में गंगा द्वार तक फैला हुआ था। उत्तरी भाग उत्तर पांचाल कहलाता था। इसकी राजधानी अहिच्छत्र थी। दक्षिणी पांचाल की राजधानी काम्पिल्य थी। कभी कुरु और पांचाल को मिलाकर एक राष्ट्र भी रहा है। इस कारण इसकी राजधानी कभी इन्द्रप्रस्थ, कभी काम्पिल्यनगर तथा कभी अहिच्छत्र में अवस्थित रही।

7. **मगध :** इसकी पुरानी राजधानी राजगृह अथवा गिरिव्रज थी। इसके अन्तर्गत पाँच पर्वत—विपुलगिरि, रत्नगिरि, उदयगिरि, शोणगिरि और वैभार गिरि—सम्मिलित थे। इसकी दूसरी राजधानी पाटलिपुत्र (वर्तमान बिहार की राजधानी पटना) थी।

8. **वत्स :** काशी के पश्चिम में स्थित था। इसकी राजधानी कौशाम्बी थी। (इलाहाबाद से लगभग तीस मील की दूरी पर वर्तमान कोसम के निकट का भूभाग)।

9. **विदेह :** प्राचीनकाल में विदेह के अन्तर्गत नेपाल के एक भाग के अतिरिक्त वह सब स्थान जो अब सीतामढ़ी, मुजफ्फरपुर,

वैशाली और पूर्वी चम्पारन कहलाता है, इसमें सम्मिलित था।

भगवान महावीर के जन्म स्थान के प्रकरण के अन्तर्गत इसका उल्लेख किया जा चुका है कि भगवान महावीर और गौतमबुद्ध के समय उत्तर-बिहार स्थित विदेह राज्य में 'वृज्जि संघ' का शासन था।

10. **शूरसेन :** कुरु के दक्षिण में यमुना के दाहिने शूरसेनों का राज्य था। इसकी राजधानी मथुरा थी। (वर्तमान में मथुरा, आगरा आदि जिलों का भूभाग)।

11. **कुणाल :** इसकी स्थिति पांचाल राज्य के काम्पिल्यनगर तथा विदेह के मध्य थी।

2. 8. भगवान महावीर का निर्वाण—

(i) निर्वाण काल—

मज्झिम निकाय[83] एवं दीघ निकाय[84] में उल्लेख मिलता है कि जब भगवान बुद्ध शाक्यदेश के सामगाम में निवास कर रहे थे तो चुन्द समणुद्देस ने उन्हें सूचना दी कि पावा में निगण्ठ नातपुत्त (निर्ग्रन्थ ज्ञातृपुत्र) का अभी निर्वाण हुआ है। इससे यह पता चलता है कि गौतम बुद्ध के जीवन काल में भगवान महावीर को निर्वाण प्राप्त हुआ था। इसका उल्लेख किया जा चुका है कि भगवान बुद्ध के निर्वाण की तिथि विवादास्पद है। इस कारण बौद्ध साहित्य के सूत्रों से भगवान महावीर के निर्वाण काल का निर्धारण नहीं किया जा सकता। मेरुतुंगाचार्य कृत विचार श्रेणि[85] एवं तपागच्छ पट्टावली[86] में वर्णित है कि भगवान महावीर के निर्वाण से 470 वर्ष बाद विक्रम सम्वत् प्रारम्भ हुआ। इस दृष्टि से महावीर का निर्वाण काल (470 + 57) 527 ईस्वी पूर्व ठहरता है। सभी प्राचीन आचार्यों ने अपने ग्रन्थों में यह उल्लेख किया है कि भगवान महावीर के निर्वाण के 605 वर्ष एवं 5 महीनों के बाद शक संवत् आरम्भ हुआ।[87] इससे भी यही पुष्ट होता है कि भगवान महावीर का निर्वाण काल (605-78) सन् 527 ई०पू० है। यह मान्यता सर्वमान्य है। इसका उल्लेख किया जा चुका है कि सन् 1974 ई० में भगवान महावीर की 2500वीं निर्वाण शती मनाई गई ।

(ii) निर्वाण समय—

भगवान महावीर का निर्वाण समय एक परम्परा के अनुसार कार्तिक कृष्णा चतुर्दशी रात्रि का अन्तिम प्रहर तथा दूसरी परम्परा के अनुसार कार्तिक अमावस्या का अन्तिम प्रहर है।

(iii) निर्वाण स्थल—

भगवान महावीर का निर्वाण स्थल पावापुरी अथवा मध्यमा पावा है। कल्पसूत्र में वर्णित है—

> **तत्थ णं जे से पावाए मज्झिमाए हत्थिवालस्स रन्नो रज्जुग सभाए अपच्छिमं अन्तरावासं उवागए तस्स णं अन्तरावासस्स जे से वासाणं चउत्थे मासे सत्तमे पक्खे कत्तियबहुले सस्स णं कत्तियबहुलस्स पन्नरसी पक्खेणं जा सा चारिमारयणिं तं रयणिं च ण समणे भगवं महावीरे काल गये विइक्कंते समुज्जाए छिन्नआइजरामरण बंधणसिद्धे बुद्धे मुत्ते अंतगडे परिनिब्बुडे सव्वदुक्खपहीणे चंदे नामं से दिवसे उवमसि त्ति पवुच्चई देवाणंदा नामं सा रयणि निर त्ति पवुच्च अच्चेलवे मुहुत्ते पाणू थोवे सिद्धे नागे करणे सव्वट्ठसिद्धे मुहुत्ते साइणा जक्खत्तेणं जोगमुवागएणं कालगए विइक्कंते जाव सव्वदुक्खप्पहीणें।**[88]
>
> **'जं रयणि च णं समणे जाव सव्वदुक्खप्पहीणे तं रयणिं च णं नव मल्लइ नव लिच्छई कासी कोसलगा अट्ठारस वि गण रायाणो अमावसाए पारोभोयं पोसहोववासं पट्ठवइंसु, गते से भावुज्जोए दव्वुज्जोव करिस्सामो।'**[89]

'महावीर अन्तिम वर्षावास करने हेतु मध्यमा पावा के राजा हस्तिपाल के रज्जुग सभा गृह में ठहरे हुए थे। चातुर्मास का चतुर्थ मास और वर्षाकाल का सप्तमपक्ष चल रहा था। कार्तिक कृष्ण पक्ष की अन्तिम रात्रि थी। रात्रि का अन्तिम प्रहर था। श्रमण भगवान महावीर कालधर्म को प्राप्त हुए—संसार को त्यागकर चले गए। जन्म ग्रहण की परम्परा का उच्छेद कर चले गए। इनके जन्म, जरा और मरण के सभी बन्धन नष्ट हो गए। भगवान सिद्ध, बुद्ध, मुक्त हो गए। सब दु:खों का अन्तकर परिनिर्वाण को प्राप्त हुए।'

'जिस रात्रि में श्रमण भगवान महावीर कालधर्म को प्राप्त हुए, सम्पूर्ण दु:खों से मुक्त हुए, उस रात्रि में नौ मल्ल, नौ लिच्छिवी काशी कोशल के अठारह गणराजा अमावस्या के दिन आठ प्रहर का प्रोषधोपवास कर वहाँ उपस्थित थे। उन्होंने यह विचार किया कि भाव-उद्योत ज्ञान रूपी ज्योति का अस्त हो गया। अत: अब हम पौद्गलिक द्रव्यों से दीपावली प्रज्वलित करेंगे।'

पूज्यापाद की निर्वाण भक्ति (रचनाकाल ईसा की पाँचवीं शताब्दी) एवं हरिवंश पुराण (रचनाकाल 783 ई0) आदि ग्रन्थों में भी पावानगरी में सुर-

असुरों के द्वारा दीपमाला प्रदीप्त करने का उल्लेख है जिससे पावानगरी में चतुर्दिक प्रकाश व्याप्त हो गया।[90] हरिवंश पुराण में यह भी वर्णित है कि श्रेणिक आदि राजाओं ने प्रजा के साथ मिलकर निर्वाण कल्याणक का महोत्सव सम्पन्न किया।[91]

कल्पसूत्र एवं अन्य जैन ग्रन्थों के अवलोकन के बाद निम्नलिखित निष्कर्ष निकलते हैं—

(1) भगवान महावीर का निर्वाण मध्यमा पावा में हस्तिपाल की रज्जुगसभा में हुआ।

(2) श्रेणिक आदि राजाओं ने तथा नौ मल्ल, नौ लिच्छिवी, काशी-कोशल के 18 गणराजाओं ने समस्त प्रजानन के साथ मिलकर दीप प्रदीप्त किए।

इतिहासज्ञ विद्धानों में निर्वाण स्थल की स्थिति के सम्बन्ध में मतभेद हैं। महात्मा गौतम बुद्ध के जीवन प्रसंग में 'पावा' का उल्लेख हुआ है। बौद्ध ग्रन्थों में मल्लों के जनपद की राजधानी के रूप में पावा का उल्लेख हुआ है। अंगुत्तर निकाय में 16 महाजनपदों का वर्णन है। इनमें एक मल्ल जनपद था जिसकी दो राजधानियाँ थीं—

(1) कुशीनारा, (2) पावा

बौद्ध ग्रन्थों में 'पावा' की स्थिति श्रावस्ती से कुशीनगर तथा कुशीनगर से वैशाली आने जाने वाले मुख्य व्यापार-मार्ग पर वर्णित है। बुद्ध की अन्तिम यात्रा का विवरण इस प्रकार प्राप्त होता है कि वे राजगृह से चलकर वैशाली और फिर भण्डग्राम, हत्थिग्राम, अम्बग्राम, जम्बुग्राम और पावा होते हुए कुशीनारा पहुँचे थे।[93]

महापरिनिर्वाण सुत्त में उल्लेख है कि रोगक्लान्त बुद्ध प्राय: आधे दिन की यात्रा करके पावा से कुशीनारा पहुँचे थे।[94] रास्ते में उन्हें कुकुत्था एवं हिरण्यवती नदियों को पार करना पड़ा था। "पावानगर तो तीणि गावुतानि कुसिरानगरं"— पावानगर से कुशीनगर की दूरी तीन गब्यूति थी।[95]

कुशीनगर उत्तर प्रदेश के देवरिया जिले का वर्तमान कुशीनारा है। कुशीनारा के निकट जब पावा की खोज आरम्भ हुई तो देवरिया जिले के निम्न तीन स्थान चर्चित हुए—

(1) देवरिया की हाटा तहसील में पउपर

(2) पडरौना

(3) सठियांव-फाजिलनगर

(1) **पउपर** : पावा शब्द से ध्वनि साम्य होने तथा इसके निकट एक प्राचीन टीला मिलने के कारण श्री राहुल सांकृत्यायन ने इसे पावा माना।[96]

(2) **पडरौना** : कनिंघम ने इसे पावा माना। उनका तर्क है कि लंका के बौद्ध ग्रन्थों में पावा कुशीनगर से गंडक नदी की ओर बारह मील दूर स्थित बतलाया गया है। कसिया से 12 मील पडरौना या पटखन नाम का बड़ा गाँव है जहाँ टूटी हुई ईटों से ढका हुआ एक टीला है। यहाँ बुद्ध की कई मूर्तियाँ प्राप्त हुई हैं।..........पावा और कुशीनगर के बीच कुकुत्था या कुकुरवा नदी है जहाँ रुककर बुद्ध ने स्नान किया था और जल पिया था। यह आधुनिक बाघी/ बाढ़ी/ बन्धी नाला हो सकता है जो 36 मील के बाद कसिया से नीचे आठ मील पर छोटी गंडक या हिरना नदी के पश्चिमी किनारे से मिलता है।[97]

इन दोनों स्थानों को 'पावा' मानने का विद्वानों ने खंडन किया है। खंडन का सबसे सशक्त आधार इन दोनों स्थानों की भौगोलिक स्थिति है। कुशीनगर से वैशाली दक्षिण-पूर्व दिशा में है। बौद्ध ग्रन्थों में वैशाली से कुशीनगर के प्राचीन मार्ग में पावा की स्थिति वर्णित है। इस कारण 'पावा' कुशीनगर से दक्षिण-पूर्व दिशा में होना चाहिए। पडरौना विपरीत दिशा उत्तर की ओर तथा पउपर सर्वथा विपरीत दिशा उत्तर-पश्चिम में स्थित हैं।

इस कारण अधिकांश इतिहासज्ञ विद्वानों ने सठियांव-फाजिलनगर को 'पावा' माना है। इस दृष्टि से कार्लाइल, धर्मरक्षित, डॉ० राजबली पाण्डेय एवं मुनि नगराज के नाम उल्लेखनीय हैं।

कार्लाइल ने वैशाली से कुशीनगर के मार्ग पर वर्तमान कुशीनारा/कसया से दक्षिण-पूर्व दिशा में लगभग 8 मील से 13 मील की दूरी पर निम्नलिखित 12 स्थानों का निरीक्षण किया—(1) सरया, (2) कुकुर पट्टी, (3) नदवा, (4) दनाहा, (5) चेतियांव (सठियांव) और फाजिलनगर, (6) आसमानपुर, (7) बनवेरा, (8) मीर बिहार, (9) पथरवा, (10) झार मठिया, (11) करमैनी, (12) गांगी टिकर—इन 12 स्थानों का निरीक्षण एवं अवलोकन करने के अनन्तर कार्लाइल ने चेतियांव (सठियांव) एवं फाजिलनगर को प्राचीन पावा माना। उनकी मान्यता का प्रमुख आधार इसका कुशीनगर के खण्डहरों से दक्षिण-पूर्व दिशा में स्थित होना है। यहाँ उनकी मान्यता के प्रमुख अंश उद्धृत हैं—

"कुशीनगर के खण्डहरों से दक्षिण-पूर्व दिशा में 10 मील की दूरी पर

एक प्राचीन नगर के अवशेष हैं। इस नगर को आधुनिक काल में चेतियांव अथवा सठियांव कहते हैं। इससे केवल आधे मील की दूरी पर उत्तर-पूर्व में फाजिलनगर नामक स्थान पर विशाल स्तूप के अवशेष हैं। स्तूप के पास और भी बहुत से भग्नावशेष व्यापक रूप में फैले हुए हैं।........ स्तूप के अवशेष के नजदीक ही उत्तर-पूर्व में करीब 1/5 मील पर प्राचीन नदी का छाड़न है जिसे आजकल सोनवा या सोन्दवा या सोनरा नदी कहते हैं। इसके आगे दक्षिण की ओर इसकी धारा के कुछ भाग का नाम कुकू है। मैंने पाया कि चेतियांव से दक्षिण की ओर करीब 10 मील पर एक नाव का घाट है जिसे कुकू घाट कहते हैं। इसी नदी के किनारे हमें ऐसे नाम मिलते हैं जैसे कुकुटाहा, खुरहुरिया और कुटेया। अब श्रीलंका और बर्मी बौद्ध साहित्य के अनुसार पावा के पास की नदी का नाम, जहां बुद्ध ने स्नान और जल पीने के लिये विश्राम किया था, कुकुत्था या कुकुरवा था। इन साहित्यों में यह वर्णित है कि नदी पावा और कुशीनगर के बीच बहती थी। चेतियावं से पश्चिम दिशा में कुछ दूरी पर प्राचीन नदी का एक और छाड़न है जिसे अन्हिया या अन्हेया और कभी-कभी सोनिया या सोनवा भी कहते हैं। इस नदी का नाम अन्हिया या अन्हेया हिन्दी के "अनहान" या "नहाना" से सम्बन्धित हो सकता है, नहाना को संस्कृत में "स्नान" कहते हैं, अतः अन्हिया या अन्हेया वही नदी हो सकती है जहाँ बुद्ध ने स्नान किया था। अन्हिया नाला से 2 मील पश्चिम एक बड़ी नदी है जिसे घाघी नदी कहते हैं। वस्तुतः यह अन्हिया नाला घाघी नदी की ही एक पुरानी धारा थी। ये तीनों धाराएँ—सोनवा, अन्हिया और घाघी, एकही नदी की शाखाएँ हैं जो कुछ दूर उत्तर से निकलती हैं।........... इन सब साक्ष्यों से मेरा विश्वास दृढ़ हो गया है कि घाघी वही नदी है जिसे श्रीलंका के बौद्ध साहित्य में कुकुत्था नदी कहा गया है। ....बुद्ध ने जिस प्राचीन धारा में स्नान किया था वह वस्तुतः घाघी नदी की एक प्राचीन धारा थी जिसे अब अन्हिया कहते हैं।..................

खण्डहरों का वह प्रमुख एवं विस्तृत टीला जिसे मैंने प्राचीन नगर पावा का एक भाग निर्धारित किया है उसे अब चेतियांव डीह कहते हैं और इस पर चेतियांव नाम का एक गाँव भी बसा है। अब मुझे विश्वास हो गया है कि चेतियांव नाम की उत्पत्ति भी "चैत्य" से ही हुई है। चैत्य का अर्थ मन्दिर होता है। अतः चेतियांव चैत्यवन का ही अपभ्रंश होना चाहिए। चैत्यवन का अर्थ है चैत्य उपवन और यह ध्यान देने योग्य है कि अब भी चेतियावं डीह घने जंगल से ढका हुआ है।

मेरा विचार है कि पावा नाम की उत्पत्ति भी संस्कृति के 'पावन' शब्द से हुई है।..... तिब्बती बौद्ध साहित्य में पावा 'दिगपचन' नाम से वर्णित है। अब मुझे ज्ञात हुआ है कि तिब्बती शब्द 'पचन' का अर्थ नगर या निवास स्थान या बस्ती

होता है और 'दिग' का अर्थ होगा पवित्र, पूज्य, शुद्ध। इसलिए यह तिब्बती, 'दिगपचन' संस्कृत के 'पावनपुर' या 'पावननगर' या 'पावनआलय' का समानार्थी है जिसका अर्थ है पवित्रता एवं शुद्धि का स्थान।

वर्तमान समय में चेतियांव या सठियांव और फाजिल या फाजिलनगर दोनों एक दूसरे के पड़ौसी गांव हैं जो उसी स्थान के दो भागों पर बसे हुए हैं जो मूलतः एक ही प्राचीन नगर था।

चेतियांव या सठियांव के भग्नावशेषों में प्रमुख रूप से एक विशाल डीह या बृहत टीला है। चेतियांव के इस विशाल डीह के उत्तर-पूर्वी कोने से पूर्व की ओर करीब 2300 फीट दूरी पर फाजिलनगर का थाना है। थाने के पास डाकघर है। डाकघर के निकट पूरब से फाजिलनगर का बृहत टीला या डीह आरम्भ होता है। यह टीला मुख्य सड़क के उत्तर किनारे-किनारे पश्चिम से पूरब 1150 फीट तक चला गया है। टीले की पश्चिमी किनारे की लम्बाई 950 फीट नापी गयी तथा उत्तरी पार्श्व 700 फीट और पूर्वी किनारा 600 फीट है।

इस भग्न स्तूप को पावा का वह प्रसिद्ध स्तूप मान सकते हैं जिसमें बुद्ध की अस्थियों का आठवाँ भाग सुरक्षित गड़ा हुआ है।''[98]

लेखक ने स्वयं वैशाली से कुशीनगर के प्राचीन मार्ग की यात्रा की। वैशाली से कुशीनगर के इस मार्ग पर क्रमशः हस्तिग्राम (वर्तमान नाम- हथुआ), आम्रग्राम (अमवा), भोगनगर (बदरांव) तथा पावा (सठियांव या फाजिलनगर) हैं। इस क्षेत्र में टीले को आज भी डीह कहते हैं। पूरे स्थानों की यात्रा करने के बाद लेखक कार्लाइल के विचारों से सहमत है।

इस सम्बन्ध में विचारणीय प्रश्न यह है कि बौद्ध साहित्य में वर्णित 'पावा' भले ही सठियांव—फाजिलनगर हो किन्तु क्या भगवान महावीर का निर्वाण स्थल भी यही है। इसका कारण यह है कि जैन ग्रन्थों में भगवान महावीर का निर्वाण स्थल 'पावाए मज्झिमाए' (मध्यमा पावा) वर्णित है। जैन ग्रन्थों में यह भी वर्णित है कि भगवान महावीर ने जंभिय गाम (जृम्भक ग्राम) से लौटकर पावापुरी के हस्तिपाल नामक गणराजा की रज्जुगशाला में अन्तिम वर्षावास किया था। जंभियगाम एवं पावापुरी में 12 योजन की दूरी थी। भगवान महावीर के केवल-ज्ञान प्राप्ति का स्थान जंभियगाम के बाहर ऋजुकूल नदी के किनारे वर्णित है।

बिहार का भौगोलिक अध्ययन करने वाले विद्वानों ने जंभियगाम एवं ऋजुकूला नदी की स्थिति मुंगेर जिले से 50 मील दक्षिण में स्थित जमुई गांव को माना है जो क्यूल नदी के किनारे है। क्यूल नदी को ऋजुकूला नदी का अपभ्रंश माना जा सकता है। इन समस्त दृष्टियों से विचार करते हुए विद्वानों ने भगवान महावीर एवं गौतमबुद्ध के समय में तीन पावा नगरियों की स्थिति मानी

है तथा मल्लों की पावा एवं मज्झिम पावा की भिन्नता प्रतिपादित की है। तीन पावा नगरियों की स्थिति इस प्रकार स्वीकार की गई है :-

(1) एक पावा भंग देश की राजधानी थी। जैन आगम ग्रन्थों में भंग जनपद की गणना साढ़े पच्चीस आर्य देशों में की गई है। यह देश पारसनाथ पर्वत के आस पास के भूमिभाग में स्थित था। (वर्तमान में झारखंड राज्य का गिरिडीह जिले के आसपास का भूभाग)

(2) दूसरी पावा कोशल से उत्तर-पूर्व में कुशीनगर के पास मल्ल राज्य की दूसरी राजधानी थी। बौद्ध साहित्य में इसी पावा का वर्णन है। कार्लाइल ने सठियांव-फाजिलनगर में पावा की स्थिति मानी है जिसका उल्लेख एवं वर्णन किया जा चुका है। लेखक को भी बौद्ध साहित्य में वर्णित पावा यही प्रतीत होती है। (वर्तमान में उत्तर प्रदेश राज्य के देवरिया जिले का भूभाग)

(3) तीसरी पावा मगध में थी। झारखंड राज्य के गिरिडीह जिले एवं उत्तर प्रदेश राज्य के देवरिया जिले के मध्य में होने के कारण यह पावा मध्यमा पावा के नाम से प्रसिद्ध थी।

कुछ विद्वानों का मत है कि भगवान महावीर का निर्वाण स्थल सठियांव-फाजिलनगर वाली पावा ही है। उनका तर्क यह है कि भगवान महावीर के निर्वाण के समय गणराजाओं के मगधपति अजातशत्रु से शत्रुता के सम्बन्ध थे। इस कारण यदि निर्वाण मगध राज्यान्तर्गत पावा में होता तो वे निर्वाण महोत्सव में उपस्थित न होते। इसके अतिरिक्त मल्ल, लिच्छिवी, काशी, कोशल के गणराजाओं की उपस्थिति सठियांव वाली पावा में ही सम्भव है। मगध साम्राज्य वाली पावा की दूरी तो इतनी अधिक है कि उनका निर्वाण-उत्सव में सम्मिलित होना असम्भव हो जाता।

इस सम्बन्ध में गहन विचार अपेक्षित है। 'गणराजाओं की उपस्थिति' में गणराजा की अर्थवत्ता पर ध्यान दिया जाना चाहिए।

राजतंत्रात्मक शासन व्यवस्था में 'राजा' शब्द का प्रयोग जिस अर्थ में होता है, उस अर्थ में गणतंत्रात्मक शासन व्यवस्था के अन्तर्गत राजा शब्द का प्रयोग नहीं होता था। इस तथ्य का उल्लेख किया जा चुका है कि वैशाली गणतंत्र में 7707 सभासद थे जो राजा कहलाते थे। गणराज्य में प्रत्येक सभासद राजा कहलाता था।

वैशाली के महत्व का भी प्रतिपादन किया जा चुका है। यद्यपि भगवान महावीर एवं गौतम बुद्ध के समय वैशाली के प्रमुख राजा चेटक थे मगर वैशाली में सभी गणतंत्रों के प्रतिनिधि रहते थे। वैशाली वज्जिसंघ में आठ कुल सम्मिलित

थे। 18 गणराज्यों ने मिलकर महासंघ बनाया था। वैशाली महासंघ का मुख्यालय था जिसमें सभी 18 गणराज्यों के प्रतिनिधि रहते थे तथा गणराजा कहलाते थे। इस कारण यह सम्भव है कि निर्वाण महोत्सव में अठारह गणराजाओं ने उपस्थित होने के लिए वैशाली से प्रस्थान किया हो। वैशाली से मगधवाली पावा की दूरी सठियांववाली पावा की अपेक्षा कम है।

सम्पूर्ण जैन समाज बारहवीं शताब्दी के पूर्व से भगवान महावीर की निर्वाण भूमि नालंदा के प्रसिद्ध ऐतिहासिक स्थल से लगभग 23 किलोमीटर की दूरी पर स्थित पावापुरी को मानता रहा है। बारहवीं शताब्दी के पूर्व इसी पावा की प्रतिष्ठा भगवान महावीर की निर्वाण भूमि के रूप में हो चुकी थी।

तीर्थ कल्प में ईस्वीं सन् की 13 वीं शती में मदन कीर्ति ने अपने समय के 26 जैन तीर्थों का विवरण देते हुए इसी को पावा माना है। सन् 1203 ई० में यहाँ भगवान महावीर की मूर्ति की प्रतिष्ठा होने का उल्लेख मिलता है। यहाँ विशाल जैन मन्दिर बने हुए हैं। यहाँ प्रत्येक वर्ष भगवान महावीर के निर्वाण की स्मृति में कार्तिक कृष्णा चतुर्दशी / अमावस्या को पूजन उत्सव होता है। भगवान महावीर के 2500वें निर्वाणोत्सव के संदर्भ में भारत शासन ने भी इसी पावा को निर्वाण स्थल के रूप में मान्यता प्रदान की तथा इसी पावा के जल मंदिर के चित्र को डाक टिकट के रूप में लोकार्पित किया।

भगवान महावीर के जन्म स्थल के सम्बन्ध में जिस प्रकार वैशाली एवं कुंडपुर की ऐतिहासिकता के सम्बन्ध में ठोस प्रमाण मिले हैं उस प्रकार के प्रमाण भगवान बुद्ध से सम्बन्धित सठियांव वाली पावा के तो प्राप्त हुए हैं किन्तु भगवान महावीर के निर्वाण स्थल से सम्बन्धित मध्यमा पावा के सम्बन्ध में प्राप्त नहीं हो सके हैं। जैन ग्रन्थों में मध्यमा पावा की भौगोलिक स्थिति के सम्बन्ध में जो प्रमाण अभी तक उपलब्ध हैं उनके आलोक में (अन्य किसी पुष्ट प्रमाण के अभाव में) मगधवाली पावा को ही भगवान महावीर का निर्वाण स्थल मानना अधिक संगत है।

2.9. भगवान महावीर का उपदेशामृत तथा उपदेशों का संकलन—

(i) उपदेशामृत—

सर्वज्ञ महावीर ने लगभग तीस-वर्ष के काल में जो उपदेश दिया वह प्राणी मात्र के हितों का संवाहक है। केवली चर्या में गणधर जिज्ञासाएँ प्रस्तुत करते थे। महावीर उनका समाधान करते थे। भगवान ग्रामानुग्राम एवं नगरानुनगर जहाँ-जहाँ गए, वहाँ-वहाँ के समाजों में उन्होनें चेतनता, गतिशीलता और पुरुषार्थ की भाव चेतना पैदा की। उन्होनें जो बोला, सहज रूप से बोला, सरल एवं सुबोध शैली

में बोला, सापेक्ष दृष्टि से स्पष्टीकरण करते हुए बोला। आपकी वाणी ने लोक हृदय को अपूर्व दिव्यता प्रदान की। आपका समवशरण जहाँ भी गया, वह कल्याण धाम हो गया।

निर्ग्रन्थ महावीर ने कोई ग्रन्थ नहीं लिखा। उन्होंने जो उपदेश दिये, गणधरों ने उनका संकलन किया। वे संकलन ही शास्त्र बन गए। इनमें काल, लोक, जीव, पुद्गल आदि के भेद-प्रभेदों का इतना विशद एवं सूक्ष्म विवेचन है कि यह एक 'विश्व कोष' का विषय नहीं अपितु ज्ञान-विज्ञान की शाखाओं-प्रशाखाओं के अलग अलग विश्वकोषों का समाहार है।

इसकी पूर्ण विवेचना सम्भव नहीं है। यह एक ग्रन्थ का विषय नहीं है। सम्प्रति भगवान महावीर द्वारा प्रतिपादित लोक मंगल की हितकारिता के कुछ सूत्रों का उल्लेख किया जा रहा है।

भगवान महावीर ने प्राणी मात्र की हितैषिता एवं उसके कल्याण की दृष्टि से धर्म की व्याख्या की। आपने कहा : 'धम्मो मंगल मुक्किट्ठं. अहिंसा संजमो तवो' (धर्म उत्कृष्ट मंगल है। वह अहिंसा, संयम, तप रूप है) एक धर्म ही रक्षा करने वाला है। धर्म के सिवाय संसार में कोई भी मनुष्य का रक्षक नहीं है। गणधर सुधर्मी ने अपने शिष्य आर्य जम्बू को महावीर के प्रवचन का हेतु सर्वजन हिताय, सर्वजन सुखाय एवं सर्वजन समाचरणाय बतलाया : 'सव्व जगजीव रखण दयट्ठयाए भगवया पावयणं सुकहियं'।

धर्म भावना से चेतना का शुद्धिकरण होता है। धर्म से वृत्तियों का उन्नयन होता है। धर्म व्यक्ति की पाशविकता को समूल नष्ट करता है। धर्म व्यक्ति में मानवीयता व सामाजिकता के गुणों का उद्रेक करता है। धर्म व्यक्ति के आचरण को पवित्र एवं शुद्ध बनाता है। धर्म से सृष्टि के प्रति करुणा एवं अपनत्व की भावना उत्पन्न होती है। इसी कारण भगवान महावीर ने कहा: 'एगा धम्म पडिमा, जं से आया पवज्जवजाए', (धर्म एक ऐसा पवित्र अनुष्ठान है जिससे आत्मा का शुद्धिकरण होता है)।[100]

मनुष्य को अपने जीवन में जो धारण करना चाहिए, वही धर्म है। धारण करने योग्य क्या है? 'क्या हिंसा, क्रूरता, कठोरता, अपवित्रता, अहंकार, क्रोध, असत्य, असंयम, व्यभिचार, परिग्रह आदि विकार धारण करने योग्य हैं'? यदि संसार का प्रत्येक व्यक्ति हिंसक हो जाए तो समाज का अस्तित्व ही समाप्त हो जाएगा, सर्वत्र भय, अशान्ति एवं पाशविकता का साम्राज्य स्थापित हो जाएगा। यदि समाज के सभी व्यक्ति यौन-मर्यादा के नैतिक अथवा सामाजिक बंधनों को तोड़ने लग जाएँ तो क्या परिवार की कल्पना की जा सकेगी, सामाजिक सम्बन्धों की स्थापना हो सकेगी। यदि सभी व्यक्ति असंयमी, परिग्रही एवं व्यभिचारी हो जायेगें तो इसकी परिणति क्या होगी। इन्द्रिय भोगों की तृप्ति असंख्य भोग

सामग्रियों के निर्बाध सेवन एवं संयम-शून्य कामाचार से सम्भव नहीं है। भगवान महावीर ने इसी कारण प्रतिपादित किया कि इन्द्रियों का सुख नाशवान होता है। यह कभी शाश्वत सुखरूप नहीं हो सकता क्योंकि इच्छाओं का कही अंत नहीं होता। इच्छा आकाश के समान अनन्त है : इच्छा हु आगास समा अणंतिया।[101] धन, सम्पत्ति, पुत्र, स्त्री आदि की प्राप्ति लौकिक लाभ है। इसके द्वारा किसी को शाश्वत् सुख प्राप्त नहीं हो सकता। आप स्वयं अपने विवेक से विचार करके निर्णय लें। सुनकर ही धर्म का मार्ग जाना जाता है और सुनकर ही पाप का। दोनों मार्ग सुनकर ही जाने जाते हैं। जो अभीष्ट कल्याणकर प्रतीत हो उसका आचरण करें :

सोच्चा जाणइ कल्लाणं, सोच्चा जाणइ पावगं।
उभयं पि जाणइ सोच्चा, जं सेयं तं समायरे।।[102]

धर्म साधना की अपेक्षा रखता है। धर्म के साधक को राग-द्वेष रहित होना पड़ता है। धार्मिक चित्त अहिंसक होता है, प्राणी मात्र की पीड़ा से द्रवित हो जाता है। इसी कारण तुलसीदास ने कहा :परहित सरिस धरम नहिं भाई, परपीड़ा सम नहिं अधमाई'। सत्य के साधक को बाहरी प्रलोभन अभिभूत करने का प्रयास करते हैं मगर वह एकाग्रचित से संयम में रत रहता है। प्रत्येक धर्म के ऋषि, मुनि, पैगम्बर, सन्त, महात्मा आदि तपस्वियों ने धर्म को अपनी जिन्दगी में उतारा। उन लोगों ने धर्म को ओढ़ा नहीं अपितु जिया। साधना, तप, त्याग आदि दुष्कर हैं। ये भोग से नहीं, संयम से सधते हैं। धर्म के वास्तविक स्वरूप को आचरण में उतारना सरल कार्य नहीं है। महापुरुष ही सच्ची धर्म-साधना कर पाते हैं। इन महापुरुषों के अनुयायी जब अपने आराध्य साधकों जैसा जीवन नहीं जी पाते तो उनके नाम पर सम्प्रदाय, पंथ आदि संगठनों का निर्माण कर, भक्तों के बीच आराध्य की जय-जयकार करके अपने कर्त्तव्य की इतिश्री मान लेते हैं। अनुयायी साधक नहीं रह जाते, उपदेशक हो जाते हैं। ये धार्मिक व्यक्ति नहीं होते, धर्म के व्याख्याता होते है। इनका उद्देश्य धर्म के अनुसार अपना चरित्र निर्मित करना नहीं होता, धर्म का आख्यान मात्र करना होता है। जब इनमें स्वार्थ-लिप्सा का उद्रेक होता है तो ये धर्म-तत्वों की व्याख्या अपने स्वार्थों की पूर्ति के लिए करने लगते हैं।

धर्म की आड़ में अपने स्वार्थों की सिद्धि करने वाले धर्म के दलाल अथवा ठेकेदार अध्यात्मसत्य को भौतिकवादी आवरण से ढकने का बार-बार प्रयास करते हैं। इन्हीं के कारण चित्त की आन्तरिक शुचिता का स्थान बाहरी आचार ले लेते हैं। पाखंड बढ़ने लगता है। कदाचार का पोषण होने लगता है। जब धर्म का यथार्थ अमृत तत्त्व सोने के पात्र में कैद हो जाता है तब शताब्दी में एकाध साधक होते हैं जो धर्म-क्रान्ति करते हैं, धर्म के क्षेत्र में व्याप्त अधार्मिकता एवं

साम्प्रदायिकता पर प्रहार कर, उसके यथार्थ स्वरूप का उद्‌घाटन करते हैं।

भगवान महावीर ने अपने युग के चिन्तकों एवं सामान्य जनता में परम्परा धर्म एवं संस्कृति के नाम पर व्याप्त यज्ञवाद, बहुदेववाद, भौतिकवाद की रूढ़ियों, अन्धविश्वासों, कुरीतियों एवं मूढ़ताओं की समीक्षा की। भगवान महावीर ने निर्भ्रान्त स्वरों में प्रतिपादित किया कि पाखण्ड, देवों में अन्ध विश्वास, तीर्थों में अन्ध भक्ति, क्रिया कांड एवं हिंसक धर्म में विश्वास—ये सभी मूढ़ताएँ व्यक्ति को जकड़ लेती हैं। प्रभु के वचन हैं 'नेव गामे नेव रण्णे, धम्मामायाणह (वस्तुतः धर्म न कहीं गाँव में होता है और न कहीं जंगल में, बल्कि वह तो अन्तरात्मा में ही होता है।[103] धर्म दीपक की तरह अज्ञान अन्धकार को दूर करने वाला होता है। शुद्धात्मा में ही स्थिर रह सकता है। किसी के कथन पर अन्धी भक्ति एवं अंध विश्वास मत करो। अपनी आत्मा के द्वारा सत्य की खोज करो— 'अप्पणा सच्च मेसिज्जा।[104] जिसकी अन्तरात्मा सदा सत्य भावों से सम्पन्न है, वह विश्व के प्राणी मात्र के प्रति मैत्री भाव रखता है—'सया सच्चेण सम्पन्ने मेत्तिं भूएसुकप्पए'।[105]

भगवान महावीर ने मनुष्य-मनुष्य के बीच भेदभाव की सभी दीवारों को ध्वस्त किया। उन्होनें जन्मना वर्ण-व्यवस्था का विरोध किया। इस विश्व में न कोई प्राणी बड़ा है और न कोई छोटा। उन्होनें गुण-कर्म के आधार पर मनुष्य के महत्त्व का प्रतिपादन किया। ऊँच-नीच, उन्नत-अवनत, छोटे-बड़े सभी अपने कर्मों से बनते हैं। जातिवाद अतात्विक है। सभी समान हैं। न कोई छोटा, न कोई बड़ा। श्रेष्ठता की सापेक्षिकता आचारमूलक है। समकालीन जनमानस ईश्वरवाद अथवा भाग्यवाद के कारण पुरुषार्थवाद को भुला बैठा था। भगवान महावीर ने आत्मा को ही ईश्वर बतलाया। उन्होनें आत्मा को ही उपास्य माना। प्रत्येक प्राणी में आत्मा की सत्ता प्रतिपादित की। 'आत्मवत सर्वभूतेषु' को आपने व्यवहारिक धरातल पर क्रियान्वित किया। अध्यात्म साधना का मार्ग सभी के लिए खोल दिया। हरिकेशी चांडाल, तथा सद्‌दाल पुत्त कुम्भकार आदि को दीक्षा देना उनकी समभाव दृष्टि का परिचायक है। चन्दनबाला को आर्यिका/ साध्वी संघ की प्रथम सदस्या बनाकर आपने स्त्रियों के लिए अलग ही संघ बना दिया। उनके युग में नारी की स्थिति सम्भवतः सम्मानजनक नहीं थी। मुनियों एवं श्रावकों की अपेक्षा आर्यिकाओं / साध्वियों एवं श्राविकाओं की कई गुनी संख्या इस बात का प्रमाण है कि युगीन नारी-जाति महावीर की देशना से कितना अधिक भावित हुई। भगवान की दृष्टि समभावी थी—सर्वत्र समता-भाव। वे सम्पूर्ण विश्व को समभाव से देखने वाले साधक थे, समता का आचरण करने वाले साधक थे। उनका प्रतिमान था—जो व्यक्ति अपने संस्कारों का निर्माण करता है, वही साधना का अधिकारी बनता है।

मोक्ष प्राप्ति के लिए क्या करणीय है—इसकी व्यवस्था अत्यंत स्पष्ट है—'जो ज्ञानी आत्मा इस लोक में छोटे-बड़े सभी प्राणियों को आत्मतुल्य देखते हैं, षटद्रव्यात्मक इस महान लोक का सूक्ष्मता से निरीक्षण करते हैं तथा अप्रमत्तभाव से संयम में रत रहते हैं, वे ही मोक्ष प्राप्ति के अधिकारी है।'[106]

इस प्रकार भगवान महावीर का धर्म प्राणि मात्र के लिए उत्कृष्ट मंगल है। उनकी वाणी ने प्राणी मात्र के जीवन में मंगल प्रभात का उदय किया। जो साधक सच्चे मन से धर्माचरण करता है, अपने भीतर की विकृतियों पर विजय प्राप्त कर लेता है, अपने प्रसुप्त दिव्यभाव को जगा लेता है, उसे देवता भी नमस्कार करते हैं—'देवा वि तं नमंसन्ति, जस्स धम्मे सयामणो'।[107]

आत्मा का अस्तित्व, प्रत्येक आत्मा की अस्तित्व दृष्टि से स्वतन्त्रता तथा आत्मा एवं कर्म का सम्बन्ध- इनके सम्बन्ध में भगवान महावीर ने इन्द्रभूति तथा अग्निभूति की शंकाओं का समाधान किया। इसकी विवचेना की जा चुकी है। सामान्य जन को भी भगवान ने इन प्रश्नों का उत्तर दिया। आत्मा तथा शरीर एवं मन आदि पुद्‌गल की भिन्नता का प्रतिपादन किया। जब भगवान से यह जिज्ञासा व्यक्त की गई कि आत्मा आँखों से क्यों नहीं दिखाई देती? तथा इस आधार पर आत्मा के अस्तित्व के सम्बन्ध में शंका व्यक्त की गई तो भगवान ने उत्तर दिया:

'भवन के सब दरवाजें एवं खिड़कियाँ बन्द करने के बाद भी जब भवन के अन्दर संगीत की मधुर ध्वनि होती है तब आप उसे भवन के बाहर निकलते हुए नहीं देख पाते। आँखों से दिखाई न पड़ने के बावजूद संगीत की मधुर ध्वनि बाहर खड़े श्रोताओं को आच्छादित करती है। संगीत की ध्वनि पौद्‌गलिक (भौतिक द्रव्य) है। फिर भी आँखों को दिखाई नहीं देती। आँखें अरूपी आत्मा को किस प्रकार देख सकती हैं? अमूर्त्तिक आत्मा को इन्द्रिय दर्शन नहीं होता, अनुभूति होती है।

प्रत्येक आत्मा में परम ज्योति समाहित है। प्रत्येक चेतन में परम चेतन समाहित है। प्रत्येक व्यक्ति स्वयं में स्वतंत्र, मुक्त, निर्लेप एवं निर्विकार है। प्रत्येक आत्मा अपने पुरुषार्थ से परमात्मा बन सकती है। शुद्ध तात्विक दृष्टि से जो परमात्मा है वही मैं हूँ और जो मैं हूँ वही परमात्मा हैं। इस तरह मैं ही अपना उपास्य हूँ। अन्य कोई मेरा उपास्य नहीं है :

'यः परमात्मा स एवाऽहं, योऽहं स परमस्ततः।
अहमेव मयोपास्यो, नान्यः कश्चिदिति स्थितिः॥'[108]

अपने को सुधारना अपने ही हाथ में है। मनुष्य अपने सत्कर्म से उन्नत होता है। भगवान महावीर ने स्पष्ट रूप में प्रत्येक व्यक्ति को मुक्त होने का

अधिकार प्रदान किया। मुक्ति दया का दान नहीं है, यह प्रत्येक व्यक्ति का जन्म सिद्ध अधिकार है। 'बन्धप्पमोक्खो तुज्झज्झत्थेव (बंधन से मुक्त होना तुम्हारे ही हाथ में है)'[109] सत्कर्म वही है जो जगत के सभी प्राणियों को सुख और शान्ति प्रदान करे। जो आत्मा बंध का कर्ता है, वही आत्मा बंधन से मुक्ति प्रदाता है। मनुष्य अपने भाग्य का निर्माता है। मनुष्य अपने भाग्य का नियंता है। मनुष्य अपने भाग्य का विधाता है। भगवान महावीर का कर्मवाद भाग्यवाद नहीं है, भाग्य का निर्माता है। बाह्य जगत की कल्पित शक्तियों के पूजन से नहीं अपितु अन्तरात्मा के दर्शन एवं परिष्कार से कल्याण सम्भव है। शास्त्रों के पढ़ने मात्र से उद्धार सम्भव नहीं है। यदि चित्त में राग एवं द्वेष है तो समस्त शास्त्रों में निष्णात होते हुए भी व्यक्ति धार्मिक नहीं हो सकता। क्या लौकिक इच्छाओं की पूर्ति के लिए ईश्वर के सामने शरणागत होना ही अध्यात्म साधना है? क्या धर्म-साधना की फल-परिणति सांसारिक इच्छाओं की पूर्ति में निहित है? सांसारिक इच्छाओं की पूर्ति के उद्देश्य से आराध्य की भक्ति धर्म है अथवा सांसारिक इच्छाओं के संयमन के लिए साधना-मार्ग पर आगे बढ़ना धर्म है? क्या बाह्य आचार की प्रक्रिया को धर्म-साधना का प्राण माना जा सकता है? धर्म की सार्थकता वस्तुओं एवं पदार्थों के संग्रह में है अथवा राग द्वेष रहित होने में है? धर्म का रहस्य संग्रह, भोग, परिग्रह, ममत्व, अहंकार आदि के पोषण में है अथवा अहिंसा, संयम, तप, त्याग आदि के आचरण में? आत्मस्वरूप का साक्षात्कार अहंकार एवं ममत्व के विस्तार से सम्भव नहीं है। अपने को पहचानने के लिए अन्दर झाँकना होता है, अन्तश्चेतना की गहराइयों में उतरना होता है। धार्मिक व्यक्ति कभी स्वार्थी नहीं हो सकता। आत्म-गवेषक अपनी आत्मा से जब साक्षात्कार करता है तो वह 'एक' को जानकर 'सब' को जान लेता है, पहचान लेता है, सबसे अपनत्व-भाव स्थापित कर लेता है। आत्मानुसंधान की यात्रा में व्यक्ति एकाकी नहीं रह जाता, उसके लिए सृष्टि का प्राणी मात्र आत्म तुल्य हो जाता है। एक की पहचान सबकी पहचान हो जाती है तथा सबकी पहचान से वह अपने को पहचान लेता है। भाषा के धरातल पर इसमें विरोधाभास हो सकता है, अध्यात्म के धरातल पर इसमें परिपूरकता है। जब व्यक्ति आत्म साक्षात्कार के लिए प्रत्येक पर-पदार्थ के प्रति अपने ममत्व एवं अपनी आसक्ति का त्याग करता है तब वह राग-द्वेषरहित हो जाता है, वह आत्मचेतना से जुड़ जाता है, शेष से न राग और न द्वेष। इसी प्रकार जब साधक सृष्टि के प्राणिमात्र को आत्मतुल्य समझता है तब भी उसका न किसी में राग रह जाता है और न किसी से द्वेष। धर्म का अभिप्राय व्यक्ति के चित्त का शुद्धिकरण है। समस्त प्राणियों के प्रति मैत्रीभाव, प्रेमभाव तथा समभाव होना ही धर्म है।

भगवान महावीर ने समतामूलक, संतुलित, सामंजस्यपूर्ण जीवन यापन के लिए आचार, विचार एवं व्यवहार की अहिंसात्मक दृष्टि प्रदान की। आपकी

सामाजिक संरचना का आधार 'वर्ग संघर्ष' नहीं अपितु समभाव है, संघर्षमूलक नहीं अपितु समन्वयमूलक है; आरोपित दण्ड विधान नहीं अपितु स्वतः स्फूर्त सदाचार है। अहिंसा दर्शन में सामाजिक सुख एवं शान्ति के सभी विधायक तत्त्व समाहित हैं। अहिंसा में भावों की पवित्रता और लोकोपकारिता की वृत्ति सम्मिलित है।

अहिंसा त्रस और स्थावर सभी प्राणियों का कुशल-क्षेम-मंगल करने वाली है—

'अहिंसा तस-थावर-सव्व भूय खेमंकरी'।[110]

भगवान महावीर ने अहिंसा की परिधि को विस्तार दिया। आपकी अहिंसा दया एवं करुणा पर आधारित नहीं है, मैत्री भाव पर आधारित है। आपकी अहिंसा का चिन्तन प्राणी मात्र के प्रति आत्मभाव एवं बंधुभाव की सहज प्रेरणा प्रदान करता है। गृहस्थ होकर भी व्यक्ति परिग्रह के परिमाण निर्धारित करता है, आवश्यकता से अधिक संग्रह नही करता, व्यय-क्षेत्र की मर्यादा का निर्धारण करता है।

आर्थिक-वैषम्य को भगवान महावीर ने अहिंसात्मक क्रान्ति से बदलने का प्रयास किया। आप जानते थे कि हिंसात्मक क्रान्ति से समाज में स्थायी शान्ति एवं व्यवस्था सम्भव नहीं।

अहिंसा, परिग्रह-परिमाणव्रत तथा अनेकान्तवाद विश्व मानवता एवं विश्व संस्कृति की आधारशिला बन सकते हैं। भगवान महावीर ने केवली-चर्या में प्राणी मात्र की मंगलकारिता के लिए आत्मतुल्यता एवं अनेकान्तवाद की लेखनी से अहिंसा, सत्य एवं अपरिग्रह के पृष्ठों पर स्याद्वाद की स्याही से धर्म-आचरण का इतिहास लिखा। उनका धर्म सर्वोदय-तीर्थ बन गया :

सर्वान्तवत्तद् गुण मुख्य कल्पं, सर्वान्त शून्यं च मिथोऽनपेक्षम्।
सर्वापदामन्तकरं निरन्तं, सर्वोदयं तीर्थं मिदं तवैव॥[111]

(ii) जैन श्रुतांग : द्वादशांग एवं अन्य श्रुतधारक आचार्यों का साहित्य—

जैन आचार्यों ने उपतंत्र कर्ता एवं अनुतंत्रकर्ता के रूप में भगवान महावीर की वाणी को ग्रन्थों के रूप में निबद्ध किया। यह वाङ्मय बहुत विशाल है। आगम की भाषा में इसे श्रुतज्ञान कहा जाता है। तीर्थंकर महावीर ही सम्पूर्ण वाङ्मय के मूलतंत्रकर्ता एवं अर्थकर्ता हैं। गौतम गणधर से लेकर श्रुतधारक आचार्य ग्रन्थकर्ता हैं। गौतम गणधर आदि उपतंत्रकर्ता एवं अन्य ग्रन्थकर्ता अनुतंत्रकर्ता हैं। भगवान महावीर के उपदेशों का संग्रह गौतम गणधर एवं उनके अन्य शिष्यों द्वारा द्वादशांग मे किया गया। इनके परम्परागत नाम और विषय निम्न प्रकार हैं—

(1) **आचारांग :** इसमें मुनियों के चरित्र सम्बन्धी नियमों का वर्णन है। इसके दो श्रुत स्कंध हैं। प्रत्येक श्रुत स्कंध अध्ययनों में विभक्त है। प्रत्येक अध्ययन उद्देश्यों या चूलिकाओं में विभक्त है। प्रथम श्रुत स्कंध 9 अध्ययनों एंव द्वितीय श्रुत स्कंध 16 अध्ययनों में विभक्त हैं। प्रथम श्रुत स्कन्ध के अन्तिम अध्ययन में भगवान महावीर की तपस्या का विशद् वर्णन है।

(2) **सूत्रकृतांग :** इसमें ज्ञान, विनय, प्रज्ञापना, कलप्य अकलप्य, छेदोपस्थापना आदि मुनियों के व्यवहार धर्म की क्रियाओं का वर्णन है। इस अंग में दूसरे दर्शनों का भी वर्णन है। यह भी दो श्रुत स्कंधों में विभक्त है। प्रथम श्रुत स्कंध 16 अध्ययनों एवं द्वितीय श्रुत स्कंध 7 अध्ययनों में विभक्त हैं। प्राचीन मतों, वादों एवं दृष्टियों के अध्ययन की दृष्टि से इस श्रुतांग का महत्त्व बहुत अधिक है। भगवान महावीर के चरित की दृष्टि से गोशालक एवं शाक्य भिक्षु के साथ भगवान महावीर का शास्त्रार्थ एवं नालन्दा में गौतम गणधर एवं पार्श्वापत्यिक श्रमण का वार्तालाप उल्लेखनीय है।

(3) **स्थानांग :** तत्त्वों के भेद-प्रभेदों का उनकी संख्या क्रम से वर्णन है। यथा-अपने चैतन्य स्वभाव के कारण जीव द्रव्य एक है। ज्ञान और दर्शन के भेद से वह दो प्रकार का है। कर्मफल चेतना, कर्मचेतना और ज्ञान चेतना की अपेक्षा तीन प्रकार का है। उत्पाद, व्यय और ध्रौव्य की अपेक्षा तीन भेदरूप है। चार गतियों में भ्रमण करने वाला होने से चार भेदवाला है। इसी प्रकार जीव आदि पदार्थों के एकाधिक भेदों का निरूपण स्थानांग में किया गया है। यह श्रुतांग दस अध्ययनों में विभाजित है। सूत्रों की संख्या एक हजार से अधिक है। भगवान महावीर के चरित की दृष्टि से इस श्रुतांग में तीर्थंकर गोत्र का बंध करने वाले 9 पुरुषों का वर्णन है—(1) श्रेणिक, (2) सुपार्श्व, (3) उदायी, (4) प्रोष्ठिल, (5) दृढ़ायु, (6) शंख, (7) सजग या शतक, (8) सुलसा, (9) रेवती।

(4) **समवायांग :** इसमें तत्त्वों का निरूपण उनके समवाय अर्थात् द्रव्य, क्षेत्र, काल एवं भाव की अपेक्षा समानता के अनुसार किया गया है। यथा-द्रव्य समवाय की अपेक्षा धर्मास्तिकाय, अधर्मास्तिकाय, लोकाकाश और एक जीव के प्रदेश समान हैं। समानता की अपेक्षा जीव आदि पदार्थों के समवाय का वर्णन

समवायांग में उपलब्ध होता है। इस श्रुतांग में 275 सूत्र हैं। जैन सिद्धान्त के निरूपण के अतिरिक्त इसमें जैन परम्परा एवं इतिहास का भी वर्णन है। इसमें 12 श्रुतांगों के विभाजन और विषय का संक्षिप्त परिचय दिया गया है तथा 12 श्रुतांगों को द्वादशांग गणिपिटक के नाम से अभिहित किया गया है। इसी श्रुतांग में कुलकरों, तीर्थंकरों, चक्रवर्तियों, बलदेव और वासुदेवों तथा उनके प्रतिशत्रुओं अर्थात् प्रतिवासुदेवों का जीवन परिचय भी प्रस्तुत है। प्रत्येक के जन्म स्थान, पिता, माता, दीक्षा स्थान आदि का विवरण दिया गया है।

(5) **भगवती व्याख्या प्रज्ञप्ति :** इसमें छत्तीस हजार प्रश्नों द्वारा जीव, अजीव आदि पदार्थों का विवेचन किया गया है। गौतम गणधर जिज्ञासा भाव से प्रश्न करते हैं। तीर्थंकर महावीर उत्तर देते हैं। यह अन्य श्रुतांगों की अपेक्षा विशाल है। इसमें भगवान महावीर के जीवन के अतिरिक्त उनके अनेक शिष्यों, श्रावकों तथा अन्य तीर्थंकरों का परिचय मिलता है। इसमें गोशालक के जीवन चरित का विशद विवरण मिलता है। पार्श्वापत्यिक श्रमणों एवं उपासकों के सम्बन्ध में भी उल्लेख मिलते हैं। इस श्रुतांग का महत्व वनस्पति विज्ञान के अध्ययन की दृष्टि से अप्रतिम है। इसमें नाना प्रकार की वनस्पतियों का वर्गीकरण किया गया है। उनके कंद, मूल, स्कन्ध, त्वचा, शाखा, प्रशाखा, प्रवाल, पत्र, पुष्प, फल, बीज आदि का सजीवत्व/निर्जीवत्व दृष्टि से विचार किया गया है। सामान्य वनस्पति विज्ञान के अतिरिक्त आनुवंशिक-अभियांत्रिकी एवं जैव विकास आदि के अनुसंधानकर्ता भी इससे लाभान्वित हो सकते हैं।

(6) **ज्ञातृ धर्म कथा :** इसमें न्याय-धर्म सम्बन्धी कथाओं का समावेश है। तीर्थंकरों की धर्म देशना, विविध प्रश्नोत्तर एवं पुण्य पुरुषों के आख्यान वर्णित हैं। भगवान महावीर के चरित की दृष्टि से महावीर के उपदेश को सुनने के बाद मेघ कुमार का दीक्षा ग्रहण आदि का वर्णन उल्लेखनीय है।

(7) **उपासकाध्ययन :** इसमें गृहस्थों के लिए पालन करने योग्य श्रावक-धर्म का विधान है। इसमें क्रमशः आनन्द, कामदेव, चुलनी प्रिय, सुरादेव, चुल्लशतक, कुंडकोलिय, सद्दालपुत्र, महाशतक, नंदिप्रिय और सालिही प्रिय उपासकों के कथानक हैं। प्रथम अध्ययन में आनन्द उपासक की गाथा है। वाणिज्य

ग्राम निवासी आनन्द ने भगवान महावीर से श्रावक धर्म ग्रहण किया था। आपने भोगोपभोग एवं परिग्रह के परिमाण को सीमित किया। प्रथम अध्ययन में पाँच अणुव्रतों, तीन गुणव्रतों और चार शिक्षाव्रतों—श्रावक अथवा गृहस्थ के इन बारह व्रतों तथा उनके अतिचारों का स्वरूप विस्तार से वर्णित है। इसी प्रकार अन्य उपासकों की गाथायें वर्णित हैं। यह श्रुतांग आचारांग का परिपूरक है। आचारांग में संयस्त / मुनिधर्म का तथा उपासकाध्ययन में श्रावक/ गृहस्थ धर्म का निरूपण है। धर्म की प्रासंगिकता गृहस्थ जीवन में भी है, सामाजिक जीवन में भी है—इसका इस श्रुतांग में प्रतीकात्मक शैली में प्रतिपादन किया गया है।

(8) **अन्तकृद्दशा :** इसमें आठ वर्ग हैं जो क्रमशः 10, 8, 13, 10, 10, 16, 13 एवं 10 अध्ययनों में विभाजित हैं। इसमें प्रत्येक तीर्थंकर के तीर्थकाल में अनेक प्रकार के दारुण उपसर्गों को सहन कर निर्वाण प्राप्त करने वाले अन्तःकृत केवलियों का वर्णन है।

(9) **अनुत्तरौपपातिक :** यह अंग तीन वर्गों में विभाजित है। प्रथम वर्ग में 10, द्वितीय में 13 एवं तृतीय में 10 अध्ययन हैं। इसमें उन महापुरुषों का चरित्र वर्णित हैं जिन्होंने कठोर तपस्या की। तप द्वारा देह-क्षीणता का मार्मिक वर्णन है।

(10) **प्रश्न व्याकरण :** यह दो खण्डों में विभाजित है। प्रथम खंड में पाँच आश्रव द्वारों का वर्णन है। दूसरे खण्ड में पाँच संवर द्वारों का वर्णन है। पाँच आश्रव द्वारों में हिंसा आदि पाँच पापों का विवेचन है। संवर द्वारों में अहिंसा आदि व्रतों का विवेचन है।

(11) **विपाक सूत्र :** इस अंग में दो श्रुत स्कंध हैं। पहला दुःख विषयक और दूसरा सुख विपाक विषयक। जीव के कर्मानुसार दुःख और सुख रूप कर्मफलों का वर्णन किया गया है।

(12) **दृष्टिवाद :** समवायांग के अनुसार इसके पाँच विभाग थे—परिकर्म, सूत्र, पूर्वगत, अनुयोग और चूलिका। इन पाँचों के नाना भेद-प्रभेदों के उल्लेख मिलते हैं जिसके आधार पर इन विभागों की विषय-वस्तु के सम्बन्ध में संकेत किया जा सकता है :

(i) **परिकर्म**—इसमें चन्द्र, सूर्य, जम्बू द्वीप, द्वीप एवं समुद्र तथा पुद्गल, धर्म, अधर्म, आकाश, काल एवं जीव द्रव्य आदि का वर्णन था।

(ii) **सूत्र**—इसमें तीन सौ तिरेसठ मतों का प्रतिपाद पूर्वपक्ष के रूप में किया गया था।

(iii) **पूर्वगत**—इसके अन्तर्गत चौदह पूर्व अर्थात् भगवान महावीर से पूर्व के ज्ञान-विज्ञान का संकलन गौतम गणधर द्वारा किया गया। इन 14 पूर्वों के नाम हैं—उत्पाद, अग्रायणीय, वीर्यानुवाद, अस्ति-नास्ति प्रवाद, ज्ञान प्रवाद, सत्य प्रवाद, आत्म प्रवाद, कर्मप्रवाद, प्रत्याख्यानवाद, विद्यानुवाद, कल्याणवाद अथवा अबंध्य, प्राणवाद, क्रियाविशाल एवं लोक बिन्दुसार।

उत्पाद में जीव, काल, पुद्गल के उत्पाद, व्यय एवं ध्रुवता पर विचार किया गया था। अग्रायणीय में समस्त द्रव्यों तथा उनकी नाना अवस्थाओं की संख्या आदि पर विचार किया गया था। वीर्यानुवाद में द्रव्यों के क्षेत्रकाल आदि की अपेक्षा से बल-सामर्थ्य का प्रतिपादन किया गया था। इसी प्रकार वादों के नामों के अनुरूप सम्पूर्ण ज्ञान कोष इसमें समाहित था।

(iv) **अनुयोग**—अरहन्तों के गर्भ, जन्म, तप, ज्ञान, निर्वाण आदि का तथा कुलकर, चक्रवर्ती, बलदेव, वासुदेव आदि महापुरुषों के चरित्र का कोश।

(v) **चूलिका**—जल, स्थल, माया, रूप और आकाशगत मंत्रों-तंत्रों का विवरण था।

यह बारह श्रुतांग अथवा द्वादशांग श्रुतज्ञान के रूप में गुरु शिष्य परम्परा में प्रचलित हुआ। गौतम गणधर ने सुधर्म स्वामी अथवा लोहाचार्य को तथा सुधर्म स्वामी ने जम्बू स्वामी को उपदेश दिया। ये तीनों केवली निर्मल बुद्धि सहित, गुणों से परिपूर्ण तथा सिद्धि प्राप्त थे। इन्होंने भगवान महावीर के निर्वाण के पश्चात् 62 वर्ष तक क्रमशः धर्म प्रवर्तन किया। इसके पश्चात् एक परम्परा पाँच श्रुत केवली तथा दूसरी परम्परा छह श्रुत केवली होना मानती है।

पाँच श्रुत केवली	छह श्रुत केवली
1. नन्दि या विष्णु	1. प्रभव
2. नन्दि मित्र/ वीर	2. शय्यम्भव
3. अपराजित	3. यशोभद्र
4. गोवर्द्धन	4. सम्भूत विजय
5. भद्रबाहु	5. भद्रबाहु
	6. स्थूल भद्र

एक परम्परा के अनुसार भगवान महावीर के निर्वाण के पश्चात् अनेक बार द्वादशांग आगम को सुव्यवस्थित करने के लिए मुनि संघ की बैठकें हुईं। भगवान महावीर के निर्वाण से 980 वर्ष पश्चात् विक्रम सम्वत् 510 (सन् 453 ई०) में गुजरात के वलभी में देवर्द्धिगणी क्षमाश्रमण की अध्यक्षता में मुनिसंघ की बैठक हुई। इसमें द्वादशांग में उपलब्ध ग्यारह अंगों के अतिरिक्त 12 उपांगें, 10 प्रकीर्णकों, 6 छेदसूत्रों, 4 मूलसूत्रों तथा 2 चूलिका सूत्रों का संकलन किया गया। आचारांग अन्य रचनाओं की अपेक्षा अधिक प्राचीन प्रतीत होता है। उत्तराध्ययन आदि मूलसूत्रों में भी प्राचीन रचनाओं का समावेश है।

1. ग्यारह अंग	:	(द्वादशांग के बारहवें अंग 'दृष्टिवाद' के अतिरिक्त अन्य पूर्व निर्दिष्ट अंग)	
2. बारह उपांग	:	(1) औपपातिक सूत्र	(2) राजप्रश्नीय
		(3) जीवाभिगम	(4) प्रज्ञापना
		(5) जम्बू द्वीप प्रज्ञप्ति	(6) चन्द्रप्रज्ञप्ति
		(7) सूर प्रज्ञप्ति	(8) कल्पिका
		(9) कल्पावतंसिका	(10) पुष्पिका
		(11) पुष्प चूलिका	(12) वृष्णिदशा।
3. दस प्रकीर्णक	:	(1) चतुः शरण	(2) आतुर प्रत्याख्यान
		(3) भक्त् प्रत्याख्यान	(4) संस्तार
		(5) तंदुल वैचारिक	(6) चन्द्रविद्यक
		(7) देवेन्द्रस्तव	(8) गणिविद्या
		(9) महाप्रत्याख्यान	(10) मरण समाधि।
4. छह छेदसूत्र	:	(1) निशीथ	(2) महानिशीथ

	(3) वृहत्कल्प	(4) व्यवहार
	(5) दशाश्रुत स्कंध	(6) जीत कल्प ।
5. चार मूल सूत्र :	(1) दशवैकालिक	(2) उत्तराध्ययन
	(3) आवश्यक	(4) पिंड निर्युक्ति।
6. दो चूलिका सूत्र :	(1) नंदी सूत्र	(2) अनुयोग द्वार।

दूसरी परम्परा के अनुसार भगवान महावीर के निर्वाण के पश्चात् श्रुत केवली भद्रबाहु तक तो पूरा श्रुतज्ञान बना रहा। भगवान महावीर के निर्वाण के पश्चात्, तीन केवली, पाँच श्रुत केवली, विशाखाचार्य आदि ग्यारह दशपूर्वी, नक्षत्र आदि पाँच एकादश अंगधारी आचार्यों की वंशावली मिलती है। इस समस्त 24 आचार्यों का काल 62+100+183+220 = 565 वर्ष निर्दिष्ट है। इस प्रकार यह आचार्य परम्परा भगवान महावीर के निर्वाण से 565 वर्ष पश्चात् विक्रम सम्वत् 95 (सन् 38 ई०) के काल तक मानी जाती है। इसके बाद द्वादशांग या पूर्वों के एक देश ज्ञाता आचार्यों अथवा श्रुत-ज्ञान के धारक आचार्यों में गुणधर, धरसेन, पुष्पदंत, भूतबलि, यतिवृषभ, उच्चारणाचार्य, आर्य मंक्षु, नागहस्ति, कुन्दकुन्द आदि के नाम मिलते हैं। ईसा की पहली सदी से ईसा की पाँचवीं सदी के मध्य इन आचार्यों का समय स्वीकार किया जाता है।

धरसेन आचार्य का समय भगवान महावीर के निर्वाण से 614 वर्ष पश्चात् माना जाता है। इस दृष्टि से आचार्य धरसेन का समय (614-527) सन् 87 ईस्वी के लगभग ठहरता है। आचार्य गुणधर का समय विद्वानों ने आचार्य धरसेन के पूर्व माना है। आचार्य गुणधर एवं आचार्य धरसेन का महत्त्व इस दृष्टि से सर्वाधिक है कि इनको भगवान महावीर के पूर्व की श्रमण परम्परा का भी ज्ञान था।

(i) आचार्य गुणधर :

मान्यता है कि इन्हें 'द्वादशांग' के दृष्टिवाद अंग के पूर्वगत विभाग के ज्ञान प्रवाद पूर्व के अंश का ज्ञान था। इसी ज्ञान के आधार पर इन्होनें 'ज्ञान प्रवाद पूर्व' के 'वस्तु' नामक अधिकार के अन्तर्गत 'पाहुड' नामक बीस अर्थाधिकारों में से तीसरे पाहुड 'पेज्जदोस पाहुड' के सार की रचना 'कसाय पाहुड सुत्त' नामक ग्रन्थ के रूप में की। आचार्य गुणधर ने 'कसाय पाहुड' की रचना केवल 233 गाथाओं में निबद्ध की। यह रचना अति संक्षिप्त एवं बीज पदरूप थी। इस पर आचार्य यतिवृषभ ने छह हजार श्लोक प्रमाण चूर्णि सूत्रों की रचना की। यतिवृषभ के संकेत स्थलों के स्पष्टीकरण के लिए उच्चारणाचार्य ने बारह हजार श्लोक प्रमाण उच्चारण वृत्ति की रचना की। इसके बाद शामकुण्डाचार्य ने पद्धति

टीका तथा तुम्बुराचार्य ने चूडामणि टीका की रचनाऐं की जो अब उपलब्ध नहीं है। जो टीका उपलब्ध है वह जय धवला टीका है। इस टीका के कारण ही 'कसाय पाहुड सुत्त' जय धवल सिद्धान्त के नाम से प्रसिद्ध है। टीका की रचना आचार्य वीरसेन एवं आचार्य जिनसेन ने साठ हजार श्लोकों में की। वीरसेन आचार्य ने जय-धवला टीका में लिखा है कि विपुलाचल के शिखर पर विराजमान वर्धमान दिवाकर से प्रकट होकर गौतम, लोहाचार्य, जम्बू स्वामी आदि की आचार्य परम्परा से आकर गुणधर को 'कम्मपयडियाहुड' का ज्ञान प्राप्त हुआ और उन्होंने गाथा रूप में इस ज्ञान का प्रतिपादन किया। 'कसाय पाहुड' में 15 अधिकार हैं जिनके नाम एवं वर्ण्य विषय निम्न प्रकार हैं—

(1) **पेज्ज दोस विभक्ति (प्रेयो-द्वेष विभक्ति)**—इसमें राग एवं द्वेष का विवेचन है। जैन दर्शन के अनुसार मूल कर्म आठ है—(1) ज्ञानावरण, (2) दर्शनावरण, (3) वेदनीय, (4) मोहनीय, (5) आयु, (6) नाम, (7) गोत्र एवं (8) अन्तराय। मोहनीय कर्म राग द्वेष आदि का जनक है। मोहनीय कर्म के दो भेद हैं—(1) दर्शन मोह (2) चारित्र मोह। दर्शन मोह जीव को अपने स्वरूप का यथार्थ दर्शन नहीं होने देता; अनात्म स्वरूप बाह्य पदार्थों में मोहित रखता है। चारित्र मोह के उदय से जीव सांसारिक वस्तुओं में से जिन्हें अपने अनुकूल मानता है, उनसे राग करता है। जिन्हें अपने से प्रतिकूल मानता है उनसे द्वेष करता है। राग-द्वेष के कारण ही कषाय (क्रोध, मान, माया एवं लोभ) होते हैं।

(2) **स्थिति विभक्ति**—मन, वचन एवं शरीर के हलन चलन क्रिया के कारण सूक्ष्म कर्म परमाणु आत्मा की ओर आकृष्ट होते हैं। राग- द्वेष रूप कषाय भावों का निमित्त पाकर आत्मा के साथ सम्बद्ध हो जाते हैं। कर्म से कषाय और कषाय से कर्म बन्धन की परम्परा अनादि है।

(3) **अनुभाग-विभक्ति**—कर्मों की फलदान शक्ति का निरूपण किया गया है। कर्म-बन्धन के समय कषाय की मन्दता या तीव्रता के अनुपात से कर्म-फल की शक्ति का अति सूक्ष्म विवेचन किया गया है।

(4) **बंध (प्रदेश-विभक्ति)**—कर्मों की स्थिति और फलदान शक्ति के बढ़ने, घटने, अन्य प्रकृति रूप में परिवर्तित होने का सूक्ष्म वर्णन है। टीका में पारिभाषिक शब्दावली में इसे उत्कर्षण, अपकर्षण एवं संक्रमण कहा गया है।

(5) **संक्रम**—प्रकृति, स्थिति, अनुभाग और प्रदेश के भेद से कर्म-रूप परिणमन का वर्णन है।

(6) **वेदक**—क्षेत्र, भव, काल और पुद्गलों को निमित्त कर कर्मों के उदय और उदीरणा रूप फल विपाक का वर्णन है।

(7) **उपयोग**—क्रोध, मान, माया और लोभ—इन चार कषायों के सम्बन्ध में सूक्ष्म विवेचन किया गया है।

(8) **चतुः स्थान**—जल में खींची हुई रेखा तुरन्त मिट जाती है। बालू, पृथ्वी एवं पत्थर में खींची गई रेखाएँ उत्तरोत्तर अधिक समय में मिटती हैं। इसी प्रकार क्रोध, मान, माया एवं लोभ के भी चार-चार स्थान होते हैं जो हीन या अधिक काल में उपशम होते हैं।

(9) **व्यंजन**—एक ही शब्द के मिलते-जुलते अनेक वाचक होते हैं। एकत्व की दृष्टि से इनका अर्थ-क्षेत्र एक होता है; भिन्नत्व की दृष्टि से इनमें अर्थ-विविधताएँ होती हैं। अर्थ विज्ञान के इसी विषय को 'व्यंजन' नाम से अभिहित किया गया है। क्रोध के रोष, कलह, विवाद आदि; मान के मद, दर्प, परिभव आदि; माया के वंचना, निकृति, अनऋजुता आदि तथा लोभ के राग, प्रेयस, मूर्च्छा आदि व्यंजन बतलाए गए हैं। विभिन्न शब्दों द्वारा कषाय का सूक्ष्म तात्विक विवेचन किया गया है।

(10) **दर्शन मोह उपशमन**—जिस कर्म के उदय में आने पर जीव को अपने स्वरूप का दर्शन नहीं होता उसे दर्शन मोह कर्म कहते हैं। इस कर्म के परमाणुओं का काल के एक क्षण के लिए अभाव करने या उपशम करने की अवस्था में जब जीव को अपने स्वरूप का काल के उस क्षण में साक्षात्कार होता है तब क्या परिणाम होता है—इसका विशद विवेचन इस अधिकार में किया गया है।

(11) **दर्शन मोह क्षपणा**—दर्शन मोह के उपशमन का काल स्थायी बन सके इसके लिए दर्शनमोह का क्षय आवश्यक है। इसके लिए जो करणीय है उसकी विवेचना इस अधिकार का विषय है।

(12) **संयमासंयमलब्धि**—जब आत्म स्वरूप का साक्षात्कार होता है तो विवेक, संयम, तप, ध्यान आदि की यात्रा आरम्भ होती है। दो बातें आवश्यक हैं। पुनः मिथ्यात्व आदि का आस्रव न

हो। लगी हुई कीचड़ पूरी तरह धुल जाए। इस स्थिति में संलग्न जीव को जो विशुद्ध परिणाम होते हैं उसी को पारिभाषिक शब्दावली में संयमासंयम या देश संयमलब्धि कहते हैं। इस लब्धि के लिए करणीय का विस्तृत विवचेन इस अधिकार में किया गया है।

(13) **चारित्रलब्धि**—आत्मा में चारित्रलब्धि प्रकट होती है तब आत्मा किस प्रकार हिंसा आदि से दूर होकर अहिंसा आदि धारण करने की ओर प्रवृत्त होती है। जय धवलाकर ने इस अधिकार के अन्तर्गत संयमलब्धि का वर्णन किया है।

(14) **चारित्र मोह उपशमन**—इस अधिकार के अन्तर्गत चारित्र मोह कर्म के उपशमन का विधान किया गया है।

(15) **चारित्र मोह क्षपणा**—योग और कषायों की उत्तरोत्तर विशुद्धि का वर्णन किया गया है। कषाय क्षय एवं ध्यान की प्रक्रिया भी इस अधिकार में वर्णित है। कषायों का क्षय हो जाने पर तथा वीतराग दशा का पालन करने पर भी जीव को बहुत अप्रमत्त एवं सावधान रहने की आवश्यकता होती है। उसे छद्मस्थ पर्याय से निकलना होता है। इसका कारण यह है कि अभी भी ज्ञानावरणीय, दर्शनावरणीय और अन्तराय कर्म के वेदन की स्थिति रहती है। जब द्वितीय शुक्ल ध्यान से इन तीनों घातिया कर्मों का भी अन्तर्मुहूर्त में ही सम्पूर्ण नाश हो जाता है तब जीव सर्वज्ञ, सर्व दर्शी एवं अनन्त शक्ति सामर्थ्य हो जाता है; शुद्ध आत्म स्वरूपी हो जाता है।

इस प्रकार कसाय पाहुड में कर्म-बन्धन, कर्मबन्धन के कारण संसार में परिभ्रमण से लेकर सर्वज्ञ, सर्वदर्शी एवं स्वभाव में निरत होने तक की सम्पूर्ण जय-यात्रा का सूक्ष्मातिसूक्ष्म एवं विस्तृत से विस्तृततम विवेचन वर्णित है।

(ii) आचार्य धरसेन :

मान्यता है कि इन्हें 'द्वादशांग' के दृष्टिवाद अंग के पूर्वगत विभाग के अग्रायणीय पूर्व के अंश का ज्ञान था। इन्होनें अग्रायणीय के 14 भेदों में से पांचवे भेद 'चयनलब्धि' के चौथे 'कर्म प्रकृति पाहुड' के प्रथम 5 अधिकारों का ज्ञान अपने दो शिष्यों—आचार्य पुष्पदंत एवं आचार्य भूतबलि को प्रदान किया। दोनों आचार्यों ने प्राप्त ज्ञान को प्राकृत भाषा में सूत्र शैली में निबद्ध किया। आचार्य पुष्पदंत एवं आचार्य भूतबलि द्वारा लिपिबद्ध यह ग्रन्थ छह खण्डों में विभाजित है। इस कारण यह षट्खण्डागम नाम से अभिहित है।

इस बात के उल्लेख प्राप्त हैं कि इस षट्खण्डागम पर अनेक आचार्यों ने टीकाएं लिखीं। उपलब्ध टीका आचार्य वीरसेन की 'धवला टीका' है। यह टीका 72 हजार श्लोक प्रमाण टीका है। जिस प्रकार 'कसाय पाहुड' को आचार्य वीरसेन एवं आचार्य जिनसेन की जय धवला टीका के कारण जय धवल सिद्धान्त के नाम से जाना जाता है उसी प्रकार आचार्य वीरसेन की धवला टीका के कारण षट्खंडागम को धवल सिद्धान्त के नाम से जाना जाता है। षट्खंडागम के खंडों के नाम एवं वर्ण्य विषय निम्न प्रकार हैं :-

(1) **जीवट्ठाण**—इसके अन्तर्गत आठ अनुयोग द्वारों एवं नौ चूलिकाओं में जीव का गुणस्थानों एवं मार्गणाओं का आश्रय लेकर विस्तृत विवेचन किया गया है। इस खण्ड का परिमाण अठारह हजार पद कहा गया है।

(2) **खुद्दाबंध (क्षुल्लकबंध)**—इसमें ग्यारह अधिकार हैं। इनमें कर्मबन्ध करने वाले जीव का कर्मबन्ध के भेद-प्रभेदों सहित वर्णन है।

(3) **बंध स्वामित्व विचय**—इसमें कर्मबंध सम्बन्धी विषयों का बंधक जीव की अपेक्षा से प्रतिपादन है।

(4) **वेदना**—मूल रूप से इसके दो भेद हैं—(1) कृति अनुयोग द्वार (2) वेदना अनुयोग द्वार। इसका उल्लेख किया जा चुका है कि जैन दर्शन में मूल कर्म आठ माने गए हैं। इस खंड में वेदना अनुयोग द्वार में आठ कर्मों की निक्षेप, नय, नाम, द्रव्य, क्षेत्र, काल, भाव, प्रत्यय, स्वामित्व, गति, अनन्तर, सन्निकर्ष, परिमाण, भागाभाग, अल्प बहुत्व दृष्टियों से वेदना का विवेचन है। इस खंड का परिमाण सोलह हजार पद बताया गया है।

(5) **वर्गणा**—इसमें कर्म प्रकृतियों तथा पुद्गल की 23 वर्गणाओं का विवेचन है।

कर्मबन्ध के योग्य वर्गणाओं का विस्तार से विवेचन किया गया है।

(6) **महाबंध**—यह बंध विधान का विश्व कोष है। इसमें आचार्य भूतबलि ने तीस हजार श्लोक प्रमाण रचना की है। 'कसाय पाहुड सुत्त' के संदर्भ में पेज्ज दोस विभक्ति, स्थिति विभक्ति, अनुभाग विभक्ति, बंध (प्रदेश विभक्ति) की चर्चा की जा चुकी है। इस खण्ड में बंध विधान है। बंध विधान चार प्रकार का है—प्रकृति बंध, स्थिति बंध, अनुभाग बंध, प्रदेश बंध। इस खण्ड में इनका विवेचन अत्यंत विस्तृत है।

(iii) आचार्य पुष्प दंत—

आचार्य पुष्पदंत ने षट्खंडागम ग्रन्थ की रूपरेखा का निर्माण किया। आपने जीवस्थान के प्रथम अधिकार की रचना की। आपने सत्प्ररूपणा के सूत्रों के साथ षट्खंडागम की रूपरेखा आचार्य भूतबलि के पास भेजी।

(iv) आचार्य भूतबलि :

आप महाकर्म प्रकृति प्राभृत के पूर्ण ज्ञाता थे। आपने आचार्य पुष्पदंत विरचित सूत्रों को मिलाकर पाँच खंडों के 6 हजार सूत्रों की रचना की। तत्पश्चात् महाबंध खंड की तीस हजार सूत्र ग्रन्थ रूप रचना की।

(v) आचार्य आर्य मंक्षु / आर्य मंगु

(vi) आचार्य नागहस्ति :

दोनों आचार्य अपने समय के कर्म सिद्धान्त के महान वेत्ता और आगम के पारगामी थे। आपने गुणधराचार्य के मुख कमल से निकली हुई कसाय पाहुड की गाथाओं के समस्त अर्थों को सम्यक् प्रकार ग्रहण किया। दोनों आचार्यों के गुरु गुणधराचार्य थे। आचार्य गुणधर ने कसाय पाहुड की सूत्र गाथाओं को रचकर स्वयं उनकी व्याख्या करके आचार्य आर्य मंक्षु / आर्य मंगु और आचार्य नागहस्ति को पढ़ाया। नन्दिसूत्र की पट्टावली में इन आचार्यों का परिचय दिया गया है। आर्य मंक्षु को श्रुत सागर का पारगामी कहा गया है। नागहस्ति को कर्म प्रकृतियों का व्याख्याता कहा गया है। मान्यता है कि ये दोनों आचार्य यतिवृषभ के गुरु थे।

(vii) आचार्य वज्रयश :

आचार्य यतिवृषभ ने आचार्य वज्रयश का बड़ी श्रद्धा से उल्लेख किया है तथा इन्हें प्रज्ञा श्रमण ऋद्धि के धारक कहा है।

(viii) आचार्य यतिवृषभ :

आचार्य यतिवृषभ ने आर्य मंक्षु और नागहस्ति से कसाय पाहुड की गाथाओं का सम्यक् प्रकार अध्ययन कर अर्थ अवधारण किया तथा कसाय पाहुड पर चूर्णि सूत्रों की रचना की। चूर्णि पद वह है जो तीर्थंकर की दिव्य ध्वनि से निःसृत बीजपदों का अर्थोद्घाटन करने में समर्थ हो।

आचार्य यतिवृषभ ने कसाय पाहुड पर चूर्णि सूत्रों की रचना करने के अनन्तर 'तिलोयपण्णत्ति' की रचना की। इनके इस ग्रन्थ में लोकों के स्वरूप, आकार, प्रकार, विस्तार, क्षेत्रफल तथा युग परिवर्तन आदि का निरूपण है। इसमें

प्रसंगवश जैन सिद्धान्त, पुराण और भारतीय इतिहास विषयक सामग्री भी वर्णित है।

(ix) उच्चारणाचार्य :

यतिवृषभाचार्य द्वारा प्रणीत कसाय पाहुड के चूर्णिसूत्रों का आपने पर्यायर्थिकनय की अपेक्षा से व्याख्यान किया।

(x) वप्पदेवाचार्य :

धवला टीका एवं जय धवला टीका में आपके नाम से उद्धरण प्राप्त होते हैं। मान्यता है कि आपने षट्खण्डागम के महाबन्ध के अतिरिक्त शेष पाँच खण्डों पर व्याख्या प्रज्ञप्ति नामक टीका लिखी तथा महाबंध पर संक्षिप्त विवृति लिखी। इसके बाद आपने कषाय पाहुड की भी टीका लिखी। आपकी कोई रचना उपलब्ध नहीं है।

(xi) कुन्दकुन्दाचार्य :

इसके पूर्व आचार्य गुणधर के 'कसाय पाहुड' एवं आचार्य धरसेन कृत 'षटखण्डागम' की परम्परा के श्रुतधारक आचार्यों का उल्लेख किया गया है। आचार्य गुणधर, आचार्य धरसेन, आचार्य पुष्पदंत, आचार्य भूतबलि के अनन्तर श्रुतधारक आचार्यों में कुन्दकुन्दाचार्य का नाम सर्वोपरि है। मान्यता है कि आचार्य गुणधर के द्वितीय श्रुतस्कन्ध का ज्ञान गुरु परम्परा से आचार्य कुन्दकुन्द को प्राप्त था। आचार्य कुन्दकुन्द ने अपने 'बोध पाहुड' में स्वयं को भद्रबाहु का शिष्य कहा है। इस कथन के आधार पर यह मान्यता भी मिलती है कि कुन्दकुन्द श्रुतकेवली भद्रबाहु के साक्षात शिष्य थे। यह मानने पर तो इनका समय भगवान महावीर के निर्वाण से 162 वर्ष पश्चात् के पूर्व अर्थात् (527-162) सन् 365 ईस्वी पूर्व के भी पहले का काल ठहरता है। वीर निर्वाण से 683 वर्ष की जो आचार्य परम्परा मिलती है उसमें कुन्दकुन्द का नाम नहीं है। इस कारण आचार्य कुन्दकुन्द का समय (683-527) सन् 156 ईस्वी के बाद माना जाना चाहिए। भाषा की दृष्टि से भी उनकी रचनाओं में जो भाषिक प्रवृत्तियाँ मिलती हैं वे उन्हें सन् 100 ई० के बाद का सिद्ध करती हैं। दक्षिण में जो मुनि संघ गया था, उसके प्रधान भद्रबाहु श्रुतकेवली थे। उनकी दक्षिण भारत में प्रधान गुरु के रूप में मान्यता प्रचलित रही। इस प्रकार अब सभी विद्वान इस तथ्य को स्वीकार करते हैं कि कुन्दकुन्द श्रुतकेवली भद्रबाहु के साक्षात् शिष्य नहीं है। उनका नाम अंगधारियों में नहीं मिलता। परम्परा की दृष्टि से आपने अपना गुरु भद्रबाहु को स्वीकार किया। आप अध्यात्म शास्त्र के महान प्रणेता एवं युग संस्थापक आचार्य थे। आपकी 22 रचनाएँ हैं। आपकी (1) समयसार (2) प्रवचन सार एवं (3) पंचास्तिकाय रचनाएँ सर्वाधिक महत्वपूर्ण हैं। ये रचनाएँ 'ग्रन्थत्रयी' या

'प्राभृतत्रयी' नाम से प्रसिद्ध हैं।

(xii) आचार्य वट्टकेर :

इनका मूलाचार ग्रन्थ मुनि धर्म के लिए सर्वोपरि प्रमाण माना जाता है। कहीं-कहीं यह ग्रन्थ कुन्दकुन्दाचार्य कृत भी कहा गया है।[112]

(xiii) आचार्य शिवार्य :

भगवती आराधना या मूलाराधना। इस ग्रन्थ में सम्यक् दर्शन, सम्यक् ज्ञान, सम्यक् चारित्र एवं सम्यक् तप—इन चार आराधनाओं का निरूपण है। इसकी कई गाथायें आवश्यक निर्युक्ति आदि ग्रन्थों में हैं। श्रुत परम्परा के आचार्यों द्वारा प्रणीत ग्रन्थों में समान गाथाओं का होना स्वाभाविक है।

(xiv) कार्तिकेय :

बारस-अणुवेक्खा : इस रचना में अध्रुव, अशरण, संसार, एकत्व, अन्यत्व, अशुचित्व, आस्त्रव, संवर, निर्जरा, लोक, बोध दुर्लभ एवं धर्म इन 12 अनुप्रेक्षाओं का विस्तृत वर्णन है।

(ii) उमास्वामी/उमास्वाति/गृद्धपिच्छाचार्य :

इनका समय ईसा की दूसरी सदी प्रतीत होता है। आपने जिन प्रणीत द्वादशांगवाणी को सूत्रों में निबद्ध किया। इनकी रचना का नाम 'तत्वार्थसूत्र' अथवा 'तत्त्वार्थाधिगम' है। इस ग्रन्थ में जिनागम के मूल तत्त्वों को सार शैली में निबद्ध किया गया है।

इस पर पूज्यपाद, अकलंकदेव, विद्यानन्द, सिद्धसेन गणि एवं हरिभद्र जैसे आचार्यों ने टीकाएँ लिखी हैं।

तत्त्वार्थसूत्र के दो सूत्र पाठ हो जाने पर भी अधिकांश सूत्र दोनों परम्पराओं में मान्य हैं।

संदर्भ

1. दे० (क) दीघ निकाय: भाग 1, पृ० 52
   (ख) संयुत्त निकाय: भाग 3, पृ० 69
   (ग) अंगुत्तर निकाय: भाग 5, पृ० 12
2. मज्झिम निकाय: भाग 1, पृ० 513
3. दीघ निकाय: भाग 1, पृ० 51-56
4. (4-क): वही, (4-ख): वही, (4-ग): वही

5. ऋग्वेद: 10/191/2
6. देवर्द्धिगणि क्षमा श्रमण ने कल्पसूत्र की रचना वीर निर्वाण के 980 वर्ष की समाप्ति पर की। रचनाकाल सन् 454 ई०।
7. यति वृषभाचार्य ने तिलोयपण्णत्ति की रचना की, रचनाकाल ईस्वी चौथी शताब्दी के आसपास।
8. आचार्य गुणभद्र: महापुराण (उत्तर पुराण) (सन् 898 ई०) स्याद्वाद ग्रन्थमाला, इन्दौर (1916-18)।
9. पुष्पदंत: हरिवंश पुराण (सन् 959 ई०) सम्पादन- जर्मन भाषा में प्रस्तावना एवं अनुवाद : डॉ० लुडविग् आल्सडॉर्फ, हेमबर्ग (1936)।
10. असग: वर्धमान चरित्र (सन् 988 ई०) पं० खूबचन्द कृत हिन्दी अनुवाद सहित, मूलचन्द किसनदास कापडिया, सूरत (1918 ई०)।
11. विबुध श्रीधर: वड्ढमाणचरिउ (बारहवीं शताब्दी) संपादन-अनुवाद: डॉ० राजाराम जैन, भारतीय ज्ञानपीठ प्रकाशन (1975 ई०)।
12. आशाधर: त्रिषष्टि स्मृति शास्त्र (तेरहवीं शताब्दी) मराठी अनुवाद सहित, मा०च०दि० जैन प्र०, बम्बई (1937 ई०)।
13. रइधू : सम्मइ जिण चरिउ (तेरहवीं शताब्दी) रइधू ग्रन्थावली, संपादक- डॉ0 राजाराम जैन, जीवराज ग्रन्थमाला, शोलापुर।
14. आचार्य दामनन्दि: पुराण सार संग्रह, भारतीय ज्ञानपीठ (1954-55 ई०)।
15. सकल कीर्ति : वर्धमान चरित (सन् 1461 ई०) भारतीय ज्ञानपीठ (1975 ई०)।
16. शीलांकाचार्य: चउपन्न महापुरिस चरियं (सन् 869 ई०) प्राकृत ग्रन्थ परिषद्, वाराणसी (1961 ई०)।
17. गुणचन्द्र गणि: महावीर चरियं (बारहवीं शताब्दी) देवचन्द लाल भाई पुस्तकोद्धार फंड, बम्बई (1929 ई०)।
18. देवेन्द्र गणि (नेमिचन्द्र): महावीर चरित्र (सन् 1083 ई०), जैन आत्मानन्द सभा, भावनगर (1916 ई०)।
19. अमरसूरि: चतुर्विंशति जिन चरित्र (13वीं शताब्दी), गायकवाड ओरियंटल सीरिज, बड़ौदा (1932 ई०)।
20. हेमचन्द्राचार्य: त्रिषष्टि शलाका पुरुष चरित (सन् 1226-1229 ई०) जैन धर्म प्रसारक सभा, भावनगर (1906-13 ई०)।

21. दे० डॉ० हीरालाल जैन: भारतीय संस्कृति में जैन धर्म का योगदान, पृ० 169, मध्य प्रदेश शासन साहित्य परिषद्, भोपाल (1962 ई०)।
22. महावीर चरिउ, प्राकृत् टैक्स्ट सोसाइटी, वाराणसी (1961 ई०)।
23. दे० (क) वाल्मीकीय रामायण, आदि काण्ड, 47/11-12
    (ख) श्रीमद् भागवत, 9/2/33
    (ग) विष्णुपुराण (अनु० विलसन) खण्ड 3, पृ० 246
24. दे० (क) मज्झिम निकाय, 1/4/5
    (ख) विनय पिटक (चुल्ल वग्ग), 4/3/5
25. दे० डॉ० योगेन्द्र मिश्र: एन अर्ली हिस्ट्री ऑफ वैशाली, मोतीलाल बनारसीदास, दिल्ली (1962 ई०)।
26. कल्पसूत्र, सू० 110
27. आचारांग, 2/3/400
28. आचार्य पूज्यपाद: दशभक्ति, पृ० 116
29. आचार्य जिनसेन: हरिवंश पुराण (सन् 783 ई०), 1/2/251-252
30. वही, 1/2/1-4
31. गुणभद्र: महापुराण (उत्तर पुराण), पर्व- 74/251-252
32. असग: वर्धमान चरित्र, 17/7-12
33. विबुध श्रीधर: वड्ढमाण चरिउ, 9/1
34. आचार्य विजयेन्द्र सूरि: तीर्थंकर महावीर, भाग-एक, पृ० 81-82, काशीनाथ सराक यशोधर्म मंदिर, अंधेरी, बम्बई (1960 ई०)।
35. भगवती सूत्र, 9/33/383
36. वही
37. आचारांग भावना अ० 15
38. डॉ० शोभानाथ पाठक: संस्कृत एवं प्राकृत जैन साहित्य में महावीर कथा, पृ० 162, (विक्रम विश्वविद्यालय, उज्जैन द्वारा पी-एच०डी० उपाधि के लिए स्वीकृत शोध प्रबंध), मदन महल जनरल स्टोर्स, राइट टाउन, जबलपुर (1977 ई०)।
39. डॉ० हीरालाल जैन : भारतीय संस्कृति में जैन धर्म का योगदान, पृ० 23-24, मध्य प्रदेश शासन साहित्य परिषद्, भोपाल (1962 ई०)।
40. दे० (क) तिलोयपण्णत्ति
    (ख) उत्तर पुराण

(ग) हरिवंश पुराण
(घ) वर्द्धमान-चरित्र
(ड़) वड्ढमाणचरिउ

41. दे० (क)कल्पसूत्र-सूत्र 91; सूत्र 17-25
(ख) आवश्यक चूर्णि गाथा 58-59
(ग) महावीर चरियं (गुणचन्द्र), पत्र 212/2

42. दे० गुणचन्द्रः महावीर चरियं, पत्र 114/1

43. दे० कल्पसूत्र, सूत्र 55

44. वही, सूत्र 56

45. वही, सूत्र 59

46. हरिवंश पुराण, 2/44

47. उत्तराध्ययन, 23/5-6

48. दे० (क) त्रिषष्टि शलाका पुरुष चरित, पर्व 10/2
(ख) असगः वर्धमान चरित्र, 7/95

49. दे०(क) उत्तर पुराण, 74/289-295
(ख) त्रिषष्टि शलाका पुरुष चरित, 10/2

50. आवश्यक चूर्णि, भाग 1, पृ० 248

51. दे० (क) कल्पसूत्र, सूत्र 109
(ख) कल्पसूत्र किरणावलि, पत्र 92/2
(ग) कल्पसूत्र सुबोधिनी टीका पत्र 260
(घ) त्रिषष्टि शलाका पुरुष चरित, पर्व 10, सर्ग 2
(च) गुणचन्द्रः महावीर चरियं, पत्र 132

52. दे० (क) तिलोयपण्णत्ति, 4/60-72
(ख) पद्म पुराण, 20/67
(ग) स्वामिकुमारः कार्तिकेयानुप्रेक्षा, पृ० 95
(घ) विबुध श्रीधरः वड्ढमाणचरिउ, 9/19-20/189-190

53. दे० (क) कल्पसूत्र, सू० 82
(ख) त्रिषष्टि शलाका पुरुष चरित, पर्व 10, सर्ग 3

54. दे० (क) कल्पसूत्र, सू. 84
(ख) त्रिषष्टि शलाका पुरुष चरित, वही

55. दे० (क) भगवती सूत्र, शतक 15/1 सूत्र 541
    (ख) त्रि०श०पु०च०, 10/3/412
56. आचारांग, सूत्र 9/3/ पृष्ठ 83-92
57. तिलोयपण्णत्ति, 4/1481
58. वही, 4/1482-1484
59. डॉ० हीरालाल जैन: भारतीय संस्कृति में जैन धर्म का योगदान, पृ० 36
60. मज्झिम निकाय, सामगाम सुत्तन्त, 3/9/4
61. (A) Dr. P.B. Desai : Jainism in South India and Some Jain Epigraphs, Sholapur (1957).
    (B) T.A. Gopinath Rao : Travancore Archaelogical Series, Vol. II, Part II, P. 127, Trivandrum (1919).
    (C) K.J. John : Jain Legacy in South India, ऋषि कल्प डॉ0 हीरालाल जैन स्मृति ग्रन्थ, खण्ड-6, पृ० 57-61, जबलपुर (2001)।
    (D) R. Sathianathaier : Studies in the Ancient Tonndamandala, Madras (1944).
    (E) Dr. S. Narayan : Cultural Symbosis in Kerala (1972).
    (F) H. Cousins : The Chalukyan Architecture of the Canarese Districts, Calcutta (1926).
    (G) Dr. K.K.N. Kurup : The Legacy of Jainism in Kerala, ऋषिकल्प डॉ० हीरालाल जैन स्मृति ग्रन्थ, खण्ड 6, पृष्ठ 62-67
62. आवश्यक चूर्णि, पृ० 293
63. आचारांग सूत्र, अध्याय 9 (हिन्दी अनुवाद) अनुवादक—मुनि सौभाग्यमल, जैन साहित्य समिति, उज्जैन।
64. कल्पसूत्र, सू० 98
65. वही, सू० 100
66. वड्ढमाणचरिउ 9/22
67. तिलोयपण्णत्ति, 1/68-69
68. आचार्य गुणचन्द्रः महावीर चरियं, प्रस्ताव 7

69. समवायांग सूत्र, सूत्र 98, पृ० 57
70. षट्खण्डागम, धवला-टीका-समन्वित, प्रथम जिल्द, पृ० 61
71. निशीथ चूर्णि, 11/3618
72. डॉ० महावीर सरन जैन: भाषा एवं भाषाविज्ञान, पृ० 82, लोक भारती प्रकाशन, इलाहाबाद (1985)।
73. तिलोयपण्णत्ति, 1/61-62
74. महापुराण, 23/69
75. वही, 24/82-83
76. डॉ० महावीर सरन जैन: भाषा एवं भाषाविज्ञान, पृ० 20
77. वही, पृ० 30
78. आचार्य नेमिचन्द्र, गोम्मटसार, जीवकांड—227/488/15
79. डॉ० महावीर सरन जैन, भाषा के विविध रूप एवं प्रकार, भाषा: विश्व हिन्दी सम्मेलन अंक, पृ० 221-230, केन्द्रीय हिन्दी निदेशालय, नई दिल्ली (1983)।
80. कल्पसूत्र, सूत्र 106
81. तिलोयपण्णत्ति, 1/69
82. सूत्र कृतांग, 1/2/3/13
83. मज्झिम निकाय, सामगाम सुत्तन्त 3/9/4
84. दीघ निकाय, पासादिक सुत्त 3/6
85. मेरूतुंगाचार्य: विचार-श्रेणि, पृ० 3-4
86. तपागच्छ पट्टावली, सटीक-अनुवाद सहित, अनुवादक-कल्याण विजय जी, पृ० 50-52
87. (क) तिलोय पण्णत्ति, भाग 1, महाधिकार 4, गा० 1499
    (ख) तित्थोगाली पइन्नय, पृ० 620-623
    (ग) धवला, पत्र 537, जैन सिद्धान्त भवन, आरा
    (घ) हरिवंश पुराण, 60/549
    (च) त्रिलोकसार, 850
    (छ) आचार्य नेमिचन्द्र : महावीर चरियं
88. कल्पसूत्र, सू० 123
89. वही, सूत्र 127

90. (क) निर्वाण भक्ति, श्लोक 24
    (ख) हरिवंश पुराण, 66/19
91. हरिवंश पुराण, 66/20
92. अंगुत्तर निकाय, खण्ड 1, पृ० 213 एवं खण्ड 4, पृ० 252, 256, 260
93. भरत सिंह उपाध्याय : बुद्धकालीन भारतीय भूगोल, पृ० 326
94. मुनि नगराज: आगम और त्रिपिटक—एक अनुशीलन, पृ० 377
95. दीघ निकाय, महापरिनिब्बाणसुत्त (अट्ठकथा) 2/3
96. राहुल सांकृत्यायन: दर्शन दिग्दर्शन, पृ० 494
97. Cunningham : Ancient Geography of India, P. 366
98. Archeological Survey of India, Vol. XVIII
99. दशवैकालिक, 1/1
100. स्थानांग, 1/1/40
101. उत्तराध्ययन, 9/48
102. दशवैकालिक 4/11
103. आचारांग 1/8/1
104. उत्तराध्ययन, 6/2
105. सूत्रकृतांग, 1/15/3
106. वही, 1/12/18
107. दशवैकालिक, 1/1
108. आचार्य पूज्यपाद: समाधिशतक, 31
109. आचारांग 5/2/150
110. प्रश्न व्याकरण, 2/1/59
111. आचार्य समन्तभद्र: युक्त्यनुशासन
112. दे० ब्र० रेखा शास्त्री: मूलाचार का विषय परिचय, आचार्य कुन्दकुन्द राष्ट्रीय संगोष्ठी, सरधना, पृ० 111-116 आचार्य शान्तिसागर (छाणी) स्मृति ग्रन्थमाला

◆◆◆

जैन दर्शन एवं जैन धर्म

मनुष्य की सत्य की खोज की यात्रा का आरम्भ कब हुआ—इस प्रश्न का उत्तर देना सम्भव नहीं है। सृष्टि का कोई निर्माता है अथवा नहीं। सृष्टि का विकास कब से आरम्भ हुआ। सृष्टि का विकास किस प्रकार हुआ। विश्व के दृश्य पदार्थों का स्वरूप क्या है। मनुष्य जगत का तात्विक रूप क्या है। जीवन क्या है। जीवन का लक्ष्य क्या है। जन्म क्या है। मृत्यु क्या है। मृत्यु के बाद क्या होता है। क्या मृत्यु मनुष्य के जीवन की समाप्ति है। क्या मृत्यु के बाद भी जीवन चक्र चलता रहता है। मृत्यु के बाद क्या कुछ शेष रहता है। यदि शेष रहता है तो उसकी परिणति किस रूप में होती है। क्या जीव एवं जगत अनादि-निधन हैं अथवा किसी परम सत्ता द्वारा उत्पन्न हैं। क्या कोई परम तत्त्व है। क्या कोई परम सत्ता है। परम सत्ता यदि है तो उसका स्वरूप कैसा है। उसका कार्य-क्षेत्र क्या है। प्राकृतिक शक्तियाँ स्वतंत्र हैं अथवा किसी परम सत्ता की ही अभिव्यक्ति हैं। इस प्रकार के प्रश्नों का मनुष्य उत्तर पाना चाहता है। उत्तर प्राप्ति के लिए वह तत्त्व चिन्तन करता रहा है। तत्त्व चिन्तन की दृष्टि ही दर्शन है। दर्शन दृष्टि प्रदान करता है, मार्गदर्शन करता है। दर्शन में तत्त्वों की मीमांसा होती है।

धर्म आचारमूलक है। जो धारण करना चाहिए, उसके अनुरूप आचरण करने की प्रेरणा धर्म प्रदान करता है। धर्म तत्त्व प्राप्ति के साधनों की मीमांसा करता है।

दर्शन का कार्य है—दृष्टि प्रदान करना, मार्ग दिखाना। धर्म का कार्य है—उस मार्ग पर चलना। इस दृष्टि से दर्शन एवं धर्म परस्पर पूरक हैं। एक में ज्ञान मीमांसा एवं तत्त्व मीमांसा की प्रधानता है; दूसरे में आचरण की प्रधानता है। दर्शन एवं धर्म में इसी कारण ज्ञान मीमांसा, तत्त्व बोध-दृष्टि, तत्त्व मीमांसा एवं आचार मीमांसा का समावेश रहता है।

3. 1. ईश्वर की कर्तृत्व शक्ति :

अधिकांश दर्शन एवं धर्म 'ईश्वर' को सृष्टि एवं जीवों को उत्पन्न करने वाला, उनका पालन करने वाला एवं उनके भाग्य का निर्धारण करने वाला मानते हैं। कर्ता/पालनकर्ता /संहारकर्ता के रूप में 'परम शक्ति' की अवधारणा अधिकांश धर्मों में है। मध्ययुगीन चेतना के केन्द्र में 'ईश्वर' प्रतिष्ठित है। परमशक्ति के कहीं

अवतार के रूप में, कहीं पुत्र के रूप में, कहीं प्रतिनिधि के रूप में संसार में प्रतिष्ठित होने की धारणा है।

विज्ञान ने दुनिया को समझने और जानने का वैज्ञानिक मार्ग प्रतिपादित किया है। विज्ञान ने स्पष्ट किया है कि यह विश्व किसी की इच्छा का परिणाम नहीं है। भौतिक विज्ञान ने सिद्ध किया है कि भौतिक द्रव्य/पदार्थ का कभी विनाश नहीं होता, उसका केवल रूपान्तर होता है। विज्ञान ने शक्ति के संरक्षण के सिद्धान्त का प्रतिपादन किया है। भौतिक द्रव्य अथवा पदार्थ के ध्रौव्यता/अविनाश-सिद्धान्त की पुष्टि की है। समकालीन अस्तित्ववादी दर्शन ने भी ईश्वर का निषेध किया है। साम्यवादी दर्शन भी ईश्वर का अस्तित्व स्वीकार नहीं करता। इस प्रकार विज्ञान, साम्यवाद तथा अस्तित्ववादी दर्शन—तीनों ईश्वर की सत्ता का निषेध करते हैं। आधुनिकता-बोध का मूल प्रस्थान-बिन्दु यह है कि ईश्वर मनुष्य का स्रष्टा नहीं है अपितु मनुष्य ही ईश्वर का स्रष्टा है। मनुष्य ने ईश्वर नामक सत्ता को गढ़ा है। मध्ययुगीन चेतना के केन्द्र में ईश्वर प्रतिष्ठित था। आधुनिकता-बोध की चेतना के केन्द्र में मनुष्य प्रतिष्ठित है। मनुष्य ही सारे मूल्यों का स्रोत है। वही सारे मूल्यों का उपादान है। यहाँ यह उल्लेखनीय है कि हजारों वर्ष पूर्व से प्रवर्तित श्रमण परम्परा ने भी ईश्वर कर्तृत्व को मान्यता नहीं दी है।

यहाँ यह द्रष्टव्य है कि भारतीय आत्मवादी दर्शनों के अनुयायी साधकों ने भी मध्य युग में 'ईश्वर कर्तृत्व' को सिद्धान्त रूप में अथवा लौकिक व्यवहार में मान्यता प्रदान की। जिन्होंने आत्मा को अनादि-निधन, अविनाशी और अक्षय माना उन्होंने भी मध्य युग में ईश्वर कर्तृत्व में आस्था व्यक्त की। इसी ईश्वर की भक्ति, स्तुति एवं जयगान को धर्म-आचरण का पर्याय मान लिया गया।

यदि आत्मा अनादि-निधन है तथा भौतिक द्रव्य/पदार्थ भी अनादि-निधन है तब सृष्टि के कर्ता-धर्ता तथा जीवात्माओं के शरीर, इन्द्रिय एवं मन के कारण तथा उनके भाग्य-विधाता के रूप में 'ईश्वर' की सत्ता मानने का क्या औचित्य है? इस दृष्टि से विचार अपेक्षित है। क्या ईश्वर ही मनुष्य के भाग्य का निर्माता है? क्या वही उसका भाग्यविधाता है? यदि कोई मनुष्य सत्कर्म न करे तो भी क्या वह उसको अनुग्रह से अच्छा फल दे सकता है? मनुष्य के जितने कर्म हैं वे सबके सब क्या पूर्व निर्धारित हैं? उसके इस जीवन के कर्मों का उसकी भावी नियति से क्या किसी प्रकार कोई सम्बन्ध नहीं है? मनुष्य ईश्वराधीन होकर ही क्या सब कर्म करता है या उसकी अपनी स्वतन्त्र कर्तृत्व शक्ति है। वह अपनी निजी चेतना शक्ति एवं पुरुषार्थ के कारण कर्मों के प्रवाह को बदल सकता है अथवा नहीं। यदि ईश्वर ही भाग्य निर्माता है तब तो वह मनुष्य को बिना कर्म के ही स्वेच्छा से फल प्रदान कर सकता है। यह मानने पर मनुष्य के पुरुषार्थ,

धर्म, आचरण, त्याग एवं तपस्या मूलक जीवन व्यवहार की क्या प्रासंगिकता है। यदि जीव ईश्वराधीन ही होकर कर्म करता है तो इस संसार में दु:ख एवं पीड़ा का क्या कारण हैं। इस संसार में तो मनुष्य अनेक कष्टों को भोगता है। यदि ईश्वर या परमात्मा ही निर्माता, नियंता एवं भाग्य विधाता है तो इसके अर्थ हैं कि ईश्वर इतना परपीड़ाशील है कि वह ऐसे कर्म कराता है जिससे अधिकांश जीवों को दु:ख प्राप्त होता है। निश्चय ही कोई भी व्यक्ति ईश्वर की परपीड़ाशील स्वरूप की कल्पना नहीं करना चाहेगा। इस स्थिति में यह मानना होगा कि जीव में कर्म-संपादन की स्वतंत्र शक्ति है।

कर्मों को सम्पादित करने की स्वतंत्र शक्ति या पुरुषार्थ की स्वीकृति मानने के अनन्तर क्या ईश्वर कर्मों का फल एक न्यायाधीश के रूप में देता है अथवा कर्मानुरु.ार फल प्राप्ति होती है। दूसरे शब्दों में फलोद्भोग में ईश्वर का अवलम्बन अंगीकार करना आवश्यक है अथवा नहीं। तार्किक दृष्टि से यदि विचार करें तो ईश्वर को नियामक एवं पाप पुण्य का फल प्रदाता मानने की कोई आवश्यकता नहीं है। कारण कार्य के सिद्धान्त के आधार पर विश्व की समस्त घटनाओं की तार्किक व्याख्या करना सम्भव है। यदि ऐसा न होता तो प्रकृति के नियमों की कोई भी वैज्ञानिक शोध सम्भव न हो पाती।

यह तर्क दिया जा सकता है कि ईश्वर ने ही प्रकृति के नियमों की अवधारणा की है। इन्हीं के कारण जीव सांसरिक कार्य प्रपंच करता है। यदि ईश्वर के द्वारा ही प्रकृति के नियमों की अवधारणा हुई होती तो उसमें जागतिक कार्य प्रपंचों में परिवर्तन करने की भी शक्ति होती। यह सत्य नहीं है। इसका कारण यह है कि यदि ऐसा होता तो तथाकथित परम दयालु ईश्वर के संसार के जीवों के जीवन में किंचित भी दु:ख, अशान्ति एवं क्लेश नहीं होता।

यदि हम ईश्वर की कल्पना प्रशांत, परिपूर्ण, रागद्वेष रहित, मोह विहीन, वीतरागी, सच्चिदानंद रूप में करते हैं तो भी उसे फल में हस्तक्षेप करने वाला नहीं माना जा सकता। उस स्थिति में वह राग द्वेष तथा मोह आदि दुर्बलता से पराभूत हो जाएगा।

यदि यह मान लिया जाए कि जीव स्वेच्छानुसार एवं सामर्थ्यानुकूल कर्म करने में स्वतंत्र है, उसमें ईश्वर के सहयोग की कोई आवश्यकता नहीं है; वह अपने ही कर्मों का परिणाम भोगता है, फल प्रदाता भी दूसरा कोई नहीं है, तो ऐसी स्थिति में क्या उसकी उत्पत्ति एवं विनाश के हेतु रूप में किसी परम शक्ति की कल्पना करना आवश्यक है? इसी प्रकार क्या सृष्टि विधान के लिए भी किसी परम शक्ति की कल्पना आवश्यक है?

कर्तावादी सम्प्रदाय पदार्थ का तथा उसके परिणमन का कर्ता (उत्पत्ति-कर्ता, पालनकर्ता तथा विनाशकर्ता) ईश्वर को मानते हैं। इस विचारधारा के

दार्शनिकों ने ईश्वर की परिकल्पना सम्पूर्ण ब्रह्माण्ड की परम शक्ति के रूप मे की है जो विश्व का कर्ता तथा नियामक है तथा समस्त प्राणियों के भाग्य क विधाता है। ईश्वर की सत्ता सिद्ध करने हेतु जो तर्क दिए जाते हैं उनकी मीमांसा आवश्यक है—

(1) **कुसुम वच्चमणि:**—जिस प्रकार शुद्ध स्फटिकमणि में लाल फूल का प्रतिबिम्ब दिखाई पड़ता है उसी प्रकार असंग, निर्विकार, अकर्ता पुरुष के सम्पर्क में प्रकृति के साथ-साथ रहने से उसमें उस अकर्ता पुरुष का प्रतिबिम्ब पड़ता है। इससे जीवात्माओं के अदृष्ट कर्म संस्कार कालोन्मुखी हो जाते हैं तथा सृष्टि प्रवृत्त होती है।

यह स्थापना ठीक नहीं है। इसके अनुसार चेतन जीवात्माओं को पहले प्रकृति में लीन रहने की कल्पना करनी पड़ेगी। उन्हें प्रकृति से उत्पन्न मानने पर जड़ को चेतन का कारण मानना पड़ेगा। इसके अतिरिक्त यदि अदृष्ट कर्म संस्कार फल प्रदान करते हैं तो फिर परमात्मा के सहकार की क्या आवश्यकता है?

(2) **अकार्यत्वेपि तद्योग: पारवश्यात्**—सूत्र के आधार पर स्थापना की गई है कि प्रकृति कारण रूप है, कार्य नहीं है। चूँकि प्रकृति जड़ है अतएव सृष्टि के लिए उसमें पुरुष के योग की आवश्यकता होती है।

यह तर्क भी संगत नहीं है। हाइड्रोजन के दो एवं आक्सीजन के एक परमाणु के संयोग से जल बन जाता है। इसमें परमात्म सहकार की अनिवार्यता दृष्टिगत नहीं होती।

(3) एक स्थापना यह है कि परमात्मा सर्वव्यापी एवं सर्वकर्ता है और वह प्रकृति से अयस्कान्तवत् (चुम्बक सदृश्य) सृष्टि करता है वह प्रेरक मात्र है।

यदि इस स्थापना को माना जाए तो परमात्मा को असंग, निर्गुण, निर्लिप्त, निर्विकार कैसे माना जा सकता है?

(4) जिस प्रकार सेना की जय एवं पराजय का आरोप राजा पर किया जाता है उसी प्रकार प्रकृति के क्रियाकलापों का मिथ्या आरोप परमात्मा पर किया जाता है। तत्त्वत: परमात्मा कर्ता नहीं है। प्रकृति ही दर्पण के समान उसके प्रतिबिम्ब को प्राप्त करके सृष्टि विधान में प्रवृत्त होती है।

सृष्टि-विधान में प्रकृति की प्रवृत्ति तर्क संगत है किन्तु पुरुषाध्यास की

सिद्धि के लिए पुरुष प्रतिबिम्ब की कल्पना व्यर्थ प्रतीत होती है। अलिप्तकर्ता की शक्ति से मायारूप प्रकृति का शक्तिमान बनकर जगत की सृष्टि करना संगत नहीं है। युद्ध में राजा सेना सहित स्वयं लड़ता है अथवा युद्ध एवं विजय के लिए समस्त उद्यम करता है। इस स्थिति में राजा को अकर्ता नहीं कहा जा सकता। चेतन, सूक्ष्म, निर्विकल्प, निर्विकार, निराकार परमात्मा का अचेतन, स्थूल, विकल्पों से व्याप्त, सविकार एवं साकार जैसी पूर्ण विपरीत प्रकृति का संयोग सम्भव नहीं है। जीवात्मा का प्रकृति से सम्बन्ध बन्धन के कारण है किन्तु क्या परमात्मा जैसी परिकल्पना को भी बन्धनग्रस्त माना जा सकता है जिससे उसका जड़ स्वभावी प्रकृति से सम्बन्ध सिद्ध किया जा सके।

निष्काम परमात्मा में सृष्टि की इच्छा क्यों? पूर्ण से अपूर्ण की उत्पत्ति कैसी? आनन्द स्वरूप में निरानन्द की सृष्टि कैसी? जिसकी सभी इच्छायें पूर्ण हैं, जो आप्तकाम है उसमें सृष्टि की रचना की इच्छा कैसी?

इस प्रकार ईश्वर द्वारा उत्पादित सृष्टि की धारणा तर्क संगत नहीं है।

5. कर्तावादी दार्शनिकों ने विश्व स्रष्टा की परिकल्पना इस सादृश्य पर की है कि जिस प्रकार कुम्हार घड़ा बनाता है उसी प्रकार ईश्वर संसार का निर्माण करता है। बिना बनाने वाले के घड़ा नहीं बन सकता। सम्पूर्ण विश्व का भी इसी प्रकार किसी ने निर्माण किया है। यह सादृश्य ठीक नहीं है। यदि हम इस तर्क के आधार पर चलते हैं कि प्रत्येक वस्तु, पदार्थ या द्रव्य का कोई न कोई निर्माता होना जरूरी है तब इस जगत के निर्माता परमात्मा का भी कोई निर्माता होगा और इस प्रकार यह चक्र चलता जाएगा। अन्ततः इसका उत्तर नहीं दिया जा सकता।

6. ईश्वर से सृष्टि विधान इस आधार पर माना जाता है कि ईश्वर अपने में से जगत रूप आकार बनकर आप ही क्रीड़ा करता है। यह मानने पर पृथ्वी आदि जड़ के अनुरूप ईश्वर को भी जड़ मानना पड़ेगा अथवा ईश्वर को चेतन मानने पर पृथ्वी आदि को चेतन मानना पड़ेगा।

यदि ईश्वर ने सृष्टि विधान किया है तो इसका अर्थ यह है कि सृष्टि विधान के पूर्व केवल ईश्वर का अस्तित्व मानना पड़ेगा। इसी आधार पर शून्यवादी कहते हैं कि सृष्टि के पूर्व शून्य था, अन्त में शून्य होगा, वर्तमान पदार्थ का अभाव होकर शून्य हो जाएगा। शांकरवेदांती ब्रह्म को विश्व के जन्म, स्थिति और संहार का कारण मानते हुए भी जगत को स्वप्न एवं माया रचित गंधर्व नगर के समान पूर्णतया मिथ्या एवं असत्य मानते हैं। क्या सृष्टि विधान का कारण परमात्मा ही है? क्या सृष्टि के आदि में जगत न था, केवल ब्रह्म था? प्रश्न

उपस्थित होते हैं कि सृष्टि की सत्ता सत्य है या मिथ्या है, नित्य है या अनित्य है, जड़ है या चेतन है? यदि परमात्मा से सृष्टि विधान माना जाता है तो या तो परमात्मा की चेतन रूप की परिकल्पना के अनुसार पृथ्वी आदि को भी चेतन मानना पड़ेगा अथवा पृथ्वी आदि के अनुरूप परमात्मा को जड़ मानना पड़ेगा। सत्यस्वरूप ब्रह्म से जगत की उत्पत्ति मानने पर ब्रह्म का कार्य असत्य कैसे हो सकता है? यदि जगत की सत्ता सत्य है तो उसका अभाव कैसा? जगत को स्वप्न एवं माया रचित गंधर्व नगर के समान पूर्णतया मिथ्या एवं असत्य मानना क्या संगत है?

क्या जगत को माया के विवर्त रूप में स्वीकार कर रज्जु में सर्प अथवा शुक्ति में रजत की भाँति कल्पित माना जा सकता है? कल्पना गुण है। गुण तथा द्रव्य की पृथक्ता नहीं हो सकती। स्वप्न बिना देखे या सुने नहीं आता। सत्य पदार्थों के साक्षात सम्बन्ध से वासनारूप ज्ञान आत्मा में स्थित होता है। स्वप्न में उन्हीं का प्रत्यक्षण होता है। इस कारण जगत को अनित्य भी नहीं माना जा सकता। जब कल्पना का कर्ता नित्य है तो उसकी कल्पना भी नित्य होनी चाहिए अन्यथा वह भी अनित्य हुआ। जैसे सुषुप्ति में बाह्य पदार्थों के ज्ञान के अभाव में भी बाह्य पदार्थ विद्यमान रहते हैं वैसे ही प्रलय में जगत के बाह्य रूप के अभाव में भी जगत का मूल वर्तमान रहता है। कोयले को जितना चाहे जलावें, वह राख बन जाता है, उसका बाह्य रूप नष्ट हो जाता है किन्तु 'कोयला' में जो द्रव्य तत्त्व है वह सर्वथा नष्ट कभी नहीं हो सकता।

विश्व जिन जीवों (चेतनाओं) एवं पुद्गल (पदार्थों) का समुच्चय है वे तत्त्वत: अविनाशी एवं आंतरिक हैं। इस कारण जगत को मिथ्या स्वप्नवत् एवं शून्य नहीं माना जा सकता। किसी भी नवीन पदार्थ की उत्पत्ति नहीं होती। पदार्थ में अपनी अवस्थाओं का रूपान्तर होता है। इस प्रकार इस ब्रह्माण्ड के प्रत्येक मूल तत्त्व की अपनी मूल प्रकृति है। कार्य कारण के नियम के आधार पर प्रत्येक मूल तत्त्व अपने गुणानुसार बाह्य स्थितियों में प्रतिक्रियाएँ करता है। इस कारण जगत मिथ्या नहीं है। संसार के पदार्थ अविनाशी हैं। इस कारण विश्व को स्वप्नवत् नहीं माना जा सकता। ब्रह्माण्ड के उपादान या तत्त्व अनादि, आन्तरिक एवं अविनाशी होने के कारण अनिर्मित हैं। शून्य से किसी वस्तु का निर्माण नहीं होता। शून्य से जगत मानने पर जगत का अस्तित्व स्थापित नहीं किया जा सकता। जो वस्तु है उसका अभाव कभी नहीं होता। इस प्रकार जगत सत्य है तथा उसका शून्य से सद्भाव सम्भव नहीं है। विज्ञान ने यह सिद्ध कर दिया है कि पदार्थ अविनाशी है।

क्या परमात्मा या ईश्वर को समस्त जीवों के अंशी रूप से स्वीकार कर जीवों को परमात्मा के अंश रूप में स्वीकार किया जा सकता है।

आत्मवादी दार्शनिक आत्मा को अविनाशी मानते हैं। गीता में भी इसी प्रकार की मान्यता का प्रतिपादन हुआ है। यह जीवात्मा न कभी उत्पन्न होता है, न कभी मरता है, न कभी उत्पन्न होकर अभाव को प्राप्त होता है। यह अजन्मा है, नित्य है, शाश्वत है, पुरातन है और शरीर का नाश होने पर भी नष्ट नहीं होता। इस जीवात्मा को अविनाशी, नित्य, अज और अव्यय समझना चाहिए। जैसे मनुष्य जीर्ण वस्त्रों का त्याग करके नवीन वस्त्रों को धारण कर लेता है, वैसे ही यह जीवात्मा पुराने शरीरों को छोड़कर नवीन शरीरों को ग्रहण करता है। इसे न तो शस्त्र काट सकते हैं, न अग्नि जला सकती है, न जल भिगो सकता है और न वायु सुखा सकती है। यह अच्छेदय्, अदाह्य एवं अशोष्य होने के कारण नित्य, सर्वगत, स्थिर, अचल एवं सनातन है। इस दृष्टि से किसी को आत्मा का कर्ता स्वीकार नहीं कर सकते। यदि आत्मा अविनाशी है तो उसके निर्माण या उत्पत्ति की कल्पना नहीं की जा सकती। यह सम्भव नहीं कि कोई वस्तु उत्पन्न तो हो किन्तु उसका विनाश न हो। इस कारण जीव ही कर्ता तथा भोक्ता है।

सूत्रकाल में ईश्वरवाद अत्यन्त क्षीण प्राय: था। भाष्यकारों ने ही ईश्वर वाद की स्थापना पर विशेष बल दिया। आत्मा को ही दो भागों में विभाजित कर दिया गया- जीवात्मा एवं परमात्मा।

'ज्ञानाधिकरणमात्मा। सः द्विविधः जीवात्मा परमात्मा चेति।'[1]

इस दृष्टि से आत्मा ही केन्द्र बिन्दु है जिस पर आगे चलकर परमात्मा का भव्य प्रासाद निर्मित किया गया।

आत्मा को ही ब्रह्म रूप में स्वीकार करने की विचारधारा वैदिक एवं उपनिषद् युग में भी थी। 'प्रज्ञाने ब्रह्म', 'अहं ब्रह्मास्मि', 'तत्वमसि', 'अयमात्मा ब्रह्म' जैसे सूत्र वाक्य इसके प्रमाण है। ब्रह्म प्रकृष्ट ज्ञान स्वरूप है। यही लक्षण आत्मा का है। 'मैं ब्रह्म हूँ', 'तू ब्रह्म ही है; 'मेरी आत्मा ही ब्रह्म है' आदि वाक्यों में आत्मा एवं ब्रह्म पर्याय रूप में प्रयुक्त हैं।

आत्मा एवं परमात्मा का भेद तात्विक नहीं है; भाषिक है। समुद्र के किनारे खड़े होकर जब हम असीम एवं अथाह जलराशि को निहारते हैं तो हम उसे समुद्र भी कह सकते हैं तथा अनन्त एवं असंख्य जल की बूँदों का समूह भी कह सकते हैं। तात्विक दृष्टि से मुक्त आत्मा अथवा मुक्त जीव को जैन दर्शन में परमात्मा कहा गया है। स्वभाव की दृष्टि से सभी जीव समान हैं। भाषिक दृष्टि से सर्व-जीव-समता की समष्टिगत सत्ता को 'परमात्मा' वाचक से अभिहित किया जा सकता है।

जैन दर्शन भी ईश्वर की कर्तृत्वशक्ति में विश्वास नहीं करता। प्रत्येक जीवात्मा में परमात्मा बनने की शक्ति का उद्घोष करता है। द्रव्य की दृष्टि से

आत्मा और परमात्मा में कोई अन्तर नहीं है। दोनों का अन्तर अवस्थागत अर्थात् पर्यायगत है। जीवात्मा शरीर एवं कर्मों की उपाधि से युक्त हो कर 'संसारी' हो जाता है। 'मुक्त' जीव त्रिकाल शुद्ध नित्य निरंजन 'परमात्मा' है। 'जिस प्रकार यह आत्मा राग द्वेष द्वारा कर्मों का उपार्जन करती है और समय पर उन कर्मों का विपाक फल भोगती है, उसी प्रकार यह आत्मा सर्वकर्मों का नाश कर सिद्ध पद को प्राप्त करती है।

जह य परिहीणकम्मा, सिद्धा सिद्धालयमुवेति।[3]

'आत्मा देव देवालय में नहीं है, पाषाण की प्रतिमा में भी नहीं है, लेप तथा मूर्ति में भी नहीं है। वह देव अक्षय अविनाशी है, कर्म फल से रहित है, ज्ञान से पूर्ण है, समभाव में स्थित है।''

अखउ णिरंजणु णाणमय सिउ संहितय समचित्ति।[3]

'जैसा कर्मरहित, केवल ज्ञानादि से युक्त प्रकट कार्य समयसार सिद्ध परमात्मा परम आराध्य देव मुक्ति में रहता है वैसा ही सब लक्षणों से युक्त शक्ति रूप कारण परमात्मा इस देह में रहता है......... तू सिद्ध भगवान् और अपने में भेद मत कर।

नेहउ णिम्मुल णाणमउ सिद्धिहि णिवसइ देउ।
तेहउ णिवसइ वंभु परू देह हं मं करि पेउ ॥[4]

'हे पुरुष ! तू अपने आप का निग्रह कर, स्वयं के निग्रह से ही तू समस्त दु:खों से मुक्त हो जायेगा।''

पुरिसा ! अत्ताणमेव अभिणिगिज्झ, एवं दुक्खा पमतुच्चसि।[5]

'हे जीव ! देह का जरा-मरण देखकर भय मत कर। जो अजर, अमर परम ब्रह्म है उसे ही अपना मान।

देहहो पिक्खिवि जरमरणु मा भउ जीव करेहि।
जो अजरामरू बंभु परू सो अप्पाणं मुणेहि॥[6]

जैन दर्शन के अनुसार प्रत्येक जीव का लक्ष्य शुद्ध आत्मस्वरूप को प्राप्त करना है। जो परमात्मा है वही मैं हूँ और जो मैं हूँ, वही परमात्मा है। इस प्रकार मैं ही स्वयं अपना उपास्य हूँ। अन्य कोई मेरा उपास्य नहीं है। :

य: परमात्मा स एवाऽहं, योऽहं स परमस्तत:।
अहमेव मयोपास्यो, नान्य: कश्चिदिति स्थिति:॥[7]

'जो व्यवहार दृष्टि से देह रूपी देवालय में निवास करता है और

परमार्थतः देह से भिन्न है वह मेरा उपास्यदेव अनादि अनन्त है। वह केवल ज्ञान स्वभावी है। निःसंदेह वही अचलित स्वरूप कारण परमात्मा है। :

देहदेवलि जो वसइ, देउ अणाइ अणंतु।
केवलणाणफुरंततणु, सो परमप्पु णिभंतु।।[8]

'कारण परमात्मा स्वरूप इस परम तत्त्व की उपासना करने से यह कर्मोपाधि युक्त जीवात्मा भी परमात्मा हो जाता है। जिस प्रकार बांस का वृक्ष अपने को अपने से रगड़कर स्वयं अग्नि रूप हो जाता है। :

उपास्यात्मानमेवात्मा, जायते परमोऽथवा।
मथित्वाऽऽत्मानमात्मैव, जायतेऽग्निर्यथा तरूः।।[9]

उस परमात्मा को जब केवल ज्ञान उत्पन्न होता है, योग निरोध के द्वारा समस्त कर्म नष्ट हो जाते है, जब वह लोक शिखर पर सिद्धालय में जा बसता है तब उसमें ही वह कारण परमात्मा व्यक्त हो जाता है। :

ज्ञानं केवलसंज्ञं, योगनिरोधः समग्रकर्म्महतिः।
सिद्धिनिवासश्च यदा, परमात्मा स्यात्तदा व्यक्तः।।[10]

जैन दर्शन सृष्टि व्यवस्था के सम्बन्ध में ईश्वर की कर्तृत्व शक्ति का निषेध करता है। जैन दर्शन में प्रत्येक मुक्त आत्मा ही परमात्मा है। जल की बूँद तत्त्व है। तत्त्व है, इस कारण उसकी सत्ता है। सत्ता है इस कारण उसका विनाश अथवा पर में विलीन हो जाना सम्भव नहीं है। सभी मुक्त आत्माएँ स्वरूपतः तो समान है; सभी परमात्म स्वरूप हैं मगर सभी की पृथक सत्ता है। सभी आत्माएँ अनादि निधन हैं। सभी आत्माएँ अविनाशी हैं। मुक्त दशा में आत्मा सिद्ध हो जाती है, परमात्म-स्वरूप हो जाती है।

3. 2. ज्ञान मीमांसा

व्यवहार की दृष्टि से ज्ञान का अर्थ है—जानना, समझना, परिचित होना। प्रत्येक प्राणी अपनी इन्द्रियों के द्वारा ज्ञान प्राप्त करता है। भौतिकवादी दर्शन इसी को यथार्थ ज्ञान-प्राप्ति का उपाय मानते हैं। अनुमान की प्रामाणिकता का आधार भी इन्द्रियों की प्रत्यक्ष-शक्ति को मानते हैं। अध्यात्म की दृष्टि से ज्ञान का अर्थ है—परम ज्ञान। इस ज्ञान के आधार पर मनुष्य वस्तु की प्रकृति या वास्तविकता को जानता है। अध्यात्म की दृष्टि से परमज्ञान का अर्थ है—आत्मा को जानना, आत्मा का साक्षात्कार करना। ज्ञान-साधन आत्मज्ञान प्राप्त करने का साधन है। भारतीय आत्मवादी दार्शनिकों ने इसी ज्ञान-बोध को 'आर्ष ज्ञान' अथवा 'ऋतम्भरा प्रज्ञा' के नाम से अभिहित किया है। यह ज्ञान प्रमा है। प्रमा का अर्थ है—प्रत्यक्ष

ज्ञान, प्रतिबोध, विशुद्ध ज्ञान, यथार्थ ज्ञान। यथार्थ ज्ञान प्राप्त करने का उपाय प्रमाण की रीति है। जानने वाला प्रमाता है। ज्ञान का आलम्बन 'ज्ञेय' अथवा 'प्रमेय' है। तत्त्वज्ञान प्राप्त करने का साधन अर्थात प्रमा का करण 'प्रमाण' है। प्रमाण विशुद्ध ज्ञान अथवा सम्यग् ज्ञान की अवधारणा को निर्दिष्ट करता है।

भारतीय दर्शनों में प्रमाण की संख्या एवं नामों में अन्तर मिलता है। चार्वाक दर्शन केवल इन्द्रियों के द्वारा प्राप्त ज्ञान को ही प्रत्यक्ष प्रमाण मानता है। नैयायिक चार प्रमाण मानता है—(1) प्रत्यक्ष, (2) अनुमान, (3) उपमान एवं (4) शब्द। वेदांती और मीमांसक इन चार प्रमाणों के अतिरिक्त अनुपलब्धि और अर्थापत्ति को भी प्रमाण मानते हैं। सांख्य दर्शन में केवल तीन प्रमाण मान्य हैं—(1) प्रत्यक्ष, (2) अनुमान, (3) शब्द।

जैन ज्ञान मीमांसा की अपनी विशेषताएँ हैं। जैन ज्ञान मीमांसा में 'प्रत्यक्ष ज्ञान' की अर्थवत्ता अन्य भारतीय दर्शनों में मान्य अर्थवत्ता से भिन्न है। जैन दर्शन में प्रमाण या निर्णायक ज्ञान आत्मा का गुण है। भेद दृष्टि से आत्मा ज्ञाता है एवं ज्ञान जानने का साधन। अभेद दृष्टि से ज्ञाता और ज्ञान दोनों आत्मा हैं। जैन दर्शन में इन्द्रियों से निरपेक्ष ज्ञान को 'प्रत्यक्ष ज्ञान' माना गया है। इन्द्रियों के माध्यम से गृहीत ज्ञान को 'परोक्ष' अथवा 'अप्रत्यक्ष ज्ञान' माना गया है।

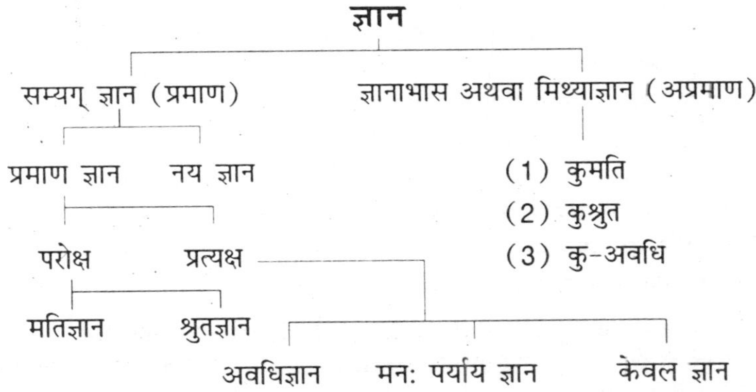

जैन दर्शन में ज्ञान से अभिप्राय 'सम्यग् ज्ञान' है। यही प्रमाण है। जिस प्रकार से जीव एवं अजीव पदार्थ अवस्थित हैं उस प्रकार से उनको जानना सम्यग् ज्ञान है। मिथ्या ज्ञान में असंगत, असम्बद्ध एवं वचन विरोधी ज्ञान का आभास रहता है। मिथ्याज्ञान इसी कारण अप्रमाण है। इसके तीन भेद हैं :-

(1) कुमति, (2) कुश्रुत, (3)कु अवधि

सम्यग् ज्ञान के दो भेद हैं—(1) प्रमाण ज्ञान (2) नय ज्ञान।

सम्यक एकान्त 'नय' है। सम्यक अनेकांत प्रमाण है। प्रमाण ज्ञान अंश भेद किए बिना पदार्थ को समग्र भाव से जानता है। जो पदार्थ जिस रूप में अवस्थित है उसे उसी रूप में स्वीकार करने वाला ज्ञान प्रमाण है। वस्तु अनन्त धर्मात्मक है। प्रत्येक पदार्थ में विविध गुण एवं उसकी अनन्त पर्याय हैं। वस्तु को उसके एक-एक धर्म (एकान्त) द्वारा जानना नयज्ञान है। कुछ विचारक प्रमाण को ही सम्यग् ज्ञान मानते हैं। उनका तर्क है कि सम्यग् ज्ञान का एक प्रकार है—श्रुत ज्ञान। नयज्ञान श्रुतज्ञान के ही भेद हैं। कुछ विचारक नयज्ञान को प्रमाण ज्ञान से पृथक् रूप में विवेचित करते हैं। उनका तर्क है कि प्रमाण सकलादेशी ज्ञान है- वस्तु के सकल देशों का ग्रहण है। नयज्ञान प्रमाण से गृहीत वस्तु के एक देश का ग्रहण है। वक्ता के अभिप्राय अथवा श्रोता के अभिप्राय से वस्तु के अनन्त धर्मात्मक स्वरूप की विवेचना नय द्वारा सम्भव है। जो अनेकान्तात्मक है उसका प्रतिपादन एक-एक अंश को प्रमुख करके किया जा सकता है।

तत्त्व या पदार्थ अपने रूप में अवस्थित हैं। हमारा ज्ञान हमारी आत्मा में अवस्थित है। ज्ञान की आवृत्त दशा में हम तत्त्व या पदार्थ को सर्वप्रथम माध्यम के कारण जानते हैं। इन्द्रियों एवं मन से पदार्थ का सम्बन्ध होता है। इन्द्रियां एवं मन ज्ञान को प्रवृत्त करते हैं। इन्द्रियों एवं/अथवा मन के माध्यम से ज्ञेय को जाना जाता हैं। अनावृत्त ज्ञान की क्षमता असीम होती है। अनावृत्त ज्ञान एक है—केवल ज्ञान। जो आत्मा के विशुद्ध रूप को प्राप्त कर लेता है; वह सबको जान लेता है। जो एक को जानता है, वह सबको जानता है और जो सबको जानता है वह एक को जानता है। अनन्त के द्वारा अनन्त का ग्रहण केवल ज्ञान है। आवृत्त ज्ञान के चार विभाग हैं—मति, श्रुत, अवधि, मनः पर्याय। इन्द्रिय एवं मन के द्वारा ज्ञेय को जानने की आत्मिक क्षमता-मतिज्ञान एवं श्रुतज्ञान हैं। इन्द्रिय एवं मन के बिना आत्मा द्वारा प्रत्यक्ष रूप में रूपीज्ञेय को जानने की आत्मिक क्षमता अवधि ज्ञान एवं दूसरों के मनोगत अर्थ को जानने वाला ज्ञान मनः पर्याय ज्ञान हैं। ज्ञान की क्षमता के पूर्ण विकास का नाम है—केवल ज्ञान।

मतिज्ञान एवं श्रुतज्ञान में भी इन्द्रियों एवं मन को ज्ञान नहीं होता। प्रमाता तो आत्मा ही है। आत्मा इन्द्रियों एवं/अथवा मन की सहायता से ज्ञेय को जानता है। इस कारण मतिज्ञान एवं श्रुतज्ञान भी सम्यग् ज्ञान है। आचार्य उमास्वामी ने पाँचों प्रकार को ज्ञान कहा है। ज्ञान गुण एक है। उसकी पर्याय के पाँच भेद हैं। इन्द्रियाँ अथवा इन्द्रियों और पदार्थों का सामीप्य कोई प्रमाण नहीं है। न तो इन्द्रियों से ज्ञान होता है। न इन्द्रियों और पदार्थों के सम्बन्ध से ज्ञान होता है। मति आदि ज्ञान स्व से होते हैं इसलिए मति आदि ज्ञान प्रमाण हैं : 'तत्प्रमाणे'।[11] वीरसेनाचार्य ने जयधवला में स्पष्ट रूप से प्रतिपादित किया है कि इन्द्रियाँ प्रमाण नहीं हैं क्योंकि इन्द्रियाँ जड़ हैं। ज्ञान चेतना का पर्याय है। इस कारण वह जड़ नहीं है। एतदर्थ आत्मा के द्वारा ही ज्ञान होता है।[12]

आत्मा जब इन्द्रिय एवं मन के माध्यम से ज्ञेय को जानता है, तब वह परोक्ष ज्ञान है। मन का सम्बन्ध एक साथ एक इन्द्रिय से ही होता है। इस कारण परोक्ष-ज्ञान में एक काल में एक पदार्थ की एक ही पर्याय जानी जा सकती है।

जैन परम्परा इन्द्रियों के माध्यम से गृहीत ज्ञान को 'परोक्ष' ज्ञान कहती है। इस दृष्टि से जैन दर्शन की अन्य सभी भारतीय दार्शनिक मतवादों से भिन्नता है। जैनेतर भारतीय दर्शन प्राय: यह मानते हैं कि इन्द्रियों से प्रत्यक्ष ज्ञान तथा अन्य साधनों से परोक्ष-ज्ञान गृहीत होता है।

परवर्ती जैन चिन्तकों ने इन्द्रियों के माध्यम से गृहीत ज्ञान को भी लौकिक दृष्टि से 'प्रत्यक्ष' ज्ञान के नाम से अभिहित किया है। श्री मोहनलाल मेहता इस विचार-परिवर्तन का कारण जैन दर्शन पर अन्य भारतीय दार्शनिक मतवादों का प्रभाव मानते हैं।[13]

नंदि सूत्रकार ने इसे 'इन्द्रिय प्रत्यक्ष'[14] तथा जिनभद्र ने इसे 'संव्यवहार प्रत्यक्ष'[15] के नाम से अभिहित किया है। तत्त्वार्थाधिगम सूत्र में जिनभद्र की विचारधारा से असहमति व्यक्त की गई है।[16] तत्त्वार्थसूत्रकार ने अवग्रह, ईहा, अवाय और धारणा रूप मतिज्ञान को 'सांव्यवहारिक प्रत्यक्ष' भी कहा है।[17] मैंने घड़े के रूप को प्रत्यक्ष देखा है'—यह ज्ञान सांव्यवहारिक प्रत्यक्ष है। तत्त्वार्थ सूत्र के टीकाकार रामजी माणेक चंद दोशी ने लिखा है कि मतिज्ञान एवं श्रुतज्ञान के उपयोग के समय इन्द्रिय या मन निमित्त होते हैं, इसलिए पर-अपेक्षा के कारण उन्हे परोक्ष कहा गया है; स्व-अपेक्षा से पाँचो प्रकार के ज्ञान प्रत्यक्ष हैं।[18]

अवधि एवं मन: पर्याय ज्ञान साधना की उत्तरोत्तर विकसित सीढ़ियाँ हैं जिन पर आरूढ़ होकर अन्तत: सकल देशी ज्ञानी होना है, केवल ज्ञान की प्राप्ति करना है।

वीरसेनाचार्य ने 'धवला' में केवली के विषय में लिखा है :

"केवली भगवान त्रिकालावच्छिन्न लोक अलोक सम्बन्धी सम्पूर्ण गुण-पर्यायों से समन्वित अनन्त द्रव्यों को जानते हैं। ऐसा कोई ज्ञेय नहीं हो सकता जो केवली भगवान के ज्ञान का विषय न हो। केवली भगवान के द्वारा अतीत, अनागत, वर्तमान सभी पदार्थों का ग्रहण होता है।............ यदि क्रम पूर्वक केवली भगवान अनन्तानन्त पदार्थों को जानते तो सम्पूर्ण पदार्थों का साक्षात्कार न हो पाता। अनन्त काल व्यतीत होने पर भी पदार्थों की गणना अनन्त ही रहती। आत्मा की असाधारण निर्मलता होने के कारण एक समय में ही सकल पदार्थों का ज्ञान होता है। .... जगत के जितने पदार्थ हैं, उतनी ही केवल ज्ञान की शक्ति या मर्यादा नहीं है। केवल ज्ञान अनन्त है। यदि लोक अनन्त गुण भी होता, तो केवल ज्ञान सिंधु में वह बिंदु तुल्य समा जाता। .... अनन्त

केवल ज्ञान के द्वारा अनन्त जीव तथा अनन्त आकाशादि का ग्रहण होने पर भी वे पदार्थ सान्त नहीं होते हैं। अनन्त ज्ञान अनन्त पदार्थों को अनन्त रूप से बताता है। इस कारण ज्ञेय और ज्ञान की अनन्तता अबाधित रहती है।''[19]

मति ज्ञान—पाँच इन्द्रियों और मन के माध्यम से उत्पन्न ज्ञान 'मति ज्ञान' कहलाता है। इस ज्ञान के निमित्त इन्द्रियाँ और मन होते हैं।[20] उपादान आत्मा ही होता है।

उपादान के कार्य के समय निमित्त मात्र आरोप कारण होता है। जब जीव आंखों के द्वारा देखता है तो आंखों पर निमित्त का आरोप होता है। जब जीव अन्य इन्द्रियों अथवा मन के द्वारा ज्ञान करता है तो उस समय उन पर निमित्त का आरोप होता है। उपादान वस्तु की सहज शक्ति है; निमित्त संयोग रूप कारण है। प्रत्येक कार्य में दो कारण हो सकते हैं—

(1) उपादान

(2) निमित्त।

उपादान वास्तविक कारण है; निमित्त व्यवहार से आरोप कारण है। उपादान के कार्य करते समय उसके अनुकूल निमित्त कारण विद्यमान हो जाता है। उपादान के कार्य करते समय निमित्त उपस्थित मात्र होता है; वह उपादान का कोई कार्य नहीं करता। इसी कारण निमित्त को व्यवहार कारण कहते हैं।

एक व्यक्ति का मति ज्ञान दूसरे व्यक्ति के मति ज्ञान से अनन्तगुण कम अथवा अधिक हो सकता है।[21]

तत्वार्थ सूत्र में मति ज्ञान के स्मृति, संज्ञा, चिन्ता, अभिनिबोध पर्याय दिए गए हैं।[22] यद्यपि इन वाचकों में अर्थभेद है तथापि परम्परागत व्यवहतता के कारण ये मतिज्ञान के नामांतर कहलाते हैं।

सर्वप्रथम वर्तमान कालवर्ती पदार्थ को इन्द्रियों एवं मन से अवग्रहादिरूप साक्षात जानना है। पूर्व में जाने हुए अथवा अनुभव किए पदार्थ का वर्तमान में स्मरण स्मृति है। वर्तमान में किसी पदार्थ को देखने पर यह प्रतीति होना कि यह वही पदार्थ है जिसे पहले देखा था तथा उस स्मृत ज्ञान को प्रत्यक्ष के साथ सम्बद्ध करना संज्ञा है। संज्ञा का दूसरा नाम प्रत्यभिज्ञान भी है। पदार्थ के किसी चिह्न मात्र को देखकर उसकी उपस्थिति का विचार चिन्ता है। इसे ऊह, ऊहा तर्क अथवा व्याप्तिज्ञान भी कहते हैं। चिह्नादि का प्रत्यक्षण कर उस चिह्न वाले पदार्थ का निर्णय करना 'अभिनिबोध' है। इसका दूसरा नाम अनुमान भी है। 'अनुमान' मतिज्ञान का भी एक भेद है तथा श्रुतज्ञान का भी। पदार्थ के ही चिह्नादि से पदार्थ का अनुमान मति ज्ञान है तथा पदार्थ के वाचक शब्दों का सुनकर पदार्थ का अनुमान श्रुत ज्ञान है।

भद्रबाहु निर्युक्ति में अभिनिबोध के निम्नलिखित पर्याय शब्द हैं :—

1.	ईहा	=	परिकल्पना
2.	अपोह	=	दूसरों से पृथक्करण
3.	विमंसा	=	जाँचना, विमर्श करना
4.	मग्गणा	=	मानसिक उहापोह
5.	गवेसना	=	गवेषणा, वस्तु को भली प्रकार समझना
6.	सन्ना	=	अभिज्ञान
7.	सई	=	स्मृति
8.	मइ	=	मति, ऐन्द्रिय बोध
9.	पन्ना	=	प्रज्ञा

उपर्युक्त शब्दों में कुछ मतिज्ञान के पर्याय हैं तथा कुछ मतिज्ञान के क्रमिक विकास के सूचक शब्द हैं।

अधिकांश जैन दार्शनिक मतिज्ञान के क्रम के निम्नलिखित चार भेद मानते हैं।[24]

(1) अवग्रह(2) ईहा(3) अवाय अथवा अपाय (4) धारणा

अवग्रह :

अवग्रह ज्ञान में वस्तु का अस्पष्ट बोध अथवा अनिश्चित ज्ञान होता है। चेतना में वस्तु का अनिर्दिष्ट विशेषाकार भासित होने लगता है। अवग्रह-ज्ञान के दो भेद हैं :

(1) व्यंजनावग्रह (2) अर्थावग्रह।[25]

व्यंजनावग्रह आँख और मन के अतिरिक्त चार इन्द्रियों द्वारा होता है। कान, नाक, जीभ एवं त्वचा (स्पर्शेन्द्रिय) में से किसी एक इन्द्रिय का अपने विषय से सम्पर्क होता है तो पहले वस्तु का ज्ञान प्रकट नहीं हो पाता; वस्तु के संसर्ग का अव्यक्त ज्ञान होता है। इसे ही व्यंजनावग्रह कहते हैं।

जब विषय की व्यक्तता भासित होने लगती है तभी से उस ज्ञान को व्यक्त ज्ञान कहते हैं। इसी का नाम अर्थावग्रह है। यह अर्थावग्रह सभी इन्द्रियों तथा मन के द्वारा होता है। इसे ज्ञान शक्ति के विकास क्रम के कुछ उदाहरणों से समझा जा सकता है।

स्पर्शेन्द्रिय से जब पुस्तक का सम्पर्क होता है तब आरम्भ में हमें कुछ समय तक पुस्तक का ज्ञान प्रकट रूप में नहीं हो पाता। जब पुस्तक की सत्ता भासित होने लगती है तभी वह व्यक्त ज्ञान होता है। इसी प्रकार कान ध्वनि-लहर

की ध्वनियों का अलग-अलग विभाजन एवं पहचान एक साथ नहीं कर पाता। बाह्य कर्ण ध्वनि तरंगों का संग्रह करता है; मध्य कर्ण ध्वनि तरंगों को आगे पहुँचाता है तथा अन्त: कर्ण में स्थित कार्टी के यंत्र की लोम कोशिकायें सम्बद्ध श्रवण तंत्रिका-अंतांगों को उद्दीप्त करती हैं। ध्वनि लहर की ध्वनियों के संसर्ग का अव्यक्त ज्ञान तो बाह्य कर्ण के कर्ण-पटह (कान का पर्दा) पर हो जाता है। ध्वनि तरंग कर्ण-शंकुली से परिचालित होकर बाह्य श्रवण नाल के बीच होती हुई जब इस भाग से टकराती है तब इस भाग में ध्वनि का गत्यात्मक स्थापन होता है। यह ध्वनि-संसर्ग का अव्यक्त ज्ञान है। ध्वनियों का व्यक्त प्रकट ज्ञान अन्त: कर्ण में स्थित कार्टी के यंत्र की लोम कोशिकाओं से सम्बद्ध श्रवण तंत्रिका में ही होता है। यह ध्वनि का व्यक्त ज्ञान है।

ईहा-

अवग्रह में वस्तु का अनिर्दिष्ट ज्ञान होता है, ईहा में ज्ञाता वस्तु के निर्दिष्ट ज्ञान की ओर उन्मुख होता है। इसमें ज्ञाता वस्तु के गुण दोषों का विमर्श करता है।

अर्थावग्रह में किसी पदार्थ की जितनी विशेषता भासित हो चुकती है, उससे अधिक जानने की चेष्टा को, सत्य को विशेष रूप से जानने की आकांक्षा को ईहा कहते हैं।

उदाहरण के लिए पहले कर्ण-कुहर में ध्वनि तरंग प्रविष्ट होती है। इसके बाद ध्वनि प्रकृति की परिकल्पना होती है। हम यह जानना चाहते हैं कि ध्वनि क्या किसी वाद्य यंत्र से प्रसूत है यदि 'हाँ' तो किस वाद्ययंत्र से प्रसूत है। यह दैनिक जीवन में अनुभव किया जा सकता है कि हमारे कान पहले किसी हॉर्न की आवाज सुनते हैं, तत्पश्चात् हम निर्धारित करते हैं कि शायद यह हॉर्न की आवाज है।

अवाय-

वस्तु का निर्दिष्ट ज्ञान होना अवाय है। यह निश्चित एवं संशयरहित ज्ञान है। सत्य का निर्धारण है। उदाहरण के लिए यह हॉर्न की ही आवाज है- यह निश्चय एवं निर्णय करना है।

धारणा-

अवाय की अपेक्षा वस्तु का निर्दिष्ट ज्ञान धारणा में अधिक दृढ़ होता है। इस कारण निर्णीत पदार्थ को कालान्तर में व्यक्ति विस्मृत नहीं कर पाता।

आत्मज्ञान के सम्बन्ध में मतिज्ञान का क्रम इस प्रकार है। जब आत्मा इन्द्रियों तथा मन द्वारा पर पदार्थों में प्रवर्तमान बुद्धि को मर्यादित करता है तथा

पर पदार्थों से विमुख होकर स्वयं स्वसन्मुख लक्ष करता है तब आत्मा सम्बन्धी ज्ञान का आभास होता है, यह आत्मा का अर्थावग्रह हुआ। स्व विचार के निर्णय की ओर उन्मुख होना ईहा तथा निर्णय करना अवाय है। कालान्तर में आत्मा सम्बन्धी संशय तथा विस्मरण का न होना धारणा है।

श्रुत ज्ञान–

श्रुत की व्युत्पत्ति 'श्रु + क्त' से हुई है। 'श्रु' का अर्थ है—सुनना, श्रवण करना अथवा अधिगम करना, अध्ययन करना। 'श्रुत' का अर्थ है—सुना हुआ, ध्यान लगाकर श्रवण किया हुआ, अथवा समझा गया। इस अर्थ में श्रुत ज्ञान का अर्थ सुनकर ज्ञान प्राप्त करना अथवा धर्मग्रन्थों से प्राप्त ज्ञान है।

बहुत से विद्वानों ने यह प्रश्न उठाया है कि सुनकर वस्तु का ज्ञान तो मतिज्ञान के अन्तर्गत समाहित हो जाता है फिर 'श्रुत ज्ञान' को अलग से मानने की क्या सार्थकता है?

इस सम्बन्ध में तत्त्वार्थसूत्रकार ने कहा है कि श्रुतज्ञान मतिज्ञानपूर्वक होता है अर्थात् मतिज्ञान के बाद श्रुतज्ञान होता है।[26]

इसकी निम्न व्याख्यायें की जा सकती हैं—

(1) उदाहरण के लिए सर्वप्रथम केवल सुनना होता है; सुनकर बुद्धिस्थ शब्द से बुद्धिस्थ अर्थ का ग्रहण होता है। 'सुनना' एवं 'समझना' दो भिन्न क्रियाएँ हैं। शरीर क्रिया विज्ञान की दृष्टि से कर्ण एवं सम्बद्ध श्रवणात्मक तंत्रिकाओं द्वारा ध्वनि लहर का प्रत्यक्षण होता है। यह सुनना है। श्रावणी तंत्रिका के माध्यम से मस्तिष्क तक पहुँचकर ध्वनि लहरों से अभिप्रेत अर्थ का बोध होता है। यह समझने की प्रक्रिया है। उत्तर एवं अनुप्रस्थ शंखास्थि संवेल्लक में श्रवण केन्द्र हैं। हम यहीं पर सुनकर उच्चारित रूपों का बोध करते हैं। यह प्रक्रिया श्रवण मानसिक क्षेत्र में होती है। इसे वर्निक क्षेत्र भी कहते हैं। यहाँ पर सुने हुए एवं उच्चारित शब्दों के स्मृति चिह्न संचित रहते हैं। उत्तर शंखास्थि संवेल्लक के मध्य में एक और विकसित केन्द्र है। इसे श्रवण वाक् केन्द्र के नाम से पुकारा जा सकता है। यहाँ उच्चारित शब्दों की स्मृति रहती है जिसे शब्द चित्र कहते हैं। शब्द को सुनकर हमें शब्द द्वारा वाच्य वस्तु का नहीं अपितु मस्तिष्क में पूर्व अंकित उस वस्तु के चित्र का बोध होता है।

(2) इस व्याख्या की आलोचना विद्वानों ने यह कहकर की है कि यदि मतिज्ञान के क्षेत्र में केवल 'सुनना' भर मानेंगे तो मतिज्ञान के

धरातल पर हमें किसी वस्तु का निश्चयात्मक ज्ञान नहीं होगा। इसका कारण वे यह मानते हैं कि 'मतिज्ञान' में सुनकर शब्दार्थ प्रतीति होती है किन्तु 'श्रुतज्ञान' में भाषा के अर्थ से अर्थान्तर होता है। इसको उदाहरणों द्वारा समझाया गया है। इन्द्रिय और मन के द्वारा किसी 'घट' का निश्चय 'मतिज्ञान' है। तदनन्तर उस घड़े से भिन्न अनेक स्थलों और अनेक कालों के विभिन्न रंगों के समान जातीय दूसरे घड़ो का ज्ञान करना 'श्रुत' ज्ञान है अथवा घड़ों के भेद-प्रभेदों का ज्ञान करना श्रुत ज्ञान है।

कुछ विद्वानों ने 'श्रुत' ज्ञान का अर्थ आगमों (शास्त्रों) के ज्ञान का ग्रहण भी किया है। वे शास्त्रीय शब्दावली का ज्ञान और उसका सम्यक् प्रयोग श्रुतज्ञान के लिए अनिवार्य शर्त मानते हैं।[27] श्रुतज्ञान का मूल अर्थ आगम ज्ञान नहीं रहा होगा। भगवान महावीर का कथन है कि किसी के कथन पर अन्धी भक्ति एवं अन्धविश्वास मत करो। अपनी आत्मा के द्वारा सत्य की खोज करो। तत्त्वत: संयस्त के लिए कर्म-बन्धन के कारण संसार में परिभ्रमण करने से मुक्त होने तथा सर्वज्ञ, सर्वदर्शी एवं स्वभाव में निरत होने के मार्ग का बोध कराने वाला ज्ञान श्रुत ज्ञान है। वस्तुत: ज्ञान ग्रहण करने पर तो शब्द छूट जाते हैं। उपचार से ही श्रुत शब्दात्मक है। तत्त्वत: तो श्रुत से ज्ञान अर्थ ही इष्ट है। शब्द योजना से पूर्व जो मति, स्मृति, चिन्ता, तर्क, अनुमान आदि ज्ञान होते हैं, वे मतिज्ञान हैं। इसको इस प्रकार भी व्यक्त किया जा सकता है कि मतिज्ञान के बाद स्पष्ट अर्थ की तर्कणा को लिए हुए जो चिन्तन-मनन द्वारा परिपक्व ज्ञान होता है, वह श्रुत ज्ञान है।

शास्त्रज्ञों ने श्रुतज्ञान का अर्थ केवल शब्दों को सुनकर हुए ज्ञान से न लेकर अन्य माध्यमों से हुए ज्ञान को भी श्रुत ज्ञान कहा है। इन्द्रियों तथा मन के द्वारा मतिज्ञान से पदार्थ का निर्णय हो जाता है। उस पदार्थ का मन के द्वारा विशेष रूप से ज्ञान श्रुतज्ञान है। इस दृष्टि से श्रुतज्ञान के दो भेद किए गए :

1. अक्षरात्मक 2. अनक्षरात्मक। स्मृति, तर्क, अनुमान आदि प्रमाणों के आधार पर ज्ञाता का जानना अनक्षरात्मक है, दूसरों को ज्ञान कराना अक्षरात्मक है।

जब मन का कोई विकल्प वस्तु को अखंडभाव से स्वीकार करता है तब प्रमाण ज्ञान होता है तथा जब किसी एक अंश को मुख्य करके दूसरे अंश को गौण करके वस्तु को स्वीकार करता है, तब वह नयज्ञान होता है।

यद्यपि श्रुतज्ञान का भेद होने से नयज्ञान भी प्रमाण है किन्तु शास्त्रों में इसे अलग से परिगणित किया गया है। जो ज्ञान समग्र वस्तु को अखंड भाव से

स्वीकार करता है, उसको शास्त्रों में प्रमाण ज्ञान के नाम से पुकारा गया है। जो ज्ञान समग्र वस्तु को उसके एक अंश को मुख्य करके तथा दूसरे अंश को गौण करके स्वीकार करता है उसको 'नयज्ञान' के नाम से अभिहित किया गया है। नयज्ञान का प्रयोजन भी वस्तु जिस रूप में अवस्थित है, उसका ही ज्ञान कराना होता है। दोनों का अन्तर इसमें निहित है कि प्रमाण ज्ञान में अंशभेद अविवक्षित रहता है जबकि नयज्ञान में अंशभेद विवक्षित होता है। जितने वचन विकल्प हैं, उतने ही नय भी सम्भव है। नयों के मूलभूत भेद—(1) द्रव्यार्थिक नय, एवं (2) पर्यायार्थिक नय किए जाते हैं।

संदर्भ एवं दृष्टि भेद से भिन्नत्व है। जो पर्याय को गौण करके द्रव्य को ग्रहण करता है उसे द्रव्यार्थिक नय कहते हैं। जो द्रव्य को गौण करके पर्याय को ग्रहण करता है उसे पर्यायार्थिक नय कहते हैं।

प्रत्यक्ष ज्ञान (अतीन्द्रिय ज्ञान)–

चार्वाक एवं मीमांसकों को छोड़कर शेष सभी भारतीय दार्शनिक मान्यतायें अतीन्द्रिय ज्ञान में विश्वास रखती हैं। आधुनिक मनोवैज्ञानिक भी अतीन्द्रिय ज्ञान की तथ्यात्मकता स्वीकार करते हैं। डॉ० रेहने का मत है कि अतीन्द्रिय अवधारणा का वस्तुतः प्रदर्शन किया जा सकता है।[28] अवधि, मनः पर्याय एवं केवल ज्ञान इन्द्रियाश्रित नहीं हैं, अतीन्द्रिय हैं।

अवधि ज्ञान-

इन्द्रियों एवं मन के निमित्त के बिना रूपी पदार्थों और उनकी कुछ पर्यायों को स्पष्ट जानना अवधि ज्ञान है।[29]

पुद्गल द्रव्य रूपी पदार्थ है।

संसारी जीव के भी वर्णादि से गुण स्थान तक के भाव पुद्गल के परिणाम होने से जीव नहीं होते।

जीव के पाँच भावों में से औदयिक, औपशमिक तथा क्षायोपशमिक—ये तीन भाव रूपी हैं, इनका सम्बन्ध पुद्गल से रहता है। इस कारण जीव के ये तीन रूपी भाव अरूपी आत्मा के स्वरूप नहीं हैं। इसका कारण यह है कि ये भाव आत्मा में से दूर हो सकते हैं। इस कारण ये भाव परमार्थतः आत्मा के नहीं हैं।

अवधि ज्ञान के विषय पुद्गल द्रव्य एवं जीव के पाँच भावों में से औदयिक, औपशमिक और क्षायोपशमिक—ये तीन परिणाम हैं।

जीव के शेष—क्षायिक तथा परिणामिक भाव एवं धर्म पदार्थ, अधर्म पदार्थ, आकाश पदार्थ एवं काल पदार्थ अवधि ज्ञान के विषय नहीं होते क्योंकि

ये अरूपी हैं। कुछ शास्त्रज्ञों के अनुसार आकाश एवं काल के केवल रूपी तत्त्वों का इससे अभिज्ञान होता है।

मनः पर्याय ज्ञान–

अवधि ज्ञान एवं मनः पर्याय ज्ञान में गुणात्मक एवं स्वरूपात्मक अन्तर है। अवधि ज्ञान से रूपी पदार्थों का ज्ञान होता है, मनः पर्याय ज्ञान से दूसरों के मनोद्रव्य की पर्यायों का ज्ञान होता है।[30]

मन की पर्यायों को मनः पर्याय कहते हैं। इनका ज्ञान मनः पर्याय ज्ञान है।

मनः पर्यायज्ञानी भूत, वर्तमान एवं भविष्य तीनों कालों के मनोगत विचारों को जानता है। इन्द्रिय एवं/अथवा मन की सहायता के बिना द्रव्य, क्षेत्र, काल और भाव की मर्यादा सहित रूपी पदार्थों को प्रत्यक्ष जानना 'अवधि ज्ञान' है तथा द्रव्य, क्षेत्र, काल और भाव की मर्यादा सहित मन की पर्यायों को प्रत्यक्ष जानना मनः पर्याय ज्ञान है। मनः पर्याय में आचार्य भूतबलि मन की साधनपरकता में विश्वास करते हैं।[31] किन्तु आचार्य अकलंक मन का अर्थ आत्मन् करते हैं।[32] यहाँ यह उल्लेखनीय है कि मनः पर्याय ज्ञान चूँकि आवृत्त चेतना का ही एक विभाग है इस कारण वह आत्मा की अमूर्त मानसिक परिणति को नहीं जान पाता।

डॉ० नथमल टॉटिया अवधि एवं मनः पर्याय ज्ञान में तात्त्विक अंतर नहीं मानते[33] किन्तु आचार्य उमास्वामी के अनुसार अवधि और मनः पर्याय ज्ञान में विशुद्धता, क्षेत्र, स्वामी और विषय की भिन्नता होती है।

'विशुद्धि क्षेत्र स्वामिविशेषयेभ्योऽवधि मनः पर्यययोः'।[34]

यहाँ विशुद्धता, क्षेत्र एवं विषय का अन्तर प्रतिपादित किया जा रहा है :

	अवधि ज्ञान	मनः पर्याय ज्ञान
विशुद्धता	मनः पर्यायज्ञान की अपेक्षा कम विशुद्ध।	अवधिज्ञान की अपेक्षा अधिक विशुद्ध ज्ञान।
क्षेत्र	सम्पूर्ण लोक	ढाई द्वीप मनुष्य क्षेत्र तक ही
विषय	रूपी पदार्थ	मन में चिंतित और अचिंतित पदार्थ।

मनः पर्याय ज्ञान दो प्रकार का होता है—

1. ऋजुमति—मन में सरल रूप से चिंतित पदार्थ को जानना।

2. विपुलमति—विपुल का अर्थ विस्तीर्ण, विशाल एवं गम्भीर होता है। इस ज्ञान में वक्रचिंतित, अवक्रचिंतित एवं अचिंतित पदार्थ को भी जाना जाता है। इस प्रकार इसमें सर्वप्रकार के मानसिक रूपी पदार्थों का ज्ञान होता है। धवलाकार के अनुसार अपने तथा दूसरों के जीवन-मरण, सुख दुख, लाभ-अलाभ इत्यादि का भी ज्ञान होता है।[35] आचार्य पूज्यपाद के अनुसार विपुलमति पर्यायज्ञानी व्यक्त अथवा अव्यक्त, मन से चिंतित या अचिंतित तथा भविष्य में चिन्तवन किये जाने वाले सर्वप्रकार के पदार्थों को जानता है।

ऋजुमति एवं विपुलमति में काल एवं क्षेत्र की सीमाओं का भी अन्तर है। कालापेक्षा से ऋजुमति में सामान्य रूप से भूत-भविष्यत् के अपने और दूसरे के दो तीन भव जानता है और उत्कृष्ट रूप से सात-आठ भव जानता है; विपुलमति में सामान्य रूप से अगले पिछले सात-आठ भव और उत्कृष्ट रूप से अगले पिछले असंख्यात भव जानता है।

क्षेत्र-अपेक्षा से भी ऋजुमति एवं विपुलमति में अन्तर है। चार से आठ कोस से लेकर चार से आठ योजन तक के क्षेत्र में जानने का विषय ऋजुमति का तथा चार से आठ योजन से लेकर ढाई द्वीप तक का क्षेत्र विपुलमति के जानने का विषय है।[36]

ऋजुमति ज्ञान होकर छूट भी जाता है किन्तु विपुलमति विशुद्ध शुद्ध ज्ञान है तथा वह केवलज्ञान होने तक बना रहता है, छूटता नहीं। मन की वृत्तियों को दबाना 'दमन' है। यह मन: शुद्धि का मार्ग नहीं है। यह तो मानसिक मलिनता को ढकना है। मनोविज्ञान के अध्ययन का भी यही सार है। दमित इच्छाएँ चेतन मन के धरातल से अचेतन मन के धरातल पर चली जाती हैं। इच्छाओं का चेतन मन के धरातल पर जितनी तीव्रता से दमन किया जाता है, वे दमित इच्छाएँ उतने ही वेग से अचेतन मन में जाकर विकृत रूप में इच्छापूर्ति का प्रयास करती हैं। व्यक्तित्व विकृत हो जाता है। जैन दर्शन भी स्वीकार करता है कि विकास का मार्ग मन की वृत्तियों को दबाना नहीं है अपितु उनका क्षय करना है। मन: पर्याय ज्ञान के संदर्भ में 'मन के अचिंतित पदार्थ की जानकारी' में अचिंतित शब्द बहुत महत्त्वपूर्ण है। साधक न केवल चेतन मन की पर्यायों का साक्षात्कार करता है अपितु मन के अचेतन एवं अवचेतन सभी धरातलों के पर्यायों का साक्षात्कार करता है। मन के सभी स्तरों के पर्यायों को साक्षी भाव से जानने के कारण मन की सभी इच्छाएँ या वासनाएँ शान्त हो जाती हैं, उनका क्षय हो जाता है। मन की सविकल्प दशा से साधक वीतरात्मा की ओर बढ़ता है, समत्व भाव का ग्रहण करता है, शान्त एवं निर्विकल्प दशा की ओर उन्मुख होता है।

केवल ज्ञान-

केवल ज्ञान का विषय सर्वद्रव्य और उनकी सर्व पर्याय हैं अर्थात् केवल ज्ञान एक ही साथ सभी पदार्थों और उनकी सभी पर्यायों को जानता है।[37]

केवल ज्ञानी लोक और अलोक दोनों को जानने लगता है।[38] भगवान महावीर की जीवन गाथा में केवल ज्ञान प्राप्ति का विवरण मिलता है। भगवान महावीर बारहवें गुण स्थान को प्राप्त हुए और केवल ज्ञान के लिए प्रयत्नशील हुए। बारहवें गुण स्थान के अंतिम दो समयों में से पूर्व समय में निद्रा एवं प्रचला कर्मों का उन्होंने नाश किया। इस कार्य में उन्हें शुक्ल ध्यान के दूसरे भाग से सहायता मिली। तदनन्तर शुक्ल ध्यान (शुद्ध आत्मा के गुणों का बार-बार चिन्तन करते हुए उसी के स्वरूप में लीन रहना) के उसी दूसरे भाग में उन्होंने पाँच ज्ञानावरण कर्म, चार दर्शनावरण कर्म और पाँच अंतराय कर्मों का नाश कर दिया। बारहवें गुण स्थान के अंत में तिरसठ प्रकृतियों का नाश करके तेरहवें गुण स्थान को प्राप्त हुए और उसी में उन्होंने अत्यन्त उत्तम केवल ज्ञान को प्राप्त किया जो अनन्त है, लोक अलोक के स्वरूप का प्रकाशक है, अपरिमेय महिमाशाली है और अक्षय मोक्ष राज्य को देने वाला है।[39]

विशेषावश्यक भाष्य वृत्तिकार ने केवल ज्ञान को शुद्ध-निर्मल, सकल परिपूर्ण, असाधारण एवं अनन्त माना है।[40] ज्ञानावरण का विलय होने पर ज्ञान में अशुद्धि का अंश भी शेष नहीं रह जाता। इस कारण यह शुद्ध एवं निर्मल है। इसमें ज्ञान की अपूर्णता मिट जाती है। सम्पूर्ण ज्ञेयों की त्रिकाल गोचर अनंत वस्तुओं की अनंत पर्यायों का ग्रहण होता है। इस कारण यह सम्पूर्ण एवं सकल है। केवल ज्ञान जैसा कोई दूसरा ज्ञान नहीं होता। इस कारण यह असाधारण है। यह फिर कभी आवृत्त नहीं होता, इसलिए अनन्त है।

"केवल ज्ञान में समस्त द्रव्यों की तीनों कालों की पर्यायें एक साथ ज्ञात होने पर भी प्रत्येक पर्याय का विशिष्ट स्वरूप, प्रदेश, काल, आकारादि विशेषतायें स्पष्ट ज्ञात होती हैं। सम्पूर्ण पदार्थों की अविकल सत्ता केवली के ज्ञान का स्पष्ट विषय होती है।"[41]

3. 3. तत्वबोध की दृष्टि एवं अभिव्यक्ति : अनेकांतवाद एवं स्याद्वाद

जो तत्त्व, पदार्थ अथवा द्रव्य है वह सत है—'सत् दव्वं वा'। (दे० 3.4) कालचक्र चलता रहता है। लोक और अलोक—ये दोनों पहले से हैं और अनन्तकाल तक हैं। दोनों शाश्वत हैं। जगत अनादि से है और अनन्तकाल तक रहेगा। इसकी मूलवस्तु अनादि-निधन है। चेतना या आत्मा भी अनादिनिधन है;

भौतिक पदार्थ भी अनादि-निधन है। कोई किसी को न तो उत्पन्न करता है न किसी का विनाश करता है। मूलवस्तु न तो उत्पन्न है और न कभी उसका विनाश होता है। गीता में कहा गया है—'नासतो विद्यते भावो ना भावो विद्यते सतः' असत की उत्पत्ति नहीं होती और सत का सर्वथा अभाव नहीं होता।

एक दृष्टि 'सत' तत्त्व को कूटस्थ नित्य मानती है। वह अचल है, अपरिवर्तनीय है, शाश्वत है। वह अपरिवर्तनीय है इस कारण उसमें किसी प्रकार का परिणाम या विकार नहीं होता। यह दृष्टि सत तत्त्व को पारमार्थिक मानती है। यह दृष्टि देशकाल कृत विशेषों अथवा आभासों को व्यवहारिक मानती है। व्यवहारिक होने के कारण विशेषों को अपारमार्थिक मानती है। विशेषों अथवा आभासों में किसी परम तत्त्व का अंश नहीं मानती। उन्हें अज्ञान या अविद्या के कारण कल्पित मानती है; मिथ्या मानती है। इनमें जो सत्व भासित होता है वह उनका अपना नहीं है। यह आभास अखंड एवं अभिन्न मूल तत्त्व के अस्तित्व से सद्रूप प्रतीयमान है। केवल मूल अधिष्ठान का अस्तित्व है, उसकी हो सत्त है। सत्ता है इस कारण वही सत है। मूल अधिष्ठान ही पारमार्थिक है, शाश्वत है, कूटस्थ नित्य है, ध्रुव है।

इसके विपरीत विश्व को देखने की एक अन्य दृष्टि यह मानती है कि देशकाल कृत विशेष ही सत हैं। कोई कूटस्थ नित्य नहीं है। कोई ध्रुव नहीं है। कोई शाश्वत नहीं है। संसार चक्र चल रहा है। विश्व परिवर्तनशील है। विश्व की प्रत्येक वस्तु के प्रत्येक अवयव में परिवर्तन हो रहा है। प्रतिक्षण प्रति पदार्थ में बदलाव हो रहा है। विश्व की सभी वस्तुएँ—स्कंध, आयतन और धातु रूप में विभक्त हैं। सभी अनित्य हैं। सभी क्षणिक हैं। विश्व का प्रत्येक पदार्थ प्रतिक्षण चंचला के समान परिवर्तनशील है, नश्वर है, क्षणिक है।

इस प्रकार एक दृष्टि 'सत' को अविनाशी, अव्यय, निर्विकार, नित्य, अचल एवं ध्रुव मानती है। दूसरी दृष्टि 'सत' को विनाशी, उत्पाद-व्यय युक्त, विकारी, अनित्य, परिणामी एवं परिवर्तनशील मानती है।

भगवान महावीर ने विरोधी विचार दृष्टियों के बीच समन्वय स्थापित किया। उन्होंने उन्मुक्त दृष्टि से विचार किया। उन्होंने उदार एवं सहिष्णु होकर चिंतन किया। उन्होंने वैज्ञानिक ढंग से सम्पूर्ण सत्य को पहले विभक्त किया, विश्लेषित किया। पदार्थ के अनेक गुणों को एक-एक करके आत्मसात किया। इसके बाद पदार्थ को संश्लिष्ट दृष्टि से देखा। समग्र सत्य को पहचाना। उन्होंने देखा कि एक अपेक्षा से पदार्थ अविनाशी है। दूसरी अपेक्षा से वही विनाशी है। एक दृष्टि से पदार्थ में बदलाव हो रहा है; उत्पाद-व्यय हो रहा है, दूसरी दृष्टि से जिस पदार्थ में उत्पाद-व्यय हो रहा है वह पदार्थ वहीं है; ध्रुव है। एक दृष्टि से पदार्थ नित्य है। पदार्थ के गुण की दृष्टि से नित्य है। दूसरी दृष्टि से पदार्थ

अनित्य है। देशकाल आदि के द्वारा जो परिणामी एवं परिवर्तित हो रहा है वे उसके रूप आदि का परिवर्तन है। वे उसकी पर्याय हैं। भगवान महावीर ने इसी कारण अपने प्रथम प्रवचन में कहा कि 'सत' उत्पाद, व्यय और ध्रौव्य युक्त है :

''सद् द्रव्य लक्षणम। उत्पाद व्यय ध्रौव्य युक्तं सत्''।[42]

द्रव्य (पदार्थ) का लक्षण सत है। जो सत है उसकी सत्ता है, उसका अस्तित्व है। अस्तित्व गुण के कारण पदार्थ अविनाशी है। उसका कभी विनाश नहीं होता। पदार्थ को द्रव्य भी कहा गया है। इस कारण वह हमेशा बहता रहता है, सदा एक रूप नहीं रहता, एक रूप से दूसरे रूप में बदलता रहता है, अवस्थाओं में परिवर्तन होता रहता है। अवस्थाओं का परिवर्तन पदार्थ की पर्याय हैं। 'सत' लक्षण की जैन दर्शन में व्याख्या की गई है कि स्व की अपेक्षा से पदार्थ 'सत' है। इसका अर्थ है कि पदार्थ स्वरूप से है। इसका अर्थ यह भी है कि पदार्थ स्वरूप से है; पर रूप से नहीं है। एक पदार्थ अपना सब कुछ कर सकता है; दूसरे पदार्थ का कुछ नहीं कर सकता। स्व की अपेक्षा से अस्तित्व है। पर की अपेक्षा से अस्तित्व नहीं है।

जिसकी सत्ता है, जिसका अस्तित्व है वह ध्रुव है। उसका कभी विनाश सम्भव नहीं है। मगर जिसकी सत्ता है, उसकी अवस्था में परिवर्तन होता रहता है। कोई जन्म लेता है। जन्म लेता है तो मरता भी है। जन्म से मृत्यु के बीच की अवस्थाओं में परिवर्तन प्रत्यक्ष है। जिसकी अवस्थाओं में परिवर्तन होता रहता है, वह तो वही रहता है। इसी प्रकार वर्तमान जन्म, विगत जन्म, आगत जन्म तो अवस्थाओं की स्थितियाँ हैं। उनमें जो जन्म लेता है वह तो स्वरूप से सदा स्थित है, ध्रुव है, नित्य है, निरंतर है।

अवस्थाओं में परिवर्तन उत्पाद-व्यय रूप है, अनित्य है, परिणामी है। नवीन अवस्था का प्रकट होना उत्पाद है। उत्पाद के समय ही पूर्व अवस्था का विनाश होना व्यय है। अनादि एवं अनन्तकाल तक जो सदा स्थिर एवं मूल स्वभाव है वह पदार्थ है। जिसका उत्पाद एवं व्यय नहीं होता, वह ध्रौव्य है। त्रिकाल की अपेक्षा से 'सत' ध्रुव है। पर्याय की अपेक्षा से उत्पाद-व्यय होता रहता है। नवीन पर्याय उत्पन्न होती है। पुरानी पर्याय नष्ट होती है। इस दृष्टि से पदार्थ नित्य भी है तथा अनित्य भी है। सामान्य स्वरूप की अपेक्षा से पदार्थ नित्य है। पदार्थ जो पहले समय में था वही दूसरे समय में भी होता है। इस अपेक्षा से पदार्थ अव्ययी, अविनाशी एवं नित्य है। उत्पन्न एवं विनाश के होते रहने पर भी पदार्थ में जो पदार्थत्त्व बना रहता है वह उसका गुण है। पदार्थ में जो उत्पाद-व्यय होता रहता है वह परिणमन उसकी पर्याय हैं। इस अपेक्षा से पदार्थ अनित्य

है। इस प्रकार जैन दर्शन पदार्थ / द्रव्य का लक्षण निम्न प्रकार से प्रतिपादित करता है :

(1) पदार्थ (द्रव्य) का लक्षण 'सत' अर्थात् सत्ता है।

(2) पदार्थ (द्रव्य) का लक्षण उत्पाद-व्यय-ध्रौव्य युक्त है।

(3) पदार्थ (द्रव्य) का लक्षण गुण-पर्याय आश्रित है।

आचार्य कुन्दकुन्द का प्रसिद्ध कथन है :-

दव्वं सल्लक्क्खणियं उप्पाद व्वय धुवत्तसंजुत्तं।
गुणपज्ज या सयं वा जं तं भण्णंति सव्वण्हू।।[43]

द्रव्य का उत्पाद-व्यय-ध्रौव्य युक्त होना अथवा द्रव्य का गुण लक्षण पर्याय आश्रित होना ही अनेकान्तवादी विचार दृष्टि का बीज-मंत्र है। द्रव्य-लक्षण बीज है, अनेकान्तवाद बीज से विकसित वृक्ष है।

3. 3. 1. अनेकान्त : तत्त्वबोध की दृष्टि

अनेकान्त शब्द अनेक एवं अंत इन दो शब्दों के संयोग से बना है। अंत का अर्थ यहाँ धर्म है। पदार्थ में विविध गुण होते हैं। पदार्थ अनन्त धर्मात्मक होता है। जड़ और चेतन में, अनात्मा एवं आत्मा में अनेक धर्म एवं गुण होते हैं। अनेकांतवाद जीव आदि पदार्थों का सामान्य गुणों एवं विशिष्ट गुणों आदि से संवलित बतलाना मात्र नहीं है। इसका कारण यह है कि प्रत्येक पदार्थ में विविध गुणों की सत्ता की स्वीकृति अन्य दर्शनों में भी है। पदार्थ को अनन्त धमात्मक मानने वाले सभी दर्शन अनेकान्तवादी नहीं है। अनेकान्तवाद एकान्तवादी आग्रह का निषेध करता है। जब आग्रह समाप्त होता है, जब मतवाद समाप्त होता है, जब संकीर्णताएँ टूटती हैं तब अनेकान्त दृष्टि का उदय होता है। जब दृष्टि में अनाग्रह, उदारता, व्यापकता, सहिष्णुता, समन्वय-भावना तथा सर्वधर्म समभाव आता है तब अनेकांत दृष्टि का उन्मेष होता है। प्रत्येक पदार्थ स्व सत्ता, स्वक्षेत्र, स्वकाल एवं स्वभाव रूप से अस्तिरूप है। प्रत्येक पदार्थ पर सत्ता, परक्षेत्र, परकाल एवं परस्वभाव की अपेक्षा से नास्तिरूप या असत है। जो सत है वही असत है, जो तत है वही अतत है, जो अभेद दृष्टि से एक है वही भेद दृष्टि से अनेक है, जो द्रव्यार्थिक नय से नित्य है वही पर्यायार्थिक नय से अनित्य है। पदार्थ के पदार्थत्त्व में विद्यमान परस्पर विरुद्ध शक्तियों का प्रकाशित होना अनेकान्त है। अनेकांत-दृष्टि से विचार करना ही अनेकांतवाद है।

अनेकान्तवाद व्यापक विचार-दर्शन है। इससे हम विभिन्न दर्शनों एवं धर्मों को व्यापक पूर्णता में संयोजित कर सकते हैं, सर्व धर्म समभाव की स्थापना कर

सकते हैं, ज्ञान-विज्ञान के विभिन्न मतवादों में निहित सत्य का अनुसंधान कर सकते हैं, मानवीय व्यवहार की मनोवैज्ञानिक एवं समाजशास्त्रीय विभिन्न विचारधाराओं में निहित तथ्यों एवं सत्यों का विश्लेषण एवं विवेचन कर सकते हैं।

जब हम एकांगी दृष्टि से विचार करते है तब मिथ्या मान्यता का आग्रह हमारी उन्मुक्त दृष्टि को कुंठित कर देता है। उन्मुक्त एवं वैज्ञानिक दृष्टि से विचार करने पर परस्पर विरुद्ध प्रतीयमान विचारों की सत्यता स्पष्ट हो जाती है। एक ही पदार्थ में परस्पर प्रतीयमान विरोधी धर्मों का अस्तित्व सम्भव है। एक दृष्टि से देखने पर प्रत्येक पदार्थ तत्स्वरूप होता है, काल का उस पर कोई प्रभाव नहीं पड़ता। जो शिशु जन्म लेता है उसका स्वरूप बदलता रहता है। समाज में एक ही व्यक्ति की भिन्न प्रस्थितियाँ एवं भूमिकाएँ होती हैं। एक व्यक्ति यदि प्राध्यापक है तो 'प्राध्यापक-प्रस्थिति' में जिस प्रकार व्यवहार करता है उस प्रकार का व्यवहार अपने घर जाकर नहीं करता। घर में 'पति-प्रस्थिति' में अपनी पत्नी से एक प्रकार का व्यवहार करता है। घर में ही 'पिता-प्रस्थिति' में अपने बच्चों से दूसरे प्रकार का व्यवहार करता है। भाषा-व्यवहार के भी कितने भेद होते हैं। एक ही प्रस्थिति में एक ही व्यक्ति भिन्न-भाषा-शैलियाँ का प्रयोग करता है। भाषा की अपेक्षा से एक ही भाषा होती है; शैलियों की अपेक्षा से अनंत होती हैं। एक अध्यापक कक्षा में व्याख्यान देते समय जिस भाषा-शैली का प्रयोग करता है उसका प्रयोग अध्यापक कक्ष में अपने सहयोगी मित्रों से गप्प हांकते हुए नहीं करता। प्रशासनिक भवन में 'वाइस-चांसलर' से जिस तरह भाषा-व्यवहार करता हैं, उसका व्यवहार 'क्लर्कों' से बात करते समय नहीं करता। प्रदत्त-प्रस्थिति के आधार पर जो परसा है, वह अर्जित-प्रस्थिति के आधार पर यदि परसू अथवा परसराम बन जाता है तो उसका स्वयं का सामाजिक-व्यवहार एवं भाषा-प्रयोग बदल जाता हैं। अभेद दृष्टि से एक ही भाषा है। भेद दृष्टि से उसमें कितने भेद होते हैं—क्षेत्रीय बोलियाँ, वर्गगत बोलियाँ, अनंत शैलियाँ एवं प्रयुक्तियाँ।

एक ही क्षेत्र से देखने पर भी विभिन्न द्रष्टाओं की प्रतीतियां भिन्न प्रकार की हो सकती हैं। किसी फिल्म को देखकर जब दर्शक सिनेमा हॉल से बाहर निकलते हैं तो एक दर्शक कहता है—फिल्म सुपरहिट है। दूसरा दर्शक कहता है—फ्लॉप फिल्म है। काल के एक ही क्षण विश्व के एक भाग में सवेरा होता है, दूसरे भाग में शाम। काल के उसी क्षण विश्व के एक भूभाग का व्यक्ति 'सूर्योदय' देखता है, विश्व के दूसरे भाग का व्यक्ति सूर्यास्त के दर्शन करता है।

आइंस्टीन ने दिक्-काल की सापेक्षता का सिद्धान्त प्रतिपादित किया है। आइंस्टीन का सिद्धान्त केवल भौतिक-विज्ञान तक सीमित है। अनेकान्तवाद जीवन के प्रत्येक पक्ष के विश्लेषण विवेचन की वैज्ञानिक प्रविधि है। यह सत्य के अनुसंधान की तर्कसंगत एवं सुनियोजित प्रक्रिया है।

पदार्थ के अनेकांत को पहले विभक्त करना है; विश्लेषित करना है। इसके बाद एक-एक गुण-धर्म को देखना है, विचार करना है, पहचानना है। तदनन्तर एक ही पदार्थ में अविरोधपूर्वक विधि और निषेध के भावों में समन्वय स्थापित करना है। इस प्रकार सीमित ज्ञान शक्ति के होते हुए भी पदार्थ के एक-एक गुग-धर्म का ज्ञान करने के अनन्तर पदार्थ के समग्र धर्मों एवं गुणों को पहचानना है। सामान्य व्यक्ति के द्वारा भी सत्य के सम्पूर्ण साक्षात्कार की शोध-प्रविधि का नाम है—अनेकान्तवाद।

इसी अनेकान्तवाद दृष्टि के कारण भगवान महावीर ने विरुद्ध प्रतीत होने वाले मतों को एक सूत्र में पिरो दिया। उन्होंने जीवन आचरण के लिए अहिंसा को परम धर्म माना। वैचारिक क्षेत्र की अहिंसा दृष्टि का नाम है—अनेकान्तवाद। उन्होंने मनुष्य के विवेक को जागृत किया; दृष्टि को व्यापक बनाया। भगवान ने उन्मुक्त दृष्टि से विचार करने का मार्ग प्रशस्त कर प्रतीयमान परस्पर विरोधी मतों में समन्वय स्थापित किया। तत्त्वबोध की व्यापक एवं सर्वव्यापी उदार दृष्टि के कारण वे पदार्थ का अनेकान्तिक स्वरूप पहचान सके। उनके विचारों में कहीं भी संशय नहीं है। उन्होंने स्पष्ट एवं निर्भ्रान्त रूप में विचार दर्शन प्रस्तुत किया है :

(1) पदार्थ नित्य भी है और अनित्य भी। अपनी गुणात्मक सत्ता (ध्रौव्य स्वभाव) की दृष्टि से पदार्थ नित्य है किन्तु पर्याय (उत्पाद-व्यय) दृष्टि से अनित्य है। आचार्य हरिभद्र सूरि ने इसे इस प्रकार समझाया है कि जिस प्रकार स्वर्ण-रूप में अवस्थित रहते हुए भी उसमें कड़ा कुंडल आदि अनेकविध रूप उत्पन्न एवं नष्ट होते रहते हैं उसी प्रकार द्रव्यों एवं पर्यायों को प्राप्त जीव द्रव्य (पदार्थ) का नित्यत्व एवं अनित्यत्व भी न्याय सिद्ध है :

जह कंचणस्स कंचण-भावेण अवट्ठियस्स कडगाई।
उप्पज्जंति विणस्संति, चेव भावा अणेगविहा।।

एवं च जीव दव्वस्स, दव्वपज्जव विसेस भइयस्स।
निच्चत्तमणिच्चत्तं, च होइ णाओवल भंतं।।[44]

(2) प्रवाह की अपेक्षा पदार्थ अनादि (शाश्वत) है। स्थिति (एक अवस्था) की अपेक्षा पदार्थ सादि (आदि-अंत होने वाला) है।

(3) स्वभाव की अपेक्षा से जीव और पुद्गल सदा अपनी-अपनी गुणात्मक सत्ता तथा पर्याय सत्ता में रहते हैं। विभाव की अपेक्षा से जीव और पुद्गल परस्पर प्रभाव डालते हैं। (दे0 3.4)

संसार में जितने दर्शनभेद हो सकते हैं, जितने भी वचनभेद हो सकते हैं उतने ही नयवाद हैं। उन सबके समागम से अनेकान्तवाद फलित होता है। आचार्य सिद्धसेन दिवाकर ने भिन्न दर्शनों को भिन्न नयों की दृष्टि से विवेचित कर सुसंगत रूप से अनेकान्तवाद के सर्वधर्म समभाव रूप को संयोजित करने का स्तुत्य कार्य किया। आपने संग्रह नय की अपेक्षा से अद्वैतदर्शन, ऋजुसूत्रनय की अपेक्षा से बौद्ध-दर्शन, द्रव्यार्थिक नय की अपेक्षा से सांख्य-दर्शन तथा द्रव्यार्थिक नय एवं पर्यायार्थिक नय की अपेक्षा से कणाद दर्शन का समाहार कर धार्मिक सहिष्णुता के बीज का वपन किया। इस प्रकार अनन्त को अनेक अपेक्षाओं, अनेक दृष्टियों, अनेक रूपों से देखना एवं जानना अनेकान्तवाद है। अनेकान्त साधन है—ज्ञान की अनावृत्त दशा की प्राप्ति का। जब केवलज्ञान प्राप्त हो जाता है, जब साध्य की सिद्धि हो जाती है तो साधन 'अनेकांतवाद' की प्रासंगिकता समाप्त हो जाती है।

3. 3. 2. स्याद्वादः तत्त्वबोध की अभिव्यक्ति का मार्ग

भगवान महावीर केवल ज्ञान प्राप्ति के बाद मोक्ष की प्राप्ति तक तत्त्व निरूपण करते रहे। अनेकांतवाद ज्ञानरूप है, स्याद्वाद वचनरूप है। अनेकान्तवाद व्यापक विचार दृष्टि है, स्याद्वाद उसकी अभिव्यक्ति का मार्ग है। अनेकांत पदार्थ के बोध का दर्शन है, स्याद्वाद उसके स्वरूप की विवेचना पद्धति है। अनेकान्तवाद पदार्थ के एक-एक धर्म, एक-एक गुण को देखता है। स्याद्वाद पदार्थ के एक-एक धर्म, एक-एक गुण को मुख्य करके प्रतिपादन करने की शैली है। जिस समय पदार्थ के धर्म विशेष को अभिव्यक्त किया जाए उस समय उसके दूसरे धर्म एवं गुण दृष्टि से ओझल न हो जाएँ, इसके लिए अपेक्षा से प्रतिपादन किया जाता है। इस अपेक्षा से पदार्थ का गुण यह है, इस अपेक्षा से पदार्थ का गुण वह है। स्याद्वाद व्यक्ति को सचेत किए रहता है कि जो कथन है वह पूर्ण निरपेक्ष सत्य नहीं है। अपेक्षा दृष्टि से व्यक्त कथन आंशिक सत्य का उद्घाटन करता है। अनेकान्तवाद परस्पर प्रतीयमान विरोधी गुणों/धर्मों/लक्षणों को अंश-अंश रूप में जानकर समग्र एवं अनन्त को जान पाता है। स्याद्वाद दूसरे धर्मों या लक्षणों का प्रतिरोध किए बिना धर्म-विशेष/लक्षण -विशेष का प्रतिपादन करता है। समस्त सम्भावित सापेक्ष गुणों एवं धर्मों को प्रतिपादित कर समग्र एवं अनन्त को अभिव्यक्त करने की वैज्ञानिक प्रविधि का नाम स्याद्वाद है।

स्याद्वाद की निष्पत्ति 'स्यात्' से हुई है। सामान्य व्यवहार में 'स्यात्' का अर्थ है—शायद, कदाचित।

इसी कारण स्याद्वाद को संशयवाद तथा स्याद्वादी को संशयवादी मान लिया गया। भगवान महावीर ने जिस शैली में प्रतिपादन किया वह संशय, संदेह,

संदिग्धता को मिटाने वाली शैली थी। उन्होंने अपने युग में प्रचलित संदेहों का निवारण किया। जिसके मन में जो भी संशय एवं संदेह था, उसको भगवान महावीर ने अपनी व्यापक विचार दृष्टि एवं अपेक्षायुक्त प्रतिपादन शैली से मिटा दिया। उनके वचन निर्णयात्मक थे। उनकी शैली समाधानकारक थी।

जैन दर्शन में 'स्यात्' निपात किसी पदार्थ के समस्त सम्भावित सापेक्ष गुणों एवं धर्मों का एक-एक रूप में अपेक्षा से प्रतिपादन करना है। स्यात का अर्थ है अपेक्षा। स्याद्वाद का अर्थ है—अपेक्षावाद। जैन दर्शन के संदर्भ में स्यात निपात पारिभाषिक शब्द है। यह अनेकान्त का द्योतक हैं। अनेकांत को व्यक्त करने वाला 'स्यात्'। अनेकान्त को व्यक्त करने वाली भाषा-अभिव्यक्ति के मार्ग का नाम है-स्याद्वाद। आचार्य देवसेन का कथन है कि जिस प्रकार लोक में सिद्ध किया गया मंत्र एक एवं अनेक अभीष्ट फलों का प्रदायक होता है उसी प्रकार 'स्यात्' शब्द एक एवं अनेक अभिप्रेतों का साधक है :

सिद्ध यंत्रों यथा लोके, एकोऽनेकार्थ दायकः।
स्याच्छब्दोऽपि तथा ज्ञेय, एकोऽनेकार्थ साधकः।।[45]

इस प्रकार संक्षेप में कहा जा सकता है कि विभिन्न निश्चित अपेक्षाओं से पद-पदार्थ का प्रतिपादन करना स्याद्वाद है (अनेकान्तात्मकार्थ कथनं स्याद्वादः)।[46]

भाषा की सीमाएँ—

स्याद्वाद ने भाषा की सीमाओं का अतिक्रमण किया है। इसको समझने के पूर्व भाषा की सीमाओं को जानना आवश्यक है। हमारे पास अपने भावों एवं विचारों की अभिव्यक्ति के लिए जो साधन सुलभ है वह भाषा है। संप्रेषण के लिए भाषा की सीमाएँ हैं। इसके प्रमुख कारण निम्नलिखित हैं :

(i) सामान्य व्यवहार में भाषा को सम्प्रेषणीयता के पर्याय के रूप में ग्रहण किया जाता है। तत्त्वतः भाषा सम्प्रेषणीयता का एकमात्र साधन नहीं है। शारीरिक चेष्टाओं, मुखमुद्राओं तथा सहजवाचिक उत्तेजनाओं आदि के द्वारा भी विचारों एवं भावों को संप्रेषित किया जाता है।

(ii) भाषा प्रकृतिसिद्ध एवं अवयवी कार्य नहीं है। वाणी अप्रकृतिसिद्ध, अर्जित एवं सांस्कृतिक कार्य है।

(iii) भाषा केवल उच्चारण रूप होती है। दर्शन के धरातल पर मनीषियों ने वाक् के 'परा', 'पश्यन्ती' एवं 'मध्यमा' रूप भी माने हैं। इनको भाषा रूप में स्वीकार नहीं किया जाता।

(iv) भाषा के शब्द सहज स्नायविक प्रतिक्रिया करने वाले न होकर बाधित उत्तेजक होते हैं। भाषा के शब्द चिह्न नहीं, प्रतीक होते हैं। चिह्न का वस्तु से स्वाभाविक सम्बन्ध होता है। प्रतीक का अपनी वस्तु से माना हुआ सम्बन्ध होता है।

(v) शब्द स्वयं पदार्थ नहीं है। शब्द से पदार्थ का नहीं, पदार्थ के बुद्धिस्थ अर्थ का ग्रहण होता है।

(vi) एक ही वस्तु को अनेक नामों से पुकारा जाता है। एक ही वस्तु के अनेक वाचक होते हैं।

(vii) शब्द वस्तु को प्रकट नहीं करता, उसके सामान्य अर्थ को प्रकट करता है।

(viii) एक ही शब्द के एकाधिक अर्थ होते हैं।

(ix) वक्ता के अभिप्राय से वचन का अर्थ होता है।

(x) श्रोता के अभिप्राय से वचन का अर्थ होता है।

(xi) यह आवश्यक नहीं है कि दोनों के अभिप्राय एकरूप हों।

(xii) शब्द एवं वस्तु की भिन्नता के कारण शब्द के अर्थ बदलते रहते हैं।

(xiii) विचार प्रक्रिया तथा उस विचार की अभिव्यक्ति प्रक्रिया में अन्तर होता है।

(xiv) शब्द के द्वारा सूचित किसी व्यक्ति, पदार्थ या विचार के प्रति सभी भाषियों का आत्मगत एवं भावप्रवण बोध एकरूप नहीं होता।

(xv) भाषा निष्पादन की स्थिति में स्मृति, ध्यान, रुचि आदि के कारण प्रत्येक व्यक्ति के वाक्-व्यवहार में अन्तर आ जाता है।

(xvi) भाषा के बोलने, सुनने, शब्दार्थ ग्रहण एवं प्रतीति के समय विभिन्न मानसिक स्थितियाँ अपना प्रभाव डालती हैं।

(xvii) शब्द की 'अभिधा' के अतिरिक्त लक्षणा एवं व्यंजना शक्तियां भी होती हैं।

(xviii) विशेष्य के पूर्व विशेषण जोड़ने की अनिवार्यता हमें बार-बार अनुभव होती है।

'कैसा', 'कौन', 'कहाँ', 'किसका' आदि प्रश्नों का उत्तर बार-बार देना पड़ता है। विशेष्य के जितने विशेषण हैं, वे सब सापेक्षता में ही हैं।

यह विवशता है कि दार्शनिक को तत्त्व दर्शन का निरूपण करना ही होता

है। केवली को भी भाषा का सहारा लेना पड़ता है। यदि पदार्थ अनन्त धर्मात्मक है तो अपेक्षा से एक-एक धर्म को मुख्य करके कथन करना ही मार्ग है। भगवान महावीर ने अपेक्षा से ही निर्वचन किया। स्याद्वाद सप्तभंगी है। मूलतः चार भंग (कहने का ढंग) हैं। इन चार मूलों को समझने के बाद इनके पारस्परिक संयोग से विकसित 'सप्त भंगों' को समझा जा सकता है। मूल भंग चार हैं :

(1) स्याद् अस्ति—इसका अर्थ है कि किसी अपेक्षा से वस्तु है। उसका अस्तित्व है। किसी पदार्थ का अपने पदार्थ, काल, भाव, क्षेत्र आदि की अपेक्षा से अस्तित्व है। व्यवहार जगत में हमें आभासों की प्रतीति होती है। पदार्थ के पर्यायों की प्रतीति होती है। पदार्थ के उत्पाद रूप अंश को लक्ष्य कर "है" का विधान है। इसको उदाहरणों से समझाया जा सकता है :

(i) घट पानी भरने के काम में आ रहा है। घट का अस्तित्व है।

(ii) सोने से सुनार ने कंगन बनाए। कंगन उत्पाद रूप को देखकर हम कहते हैं—ये कंगन हैं।

(iii) पानी में लहर उठी। समुद्र के किनारे पानी की तरंग को देखकर हम कहते हैं कि यह पानी की लहर है।

(iv) पुद्गल की दृष्टि से शरीर है।

(2) स्याद् नास्ति—इसका अर्थ है कि किसी अपेक्षा से पदार्थ नहीं है। किसी पदार्थ का दूसरे पदार्थ के काल, भाव, क्षेत्र आदि की दृष्टि से अस्तित्व नहीं है। घट है, घट पट नहीं है। घड़ा वस्त्र का काम नहीं दे सकता। सोने के कंगनों को तुड़वाकर हार बनवाया गया। कोई पूछता है—कंगन हैं। उत्तर है-नहीं। पहले थे, अब हार है, कंगन नहीं हैं। वस्तु के व्यय होने वाले अंश को लक्ष्य कर 'नहीं' का विधान है। विधान विधेय का होता है। 'है' कहने मात्र से काम नहीं चलता। कौन है? उत्तर देना पड़ता है—लड़का है। इसका अर्थ ही है कि लड़का ही है, लड़की नहीं है। विधि वाक्य में ही निषेधात्मक वाक्य का अस्तित्व विद्यमान रहता है। जब जन्म होता है तब "है" है। मृत्यु के समय 'नहीं' है। उत्पाद अंश में "है", व्यय अंश में 'नहीं'।

(3) स्याद् अस्ति-नास्ति च—किसी अपेक्षा से पदार्थ है, किसी अपेक्षा से नहीं है। अपने स्वरूप की अपेक्षा से है किन्तु पररूप की अपेक्षा से नहीं है। वर्तमान में घड़ा पानी भरने के काम में आ रहा है किन्तु जीर्ण-शीर्ण हो गया है। अपनी जीर्ण-शीर्ण अवस्था के कारण आगे काम नहीं देगा। कोई प्रश्न करता है—आपके पास घड़ा है। उत्तर है—है भी और नहीं भी है। वर्तमान में काम दे रहा है अतः है। आगे चलकर काम नहीं देगा इस दृष्टि से नहीं भी है। भगवान से जब प्रश्न किया गया कि जल की तरंग नित्य है या अनित्य है।

भगवान ने उत्तर दिया—नित्य भी है, अनित्य भी है। जल की सत्ता की दृष्टि से नित्य है। तरंग की दृष्टि से नित्य नहीं है। एक दृष्टि से है। दूसरी दृष्टि से नहीं है।

जब हम कर्ता के किसी विशेषण पर विचार करते हैं तो दोनों स्थितियाँ प्रकट हो जाती हैं। विशेषण सापेक्ष ही होते हैं। 'सुन्दर'—विशेषण है। लड़का सुन्दर है। लड़की सुन्दर है। क्या लड़की सुन्दर है? एक व्यक्ति कहता है—लड़की सुन्दर है। दूसरा व्यक्ति कहता है—तुम्हे लड़की सुन्दर लगी होगी, हमें तो सुन्दर नहीं लगी। एक व्यक्ति की दृष्टि से लड़की सुन्दर है। दूसरे व्यक्ति की दृष्टि से लड़की सुन्दर नहीं है। दर्शन के धरातल पर अपने द्रव्य (पदार्थ), स्वभाव, काल, क्षेत्र आदि की दृष्टि से है किन्तु पर द्रव्य (पदार्थ) के स्वभाव, काल, क्षेत्र आदि की दृष्टि से नहीं है। एक व्यक्ति पूछता है—लड़का घर में है। उत्तर-लड़का घर में नहीं है। कहाँ गया। लड़के को ढूंढने का प्रयास होता है। दूसरा व्यक्ति आकर बतलाता है कि—लड़का स्कूल में है। लड़का है भी, नहीं भी है। घर में नहीं है; स्कूल में है।

उभयविध की मीमांसा दर्शन में भी हुई है। ऋग्वेद का नासदीय सूक्त इस दृष्टि से विशेष उल्लेखनीय है। सृष्टि की उत्पत्ति के मूल कारण की विवेचना उभयविध रूप में हुई है। न तो यह कहा जा सकता है कि "है" और न यह कहा जा सकता है कि 'नहीं' है'। सृष्टि का मूल न 'सत' था न 'असत' था। एक अपेक्षा से उसे सत कहा जा सकता है, दूसरी दृष्टि से उसे असत कहा जा सकता है।

नासदासीन्नो सदासीत् तदानीं नासीद्रजो नो व्योमा परोयत्।[47]

(4) स्याद् अवक्तव्यम्—किसी अपेक्षा से अवक्तव्य है।

वक्तव्य का अर्थ है—कहे जाने योग्य। जिसको कहा जा सके, बोला जा सके, जिसका वर्णन किया जा सके, वह है—वक्तव्यम्। जिसका शब्दो द्वारा विधान करना सम्भव न हो वह हैं—अवक्तव्य। व्यक्त न होना ही अवक्तवय है। यह हमें शब्द व्यापार की सीमा का बोध कराता है :

(i) इन्द्रियों द्वारा ज्ञान के सभी विषय व्यक्त नहीं हो पाते। कुम्हार ने मिट्टी से घड़ा बनाया। घड़े का रंग मटियाला है। कुम्हार ने घड़े को आग में पकाया। पकने के बाद घड़े का रंग रक्तवर्ण हो गया। जब घड़ा पकता है—रंग मटियाले से रक्तिम होता है—तब इन्द्रियों द्वारा रंग-परिवर्तन का ज्ञान होता है। मगर भाषा में इस अवस्था के रंग को व्यक्त करने वाला शब्द या वाचक नहीं है—इस कारण उसका विधान किसी एक शब्द द्वारा नहीं किया जा

सकता। इस कारण अवक्तव्य है। भाषा में इस प्रकार व्यक्त कर भी सकते हैं कि इस समय मटियाले एवं रक्तिम दोनों का मिश्रित रूप है—इस कारण 'किंचित अवक्तव्य' है।

(ii) मन के द्वारा मनन, विचार, भाव, अनुभूति, संवेदना आदि की भाषा में पूर्ण अभिव्यक्ति सम्भव नहीं है। भगवान महावीर की देशना से सम्बन्धित प्रकरण के अन्तर्गत कालगत व्यवधान की विवेचना के समय इसका संकेत किया जा चुका है। भाषा-वेत्ता जानते हैं कि समस्त भावों एवं विचारों की भाषा में तदनुरूप अभिव्यक्ति दुष्कर है। भाषा एवं विचार के बीच गहरा सम्बन्ध है मगर दोनों एकार्थक नहीं हैं, अभिन्न नहीं हैं। वक्ता की दृष्टि से विचार और उसकी अभिव्यक्ति में अन्तर होता है। हमारे मस्तिष्क में विचार, भाव, बिम्ब उद्भूत हो जाते हैं किन्तु कभी-कभी हम उसके वाचक शब्द का उच्चारण नहीं कर पाते। श्रोता एवं पाठक की दृष्टि से भी शब्द-बोध एवं अर्थ-बोध में अन्तर रहता है। उद्भूत विचारों एवं उनकी अभिव्यक्ति में अभिन्नता नहीं होती।[48]

श्री उद्धव को मथुरा से ब्रज भेजते समय कृष्ण जैसे महायोगी के मन के भाव को रत्नाकर ने इस प्रकार व्यक्त किया है :

'नैंकु कही बैननि, अनेक कही नैननि सौं,
रही-सही सोऊ कहि दीनी हिचकीनि सौं।[49]

वाणी से तो किचिंत ही कहा, अनेक नयनों से कहा, रहा-सहा हिचकियों द्वारा व्यक्त हुआ। यह भाषा की अभिव्यक्ति की सीमा की ओर संकेत है।

(iii) इन्द्रियों एवं मन के द्वारा गृहीत ज्ञान की अभिव्यक्ति में भाषा की सीमाओं का बोध होता है। इन्द्रिय एवं मन की सहायता के बिना आत्म चेतना को जब अवधिज्ञान, मन: पर्याय ज्ञान एवं केवल ज्ञान होता है तब उस ज्ञान की अभिव्यक्ति के समय भाषा की सीमा की केवल कल्पना की जा सकती है। जो ज्ञान इन्द्रिय एवं मन की सहायता के बिना प्रत्यक्ष आत्मचेतना को होता है वह आत्मिक ज्ञान है, प्रत्यक्ष ज्ञान है। तत्त्वत: यह ज्ञान बुद्धि एवं वाणी का विषय नहीं बन सकता। संसार में रहने वाला कर्म-बद्ध जीव सापेक्ष ज्ञान की ही अभिव्यक्ति कर सकता है। निरपेक्ष ज्ञान अथवा पारमार्थिक ज्ञान की अभिव्यक्ति एक चुनौती हैं। तत्त्वत: हमारी भाषा इतनी अपूर्ण है कि वह पारमार्थिक ज्ञान की सम्पूर्ण

अभिव्यक्ति में समर्थ नहीं है। तत्त्ववेत्ताओं को इसी कारण कहना पड़ा है—'अविगत गति कछु कहत न आवे।' भगवान महावीर सर्वज्ञ हो गए, केवली हो गए। इसके बाद भी देशना न दे सके। सर्वज्ञ को भी उसी भाषा का सहारा लेना पड़ता है जो सीमित है, जो अपूर्ण है। वस्तु अनेकान्त स्वरूप है। सभी धर्मों का प्रतिपादन एक साथ करना सम्भव नहीं है। जैन आचार्यों ने भी इसी कारण कहा कि आत्मा का किसी भी शब्द द्वारा कथन करना सम्भव नहीं है। उसके जितने भी पर्यायवाची नाम हैं, वे उसके विशिष्ट धर्मों का ही कथन करते हैं। इसी कारण निर्विकल्प आत्मा का ज्ञान कराने के लिए आचार्य कुन्दकुन्द को 'णादा जो सो दु सो चेव' (जो ज्ञात हुआ वह तो वही है) कहना पड़ा।[50] कैवल्य भाव में या मुक्त जीव की स्थिति में तो सभी नयों का अन्त हो जाता है। यह कहा जा चुका है कि अनेकान्तवादी के सिद्धान्त रूप की प्रासंगिकता भी समाप्त हो जाती है। जब तक निरपेक्ष ज्ञान की स्थिति नहीं आती, सापेक्षता की स्थिति रहती है। तब तक अभेद को भेद करके बताना होता है। जिस प्रकार अनाड़ी पुरुष को उसकी भाषा में बोले बिना नहीं समझाया जा सकता, उसी प्रकार परमार्थ का उपदेश भी व्यवहार के बिना नहीं हो सकता :

जह णवि सक्कमणज्जो अणणज्ज भासं विणा दु गाहे दुं।
तह ववहारेण विणा परमत्थुवदेसण मसक्कं।।[51]

बौद्ध दर्शन वस्तु को अवाच्य मानता है। आत्मा के सम्बन्ध में जब गौतमबुद्ध से प्रश्न किया गया तो उन्होंने उसे 'अव्याकृत' कहा। बुद्ध की दृष्टि में यह व्याख्यात नहीं है। उन्होंने केवल परिवर्तित दृष्टि से विचार किया था। इस कारण जो अपरिवर्तित है उसकी उन्होंने व्याख्या नहीं की। उसका प्रतिपादन नहीं किया। उसकी अभिव्यक्ति नहीं की। उन्होंने उसे अवाच्य माना। इस कारण उसके सम्बन्ध में जब प्रश्न किए गए तो उन्होंने उत्तर नहीं दिया। वे मौन रहे। उपनिषद् के ऋषियों ने 'नेति नेति' शैली को अपनाकर अनिवर्चनीय तत्त्व का निर्वचन किया। इस दृष्टि से तैत्तिरीय उपनिषद् में भृगु की कथा उल्लेखनीय है। भृगु ने अपने पिता वरुण से ब्रह्मज्ञान प्राप्ति की इच्छा व्यक्त की। पिता ने तप करने के लिए कहा। भृगु ने तप किया। इसके बाद पिता के पास आकर कहा—अन्न ही ब्रह्म है। पिता ने कहा—नहीं। फिर तप करो। भृगु ने दुबारा तप किया। इसके बाद पिता के पास आकर कहा—प्राण ही ब्रह्म है। पिता ने कहा—नहीं। फिर तप और

इसके बाद—मन ही ब्रह्म है। पिता ने कहा—नहीं। फिर तप और इसके बाद—मन ही ब्रह्म है। पिता ने कहा—यह भी नहीं। फिर तप, फिर कहा—विज्ञान ही ब्रह्म है। पिता वरुण ने कहा कि यह भी नहीं है। वरुण ने कहा—मंजिल के पास हो। थोड़ा तप और करो। अन्त में भृगु ने कहा—आनन्द ही ब्रह्म है। आनन्द अर्थात सुख-दुख से अतीत, राग-द्वेष से अतीत, कषायों से विरहित। शुद्ध चैतन्य प्राप्ति की यात्रा पूर्ण हुई। तप और खोज में पहले भौतिक तत्त्व, जिसे अन्न कोष कहा गया। इसके बाद बुद्धि तत्त्व की खोज जिसके क्रमिक विकास प्राण-कोश, मन कोश एवं विज्ञान कोश हैं। इसके बाद ही उपनिषद् के ऋषियों ने आत्म तत्त्व का संधान किया। जैन दर्शन ने नयवाद द्वारा पदार्थों (द्रव्यों) के सभी गुणों एवं धर्मों को पहचानने एवं जानने के मार्ग का संधान किया। पदार्थ के अनेक धर्मों एवं गुणों का प्रतिपादन इस प्रकार हो कि एक-एक धर्म/गुण की अभिव्यक्ति हो मगर अभिव्यक्ति के समय अन्य धर्मों एवं गुणों के अस्तित्व का बोध भी बना रहे। अनेकान्तवाद एवं स्याद्वाद का सार है कि अनन्त को विभक्त करो, अंशी के अंशों को पृथक-पृथक करो, संश्लिष्ट का विश्लेषण करो। अंश-अंश को जानो। एक एक धर्म को जानो। विश्लेषण के बाद जितने विश्लेषित गुण धर्म हैं, उन्हे पृथक-पृथक एक-एक करके जानो। जिस प्रकार जानो, उसी के अनुरूप उसका प्रतिपादन करो। एक-एक धर्म, एक-एक गुण की अपेक्षा से प्रतिपादन करने के तरीके का नाम है—स्याद्वाद। इस दृष्टि से 'स्याद अवक्तव्य' का तात्पर्य है कि वह अपेक्षा से अवक्तव्य है। भाषा में उसका प्रतिपादक कोई एक शब्द नहीं है। इस अपेक्षा से अवक्तव्य है। उसके एक-एक अंश का प्रतिपादन करते हुए उसे व्यक्त किया जा सकता है। इस अपेक्षा से वक्तव्य है। पदार्थ के सम्यक् विचार के लिए जिस प्रकार दृष्टिकोणों की विवक्षा अपेक्षित हैं; अनेकान्त दृष्टि अपेक्षित है उसी प्रकार पदार्थ के सम्यक् स्वरूप की अभिव्यक्ति के लिए नय या विवक्षा या अपेक्षा से कहना अपेक्षित है। अपनी सीमाओं के कारण हम अनन्त या केवलज्ञान के एकांश का ही ग्रहण कर पाते हैं, एकांश को ही अभिव्यक्ति कर पाते हैं। पदार्थ के अनेक गुणों, धर्मों तथा अनन्त पर्यायों को जिन-जिन दृष्टिकोणों से देखा जाता है अथवा कहा जाता है वे सभी नय कहलाते हैं। पदार्थ में अनेक धर्म हैं। किसी एक धर्म को मुख्य करके कहने वाला वक्ता या अभिप्राय विशेष नय कहलाता है। इस प्रकार निरपेक्ष ज्ञान की अभिव्यक्ति तो अवक्तव्य है, अवाच्य है, भाषा द्वारा उसकी अभिव्यक्ति सम्भव नहीं है। जैन दर्शन अनन्त को उसके एक-एक धर्म/गुण की अपेक्षा से व्यक्त करता है तथा यह ध्यान रखता है कि हम जो कह रहे हैं वह नय या अपेक्षा सहित है। यही किंचित अवक्तव्यम् है। द्रव्यार्थिक नय एवं पर्यायार्थिक नय की दृष्टि से भी व्याख्या सम्भव है। द्रव्यार्थिक नय से वस्तु के सामान्य धर्म को ग्रहण किया जाता है। पर्यायार्थिक नय से वस्तु में निरन्तर होने वाले आभासों को ग्रहण किया जाता

है। जब वस्तु एक साथ दोनों रूप प्रतीत होती है तब भाषा में उसको व्यक्त करने वाले एक वाचक न होने के कारण इसे अवक्तव्य कहा जाता है। अपेक्षा से एक-एक नय का प्रतिपादन कर सकते हैं। अत: किंचित अवक्तव्य है।

इन चार भंगों के तीन विकल्प और बनते हैं :

(5) स्याद् अस्ति अवक्तव्यम्—किसी अपेक्षा से पदार्थ का अस्तित्व है तथा अवक्तव्य भी है। पदार्थ का अपने द्रव्य, क्षेत्र, काल आदि की दृष्टि से अस्तित्व है। स्पष्ट निदर्शन न हो सके तो अवक्तव्य है। इसकी व्याख्या इस प्रकार भी की जा सकती है कि पदार्थ के उत्पाद अंश के साथ ध्रौव्य अंश को एक साथ देखने पर इस प्रकार का वचन भंग बनता है। घड़ा अभी तो है इसलिए घट का अस्तित्व है। उसमें अब छेद हो गए हैं जिससे पानी निकलने लगा है। इस कारण व्यवहारिक दृष्टि से देखें तो एक अपेक्षा से होते हुए भी दूसरी अपेक्षा से नहीं है। हम इस दृष्टि से नहीं कह सकते कि हमारे पास घड़ा है या नहीं। अत: अवक्तव्य है।

(6) स्याद् नास्ति अवक्तव्यम्—किसी अपेक्षा से पदार्थ नहीं है तथा अवक्तव्य है। पदार्थ का अपने से भिन्न पदार्थ के क्षेत्र, काल आदि की दृष्टि से अस्तित्व नहीं है। स्पष्ट निदर्शन न हो सकने के कारण अवक्तव्य है। इसकी व्याख्या इस प्रकार भी की जा सकती है कि पदार्थ के व्यय अंश के साथ ध्रौव्य अंश को एक साथ देखने पर इस प्रकार का वचन भंग बनता है। घड़ा नहीं है, घड़ा अवक्तव्य है। अपना घड़ा अपने पास नहीं है। वह दूसरे के पास रखा है। अत: वर्तमान में घड़ा नहीं है। यह नहीं कहा जा सकता कि आवश्यकता पड़ने पर काम आएगा अथवा नहीं। इस कारण अवक्तव्य है।

(7) स्याद् अस्ति-नास्ति-अवक्तव्यम्—किसी अपेक्षा से पदार्थ है, किसी अपेक्षा से नहीं है तथा अवक्तव्य है। घड़ा वर्तमान में अपने पास है। अत: है। यह हमारा घड़ा नहीं है। यह घड़ा दूसरे का है। इसका स्वामी अन्य है। इस अपेक्षा से घड़ा अपना नहीं है। भविष्य में क्या पता कि घड़ा अपने पास रहेगा या नहीं। काम आएगा या नहीं। स्थिति स्पष्ट नहीं है। अत: अवक्तव्य है। इस प्रकार पदार्थ अस्ति भी है, नास्ति भी है, अवक्तव्य भी है।

भगवान महावीर की स्याद्‌वादी कथन शैली :

भगवान महावीर ने अपने युग के तार्किक दार्शनिकों की जिज्ञासाओं का स्याद्वादी कथन शैली से समाधान किया।

गौतम को जिज्ञासा थी कि जब जीव गर्भ में प्रविष्ट होता है तब यह

सेन्द्रिय होता है या निरिन्द्रिय? महावीर ने उत्तर दिया कि कथंचित सेन्द्रिय प्रविष्ट होता है और कथंचित निरिन्द्रय।

जिज्ञासा शान्त नहीं हुई। उत्तर ने उलझा दिया। गौतम ने पुन: प्रश्न किया- यह कैसे?

भगवान् ने उत्तर दिया—'द्रव्येन्द्रियों की अपेक्षा सेन्द्रिय प्रविष्ट होता है और भावेन्द्रियों की अपेक्षा निरिन्द्रिय।

पहले जो उलझ गया था, अपेक्षा से समझाने पर बिलकुल साफ हो गया।

अपेक्षा से बतलाने पर विरोधी प्रतीतियाँ स्वत: समाप्त हो जाती हैं, एक-एक धर्म को मुख्यता से बतलाने पर भी कथन शैली के कारण वस्तु की अनन्त धर्मात्मकता की तरफ ध्यान बना रहता है।

गौतम एवं अन्यों की जिज्ञासा के समाधान के लिए भगवान महावीर की कथन शैली के कुछ अन्य उदाहरण भगवती सूत्र से प्रस्तुत हैं :—[52]

(i) ''जीव नित्य भी है और अनित्य भी है। .... द्रव्यार्थिक दृष्टि से जीव नित्य है और पर्यायार्थिक दृष्टि से अनित्य है।''[52-क]

(ii) ''लोक नित्य भी है और अनित्य भी है। एक भी ऐसा समय नहीं आ सकता जब लोक न हो। अतएव लोक नित्य है। लोक का स्वरूप सदा एकसा नहीं रहता। अतएव लोक अनित्य भी है। अवसर्पिणी और उत्सर्पिणी काल में उत्थान पतन होता रहता है। कालक्रम से लोक में उत्थान पतन होता रहता है। कालक्रम से लोक में विविध रूपता आती रहती है।[52-ख]

(iii) लोक द्रव्य द्रष्टि से सान्त है, क्षेत्र की अपेक्षा से सान्त है। काल की अपेक्षा से अनन्त है। भाव की अपेक्षा से अनन्त है।''[52-ग]

(iv) ''जीव सान्त भी है और अनन्त भी है। द्रव्य की अपेक्षा स एक जीव सान्त है। क्षेत्र की दृष्टि से जीव असंख्यात प्रदेशयुक्त होने के कारण सान्त है। काल की दृष्टि से जीव भूतकाल में था, वर्तमान में है और भविष्यकाल में रहेगा। अतएव अनन्त है। भाव की अपेक्षा जीव के अनन्त ज्ञान पर्याय हैं, अनन्तदर्शन पर्याय हैं। अनन्त चारित्र पर्याय हैं। अत: अनन्त हैं।''[52-घ]

(v) ''द्रव्य दृष्टि से मैं एक हूँ। ज्ञान और दर्शन की अपेक्षा से मैं दो हूँ। परिवर्तन न होने वाले प्रदेशों की अपेक्षा से अक्षय हूँ, अव्यय हूँ, अवस्थित हूँ। बदलते रहने वाले उपयोग की अपेक्षा से अनेक हूँ।''[52-च]

3. 4. सत्ता मीमांसा/तत्व मीमांसा/पदार्थ मीमांसा/द्रव्य मीमांसा

जिसकी सत्ता है, वह सत्य है। वस्तु स्वरूप सत्य है। सत का सर्वथा अभाव नहीं होता। असत की उत्पत्ति नहीं होती। इसकी विवेचना की जा चुकी है। (दे0 3.3.)। वस्तु स्वरूप को तत्त्व भी कहा गया है। जैन दर्शन में तत्त्व, सत, सत्व, पदार्थ, द्रव्य शब्दों का समानार्थक प्रयोग हुआ है। तत्त्व, परमार्थ, द्रव्य स्वभाव, परमपरम, परम, ध्येय, शुद्ध- ये सब शब्द एकार्थवाची हैं :

तच्चं तह परमट्ठं, दव्व सहावं तहेव परमपरं।
धेयं सुद्धं परमं, एयट्ठा हुंति अभिहाणा।।[53]

लौकिक दृष्टि से तत्त्व का अर्थ है—वास्तविक स्थिति, यथार्थता, सारवस्तु। दर्शन की दृष्टि से तत्त्व का अर्थ है—पदार्थ, परम सत्ता, द्रव्य स्वभाव। तत्त्व की मीमांसा की जाती है। तत्त्व मीमांसा करने वाली दर्शन शास्त्र की शाखा का नाम है : सत्ता मीमांसा, तत्त्व या वस्तु तत्त्व मीमांसा, पदार्थ मीमांसा, द्रव्य मीमांसा। अधिकांश दर्शनों में 'पदार्थ मीमांसा' शब्द का अधिक प्रयोग हुआ है। जैन दर्शन में इसके लिए द्रव्य शब्द का भी प्रयोग हुआ है। द्रव्य का लक्षण सत है। (दे.3.3)। सत है इस कारण सत्ता है, अस्तित्व है। अस्तित्व सामान्य की दृष्टि से सभी पदार्थ एक हैं। पदार्थ अनादि-निधन है, शाश्वत है, सनातन है, अविनाशी है।

इसकी विवेचना की जा चुकी है कि जैन दर्शन इसी को सम्पूर्ण सत्य नहीं मानता। वस्तु का स्वभाव सदैव होना ही नहीं है, सदैव बदलना भी उसका स्वभाव है। इसी कारण जैन दर्शन 'सत' को उत्पाद, व्यय और ध्रौव्य युक्त मानता है। (सद् द्रव्य लक्षणम्)। ध्रौव्य के कारण पदार्थ अविनाशी है। पदार्थ का दूसरा नाम द्रव्य है। द्रव्य का गुण है-बहना। इस कारण पदार्थ सदा परिणमनशील है। पदार्थ द्रवित होता रहता है, सदा बहता रहता है; उत्पाद-व्यय युक्त होने के कारण उत्पन्न होता रहता है, विनाश को प्राप्त होता रहता है, बदलता रहता है।

सभी दर्शनों ने तत्त्व विवेचन किया है। चार्वाक दर्शन पृथ्वी, जल, अग्नि, वायु एवं आकाश—इन पाँच भूतों को तत्त्व मानता है। बौद्ध दर्शन स्कंध, आयतन और धातु को तत्त्व मानता है। वेदांत दर्शन केवल परमात्मा अथवा परब्रह्म की ही पारमार्थिक सत्ता स्वीकार करता है। सांख्य दर्शन तत्त्वों की संख्या पच्चीस मानता है किन्तु मूल प्रमेय पुरुष एवं प्रकृति को मानता है। सांख्य दर्शन के अनुसार पुरुष चेतन है, प्रकृति जड़ है। पुरुष चेतन है, स्थाणु है, साक्षी है, केवल है, मध्यस्थ है, द्रष्टा है, अकर्ता है। प्रकृति जड़ है, क्रियाशील है, त्रिगुणात्मिका है, सृष्टि की उत्पादिका है। दोनों की मूल सत्ता है। दोनों का अस्तित्व है। दोनों अज, अनादि, शाश्वत एवं अविनाशी हैं। वैशेषिक दर्शन द्रव्य, गुण, कर्म,

सामान्य, विशेष और समवाय को तत्त्व मानता है। न्याय एवं वैशेषिक दर्शन परमाणुवाद के सिद्धान्त को स्वीकार करता है। परमाणु ही सबसे सूक्ष्म और नित्य मूल तत्त्व है। अणुओं के योग से स्थूल पदार्थों की सृष्टि होती है। परमाणुओं के रूप में ही शुद्ध चेतन सदैव विद्यमान रहता है। प्रलय में परमाणु बिखर जाते हैं। सृष्टि के समय मिल जाते हैं।

जैन दर्शन में पदार्थ या तत्त्व दो हैं :- (1) जीव (2) अजीव

जीव चेतन है। अजीव अचेतन है। जीव का स्वभाव चैतन्य है। अजीव का स्वभाव जड़त्व अथवा अचैतन्य है। जो जानता है वह जीवात्मा है। जो नहीं जानता वह अनात्मा है। जीव आत्मा सहित है। अजीव में आत्मा नहीं है। जीव सुख दुख की अनुभूति करता है। अजीव को सुख दुख की अनुभूति नहीं होती।

एक दृष्टि ने माना कि परम चैतन्य से ही जड़ जगत की सृष्टि होती है। दूसरी दृष्टि मानती है कि भौतिक द्रव्य की ही सत्ता है। भौतिक पदार्थ के अतिरिक्त अन्य किसी की सत्ता नहीं है। बुद्धि एवं मन की भाँति चेतना भी 'स्नायुजाल की बद्धता' अथवा 'विभिन्न तंत्रिकाओं का तंत्र' है जो अन्ततः अणुओं एवं आणविक क्रियाशीलता का परिणाम है।

जैन दर्शन दोनों की भिन्न सत्ता मानता है। जिस वस्तु का जैसा उपादान कारण होता है, वह उसी रूप में परिणत होता है। चेतन के उपादान अचेतन में नहीं बदल सकते। अचेतन के उपादान चेतन में नहीं बदल सकते। न कभी ऐसा हुआ है, न हो रहा है और न होगा कि जीव अजीव बन जाए तथा अजीव जीव बन जाए। आत्मा अमूर्त तत्त्व है। इन्द्रियों का वह विषय नहीं है। इन्द्रियां उसे नहीं जान पातीं। इससे इन्द्रियों की शक्ति सीमा सिद्ध होती है। इससे आत्मा का अस्तित्व नहीं है—यह सिद्ध नहीं होता। जड़ पदार्थ का रूपान्तरण ऊर्जा (प्राण), स्मृति, कृत्रिम प्रज्ञा एवं बुद्धि में सम्भव है किन्तु इनमें चैतन्य नहीं होता। कम्प्यूटर चेतनायुक्त नहीं है। कम्प्यूटर को यह चेतना नहीं होती कि वह है, वह कार्य कर रहा है। कम्प्यूटर मनुष्य की चेतना से प्रेरित होकर कार्य करता है। उसे सुख दुख की अनुभूति नहीं होती। उसे स्व-संवेदन नहीं होता। 'मैं हूँ,' 'मैं सुखी हूँ', 'मैं दुखी हूँ'—शरीर को इस प्रकार के अनुभवों की प्रतीति नहीं होती। इस प्रकार के अनुभवों की जिसे प्रतीति होती है, वह शरीर से भिन्न है। आत्मा में चैतन्य नामक विशेष गुण है। आत्मा में जानने की शक्ति है। आत्मा के द्वारा जीव को अपने अस्तित्व का बोध होता है। ज्ञान का मूल स्रोत आत्मा ही है।

मनोविज्ञान में 'संज्ञानात्मक मनोविज्ञान' पर कार्य हो रहा है। विज्ञान में ऊर्जाणु भौतिकी (Quantum Physics) के क्षेत्र में नए अनुसंधान कार्य हो रहे हैं। इनसे भविष्य में आत्मा अथवा चेतना के स्वतंत्र अस्तित्व का प्रमाण सिद्ध होना सम्भव है। पहले मनोविज्ञान 'उत्तेजन-प्रतिक्रिया व्यवहार' के आधार पर

मनुष्य के व्यवहार का अध्ययन करता था। संज्ञानात्मक मनोविज्ञान के अध्ययन का आधार संज्ञान है। संवेदन एवं संज्ञान में अन्तर है। संवेदन के द्वारा प्राणी को उत्तेजना का आभास होता है। संज्ञान शक्ति के द्वारा मनुष्य संवेदनों को नाम, रूप, गुण आदि भेदों से संगठित कर, ज्ञान प्राप्त करता है। उद्दीपनों और प्रतिक्रियाओं के आधार पर ही मानवीय व्यवहार का अध्ययन करने तक आज का मनोविज्ञान सीमित नहीं है। अब मनोविज्ञान मानवीय व्यवहार को समझने के लिए प्रत्यक्षण, स्मृति, कल्पना, तर्क, निर्णय, अनुभव बोध आदि का भी उपयोग कर रहा है। मनोविज्ञान को गहन समाधि एवं स्वभावोन्मुख गहन ध्यान में लीन साधक की शान्त, निर्विकल्प, विचार शून्य एवं क्रियाहीन स्थिति के अन्तर्निरीक्षण की विधि एवं पद्धति का संधान करना होगा।

विज्ञान को इस अवधारणा का अतिक्रमण करना होगा कि भौतिक विज्ञान के नियमों से सम्पूर्ण वास्तविकता की व्याख्या सम्भव है। इस दिशा में सन् 1936 में गोदेल (Godel) द्वारा प्रतिपादित प्रमेय का महत्व है। उन्होंने सिद्ध किया कि गणित की बहुत सी वास्तविकताओं को सिद्ध नहीं किया जा सकता। गणित की यह अपूर्णता अज्ञान के कारण नहीं है। इसका कारण गणित की आधारभूत संरचना है :

"............. the celebrated theorem of Godel (1936), proven in a most rigorous manner, states that there are many truths in mathematics which can never be proved. It shows that the incompleteness in mathematics is not due to ignorance but due to its very basic structure."[54]

पहले भौतिक-विज्ञानी मानते थे कि भौतिकी व्याख्या में तरंग एवं सूक्ष्म अंश परस्पर विपरीत छोर हैं। परमाणु के आविष्कार के बाद भौतिक-विज्ञान का उक्त सिद्धान्त अमान्य हो गया है। अब सर्वमान्य है कि परमाणु क्रिया की व्याख्या के लिए दोनों की साथ-साथ व्याख्या करना आवश्यक है। परमाणु के सम्बन्ध में यह भी ध्यान देने योग्य है कि परमाणु के अंशों को गणित की दृष्टि से विश्लेषित किया जा सकता है। परमाणु के अंशों की किसी भी विधि से झलक पाना सम्भव नहीं है। ऊर्जाणु का सूक्ष्म-अंश युगपत एकाधिक स्थानों पर हो सकता है अथवा एकाधिक मार्गों पर गमन कर सकता है। जब भौतिक जगत के ऊर्जाणु के स्वरूप की आधारभूत यथार्थता का प्रत्यक्षण इतना दुष्कर एवं जटिल है तब समस्त आभासों का अतिक्रमण करने वाले आत्म तत्त्व का किसी यंत्र से प्रत्यक्षण किस प्रकार सम्भव है। जिससे सबको जाना जाता है उसको बाह्य-विधि से कैसे जाना जा सकता है। विज्ञान में ऊर्जा भौतिकी आदि क्षेत्रों में जो नव्यतम अनुसंधान हुए हैं, उनके आलोक में विज्ञान इस सिद्धान्त की पुष्टि की ओर कदम बढ़ा रहा है कि प्रत्येक प्राणी की चेतना को प्रकट करने के लिए

जैविक चेतना संहिति (biological nervous system) तो केवल भौतिक ढाँचा जुटाता है।

जीव द्रव्य चेतन है। पुद्गल, आकाश, काल, धर्म एवं अधर्म- ये पाँच पदार्थ जीव-प्रधान चेतन गुण से विरहित होने के कारण अजीव हैं :

आकाश काल पुद्गल धर्मोंधर्मेषु न सन्ति जीव गुणाः।
तेषामचेतनत्वं, भणितं जीवस्य चेतनता।।[55]

जैन दर्शन में पदार्थों का वर्गीकरण इस प्रकार है :-

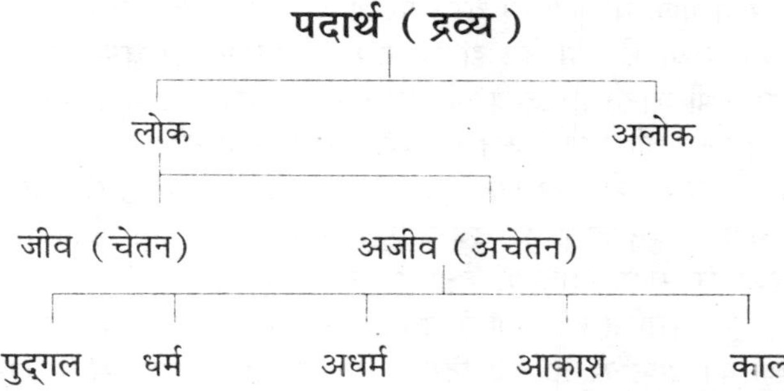

कुछ ग्रन्थों में (1) आश्रव (2) बंध (3) संवर (4) निर्जरा एवं (5) मोक्ष को भी पदार्थ या तत्त्व कहा गया है। तत्त्वत: ये पदार्थ नहीं हैं। ये जीव एवं पुद्गल के योग अथवा अयोग की स्थितियाँ हैं। योग में आश्रव एवं बंध की स्थितियाँ हैं। (दे0 3.5.) योग के द्वार को रोकना संवर है। अवशिष्ट कर्मों का विनाश निर्जरा है। अयोग की स्थिति मोक्ष है। (दे0 3.6.)

जैन दर्शन में धर्म एवं अधर्म ये दो पदार्थ विशिष्ट हैं। इसका अर्थ भी विशिष्ट है। धर्म का लक्षण गति का हेतु है। अधर्म का लक्षण स्थिति का हेतु है। इन दो द्रव्यों के कारण ही अखंड आकाश के दो विभाग हैं—(1) लोक (2) अलोक। इन दोनों द्रव्यों के कारण लोक आकाश परिणाम है। अनन्त एवं विभु आकाश के उस मध्यवर्ती भाग को लोक कहते हैं जिसमें पदार्थ (द्रव्य) स्थित हैं। शेष अनन्त आकाश अलोक है।

सजातीय की अपेक्षा से धर्म, अधर्म एवं आकाश एक-एक हैं। परिवर्तन का जो निमित्त या सहायक है, वह काल द्रव्य है। कालाणु असंख्यात हैं। जीव एवं पुद्गल अनन्तानन्त हैं।

जीव चेतन है। पुद्गल अचेतन है। जीव में चैतन्य है इस कारण वह आत्मा है। आत्मा इन्द्रियों का विषय हैं। आत्मा अरूपी है। पुद्गल रूपादिमान है।

प्रत्येक द्रव्य अपनी-अपनी विशेषता लिए हुए एक दूसरे से भिन्न हैं।

प्रत्येक द्रव्य में अनेक गुण होते हैं जो हमारे ज्ञान में भिन्न-भिन्न आते हैं। उदाहरण के लिए पुद्गल द्रव्य के स्पर्श गुण को हम हाथ से छूकर जानते हैं। पुद्गल द्रव्य के रस गुण को जीभ से चखकर जानते हैं। पुद्गल द्रव्य के गंध गुण को नाक से सूंघकर जानते हैं।

पदार्थ (द्रव्य) में सदा बने रहने वाले स्वभाव का नाम गुण है। इस अपेक्षा से पदार्थ एवं गुण भिन्न नहीं हैं। गुण अग्नि के लक्षण ऊष्णपन की तरह पदार्थ से अभिन्न रहते हैं। स्थिति की दृष्टि से पदार्थ एवं गुण में अभेद है। संज्ञा, संख्या, प्रयोजन आदि की दृष्टि से पदार्थ एवं गुण में भेद भी रहता है। पदार्थ गुणी है, गुण गुणी के गुण हैं। वस्त्र पदार्थ है। रूई से बने वस्त्र का गुण उसकी श्वेतता है। वस्त्र को हम नेत्र इन्द्रिय द्वारा भी जानते हैं। वस्त्र को हम स्पर्श-इन्द्रिय द्वारा भी जानते हैं। वस्त्र को हम हाथ से छूकर भी जान सकते हैं, आँखों के द्वारा देखकर भी जान सकते हैं। वस्त्र की श्वेतता को हम देखकर ही जानते हैं, हाथ से छूकर नहीं जान पाते। स्वभाव दशा में गुण अनावृत्त रहता है। विभाव दशा में गुण आवृत्त होता है। जब कपड़ा साफ-सुथरा होता है, निर्मल होता है तब उसका रंग साफ दिखलाई देता है। जब कपड़ा गन्दा हो जाता है, मैला हो जाता है, धूल धूसरित हो जाता है तब उसका रंग गुण मैल से आवृत्त हो जाता है। संख्या की दृष्टि से भी भेद दिखाई देता है। जब जीव संसारी दशा में होता है तो आत्मा के दर्शन, ज्ञान एवं चारित्र गुण पृथक पृथक बताए जाते हैं। जब जीवात्मा को केवल ज्ञान की प्राप्ति हो जाती है, केवल ज्ञायक भाव प्राप्त हो जाता है, वह शुद्ध-आत्मा हो जाता है तब ज्ञान, दर्शन, चारित्र पृथक-पृथक नहीं रह जाते। उन सबसे समाविष्ट एक केवल ज्ञायक शुद्धात्मा हो जाता है। भेद दृष्टि से अथवा व्यवहार में दर्शन, ज्ञान एवं चारित्र भिन्न हैं। अभेद दृष्टि से अथवा निश्चय नय से आत्मा अनन्त गुणों का अखंड-पिंड-एक-ज्ञायक मात्र है।

सभी पदार्थों (द्रव्यों) में कुछ गुण सामान्य रूप से पाए जाते हैं। कुछ गुण पदार्थ विशेष में पाए जाते हैं, अन्य पदार्थों में प्राप्त नहीं होते। इस दृष्टि से गुण दो प्रकार के होते हैं (1) सामान्य गुण (2) विशेष गुण

(I) सामान्य गुण–

सभी पदार्थों में समान रूप से पाए जाने वाले गुण 'सामान्य गुण' हैं। इन गुणों की संख्या बहुत अधिक है। मुख्य सामान्य गुण निम्नलिखित हैं :-

(i) **अस्तित्व**—इस गुण के कारण पदार्थ की सत्ता सदैव रहती है। उसके अस्ति रूप का कभी नाश नहीं होता।

(ii) **वस्तुत्व**—इस गुण के कारण प्रत्येक पदार्थ अपना प्रयोजन भूत कार्य करता है। प्रत्येक पदार्थ अपने गुण-पर्यायों का प्रयोजनभूत

कार्य करता है। इसका अर्थ यह भी है कि प्रत्येक पदार्थ अपना कार्य करता है। कोई पदार्थ दूसरे पदार्थ का कार्य नहीं करता, न कर सकता है। इसी कारण से कहा जाता है कि व्यवहार से भले ही यह कहा जाए कि कर्मों ने जीव को बांधा है। निश्चय से जीव स्वयं अपने कर्मों का कर्ता है, वही भोक्ता है।

(iii) **द्रव्यत्व**—इस गुण के कारण प्रत्येक पदार्थ एक अवस्था से दूसरी अवस्था में परिणमन करता है। पदार्थ त्रिकाल अस्तिरूप है तथापि वह कूटस्थ (सदा एक सदृश) नहीं है; निरन्तर बदलने वाला है। परिणमन के कारण जीव की संसार-दशा है। मोक्ष दशा में जीव आत्मस्थ हो जाता है। मोक्ष प्राप्ति के बाद जीव की संसारी पर्याय नहीं होती।

(iv) **प्रमेयत्व**—इस गुण के कारण प्रत्येक पदार्थ प्रमेय है। प्रमेय का अर्थ है—प्रमाणित किए जाने योग्य। प्रमाता तो आत्मा है। आत्मा अपनी ज्ञान शक्ति से स्वयं निज को जान सकता है। आत्मा अपनी ज्ञान शक्ति से सभी पदार्थों के स्वरूप को जान सकता है, प्रमाणित कर सकता है।

(v) **अगुरुलघुत्व**—इस गुण के कारण प्रत्येक पदार्थ निज स्वरूप से ही स्थित रहता है। जड़ कभी चेतन नहीं हो सकता। चेतन कभी जड़ नहीं हो सकता है। विकास या विकार की अवस्थाओं में चाहे जितना परिवर्तन हो जाए, वे स्वल्प या अधिक हो जाएँ किन्तु मूल वस्तु न तो लघु होती है न गुरु होती है। लघु का अर्थ है—अल्प, न्यून। गुरु का अर्थ है -भारी, बड़ा। इस प्रकार प्रत्येक पदार्थ अपने पदार्थत्व की दृष्टि से न तो गुरु होती है, न लघु होती है। प्रत्येक पदार्थ निज स्वरूप से ही स्थित रहता है। जब जीव संसारी होता है तब शरीर की स्थिति के अनुरूप परिणमन करता है। जिस प्रकार एक दीपक चाहे छोटे पात्र में रखा जाए चाहे विस्तृत आकार वाले कमरे में, वह उसी स्थान को प्रकाशित करता है। इसी प्रकार आत्मा भी स्वदेह के अनुकूल रूप से सिकुड़ती और फैलती है। शुद्ध आत्मा चिरन्तन स्थिति नें अवस्थित रहती है।

(vi) **प्रदेशत्व**—इस गुण के कारण प्रत्येक पदार्थ अपने स्व आकार में रहता है। प्रदेशत्व गुण के कारण जीवात्मा का सिद्ध दशा में परमात्मा में विलय नहीं होता, वह स्वयं परमात्मस्वरूप से सिद्धालय में अपने प्रदेश-आकार में स्वतंत्र रूप से स्थित रहता है।

(II) विशेष गुण

(i) जीव चेतन है। अन्य सभी पदार्थ अचेतन हैं।

(ii) पुद्‌गल रूपी (मूर्तिक) है। अन्य सभी पदार्थ अरूपी (अमूर्तिक) हैं। इस दृष्टि से पुद्‌गल के विशेष गुण—(1) स्पर्श (2) रस (3) गन्ध (4) वर्ण एवं (5) मूर्तत्व हैं।

(iii) काल अनस्तिकाय है। अन्य सभी पदार्थ अस्तिकाय हैं। पदार्थों के सामान्य गुणों के अन्तर्गत अस्तित्व गुण का विधान किया गया है। अस्तित्व गुण एवं अस्तिकाय में अन्तर है। अस्तित्व का अर्थ सत्ता है। अस्तिकाय का अर्थ कायवान है। काल अणु परिणामी है। अणु परिणामी होने के कारण काल कायवान नहीं है। काल एक प्रदेशी होने के कारण अनास्तिकाय है। काल अन्य सभी पदार्थों के परिणमन में सहायक (निमित्त) है। काल पदार्थ को स्थान देने में आकाश पदार्थ सहायक (निमित्त) है।

(iv) आकाश अन्य सभी पदार्थों को स्थान देने में सहायक (निमित्त) है।

(v) धर्म लोक-आकाश प्रमाण एक अमूर्तिक पदार्थ है जो जीव पदार्थ एवं पुद्‌गल पदार्थ की गति में सहायक (निमित्त) है।

(vi) अधर्म लोक-आकाश प्रमाण एक अमूर्तिक पदार्थ है जो जीव पदार्थ एवं पुद्‌गल पदार्थ की स्थिति में सहायक (निमित्त) है।

(III) जीव एवं पुद्‌गल का सम्बन्ध एवं विभाव

जीव एवं पुद्‌गल में अनादि से प्रवाही सम्बन्ध है। इस कारण जीव एवं पुद्‌गल में अपने अपने स्वभाव के अतिरिक्त विभाव भी होता है। विभाव तीन प्रकार से होता है :

(1) जीव का पुद्‌गल के साथ सम्बन्ध।
(2) पुद्‌गल का जीव के साथ सम्बन्ध।
(3) पुद्‌गलों का परस्पर सम्बन्ध। अणुओं का पिंड होकर स्कन्ध होना।

जीव एवं पुद्‌गल के अतिरिक्त अन्य पदार्थों में विभाव नहीं होता। ये अन्य पदार्थ—धर्म, अधर्म, आकाश, काल सदैव विभाव रहित स्थित हैं।

बद्ध जीव एवं पुद्‌गल में विभाव होता है। इनके संयोग से वैभाविक स्थितियाँ उत्पन्न होती हैं :

(1) आहार (2) श्वास-प्रश्वास (3) भाषा (4) पौद्‌गलिक मन

ये जीव एवं शरीर के योग से उत्पन्न होते हैं। दोनों के अयोग से मिट जाते हैं। राग-द्वेष आदि के निमित्त से सूक्ष्म अणुओं का संश्लेष होता है। इन्हें द्रव्य-कर्म के नाम से अभिहित किया जाता है। द्रव्य कर्मों का संचय ही 'कार्मण शरीर' है। जीव की संसारी दशा में जीव एवं कार्मण शरीर का अनादि से प्रवाही सम्बन्ध है। शरीर के नष्ट होने पर भी, जीवन स्थिति की समाप्ति के बाद भी जीव एवं कार्मण शरीर का प्रवाही सम्बन्ध बना रहता है। मृत्यु दशा में कार्मण शरीर जीव के साथ रहता है। इनका अयोग जीव की मुक्त दशा में ही होता है। तब कारण-परमात्मास्वरूप आत्मा कार्य-स्वरूप परमात्मा हो जाती है।

पदार्थों की विवेचना

(1) जीव : चेतना जीव अथवा आत्मा का विशेष गुण है। आत्मा की शक्ति विशेष का नाम चेतना है। सभी अस्तित्ववादी दर्शन आत्म तत्त्व को स्वीकार करते हैं। सभी आत्मवादी दर्शन आत्मा एवं शरीर की भिन्नता का प्रतिपादन करते हैं। कहीं इसे चेतन एवं जड़ की भिन्नता माना गया है। कहीं इसे ब्रह्म एवं माया का भेद बतलाया गया है। कहीं पुरुष एवं प्रकृति की भिन्नता प्रतिपादित की गई है। गीता आत्मा को अविनाशी, स्वभावत: ऊर्ध्वगामी तथा जड़तत्व से भिन्न मानती है।

सामान्य की अपेक्षा से न्याय-वैशेषिक आत्मा, वेदान्त ब्रह्म अथवा आत्मा, सांख्य दर्शन 'पुरुष' एवं जैन दर्शन जीव अथवा आत्मा की अमूर्तता, अमरता, अविनाशिता, चेतनवान-स्वरूप का प्रतिपादन करते हैं।

चेतना के कारण जानना एवं देखना आत्मा का स्वभाव है। जो जानता है वह आत्मा है। जो नहीं जानता वह अनात्मा है। जो आत्मा है, वह विज्ञाता है। जिससे जाना जाए वह आत्मा है। जानने की शक्ति से ही आत्मा की प्रतीति है :

जे आया से विन्नाया, जे विन्नाया से आया।
जेय वियाणइ से आया, तं पडुच्च पडिसंखाए।।[56]

जैन दर्शन की दृष्टि से आत्मा स्वतंत्र है, अखंड है, नित्य है, अनादि-निधन है। जीव की प्रमुख शक्तियाँ अथवा आत्मा के लक्षण निम्न हैं :- (1) ज्ञान (2) दर्शन (3) चारित्र (4) तप (5) सामर्थ्य (6) उपयोग

चैतन्य ज्ञान की अन्तर्मुखता ही आत्मदर्शन है। उपयोग आत्मा का बोध रूप व्यापार है। उपयोग को 'ज्ञान-दर्शन' भी कहते हैं। पाँच प्रकार के ज्ञान, तत्त्वार्थ दर्शन, सुख दुख अनुभूति से बोध रूप व्यापार सम्पन्न होता है। यह जीव का स्वसंवित धर्म है। यह सभी जीवों में होता है। जीव के अतिरिक्त अन्य किसी पदार्थ में नहीं होता। चैतन्य स्वभाव का अनुसरण करने वाले आत्मा के परिणाम

को उपयोग कहते हैं। इसी कारण जीव का लक्षण उपयोग भी कहा गया है : उपयोगो लक्षणम्।[57]

आत्मा के ज्ञान, दर्शन एवं चारित्र लक्षणों की दृष्टि से कहा गया है :

जो चरदि णादि पेच्छदि, अप्पाणं अप्पणा अणण्णमयं।
सो चारित्तं णाणं, दंसणमिदि णिच्छिदो होदि॥

'जो आत्मा अनन्यस्वरूप निजात्मा को, आत्मा के द्वारा ही आचरित करता है, जानता है, दर्शन करता है, वह आत्मा ही स्वयं ज्ञान, दर्शन एवं चारित्र सबकुछ है।'[58]

व्यवहार में विश्लेषण पद्धति से ज्ञान, दर्शन एवं चारित्र की विवेचना आत्मा के स्वरूप को समझाने की दृष्टि से की जाती है। तत्त्वत: ये पृथक नहीं है। वास्तव में तो आत्मा अनन्त गुणों का अखंड-पिंड एक ज्ञायक मात्र है। मुक्त जीव की स्थिति में ज्ञान, दर्शन, चारित्र पृथक न होकर उन सबसे समाविष्ट एक केवल-ज्ञायक शुद्धात्मा है। कैवल्य भाव में सापेक्षता की स्थिति नहीं रह जाती, निरपेक्ष ज्ञान की स्थिति हो जाती है।

तप के कारण आत्मा का शुद्धिकरण होता है। आत्मा तप से पूर्व कर्मों का क्षय कर आत्मशुद्धि प्राप्त करती है। आत्मा स्वभाव से अनन्त शक्ति की धारक है और आनन्दस्वरूप है। आनन्द स्वरूप को अधिकांश जैन शास्त्रों में अनन्त सुखमय कहा गया है। प्रत्येक जीव अपने बल पर चरम विकास कर सकता है। कोई अन्य आपका उद्धार नहीं कर सकता। वस्तुत: बंधन और मोक्ष अपने भीतर ही है—**बंधप्पमोक्खो अज्झत्थेव।**[59] बंधन की स्थिति में जीव बद्ध है; संसारी है। मोक्ष की स्थिति में जीव मुक्त है, सिद्ध है। यह आत्मा सर्वकर्मों का नाश कर सिद्ध लोक में सिद्ध पद को प्राप्त करती है—**जह य परिहीण कम्मा, सिद्धा सिद्धालय मुवेंति।**[60]

आत्मा एवं ज्ञान-

आत्मा ज्ञानमय है—इस पर सभी आत्मवादी दर्शन एकमत हैं। न्याय एवं वैशेषिक दर्शन ज्ञान को आत्मा का आगन्तुक गुण मानते हैं। आत्मा एवं ज्ञान में आधार आधेय सम्बन्ध मानते हैं। जब तक आत्मा संसारी दशा में है तब तक ज्ञान आत्मा में रहता है। मुक्त दशा में ज्ञान नष्ट हो जाता है। जैन दर्शन सांख्य एवं वेदान्त दर्शन की भाँति ज्ञान को आत्मा का आगन्तुक गुण नहीं मानता। जैन दर्शन में आत्मा ज्ञानस्वरूप है। जैन दर्शन आत्मा एवं ज्ञान में आधार-आधेय सम्बन्ध भी नहीं मानता। जीव का स्वभाव ही है—ज्ञान। जैसे अग्नि का स्वभाव ऊष्णता

है वैसे ही आत्मा का स्वभाव ज्ञान है। जो जीव है वह ज्ञानवान है और जो ज्ञानवान है वह जीव है।

आत्मा कर्ता भी तथा भोक्ता भी-

सांख्य दर्शन पुरुष (चेतन) को कूटस्थ नित्य एवं व्यापक मानता है। सांख्य दर्शन कर्तृत्व का कारण पुरुष को न मानकर प्रकृति को मानता है। जैन दर्शन जीव को ही कर्ता-भोक्ता दोनों मानता है। संसारी जीव अपने शुभ और अशुभ कर्मों का कर्ता है तथा वही फल का भोक्ता है। जैन दर्शन जीव का पुद्गल द्रव्य के अनादि संयोग के कारण बद्ध जीव का विभावरूप परिणमन मानता है।

स्वदेह परिणामी-

उपनिषद् में कहीं आत्मा के सर्वगत एवं सर्वव्यापक होने का उल्लेख है— **'सर्वगतम्'**[61] तो कहीं 'अंगुष्ठमात्र तथा अणुमात्र होने का वर्णन है।[62] जैन दर्शन संसारी जीव को स्वदेह परिणाम वाला मानता है। आत्मा के प्रदेशों का दीपक के प्रकाश की भाँति संकोच एवं विस्तार होने से आत्मा अपने छोटे-बड़े शरीर के परिणाम का हो जाती है। कुछ दर्शन आत्मा को कूटस्थ नित्य मानते हैं। जैन दर्शन संसारी जीव को स्वदेह परिणामी स्वीकार करता है। यह दृष्टि वैज्ञानिक है। चेतना को स्वदेह परिणामी मानना तर्कसंगत है। चेतना शरीर के प्रदेश विशेष में स्थित नहीं है। जीव की त्वचा की एक कोशिका से उस जीव का क्लोन निर्मित किया जा सकता है। नर का क्लोन तैयार करने के लिए उसकी एक कोशिका का केन्द्रक तथा मादा का क्लोन तैयार करने के लिए उसकी एक कोशिका का केन्द्रक मादा के अण्डाणु में प्रस्थापित किया जाता है। विकसित कोशिका में डोनर-पेरेन्ट की कोशिका के ही गुणसूत्र होते हैं।

अस्तित्व की दृष्टि से प्रत्येक जीव स्वतंत्र :-

जैन दर्शन मानता है कि चैतन्य स्वरूप की दृष्टि से समस्त आत्माएँ समान हैं। मुक्त जीवों में स्वरूपतः कोई भेद नहीं होता। सभी समान गुण-धर्म वाले होते हैं। कर्म से आवृत्त जीव का विकास एक सा नहीं होता। अपने मूल रूप में रहने पर भी राग-द्वेष आदि विकारों एवं कषायों की तीव्रता मंदता के अनुरूप जीव में शुद्धि-अशुद्धि की मात्रा घटती बढ़ती रहती है। जैन दर्शन अस्तित्व की दृष्टि से प्रत्येक जीव की स्वतंत्र सत्ता मानता है। जैन दर्शन बद्ध दशा में आत्मा को परमात्मा का अंश तथा मुक्तदशा में आत्मा का परमात्मा में विलय होना नहीं मानता।

जीव समस्त पर्यायों में वही है। उसकी पर्याय भिन्न-भिन्न समयों में भिन्न-भिन्न हैं। आत्मा के सहज गुण अपने मूल रूप में रहने पर भी पुरुषार्थ

एवं अन्य निमित्तों के परिणामस्वरूप उसमें शुद्धि अथवा अशुद्धि की मात्रा घटती बढ़ती रहती है। सुख दुख की समान सामग्री प्राप्त होने पर भी मनुष्यों के सुख दुख का अन्तर प्रत्यक्ष दिखाई देता है। मुक्त दशा में प्रत्येक शुद्धात्मा सिद्धालय में सिद्ध पद प्राप्त करती है। उसका निर्मल, शुद्ध, ज्ञायक स्वभाव सदा स्थित रहता है। (दे0 3.1.)

जैन दर्शन की दृष्टि से जीव उपयोग स्वरूप है, अमूर्तिक है, कर्ता है, भोक्ता है, स्वदेह परिणामी है, संसारी अथवा सिद्ध है तथा स्वभाव से ऊर्ध्वगमन करने वाला है :

जीवो उपयोगमओ अमुत्ति कत्ता सदेह परिणामो।
भोत्ता संसारत्थो सिद्धो सो विस्सोड्ढगई।।[63]

(2) पुद्गल : पुद्गल जैन दर्शन का पारिभाषिक शब्द है। विज्ञान में जिसे जड़ पदार्थ या भौतिक तत्त्व कहा जाता है उसी के समान जो पदार्थ है उसे जैन दर्शन 'पुद्गल' के नाम से अभिहित करता है। पुद्गल भी पदार्थ है, इसी कारण उत्पाद-व्यय-ध्रौव्य स्वरूप है। पुद्गल के दो भेद हैं :-

(1) परमाणु
(2) स्कन्ध

जिसका कोई दूसरा खण्ड नहीं हो सकता वह परमाणु है। परमाणुओं के पारस्परिक संघात से स्कन्ध उत्पन्न होते हैं। उनके विभाग से वे पुनः परमाणु का रूप धारण कर लेते हैं। पुद्गल पुद्+गल से बना है। पुद् का अर्थ है पूर्ण होना। गल का अर्थ है गलना। इस प्रकार नित्य पूरण एवं गलन करते रहने के कारण इस भौतिक पदार्थ का नाम पुद्गल है :

भेद संघाताभ्यां च पूर्यन्ते गलन्ते चेति पूरण गलनात्मिकां
क्रियामन्तर्भाव्य पुद्गल शब्दोऽन्वर्थः।।[64]

पुद्गल की परमाणु अवस्था उसकी स्वाभाविक पर्याय है। स्कन्ध आदि अवस्था उसकी विभाव पर्याय है। परमाणु नित्य है। अनादि-निधन है। परिणमनशील है। नित्य होने के कारण ध्रौव्य है। परमाणु अविभागी है। उसका कोई दूसरा भाग नहीं हो सकता। इस कारण परमाणु का आदि, मध्य और अंत वह स्वयं ही है :

अंतादि अन्त मज्झं, अतंतं णेव इन्दिए गेज्झं।
अविभागो जं दव्वं परमाणु तं विआणाहि।।[65]

स्कंध आदि अवस्था को विभाव पर्याय मानने का कारण बंध है।

बंध उस सम्बन्ध विशेष का नाम है जिसमें दो वस्तुएँ अपने स्वभाव को

छोड़कर विभाव रूप परिणमन करती हैं। इसे दो प्रकार से समझा जा सकता है:

(1) अणु का स्वभाव अविभागी होना है। उसका कोई दूसरा भाग नहीं हो सकता। स्कन्ध विभक्त होते हैं।

(2) आक्सीजन के एक परमाणु एवं हाइड्रोजन के दो परमाणु से मिलकर पानी का सूक्ष्मातिसूक्ष्म स्कंध निर्मित होता है।

पुद्गल मुख्यत: मूर्तिक पदार्थ है। इन्द्रिय गोचर है। इन्द्रियों के द्वारा हम जो कुछ देखते हैं, सूंघते हैं, चखते हैं, सुनते हैं, छूते हैं वह सब पुद्गल पदार्थ की ही पर्याय है। सूक्ष्म पुद्गल इन्द्रियगोचर नहीं होते। परमाणु इन्द्रियगोचर नहीं होते। जब वे परिणमन द्वारा स्थूलता प्राप्त करते हैं तब इन्द्रियों के विषयभूत हो जाते हैं। पुद्गल के स्कन्धों में से कितने ही परमाणु विलग होते रहते हैं। नवीन परमाणु जुड़ते रहते हैं। पुद्गल का गलन (विलग होना) और मिलन (जुड़ना) चलता रहता है। जब तक परमाणु स्कन्धगत होता है तब तक वह स्कन्ध प्रदेश कहलाता है। अपनी पृथक अवस्था में वह परमाणु है जो पुद्गल की स्वभाविक पर्याय है।

परमाणु पुद्गल में वर्ण, रस, गंध एवं स्पर्श गुण होते हैं। यह क्रम सूक्ष्म से स्थूल का है। कुछ शास्त्रों में स्थूल से सूक्ष्म क्रम से वर्णन है। उनमें पुद्गल के गुण स्पर्श, रस, गंध एवं वर्ण के रूप में हैं।

(क) वर्ण—नीला, पीला, सफेद, काला, लाल आदि।

(ख) रस—मीठा, खट्टा, तीखा, कड़वा, कसैला आदि।

(ग) गंध—सुगन्ध, दुर्गन्ध।

(घ) स्पर्श—स्निग्ध, रूक्ष, शीत, ऊष्ण, कोमल, कठोर, हल्का, भारी

जैन दर्शन की दृष्टि से पदार्थ और गुण में प्रदेश भेद नहीं होता। जो प्रदेश परमाणु का है वही चारों गुणों का भी है। इस कारण इन चारों गुणों को परमाणु से भिन्न नहीं किया जा सकता। परमाणु एक प्रदेश ही होता है। इसलिए उसका दूसरा भाग नहीं हो सकता। उसमें कोई एक रस, कोई एक वर्ण, कोई एक गन्ध तथा चार स्पर्शों में से दो स्पर्श होते हैं। स्निग्ध-रूक्ष में से एक तथा शीत-ऊष्ण में से एक। परिणमनशील होने के कारण कहीं किसी गुण की उद्भूति देखी जाती है और कहीं किसी गुण की अनुद्भूति। परमाणु अपनी स्वभाव पर्याय में इन्द्रियगोचर नहीं है।

सूक्ष्मता एवं स्थूलता को लेकर 'स्कन्ध पुद्गल' के दो प्रकार हैं—(1) स्थूल (2) सूक्ष्म। इन दोनों को मिलाकर स्कन्ध के 6 वर्ग होते हैं :

(i) **स्थूल**—स्थूल—जो स्कन्ध छिन्न भिन्न होने पर स्वयं न मिल सकें। यथा—पर्वत, पत्थर, लक़ड़ी आदि।

(ii) **स्थूल**—जो छिन्न-भिन्न होकर फिर आपस में मिल जावें। यथा- घी, दूध, तेल, पानी आदि।

(iii) **स्थूल-सूक्ष्म**—केवल आँखों से ग्राह्य हों किन्तु पकड़ में न आवें। यथा—छाया, प्रकाश, अंधकार आदि।

(iv) **सूक्ष्म-स्थूल**—जो आंखों से दिखाई न दें किन्तु किसी अन्य इन्द्रिय से ग्राह्य हों। यथा-ध्वनि, ताप, रस, गन्ध आदि।

(v) **सूक्ष्म**—स्कन्ध होने पर भी इन्द्रियों द्वारा ग्रहण न किए जा सकें। यथा- कर्म वर्गणा आदि।

(vi) **अति सूक्ष्म**—कर्मवर्गणा से छोटे दो परमाणुओं वाले। जैन दर्शन में 'कर्म' पारिभाषिक शब्द हैं। राग-द्वेष आदि तो भाव कर्म है। इनके निमित्त से संचित किन्हीं सूक्ष्म अणुओं का संश्लेष द्रव्यकर्म है।

जैन दर्शन पृथ्वी, जल, वायु तथा अग्नि सबमें पुद्गल के चारों गुण मानता है। पुद्गल पदार्थ का लक्षण है—

'स्पर्श रस गन्ध वर्णवन्तः पुद्गलाः।।[66]

पृथ्वी में स्पर्श, रस, वर्ण एवं गंध चारों गुण हैं। जल में भी स्पर्श, रस, वर्ण के साथ गन्ध भी है। अग्नि में स्पर्श, वर्ण, रस एवं गन्ध हैं। वायु में स्पर्श, रस और गन्ध गुण तो प्रत्यक्ष हैं किन्तु वायु का वर्ण दिखाई नहीं देता। इसका उत्तर जैन दार्शनिक इस प्रकार देते हैं कि वायु के परमाणुओं में वर्ण गुण दिखाई नहीं देता किन्तु होता अवश्य है। वायु के परमाणुओं से आंधी रूप स्कन्ध होने पर वर्ण दिखाई देने लगता है। इन सबमें आपस में परिवर्तन देखा जाता है। पृथ्वी रूपी लकड़ी अग्नि रूप में परिणमन करती है। अग्नि, राख आदि पृथ्वी रूप में परिणमन करते हैं। चन्द्रकांत मणि पृथ्वी है। चन्द्रमा के सामने रखने पर वह जलरूप में परिणमन करता है। अग्नि और जल मिलकर वाष्प रूपी हवा में परिणमन करते हैं। वर्षा ऋतु में वायु में जल तत्त्व प्रत्यक्ष है। ग्रीष्म ऋतु में वायु में अग्नि तत्त्व रहता है। संघात में पृथ्वी का भाग अधिक होने पर मिश्र पदार्थ ठोस कहलाता है। जल की अधिकता रहने पर मिश्र पदार्थ में तरलता होती है। रसायन शास्त्र, औषध निर्माण, पाक विद्या में विभिन्न रसायनों आदि का आनुपातिक मिश्रण होता है। पुद्गल स्कन्ध के परस्पर टकराने से ध्वनि होती है। ध्वनियों के क्रम से शब्द बनता है। शब्द भी पुद्गल है; भौतिक है। जैन दर्शन शब्द को आकाश का गुण नहीं मानता। शब्द पुद्गल पदार्थ की ही पर्याय है। जैन दर्शन अंधकार, प्रकाश, छाया, ताप आदि को भी पदार्थ मानता है; भौतिक पदार्थ मानता है। भौतिक शास्त्र के अन्तर्गत इनका अध्ययन किया जाता है।

कार्मण शरीर और कर्म भी पुद्गल हैं। इनके वर्ण, स्पर्श आदि गुणों का अध्ययन किस प्रकार सम्भव है। जीव को प्रभावित करने वाले पुद्गलों के अनेक समूह हैं। उनमें से एक समूह का नाम 'लेश्या' है। पुद्गल के संयोग से होने वाले जीव के परिणाम और जीव की विचार-शक्ति को प्रभावित करने वाले पुद्गल के हेतु भूत वर्ण और कान्ति का नाम लेश्या है। प्रत्येक जीव का विकास एक जैसा नहीं होता। कषाय और योग कर्म बंधन के दो मुख्य कारण हैं। (दे0 3.5.) प्रवृत्ति की अपेक्षा से दो प्रकार का योग है : (1) शुभ योग (2) अशुभ योग। परोपकार को लेकर प्रवृत्त होने वाला योग 'शुभ योग' तथा स्वार्थ-सिद्धि एवं परपीड़ा को लेकर प्रवृत्त होने वाला योग 'अशुभ योग' है। मन के परिणाम शुद्ध और अशुद्ध दोनों प्रकार के होते हैं। उनके निमित्त भी शुभ और अशुभ दोनों प्रकार के होते हैं। मन के परिणाम को भाव लेश्या कहते हैं। निमित्त को द्रव्य लेश्या कहते हैं। जो पुद्गल निमित्त बनते हैं उनमें (1) वर्ण (2) रस (3) गन्ध एवं (4) स्पर्श सभी होते हैं तथापि उनका नामकरण लेश्या के प्रसंग में वर्ण के आधार पर किया जाता है। अशुद्धि और शुद्धि की दृष्टि से 6 लेश्याओं का वर्णन है। कृष्ण, नील, कापोत, तेज, पद्म और शुक्ल—ये 6 लेश्याओं के क्रमशः नाम हैं :—

किण्हा नीला य काऊ य, तेऊ पम्हा तहेव य।
सुक्कलेसा य छट्ठा, नामाइं तु जहक्कमं।।[67]

(1) कृष्ण लेश्या—अशुद्धतम (2) नीललेश्या—अशुद्धतर (3) कापोत लेश्या—अशुद्ध (4) तेजस लेश्या—शुद्ध (5) पद्म लेश्या—शुद्धतर (6) शुक्ल लेश्या—शुद्धतम। अशुद्धि और शुद्धि का आधार केवल निमित्त (द्रव्य लेश्या) ही नहीं अपितु भावलेश्या भी है। भावलेश्या का उपादान कषाय है। कषाय की तीव्रता और उसके निमित्त कृष्ण, नील, कापोत रंग वाले पुद्गल हैं। कषाय की मंदता और उसके निमित्त रक्त, पीत और श्वेत रंग वाले पुद्गल हैं। उत्तराध्ययन में (1) नाम (2) वर्ण (3) रस (4) गंध (5) स्पर्श (6) परिणाम (7) लक्षण (8) स्थान (9) स्थिति (10) गति और (11) आयु—इन 11 प्रकारों से लेश्या का विवेचन किया गया है।[68] षट्खंडागम की धवला टीका में एवं आचार्य अकलंक ने लेश्या पर (1) निर्देश (2) वर्ण (3) परिणाम (4) संक्रम (5) कर्म (6) लक्षण (7) गति (8) स्वामी (9) साधना (10) संख्या (11) क्षेत्र (12) स्पर्शन (13) काल (14) अन्तर (15) भाव (16) अल्प-बहुत्व—इन 16 प्रकारों से चिन्तन किया है।[69]

इस प्रकार जैन दर्शन के अनुसार लोक में जितने भी मूर्तिमान पदार्थ हैं,

वे सब पुद्गल हैं। विभिन्न प्रकार के शरीर रूप, पृथ्वी, जल, वायु, अग्नि, अन्धकार, प्रकाश, छाया, आतप, शब्द, वाणी, ज्ञानावरण आदि अष्ट कर्म एवं सूक्ष्म कार्मण वर्गणायें—ये सभी पुद्गल हैं। वर्ण, रस, गन्ध एवं स्पर्श उसके प्रधान लक्षण हैं। जैन दर्शन में पदार्थ जड़ है, अचेतन है मगर गतिमान हो सकता है। निष्क्रिय परमाणु कब गति करेगा—यह अनिश्चित है। सक्रिय परमाणु कब गति बंद कर देगा—यह भी नियत नहीं है। जैन दर्शन के पुद्गल चिन्तन की प्रामाणिकता आधुनिक विज्ञान की अवधारणाओं से सिद्ध है। अभी भी यह विचारणीय है कि क्या विज्ञान उस परमाणु तक पहुँच गया है जिसे और अधिक विभाजित न किया जा सके तथा जिसका आदि, मध्य एवं अन्त वह स्वयं ही हो।

(3) धर्म—

धर्म का लक्षण गति का हेतु है। धर्म पदार्थ न तो स्वयं चलता है और न जीव एवं पुद्गल पदार्थों को हठपूर्वक चलाता है। जीव एवं पुद्गल गति की क्रिया अपनी उपादान -शक्ति से स्वयं करते हैं। अपनी योग्यतानुसार वे गमन करने में स्वतंत्र होते हैं। वे अपनी इच्छा एवं अन्य कारणों से गति करने में स्वतंत्र होते हैं। धर्म तो इनके लिए सहायक का काम करता है। इनकी गति में निमित्त मात्र होता है। धर्म पदार्थ में गति हेतुत्व गुण है। अपने इस गुण के कारण धर्म गति परिणत जीवों और पुद्गलों की गति में निमित्त होता है। जैसे मछली में चलने की शक्ति है। गमन क्रिया के लिए वह स्वतंत्र है। मगर मछली पानी में चलती है। जीव एवं पुद्गल में गति की उपादान शक्ति है। वे स्वयं की शक्ति के होते हुए भी धर्म के निमित्त से चलते हैं। आकाश लोक-आकाश प्रमाण एक अमूर्तिक पदार्थ है। जीव का स्वभाव है—ऊर्ध्वगामी होना। मुक्त अवस्था में शुद्ध आत्मा लोक-आकाश के शिखर पर स्थित सिद्धालय तक ही ऊर्ध्वगमन करती है। अलोक आकाश में धर्म पदार्थ नहीं है। जिस प्रकार पानी के बिना मछली गतिमान नहीं होती उसी प्रकार आलोक आकाश में धर्म पदार्थ की व्याप्ति न होने के कारण जीवात्मा लोक-आकाश के शिखर तक ही जाती है। निमित्त के बिना क्रिया का सम्पादन नहीं करती।

मछली की गमन क्रिया में जल निमित्त कारण है। इसका अर्थ यह नहीं है कि जिस दिशा में जल का प्रवाह है, उसी दिशा में मछली के गमन की अनिवार्यता है। इसका अर्थ यह भी नहीं है कि यदि मछली जल में है जो मछली का जल में सदा काल गमन होता ही रहेगा। इसका अर्थ इतना ही है कि अपनी उपादान शक्ति से जब मछली गमन करेगी तब जल उसकी गमन क्रिया में निमित्त होगा।

(4) अधर्म—

'जैसा धर्म द्रव्य है, वैसा ही अधर्म द्रव्य है। अधर्म द्रव्य ठहरते हुए जीव और पुद्गल के पृथ्वी की तरह ठहरने में सहायक होता है :

जह हवदि धम्म दव्वं, तह तंजाणेह दव्वमधम्मक्खं।
ठिदिकिरिया जुत्ताणं, कारेणभूदं तु पुढवीव।।[70]

गति का विपरीत है—ठहरना, रुकना, स्थिति, विश्राम।

धर्म पदार्थ में गति हेतुत्व गुण है। अधर्म पदार्थ में स्थिति हेतुत्व गुण है। जीवों एवं पुद्गलों के ठहरने में अधर्म पदार्थ निमित्त मात्र होता है। व्यवहार में कहा जाता है कि छाया मिलने पर यात्री ठहर गया। इसका अर्थ यह नहीं है कि यात्री के ठहरने में छाया उपादान कारण है। इसका अभिप्राय है कि यदि यात्रा में चलते चलते सूर्य की तेज गर्मी के कारण थका हुआ कोई यात्री विश्राम करना चाहता है तो पेड़ की छाया विश्राम में निमित्त कारण हो जाती है।

(5) आकाश—

अपने से अतिरिक्त अन्य सभी पदार्थों को आकाश स्थान देता है, अवकाश देता है, आश्रय देता है। जैन दर्शन के प्राचीन शास्त्रों में वर्णित है कि आकाश पदार्थ में अवगाहनत्व गुण है। वर्तमान में अवगाहन शब्द का अर्थ है—स्नान करना, डुबकी लगाना। इस दृष्टि से अवगाहनत्व की अर्थ संगति नहीं बैठती। उस युग में अवगाहन शब्द का अर्थ बैठना, घूमना-फिरना, घुसना भी था। जैन शास्त्रों में इसी अर्थ में अवगाहनत्व गुण का प्रयोग हुआ। आकाश में पदार्थों की व्याप्ति है। आकाश पदार्थ की परिभाषा है—

चेयण रहियममुत्तं, अवगाहण लक्खणं च सव्वगयं
लोयालोय विभेयं, तं णहदव्वं जिणुद्दिट्ठं।।

"आकाश पदार्थ अचेतन, अमूर्तिक एवं सर्वगत है। सब द्रव्यों (पदार्थों) को अवगाह देना (स्थान देना) इसका लक्षण है। वह दो भागों में विभक्त है—लोक-आकाश और अलोक-आकाश।"[71]

आकाश सर्वगत है अर्थात् सर्वव्यापी है। सर्वव्यापी आकाश के मध्य में लोक-आकाश है। लोक-आकाश के चारों ओर सर्वव्यापी अलोक-आकाश है। 'जीव, पुद्गल, धर्म, अधर्म पदार्थ लोक के बाहर नहीं है। आकाश लोक के अन्दर भी है और लोक के बाहर भी है क्योंकि उसका कोई अन्त नहीं है—

जीवा पुग्गलकाया धम्माधम्मा य लोगदोणण्णा।
तत्तो अणण्णमण्णं आयासं अंतवदिरित्त।।[72]

इस प्रकार जितने आकाश में जीव, पुद्गल, धर्म, अधर्म पदार्थ पाए जाते हैं उतने आकाश को लोक-आकाश कहते हैं। इस लोक-आकाश के अतिरिक्त आकाश ही अलोक-आकाश है। धर्म एवं अधर्म पदार्थों के निमित्त से एक ही अखंड आकाश दो रूप हो गया। अलोक में धर्म नहीं है। इस कारण अलोक में जीव एवं पुद्गल की गति नहीं है। अलोक में अधर्म नहीं है। इस कारण अलोक में जीव एवं पुद्गल की स्थिति नहीं है। इस मान्यता के कारण जैन दर्शन धर्म एवं अधर्म को पदार्थ मानता है। जैन दर्शन आकाश को गति एवं स्थिति का निमित्त कारण नहीं मानता। इस सम्बन्ध में जैन दर्शन का निम्न तर्क है :—

यदि आकाश जीवों और पुद्गलों के गमन और स्थिति में भी कारण होता तो लोक की अन्तिम सीमा बढ़ती जाती तथा अलोकाकाश की हानि हो जाती। ऐसी स्थिति में तो जीव और पुद्गल गति करते हुए आगे बढ़ते जाएँगे। ज्यों-ज्यों वे आगे बढ़ते जाएँगे उसी के अनुरूप लोक बढ़ता जाएगा और अलोक घटता जाएगा :—

जदि हवदि गमण हेदू आगासं ठाण कारणं तेसिं।
पस जदि अलोग हाणी लोगस्स अंतपरिबुड्ढी।।[73]

कुछ दर्शन आकाश को भौतिक पदार्थ के अन्तर्गत मानते हैं। जैन दर्शन पुद्गल एवं आकाश को भिन्न पदार्थ मानता है। इस मान्यता के मुख्य आधार निम्नलिखित हैं :

(i) आकाश सर्वव्यापी है। आकाश अनन्त है। पुद्गल (भौतिक पदार्थ) की सत्ता लोकाकाश तक ही है। अलोकाकाश में पुद्गल की सत्ता नहीं है।

(ii) पुद्गल (भौतिक पदार्थ) का गुण है—स्थान पाना अथवा स्थान रोकना। आकाश है—जिसमें स्थान या आश्रय पाया जाता है। एक ही स्थान में अनेक पदार्थों का आश्रित होना तथा एक ही पदार्थ का कालान्तर में अनेक स्थानों में आश्रित होना आकाश एवं पुद्गल की भिन्नता को सिद्ध करता है।

(iii) आकाश स्व-आधारित है। आकाश पुद्गलों को आश्रय देता है। पुद्गल आश्रित द्रव्य है।

(iv) आकाश अमूर्त है। पुद्गल मूर्त है।

जैन दर्शन की मान्यता है कि प्रत्येक द्रव्य भिन्न है। उसकी पर्याय भी भिन्न है। विज्ञान की मान्यता है कि गतिमान पदार्थ की लम्बाई गति की दिशा में संकुचित हो जाती है। विज्ञान इसको आकाशीय विमिति में संकुचन मानता है। जैन दर्शन इसको आकाश के संकुचन का फल नहीं मानता; इस संकुचन को भौतिक

पदार्थ की अवस्था-परिवर्तन के फलस्वरूप मानता है। जैन दर्शन की मान्यता है कि पौद्गालिक प्रभावों से उत्पन्न होने वाले गुरूत्व क्षेत्र आदि भी पौद्गालिक होते हैं। गुरूत्व-क्षेत्र में होने वाले परिवर्तन पुद्गल से ही सम्बन्धित हैं। आकाश के साथ इसका कोई सम्बन्ध नहीं होता है।

(6) काल—

जिसकी सत्ता है उसमें उत्पाद-व्यय भी है। पदार्थ दृष्टि से ध्रुवता है, पर्याय दृष्टि से वह परिवर्तित हो रहा है। परिवर्तन में काल पदार्थ निमित्त है। जीव एवं पुद्गल दोनों में गमन करने की शक्ति है। वे अपनी उपादान शक्ति से ही गमन करते हैं। इसके बावजूद धर्म पदार्थ उनकी गति में निमित्त है। काल भी इसी प्रकार जीव एवं पुद्गल के प्रतिक्षण उत्पाद-व्यय रूपों में निमित्त है। जीव एवं पुद्गल दोनों पदार्थों में परिणमन करने की निज शक्ति है। वे अपनी उपादान शक्ति से परिणमन करते हैं। काल पदार्थ उनके परिणमन में निमित्त है; सहायक है।

काल पदार्थ की समय, पल, घड़ी, दिवस, वर्ष आदि पर्याय हैं। जैन शास्त्रों के अनुसार समय काल की सूक्ष्मतम पर्याय है। समय को पारिभाषिक दृष्टि से भी विवेचित किया गया है। व्यवहारिक दृष्टि से इस प्रकार समझाया गया है कि एक पलक झपकने में अनन्त समय व्यतीत हो जाते हैं। इस प्रकार समय काल पदार्थ की सूक्ष्मतम पर्याय है। काल रूप पर्याय का उपादान कारण भूत कालाणु है। काल के अणु लोक-आकाश के एक-एक प्रदेश में रत्नों की राशि के समान परस्पर भिन्न होकर एक-एक अवस्थित हैं। इस प्रकार लोक-आकाश के असंख्यात प्रदेशों पर असंख्यात कालाणु स्थित हैं :-

लोयायास पदेसे, इक्केक्के जे ठिया हु इक्केक्का।
रयणाणं रासीमिव, ते कालाणू असंख दव्वाणि॥[74]

भविष्य और भूत की घटनाएं वर्तमान से भिन्न हैं। काल के सम्बन्ध में विज्ञान एवं मनोविज्ञान में प्रचुर कार्य हो रहा है। विज्ञान के अध्ययन की दिशा भविष्योन्मुखी है। मनोविज्ञान के अध्ययन की दिशा भूतोन्मुखी है। केवल ज्ञानी त्रिकालदर्शी होता है; सर्वज्ञ होता है।

3. 5. कर्म सिद्धान्त

आत्मवादी दर्शन 'आत्मा' को अनादि-निधन मानते हैं। जो आत्मा का अस्तित्व स्वीकार करते हैं वे संसारी आत्मा के जन्म-मरण के चक्र में भी विश्वास करते हैं। जब तक आत्मा संसारी है, उसका कर्म-बंधन है, वह जन्म-मरण के चक्र में घूमती रहती है। इसी कारण आत्मवादी दर्शन पुनर्जन्म को मानते

हैं। अमर आत्मा मृत्यु के बाद पूर्व शरीर का परित्याग कर नवीन शरीर धारण करती रहती है। जन्म-मरण रूप संसार-चक्र चलता रहता है। पुनर्जन्म के लिए कारण रूप में 'कर्म' की मान्यता है। सामान्य सिद्धान्त एवं विश्वास की अभिव्यक्ति रामचरित मानस में इन शब्दों में हुई है : 'करम प्रधान विश्व रचि राखा। जो जस करहि तो तस फल चाखा'। जो जैसा करता है उसे वैसा ही फल मिलता है। विज्ञान की मान्यता है कि भौतिक द्रव्य/पदार्थ का नाश नहीं होता, रूपान्तर मात्र होता है। इसी प्रकार आत्मवारी दर्शनों की मान्यता है कि आत्मा का कभी विनाश नहीं होता। संसारी दशा में पूर्वजन्म, वर्तमान जन्म, पुनर्जन्म उसके रूपान्तर मात्र हैं। आत्मा की संसारी दशा का मूल है—कर्मवाद। किसी दर्शन में कर्मबंध का मूल कषाय को माना गया है, किसी में वासना को, किसी में अविद्या को, किसी में माया को, किसी में तृष्णा को। योग-दर्शन के अनुसार अहंकार आदि वासनाओं के कारण ही फल के उपभोग के लिए पुनर्जन्म होता है। सांख्य दर्शन के अनुसार जो रस आदि की अनुभूति करता है, पूर्वकृत को भोगता है वही आत्मा है। कर्मों का फल तत्काल नहीं मिलता। शेष कर्म फल भोग के लिए दूसरा जन्म होता है। न्याय दर्शन भी पूर्वकृत कर्मों के भोग के लिए पुनर्जन्म मानता है। जब मनुष्य शरीर का त्याग करता है तब इस जन्म की विद्या, कर्म, पूर्व प्रज्ञा या वासना आत्मा के साथ जाती है। ज्ञान एवं कर्म के अनुसार नवीन जन्म होता है। वैशेषिक दर्शन की मान्यता है कि मन के द्वारा गृहीत अणु रूप संलग्न रहता है। इस एक शरीर से दूसरे शरीर की प्राप्ति होती है। मीमांसा दर्शन में एक शरीर से दूसरे शरीर तक ले जाने वाले देह-अभिमानी-देवता का वर्णन है। वेदान्त में प्रपंच के कारण जीव व्यवहारिक अथवा प्रातिभासिक प्रतीति से मुक्त न होने के कारण बंध दशा में रहता है। बौद्ध-दर्शन को यद्यपि अनात्मवादी दर्शन माना जाता है किन्तु वह भी पुनर्जन्म के सिद्धान्त को मानता है। कर्मों के संस्कार से युक्त रूप, वेदना, विज्ञान, संज्ञा, संस्कार—इन पाँच स्कन्ध समूह रूप प्राणी संसार-चक्र में घूमता है। 'भिक्षुओं ! यदि कोई कहे कि बिना रूप के, बिना वेदना के, बिना संज्ञा के, बिना संस्कार के, विज्ञान-चित्त-मन की उत्पत्ति, स्थिति, विनाश, उत्पन्न होना, वृद्धि तथा विपुलता को प्राप्त होना—हो सकता है, तो यह असम्भव है।'[75]

इस प्रकार सभी आत्मवादी दर्शन तथा बौद्ध दर्शन सृष्टि की गत्यात्मकता / जीव की कर्मात्मकता को स्वीकार करते हैं। वृक्ष का मूल कारण जैसे बीज है उसी प्रकार जीवात्मा के संसारी होने का कारण कर्म है। इस तथ्य का यहां संकेत करना भी आवश्यक है कि जो कर्म बंधन के कारण जीव की संसारी दशा को मानते हैं; संसार-चक्र में घूमते रहना स्वीकार करते हैं, पुनर्जन्म के सिद्धान्त में आस्था रखते हैं वे कर्म-बंधन का समुच्छेद होना भी मानते हैं। इसी कारण वे आत्मा या जीव की मुक्ति/मोक्ष/निर्वाण में विश्वास करते हैं।

जैन दर्शन में भी जीव/आत्मा के दो प्रकार हैं : (1) बद्ध (2) मुक्त। कर्मबन्धन से जिनका सर्वथा अभाव हो जाता है वे मुक्त आत्माएं होती हैं। मुक्त आत्माएं आत्मरूप हो जाती हैं; आत्मस्थ हो जाती हैं। कर्मबन्धन से मुक्त होने के कारण इनका निवास लोक के सबसे ऊँचे भाग में होता है। वहाँ से वे फिर कभी नीचे नहीं आतीं। जीवात्मा को जब केवल -ज्ञान उत्पन्न हो जाता है, योग निरोध के द्वारा समस्त कर्म नष्ट हो जाते हैं और वह जब लोक-शिखर पर सिद्धालय में जा बसता है, तब उसमें ही परमात्मा व्यक्त हो जाता है :

ज्ञानं केवल संज्ञं, योग निरोधः समग्रकर्म्महतिः।
सिद्धि निवासश्च यदा, परमात्मा स्यात्तदा व्यक्तः।।[76]

संसारी आत्माएं कर्मबद्ध होने के कारण अनेक योनियों में परिभ्रमण करती हैं, कर्म करती रहती हैं, संसार-चक्र में घूमती रहती हैं। मृत्यु के समय स्थूल शरीर छूट जाता है। सूक्ष्म शरीर नहीं छूटता। सूक्ष्म शरीरधारी जीव ही दूसरा शरीर धारण करता है। सूक्ष्म शरीर एवं आत्मा का सम्बन्ध अनादि है। इसी कारण अनादिकाल से जीव एवं शरीर का सम्बन्ध है; आत्मा एवं कर्म का सम्बन्ध है :

जीवहं कम्मु अणाइ जिय-जणिय उ कम्मु ण तेण।
कम्मे जीउ वि जणिउ णवि, दोहिं वि आइ ण जेण।।

(जीवों के कर्म अनादि हैं। न तो जीव ने कर्म उत्पन्न किए हैं और न ही कर्मों ने जीव को उत्पन्न किया है। जीव एवं कर्म दोनों की ही कोई आदि नहीं है)।[77]

कुछ दर्शन चेतना से जड़ का आविर्भाव मानते हैं। विज्ञान जड़ से ही चेतना का प्रादुर्भाव मानने में विश्वास करता है। सत्ता मीमांसा में विचार किया जा चुका है कि जैन दर्शन जीव एवं अजीव की पृथक सत्ता स्वीकार करता है। आत्मा एवं पुद्गल की भिन्नता स्वीकार करता है। दोनों का भिन्न स्वभाव है। एक चेतन है, दूसरा अचेतन है। एक अमूर्तिक है, दूसरा मूर्तिक है। (दे. 3.4)

जब दोनों की पृथक सत्ता है, दोनों का भिन्न स्वभाव है तब दोनों का सम्बन्ध किस प्रकार है। अमूर्त के साथ मूर्त का सम्बन्ध नहीं हो सकता। इन प्रश्नों एवं समस्याओं का जैन दर्शन ने निम्न समाधान किया है :

(I) विभाव परिवर्तन :

जीव और पुद्गल में दो प्रकार की अवस्थाएँ मिलती हैं : (1) स्वभाव (2) विभाव। जीव और पुद्गल में काल के निमित्त से जो परिवर्तन होता है; वह स्वभाव परिवर्तन है। जीव के निमित्त से पुद्गल में तथा पुद्गल के निमित्त

से जीव में जो परिवर्तन होता है, वह विभाव परिवर्तन है। जीव और पुद्गल का सम्बन्ध अनादि प्रवाह वाला है। जब तक सम्बन्ध का पूर्णतया विच्छेद नहीं होता तब तक पुद्गल जीव पर तथा जीव पुद्गल पर अपना-अपना प्रभाव डालते रहते हैं :

जीव परिणाम हेदुं, कम्मत्तं पुग्गला परिणमंति।
पुग्गल कम्मणिमित्तं, तहेव जीवो वि परिणमइ॥

(जीव के (राग-द्वेष आदि आस्रव भूत) परिणामों के निमित्त से पुद्गल स्वयं कर्मरूप परिणमन करते हैं। जीव भी कर्म-पुद्गल के निमित्त से (राग-द्वेष आदि रूप) परिणमन करता है।)[78]

जैसे कुम्भकार के निमित्त से मिट्टी घड़े के रूप में परिणमन करती है उसी प्रकार जीव सम्बन्धी मिथ्यात्व एवं राग-द्वेष आदि परिणामों का निमित्त पाकर कर्मवर्गणा-योग्य- पुद्गल द्रव्य भी कर्मरूप में परिणमन करता है। जिस प्रकार घड़े का निमित्त पाकर कुम्हार ''मैं घड़े को बनाता हूँ''- इस प्रकार भाव रूप परिणमन करता है वैसे ही उदय में आए हुए द्रव्य कर्मों को निमित्त पाकर जीव भी मिथ्यात्व और राग-द्वेष आदि विभाव-परिमाण-रूप परिणमन करता है। घट और कुम्हार की भांति जीव और पुद्गलों का परस्पर में एक दूसरे के निमित्त से विभाव रूप परिणमन होता है।

शुद्ध या कर्ममुक्त आत्मा पर कर्म का अथवा बाह्य परिस्थति का कोई प्रभाव नहीं पड़ता। उसका विभाव रूप परिणमन नहीं होता। कर्मबद्ध या संसारी आत्मा पर ही कर्म का प्रभाव पड़ता है। काल, क्षेत्र, स्वभाव, पुरुषार्थ और नियति कर्म-संस्थान को प्रभावित करते हैं। जो जीव संसारी है, कर्मबद्ध है, उसका ही विभाव परिणमन होता है। परिणामों से कर्म-बंधन होता है। कर्म-बन्धन से जन्म-मरण का चक्र चलता है :

जो खलु संसारत्थो जीवो, तत्तो दु होदि परिणामो
परिणामादो कम्मं, कम्मादो होदि गदिसु गदि॥

(जो जीव संसार में स्थित है, उसके परिणाम होते हैं। परिणामों से कर्म बंधते हैं। कर्मों से गतियों में जन्म लेना पड़ता है।)[79]

गदिमधिगदस्स देहो देहादो इंदियाणि जायंते।
तेहिं दु विसय गहणं ततो रागो व दोसो वा॥

(गतियों में जन्म लेने से शरीर मिलता है। शरीर में इन्द्रियां होती हैं। उनसे विषयों को ग्रहण करता है। इससे राग एवं द्वेष करता है।)[80]

संसार रूपी चक्र जीव के भावों के कारण है। मृत्यु के बाद यदि सूक्ष्म शरीर आत्माविष्ट नहीं होगा तो संसार की धारणा सम्भव नहीं है, पुनर्जन्म की व्याख्या सम्भव नहीं है। मोक्ष की स्थिति में सूक्ष्म शरीर का भी अयोग हो जाता है, सम्बन्ध-विच्छेद हो जाता है, भाव स्थिति समाप्त हो जाती है, राग-द्वेष समाप्त हो जाते हैं, आकर्षण-विकर्षण की स्थिति समाप्त हो जाती है, सुख एवं दुख की सीमाएं टूट जाती है। इसी कारण कर्म-चक्र से मुक्ति मिल जाती है, स्वरूप की उपलब्धि हो जाती है। इसके बाद कभी विभाव रूप परिणमन नहीं होता। सूक्ष्म शरीर की अवधारणा सभी आत्मवादी दर्शनों में है। इसकी अवधारणा बौद्ध दर्शन में भी है। किसी दर्शन में कहा गया है कि कृत कर्म अपने सूक्ष्म रूप में 'संस्कार' छोड़ता है। किसी दर्शन में निर्दिष्ट है कि कृत कर्म 'क्रियमाण' है। क्रियमाण से संचित, संचित से प्रारब्ध और प्रारब्ध योग के रूप में पुनः क्रियमाण कर्म। कहीं इसे 'अदृष्ट' तो कहीं इसे 'अपूर्व' कहा गया है। बौद्ध दर्शन में इसे काम-तृष्णा और भव-तृष्णा कहा गया है।

जैन दर्शन में कहा गया है :

जायदि जीवस्सेवं भावो संसार चक्कवालम्मि

(जीव के भावों के कारण संसार रूपी चक्र चल रहा है।)[81]

जीव के भावों से कर्मबन्ध और कर्मबन्ध से राग-द्वेष रूप भाव उत्पन्न होते हैं। राग-द्वेष से युक्त आत्मा के कर्मों में प्रवृत्त होने पर कर्म रूपी रज ज्ञानावरण आदि रूप से उसमें प्रवेश करती है। चूँकि आत्मा अनादि से कर्म-बंध है इस कारण आत्मा में वैभाविक शक्ति है। आत्मा की वैभाविक शक्ति पुद्गल पुंज को निमित्त पाकर आत्मा में विकृति उत्पन्न करती है। संसारी जीव जन्म लेता है। शरीर ग्रहण करता है। शरीर में इन्द्रियां होती हैं। इन्द्रियों द्वारा विषयों का ग्रहण होता है। विषयों के कारण राग-द्वेष आदि होते हैं। कषायवश शरीर, वाक् एवं मन प्रदेश में आत्म-परिस्पन्द होता है। परिस्पन्दवश योग्य पुद्गल/पौद्गलिक कर्मों का आकर्षण होता है, वे खिंच आते हैं।

पुद्गल द्रव्य अनेक प्रकार की वर्गणाओं में बंटा हुआ है। उन वर्गणाओं में से एक कार्मण वर्गणा भी है। जीव के परिस्पन्द के निमित्त से यह कार्मण वर्गणा ही कर्म रूप हो जाती है :

परिणमदि जदा अप्पा सुहम्मि असुहम्मि राग दौस जुदो।
तं पविसदि कम्मरयं णाणावरणादिभावेहिं।।

(जब राग-द्वेष से युक्त आत्मा अच्छे या बुरे कर्मों में परिण।मन करता है तब कर्मरूपी रज ज्ञानावरण आदि रूप में प्रविष्ट करता है।[82]

परपदार्थ, पुद्गल, परमाणु, जड़, कर्म-वर्गणाओं के निमित्त से आत्मा में परिणमन होता है, पर्याय उत्पन्न होती है, वैभाविक परिवर्तन आता है। इनके कारण पर में ममत्व एवं मेरापन आदि भाव उत्पन्न होते हैं। अनुकूल के प्रति राग तथा प्रतिकूल के प्रति द्वेष भाव उत्पन्न होता है। यही आत्मा की विरूप पर्याय है, स्व की पर में अवस्थिति है। यही परपरिणति है। यही आत्मा का विरूप पर्याय बंधन है।

(II) अमूर्त आत्मा पर मूर्त कर्म का प्रभाव किस प्रकार सम्भव :

संसारी आत्मा का अनादि से कर्म-बंधन है। कर्म सम्बद्ध होने के कारण मूलतः अमूर्त होते हुए भी आत्मा कथंचित मूर्त भी है। इसी कारण अमूर्त आत्मा पर मूर्त कर्म का प्रभाव पड़ता है—

वण्ण रस पंच गंधा दो फासा अट्ठ णिच्चया जीवे।
णो संति अमुत्ति तदो ववहारा मुत्ति बंधा दो।।

(जीव में पाँचों वर्ण, पाँचो रस, दोनो गंध, आठों स्पर्श नहीं रहते इसलिए वह अमूर्तिक है। वही अमूर्तिक जीव कर्म-बंध के कारण व्यवहार में मूर्तिक है।)[83]

इस प्रकार अमूर्तिक आत्मा के साथ अनादि से मूर्तिक कर्मद्रव्य का सम्बन्ध होने के कारण वह अनादि काल से कथंचित मूर्तिक भी है। इसी कारण कथंचित मूर्तिक आत्मा के साथ मूर्तिक कर्म द्रव्य का सम्बन्ध होता है। कर्म के दो भेद हैं :- (1) भाव कर्म (2) द्रव्य कर्म। जिन भावों के द्वारा पुद्गल आकृष्ट होकर जीव से सम्बद्ध होते हैं, वे भाव कर्म हैं। आत्मा में विकृति उत्पन्न करने वाले पुद्गल पिंड द्रव्य कर्म हैं।

कर्म का अर्थ :

सामान्य व्यवहार में व्यक्ति के अच्छे बुरे कार्यों को 'कर्म' कहते हैं। व्यक्ति को सद् कर्म करने का उपदेश दिया जाता है। इस अर्थ में भी जैन दर्शन में कर्म शब्द का प्रयोग हुआ है। भगवान महावीर ने कहा :

सुचिण्णा कम्मा सुचिण्ण फला भवंति।
दुचिण्णा कम्मा दुचिण्ण फला भवंति।।

(अच्छे कर्म का फल अच्छा होता है। बुरे कर्म का फल बुरा होता है।)[84]

'कर्म सिद्धान्त' के प्रसंग में 'कर्म' का विशिष्ट अर्थ है। इस संदर्भ में आत्मा पर लगे हुए सूक्ष्म पौद्गलिक पदार्थ का वाचक 'कर्म' है। संसार चक्र में

परिभ्रमण करता हुआ जीव अपने दुष्कृत्यों के कारण सतत नूतन कर्म बांधता हैं तथा उसका फल भोगता है :

संसार मावन्न परं परं ते, बंधंति वेदंति य दुन्नियाणि।[85]

जिस प्रकार मकड़ी अपनी ही प्रवृत्ति से अपने बनाए हुए जाले में फंस जाती है उसी प्रकार यह जीव भी अपनी राग-द्वेष प्रवृत्ति से अपने आपको कर्म पुद्‌गल के जाल में फंसा लेता है। आत्मा के राग द्वेष रूप परिणामों से जीव पुद्‌गलों को ग्रहण करता है। कषाय भाव के कारण कर्म-दलिकों का आत्म प्रदेशों के साथ संश्लेष हो जाता है।

शरीर, वचन और मन के परिस्पन्द की सहायता से आत्मा के प्रदेशों में कम्पन होना योग है। '**कायावाङ्‌.मनः कर्मयोगः।**'[86] योग दो प्रकार का होता है। शरीर, नाम, कर्म आदि के उदय से शरीर, वचन और मन का जो समागम होता है उसे द्रव्य योग कहते है। द्रव्य योग के निमित्त से आत्मा मे जो कम्पन/चंचलपना होता है उसे भाव योग कहते हैं। इसी को शास्त्रों में इस प्रकार कहा गया है कि कर्म के उदय/विपाक के समय आत्म-प्रदेशों में तीव्र कम्पन होता है जिससे राग-द्वेष मूलक भावों का सृजन होता है। यह कहा जा चुका है कि आत्म प्रदेशों में यह कम्पन शरीर, वाणी एवं मन के परिस्पन्द/हलन-चलन-व्यापार की सहायता से होता है। आत्मभावों के अनुरूप तरंगे अपने अनुरूप कर्म-वर्गणा की तरंगों को अपनी ओर आकर्षित कर ग्रहण कर लेती हैं। पारिभाषिक शब्दावली में इसे भाव-कर्मों से द्रव्य कर्मों का आस्रव कहा जाता है।

कर्म-प्रवाह की दृष्टि से बंध :

जैन दर्शन कर्म-विशेष की दृष्टि से बंध नहीं मानता। कर्म-प्रवाह की दृष्टि से बंध है। कर्म-विशेष के उदय के समय परिस्पन्द होता हैं। पूर्वबद्ध कर्म का जब विपाक समय आता है तब वे आत्म प्रदेशों में कम्पन करके विलग हो जाते हैं। प्रति समय कर्म का उदय होता रहता है। एक कर्म के बाद नवीन कर्म के ग्रहण की भूमिका चलती रहती है। कर्म-प्रवाह बना रहता है। इसी कारण जीव बद्ध रहता है, संसारी दशा में रहता है, संसार-चक्र में भ्रमण करता रहता है, नाना योनियों में भटकता रहता है।

कर्म सिद्धान्त की वैज्ञानिकता :

शास्त्रों में कहा गया है कि जिस समय जीव के जैसे भाव होते हैं, वैसा ही अनुभाग बंध होता है। तीव्र मंद आदि के रूप में या द्रव्य, क्षेत्र, काल, भव और भाव के भेद से विभिन्न प्रकार के कर्मों का उदय होता है। उनका प्रभाव भी जीव पर भिन्न-भिन्न पड़ता है। यह प्रत्यक्ष है कि समान स्थितियों में सभी

प्राणियों का सुख-दुख समरूप नहीं होता, भिन्न होता है। आत्म-प्रदेश और कर्म-परमाणुओं का संश्लेष वैज्ञानिक अध्ययन की अपेक्षा करता है। आत्मा पर कर्मों का प्रभाव मनोवैज्ञानिक अध्ययन की अपेक्षा रखता है।

कर्म सिद्धान्त की वैज्ञानिकता के सम्बन्ध में पं0 निहालचन्द जैन का एक लेख उल्लेखनीय है। उस लेख के कुछ अंश उद्धृत हैं :

"कर्म का आस्रव, बंध तथा कर्म का संवर और निर्जरा, वैज्ञानिक सिद्धान्त के आधार से व्याख्यायित की जा सकती है।........ सम्पूर्ण लोकाकाश कार्मण रूप सूक्ष्म पुद्गल द्रव्य से भरा हुआ है, जैसे सम्पूर्ण आकाश में विद्युत चुम्बकीय तरंगे (Electro magnetic waves) व्याप्त हैं। कर्म-परमाणु के पुंज अत्यन्त सूक्ष्म होने के कारण, तरंग रूप में गमन करते हुए माने जा सकते हैं जिनकी कम्पनांक (Frequencies) बहुत उच्चतम X- Rays के कम्पनांक (10^{11}- 10^{17} Htz) की तुलना में असंख्य गुना ज्यादा होती हैं। एक निश्चित कम्पन की विद्युत चुम्बकीय तरंगों को रेडियो-रिसीवर द्वारा प्राप्त करने के लिए, उसमें एक ऐसे दोलित्र (Oscillator) का उपयोग करते हैं जो उस विशिष्ट कम्पन की तरंगों को पैदा कर रहा हो। उसे विद्युतीय साम्यावस्था का सिद्धान्त (Principle of Electrical Resonance) कहते हैं। इससे आकाश में व्याप्त यह विशेष कम्पन वाली तरंगें रिसीवर द्वारा ग्रहण कर ली जाती हैं। रिसीवर में यह संधारित्र-प्रणाली (Condenser) द्वारा सम्पन्न (Tunned) कर ली जाती हैं। आत्म प्रदेशों द्वारा कार्मण स्कन्धों की तरंगों को ग्रहण करने में यही प्रक्रिया होती है। .... आत्म प्रदेश दोलिभ (Oscillator) की भांति व्यवहार करता है। आत्मभावों के अनुरूप उत्पन्न तरंगें जिस तरंग लम्बाई (Wave length) की होती हैं उन्हीं तरंग लम्बाई वाली कर्म-वर्गणा की तरंगों को स्वतः आकाश से अपनी ओर आकर्षित कर ग्रहण कर लेता है .... जिसे जैन दर्शन की भाषा में कहें कि भाव कर्मों से द्रव्य कर्मों का आना (आस्रव तत्त्व) होता है। .... कषाय सहित होने पर कार्मण स्कन्धों को ग्रहण करना बंध है। विज्ञान की भाषा में कहें तो आत्म प्रदेशों के कम्पन (Oscillation) तथा कार्मण तरंगों के कम्पन (Vibration / Frequencies) का अध्यारोपण (Interference) होना बंध है।"[87]

कर्म के आस्रव एवं बंध के मूल कारण :

कर्म बंधन के मूल कारणों की जैन दर्शन में मीमांसा की गई है।

(i) कुछ शास्त्रों में कर्म आश्रव के 5 द्वार बतलाए गए हैं :

(1) मिथ्यात्व (2) अविरति (3) प्रमाद (4) कषाय (5) योग

(1) **मिथ्यात्व**—अनादि से मिथ्या दर्शन कर्म के उदय से सभी संसारी जीवों को पर में मेरेपन की अनुभूति हो रही है। यही मिथ्यात्व है।

(2) **अविरति**—इन्द्रियों के विषय भूत बाह्य पदार्थों में प्रवृत्त होना अविरति है।

(3) **प्रमाद**—आत्म कल्याण तथा सत्कर्म में उत्साह न होना, आलस्य करना प्रमाद है।

(4) **कषाय**—आत्म परिणामों में उत्पन्न हुई मलिनता का नाम कषाय है।

संक्षेप में कषाय के दो भेद हैं—(1) राग (2) द्वेष। विस्तार में इसके चार भेद हैं—(1) क्रोध (2) मान (3) माया (4) लोभ

(5) **योग**—काय, वचन और मन इन तीनों के द्वारा आत्म-प्रदेशों में कम्पन के फलस्वरूप कर्म-वर्गणा की तरंगों का आत्म प्रदेशों की ओर आगमन को योग कहते हैं।

(ii) कुछ शास्त्रों में मिथ्यात्व को आठ प्रकार के कर्मों के बंधन का कारण माना गया है। ज्ञानावरण के तीव्र उदय से दर्शनावरण का तीव्र उदय होता है। दर्शनावरण के तीव्र उदय से दर्शन-मोह का तीव्र उदय होता है। दर्शन मोह के तीव्र उदय से मिथ्यात्व का उदय होता है। मिथ्यात्व के उदय से जीव के आठ प्रकार के कर्मों का बंधन होता है।[88]

(iii) कुछ शास्त्रों में वर्णित है कि मोह कर्म के उदय से जब जीव राग-द्वेष में परिणत होता है तब वह अशुभ कर्मों का बंध करता है।[89]

(iv) कुछ शास्त्रों में वर्णित है कि 'कषाय' (आत्म परिणामों में हुई मलिनता) में मिथ्यात्व, अविरति एवं प्रमाद का समाहार हो जाता है। कुछ शास्त्रों ने अज्ञानभाव सामान्य को भी बंध का कारण माना है। इस दृष्टि से संक्षेप में कर्मबन्धन के कारण दो हैं : (1) कषाय (2) योग। संसारी जीव योग एवं कषाय के द्वारा कर्म का बंध करता है। इनमें भी यदि जीव कषाय रहित हो जाता है, आत्म परिणामों में हुई मलिनता को समूल नष्ट कर शुद्ध चैतन्य स्वरूप हो जाता है तो 'योग' की प्रक्रिया तो होती है किन्तु नये कर्म का बन्ध नहीं होता है। 'जो आत्मा अपने भीतर में राग-

द्वेष रूप भाव कर्म नहीं करता उसे नये कर्म का बन्ध नहीं होता' (अकुव्वओ णवं णत्थि।)[90]

'कर्मोदय के बिना नवीन बंध नहीं होता किन्तु कर्मोदय के साथ-साथ जब जीव के राग-आदि-रूप-विकार भाव होते हैं तभी नवीन-बंध होता है। बंध के कारण मूल में जीव के राग द्वेष आदि विकार भाव होते हैं। जब राग द्वेष आदि विकार भाव नष्ट हो जाते हैं तब वीतरागी एवं सम्यग् दृष्टि वाले जीव के बंध नहीं होता। केवल योग जन्य आस्रव भाव होता है।[91]

यद्यपि तेरहवें गुण स्थान में ज्ञान, वीर्य आदि आत्मिक गुण सम्पूर्ण प्रकट हो जाते हैं तथापि योग होता है।

कषाय सहित जीव का आस्रव या योग स्थिति और अनुभाग बन्ध का कारण होता है किन्तु कषाय रहित जीव का योग क्षणिक बन्ध का कारण होता है। इस कारण सबसे पहले कषायों पर विजय प्राप्त करना आवश्यक है; मिथ्यात्व भाव एवं राग-द्वेष आदि विकारमूलक भावों को दूर करना आवश्यक है। एक अपेक्षा से कषाय रहित जीव का योग क्षणिक बन्ध का कारण होता है। दूसरी अपेक्षा से कषाय रहित जीव का योग होता है किन्तु नए कर्म का बन्ध नहीं होता। भाव कर्मों से द्रव्य कर्मों का आत्मप्रदेशों की ओर आना क्षणिक बंध का कारण बनता है। कषाय रहित जीव का कार्मण स्कन्धों को ग्रहण न करने के कारण नए कर्म का बंध नहीं होता। कार्मण स्कन्ध वीतराग को पाकर लौट जाते हैं; उनका संश्लेष नहीं होता।

इसकी व्याख्या विस्तार से भी की जा सकती है। मोक्ष का मार्ग रत्नत्रय है—सम्यग् दर्शन, सम्यग् ज्ञान, सम्यग् चारित्र। 'जैसे वस्त्र की श्वेतता मैल के सम्बन्ध से मिट जाती है वैसे ही संसारी आत्मा का सम्यग् दर्शन गुण मिथ्यात्वरूपी मल से, सम्यग् ज्ञान गुण अज्ञान रूप मल से तथा सम्यग् चारित्र गुण कषाय रूपी मल से अवश्य ही नष्ट हो जाते हैं।[92]

ध्रौव्य स्वभाव की दृष्टि से आत्मा एवं अनात्मा भिन्न हैं। इनकी अपनी अपनी सत्ता है। पर्याय की अपेक्षा स्वयं उत्पन्न होते हैं, स्वयं विनाश को प्राप्त होते हैं। जीव स्वयं परिणमनशील है। इस कारण यह नहीं कहा जा सकता कि कर्म जीव को बांधता है। यह नहीं कहा जा सकता कि क्रोध, मान, माया, लोभ आदि कर्म जीव को क्रोध, मान, माया, लोभ आदि भाव रूप में परिणमन कराते हैं। जीव स्वयं क्रोध रूप से परिणमन करता है, स्वयं मान रूप से परिणमन करता है, स्वयं माया रूप से परिणमन करता है, स्वयं लोभ रूप से परिणमन करता है। प्रत्येक द्रव्य अपने अन्वय रूप धर्म के कारण ध्रुव स्वभाव है। उत्पाद-व्यय रूप धर्म के कारण परिणामस्वभावी है। चेतन और अचेतन का प्रत्येक

समय में पर्याय रूप से परिणमन होता है। वह अन्य किसी का कार्य न होकर उनकी अपनी-अपनी विशेषता है। निश्चय नय से तो एक द्रव्य दूसरे द्रव्य का न तो भला कर सकता है, न बुरा कर सकता है। उपादान की दृष्टि से प्रत्येक द्रव्य की प्रति समय की पर्याय अपने उपादान से ही उत्पन्न होती है। जीव में राग एवं द्वेष की, कषायों की उत्पत्ति भी अपने ही उपादान से होती है।

प्रश्न यह है कि यह क्यों कहा जाता है कि राग-द्वेष आदि भाव पर के आश्रय से उत्पन्न होते हैं। कर्म के उदय की क्या अनिवार्यता है। इसका कारण यह है कि स्व-पर की एकत्व बुद्धि रूप मिथ्या मान्यता के कारण जीव अनादि से पर का आश्रय लिए हुए है। इसी कारण जीव में वैभाविक शक्ति उत्पन्न होती है। स्व एवं पर का निमित्त-नैमित्तिक सम्बन्ध है। स्व-पर की एकत्व बुद्धि रूप मिथ्यात्व पर बल देने के लिए व्यवहार दृष्टि से कहा जाता है कि राग-द्वेष आदि भाव पर के आश्रय से उत्पन्न होते हैं। व्यवहार नय से एक पदार्थ दूसरे पदार्थ के कार्य में निमित्त होता है। व्यवहार दृष्टि से ही जीव के राग-द्वेष आदि परिणामों को निमित्त करके पुद्‌गल वर्गणायें कर्मरूप से परिणमन करती हैं। पुद्‌गल कर्म को निमित्त करके जीव भी उसी प्रकार राग-द्वेष आदि रूप से परिणमन करता है। जीव की गति क्रिया अपने उपादान से होती है। फिर भी जीव की गति क्रिया के समय धर्म द्रव्य निमित्त होता है। इसी कारण निमित्त का सहकारी महत्व है। यदि जीव में राग-बुद्धि नहीं है तो अश्लील से अश्लील प्रसंग भी उसके चित्त में विकार उत्पन्न नहीं कर सकते। राग-द्वेष ही कर्म के बीज हैं। इनके मूल में मोह है। जो आत्मा अपने भीतर से राग-द्वेष रूप भाव कर्म नहीं करती, उसे नए कर्म का बंध नहीं होता। जब तक आत्मा में विकारमूलक भाव हैं तभी तक उन भावों को निमित्त करके कर्म आत्मा से बंधते हैं। इसी कारण व्यवहार में यह कथन है कि कर्म आत्मा को बांधते हैं। तत्त्वत: जीव ही कर्मों को बांधता है।

बंध प्रकार :-

बंध चार प्रकार का होता है :

'प्रकृति स्थित्यनुभाग प्रदेशास्तद्विधय:'[93]

(i) प्रकृति बंध (ii) स्थिति बंध

(iii) अनुभाग बंध (iv) प्रदेश बंध

(i) **प्रकृति बंध**—कर्म के स्वभाव का निश्चित होना। कर्म का स्वभाव ही है—आत्मा के स्वभावगत गुणों को आवृत्त करना।

(ii) **स्थिति बंध**—कर्म-बंध का काल निश्चित होना।

(iii) **अनुभाग बंध**—कर्म के फल देने की तीव्रता या मंदता निश्चित होना।

(iv) **प्रदेश बंध**—कर्म पुद्‌गल शक्ति का स्वभावानुसार आत्म प्रदेशों के साथ बंधना।

इनमें प्रकृति बंध एवं प्रदेश बंध 'कषाय' से होता है। स्थिति बंध एवं अनुभाग बंध 'योग' से होता है। इस प्रकार योग और कषाय के निमित्त से आत्मा के साथ कर्म-परमाणुओं का बंध होता है।

'कसाय पाहुड' के प्रकृति-विभक्ति, स्थिति-विभक्ति, अनुभाग-विभक्ति एवं प्रदेश-विभक्ति शीर्षक अधिकारों में तथा 'षट्खंडागम' के छठे खण्ड 'महाबंध' में मूल कर्म प्रकृति एवं उत्तर कर्म प्रकृतियों की अपेक्षा इन बंध-प्रकारों का सत्, संख्या, क्षेत्र, स्पर्शन, काल, अन्तर, भाव, अल्प-बहुत्व- इन आठ अनुयोग द्वारा चौदह मार्गणाओं में अत्यंत विशद एवं विस्तृत विवेचन हुआ है। (दे0 2.8.2)

कर्म प्रकार :

कर्म के स्वभाव की दृष्टि से कर्मों के आठ भेद हैं। इनमें ज्ञानावरणीय, दर्शनावरणीय, मोहनीय एवं अन्तराय—ये चार घातिया कर्म हैं। ये आत्मा के स्वाभाविक गुणों का घात करते हैं, उन्हें आवृत्त करते हैं। वेदनीय, आयु, नाम, गोत्र—ये चार कर्म अघाति हैं। अघाति कर्म आत्मा के मुख्य गुणों का घात नहीं करते। ये घातिया कर्मों की सहायता के लिए परिकर के रूप में होते हैं। जीव को संसार में बनाए रखते हैं। अरहंत के चार घातिया कर्मों का नाश हो जाता है। इस कारण वे अपने पूर्ण आत्मबल से सम्पूर्ण पदार्थों के ज्ञाता, द्रष्टा एवं आनन्दपूर्ण हो जाते हैं, केवली हो जाते हैं।

(1) **ज्ञानावरणीय कर्म**—आत्मा की ज्ञान शक्ति पर आवरण डालने वाले कर्म।

(2) **दर्शनावरणीय कर्म**—सम्यग् दर्शन की प्राप्ति में बाधा उत्पन्न करने वाले कर्म।

(3) **मोहनयी कर्म**—आत्मा के स्व स्वरूप को विस्मृत करने वाले कर्म।

(4) **अन्तराय कर्म**—आत्मबल नहीं होने देने वाले कर्म।

(5) **वेदनीय कर्म**—इष्ट और अनिष्ट वस्तुओं का संयोग कराने वाले कर्म जिनसे सुख दुख की संवेदना का अनुभव होता है। इसके दो भेद हैं : सातावेदनीय, असातावेदनीय।

(6) **आयु कर्म**—जीव को एक विशिष्ट समय तक एक विशिष्ट योनि में रोककर रखने वाले कर्म।

(7) **नाम कर्म**—जीव का शरीर और अंग उपांग बनाने वाले कर्म।

(8) **गोत्र कर्म**—गोत्र विशेष में जन्म प्रदान करने वाले कर्म।

यह शंका उठाई जा सकती है कि अरहंत की आनन्दपूर्ण होने की स्थिति किस प्रकार सम्भव है क्योंकि अरहंत स्थिति में भी वेदनीय कर्म का सद्भाव रहता है। इसका कार्य सुख और दुख देना है। इसका समाधान यह है कि जिसको जितना मोह भाव होता है, राग-द्वेष होता है उसको इष्ट और अनिष्ट पदार्थों के संयोग से उतना ही हर्ष और विषाद होता है। पदार्थों के प्रति इष्ट एवं अनिष्ट की कल्पना मोह भाव से होती है, उनके प्रति राग एवं द्वेष भाव से होती है। वेदनीय कर्म के उदय से अज्ञानी संसारी जीव सुख एवं दुख की अनुभूति करता है। इस तथ्य की विवेचना की जा चुकी है कि सभी कर्मों का बंध कषाय भावों के कारण होता है। अरहंत अथवा केवली में मोह का सर्वथा अभाव होता है, राग-द्वेष आदि विकारमूलक भावों का सर्वथा अभाव होता है। इस कारण उन्हें वेदनीय कर्म के द्वारा सुख दुख नहीं होता। उनकी सदा आनन्दरूप अवस्था बनी रहती है।

संसारी दशा में आत्मा के द्वारा बंधे हुए ज्ञानावरण आदि आठ कर्मों में से एक मोहनीय कर्म ही ऐसा है जिसके उदय में यह जीव मोहित होकर पर पदार्थों में ममत्व करता है और राग-द्वेष आदि विकारमूलक भावों को ग्रहण करता है। मोहनीय कर्म का जिस प्रकार उदय होता है वैसे ही उसका उपशम, क्षय तथा क्षयोपशम भी किया जा सकता है। आत्मा के पुरुषार्थ का निमित्त पाकर जड़ कर्म का प्रकट रूप फल जड़ कर्म में काल के अंश तक न आना उपशम है। अहंकार की समाप्ति में यह स्थिति बनती है। आत्मा के पुरुषार्थ का निमित्त पाकर कर्मावरण का कालांश तक अनावृत्त होना क्षय है। काल के एक समय से लेकर योग्यतानुसार उत्कृष्ट काल तक आत्मा के पुरुषार्थ का निमित्त पाकर कर्म का स्वयं आंशिक क्षय एवं आंशिक उपशम होना क्षयोपशम है। मोहनीय कर्म के अतिरिक्त ज्ञानावरण, दर्शनावरण और अन्तराय—इन तीन घातिया कर्मों का एकान्त उदय कभी नहीं होता है, क्षयोपशम ही रहता है। अत: इन घातिया कर्मों का उपशम भी नहीं होता। इनका क्षय अवश्य किया जा सकता है। अघातिया कर्मों का क्षयोपशम कभी नहीं होता। इनका तो यथासम्भव उदय ही रहता है। इनका अभाव हो जाया करता है। कर्मवर्गणाओं के साथ तन्मयता होना ही राग-द्वेष को उत्पन्न करता है। जब आत्मा राग-द्वेष आदि विकारमूलक भावों सहित होती है तब कर्मरूप में होने वाले योग्य पुद्गल वर्गणाओं का संग्रह करती है। यही संसार का मूल कारण है। द्वेष को नष्ट करो। राग को दूर करो। ऐसा करने से संसार में सुखी हो जाओगे। 'छिंदाहि दोसं विणएज्ज रागं। एवं सुही होहिसि संपराए'।[94]

3. 6. आचार मीमांसा : कर्मबंधन से मुक्ति

संयासी का लक्ष्य है—मोक्ष। गृहस्थ्य का लक्ष्य है—जीवन में सुख, शान्ति, संतोष एवं सद्भावना। संयासी के लिए आचरण का प्रतिमान कर्मबंधन से मुक्त होना है। गृहस्थ के लिए आचरण का प्रतिमान स्वयं सुख से जीवन जीना तथा संसार के अन्य प्राणियों के दुख को दूर करना है। व्यवहारिक दृष्टि से सामाजिक जीवन में अहिंसा का पालन करना है। अहिंसा की आन्तरिक परिणति आत्मा में होती है। इस दृष्टि से अहिंसा आदि महाव्रतों का पालन करना संयासी का भी धर्म है। गृहस्थ के लिए अहिंसा आदि व्रतों का अणुरूप में पालन करने का विधान है।

सम्प्रति, मोक्ष प्राप्ति की दृष्टि से आचरण की मीमांसा अभीष्ट है। जैन धर्म एवं दर्शन में मुनियों के आचार की अत्यन्त विशद एवं सूक्ष्म विवेचना हुई है। उसका पूर्ण विवरण प्रस्तुत करना सम्भव नहीं है। जो अनुसंधित्सु एवं जिज्ञासु तत्सम्बन्धित जानकारी प्राप्त करना चाहें वे निम्नलिखित सामग्री का अध्ययन कर सकते हैं :-

1. द्वादशांग में आचारांग एवं सूत्रकृतांग (दे0 2.8.2)
2. चार मूल सूत्र : (1) दशवैकालिक (2) उत्तराध्ययन आदि।
3. छेद सूत्र : (1) निशीथ (2) महानिशीथ (3) व्यवहार आदि
4. मूलाचार : आचार्य वट्टकेर (दे0 2.8.2)
5. भगवती आराधना या मूलाराधना : आचार्य शिवार्य (दे0 2.8.2)
6. प्रवचन सार : आचार्य कुन्दकुन्द (दे0 2.8.2)
7. नियमसार : आचार्य कुन्दकुन्द (गाथा 77 से 157)
8. पंचवत्थुग (पंचवस्तुक): आचार्य हरिभद्र सूरि
9. प्रवचनसारोद्धार : आचार्य नेमिचन्द्र सूरि
10. पुरुषार्थ सिद्धि-उपाय : आचार्य अमृत चन्द्र।

आचार्य उमास्वामी ने मोक्ष मार्ग का सारगर्भित निरूपण किया है। सम्यग् दर्शन, सम्यग् ज्ञान एवं सम्यग् चारित्र्य मोक्ष-मार्ग है :

सम्यग्दर्शनज्ञान चारित्राणि मोक्ष मार्गः।।[95]

इन तीनों का एकत्व ही मोक्ष मार्ग है। स्व एवं पर के भेद की प्रतीति होना सम्यग् दर्शन है। कुछ शास्त्रों में वर्णित है कि जीव आदि पदार्थों के प्रति श्रद्धा होना सम्यग् दर्शन है। मतिज्ञान, श्रुतज्ञान, अवधि ज्ञान, मनः पर्याय ज्ञान एवं केवलज्ञान सम्यग् ज्ञान है। कर्म रहित होने के लिए सम्यग् आचरण करना सम्यग्

चारित्र्य है। साधनाकाल के आरम्भ में सम्यग् दर्शन, सम्यग् ज्ञान एवं सम्यग् चारित्र्य का क्रम है। साधना काल की परिणत अवस्था में सम्यग् ज्ञान, सम्यग् दर्शन एवं सम्यग् चारित्र्य का क्रम है। इस अवस्था में आत्मा को जानना सम्यग् ज्ञान, आत्मा का दर्शन करना सम्यग् दर्शन एवं आत्मा में रमण करना सम्यग् चारित्र्य है। जैन शास्त्रों में दोनों क्रम मिलते हैं। षट्खंडागम में उपयोग की बाह्य प्रवृत्ति का नाम ज्ञान है तथा उपयोग की आभ्यन्तर प्रवृत्ति का नाम दर्शन है।[96] उत्तराध्ययन में दोनों क्रम हैं।[97]

धर्म आचरण मूलक है। सभी आत्मवादी दर्शन तथा बौद्ध दर्शन कर्म-बन्धन का समुच्छेद होना स्वीकार करते हैं। इसी कारण प्रायः सभी दर्शन आत्मा या जीव की मुक्ति/मोक्ष/निर्वाण में विश्वास करते हैं। सभी दर्शनों में 'आचार मीमांसा' है। (दे0 3.5) भगवान महावीर के साधना काल का विवरण सम्यग् चारित्र्य का प्रतिमान है। (दे0 2.6) अनेक व्यक्ति सद् धर्म का ज्ञान एवं उसमें रुचि होते हुए भी उसका आचरण नहीं कर पाते। वे केवल बोलकर रह जाते हैं, पढ़कर रह जाते हैं, सुनकर रह जाते हैं। जानना एवं आचरण करना एकार्थक नहीं हैं। न्याय मार्ग को सुनने के बाद भी अनेक व्यक्ति पथ भ्रष्ट हो जाते हैं। जो धर्म का व्याख्यान करते हैं किन्तु उसके अनुरूप आचरण नहीं करते वे सबसे बड़े नासमझ होते हैं। उनकी मूढ़ता को ध्यान में रखकर कहा गया है :

सुबहुं पि सुयमहीयं, किं काही चरण विप्पहीणस्स।
अंधस्स जह पलित्ता, दीवसयसहस्स कोड़ी वि॥

(भले ही बहुत सारे शास्त्र पढ़े हों मगर चरित्रहीन के लिए वे सब किस काम के? अन्धे के लिए सहस्त्र कोटि प्रदीप्त दीप किस काम के?)।[98]

सम्यग् चारित्र्य की दृष्टि से समता, माध्यस्थता, शुद्धोपयोग, वीतरागता, धर्म-चारित्र्य, स्वभाव की आराधना शब्द एकार्थवाची हैं :

समदा तह मज्झत्थं, सुद्धो भावो य वीयरायत्तं।
तह चारित्तं धम्मो, सहाव आराहणा भणिता।।[99]

कर्मचक्र के कारण आत्मा बंधन में है। उसमें वैभाविक विशेषताएँ उत्पन्न हैं। विभाव से मुक्त होकर स्वभाव-अवस्था में स्थित होना ही मोक्ष है। चारित्र की दृष्टि से कर्म-बंधन से मुक्ति के लिए क्या करणीय है? उत्तर है—

कर्म-प्रवाह को रोकना तथा अकर्मा होना। कर्म प्रवाह को रोकना 'संवर' है। पूर्वबद्ध कर्मों को आत्मा से हटाना निर्जरा है। अकर्मा होना मोक्ष है।

3. 6. 1. संवर :

कर्म-परमाणुओं का आत्मा की ओर आना (आस्त्रव) संसार का कारण है। कर्म-परमाणुओं के आत्मा की ओर आगमन को रोक देना (संवर) मोक्ष का कारण है। कर्म-आगमन के मुख्य पाँच द्वार हैं। संवर के भी पाँच विभाग हैं। जिस प्रकार नाव का छेद बन्द कर देने पर उसमें बाहर से जल का प्रवेश रुक जाता है उसी प्रकार आश्रव-द्वारों को बन्द कर देने पर कर्मों का आत्मा में आगमन अवरुद्ध हो जाता है।

आश्रव के मुख्य द्वार	संवर के विभाग
1. मिथ्यात्व	1. सम्यक्त्व
2. अविरति	2. व्रत
3. प्रमाद	3. अप्रमाद
4. कषाय	4. अकषाय
5. योग	5. अयोग

(i) सम्यक्त्व :

'स्व' को भूलना तथा पर को अपना समझना मिथ्यात्व है। मिथ्यात्व का विरोधी सम्यक्त्व है। सम्यक्त्व से जीव एवं अजीव के भेद की सम्यक प्रतीति होती है। आत्मा एवं अनात्मा के भेद के सम्बन्ध में श्रद्धा हो जाती है। कुछ शास्त्रों में जीव-अजीव, पुण्य-पाप, आस्त्रव-संवर, बंध-निर्जरा तथा मोक्ष इन नौ तत्त्वों के सम्यग् ज्ञान को सम्यक्त्व कहा गया है। तत्त्वतः सम्यक्त्व की दृष्टि से आत्मा एवं अनात्मा के स्वरूप को संशय, विमोह तथा विभ्रम रहित जानना सम्यग् ज्ञान है। इनके प्रति श्रद्धा होना सम्यग् दर्शन है। जीव-अजीव के अतिरिक्त अन्य तत्त्व आत्मा के ही पर्याय रूप से परिणमन अवस्थायें हैं।

सम्यक्त्व की दृष्टि से यह जीव अन्य है और शरीर इससे भिन्न है (अन्नं इमं सरीरं) सम्यक्त्व में सम्यग् दर्शन एवं सम्यग् ज्ञान का पूर्ण अन्तर्भाव नहीं होता। तत्त्वार्थ के प्रति श्रद्धा तथा मतिज्ञान एवं श्रुतज्ञान का अन्तर्भाव होता है। व्रतों के पालन, अप्रमाद, अकषाय एवं निर्जरा के कारण ज्यों-ज्यों आत्म-विशुद्धि के परिणाम की वृद्धि होती जाती है त्यों त्यों प्रत्यक्ष ज्ञान (अवधि ज्ञान, मनः पर्याय ज्ञान, केवल ज्ञान) की वृद्धि होती जाती है; आत्म दर्शन के परिणाम की वृद्धि होती जाती है। सयोग केवली की दशा में सम्यग् ज्ञान एवं सम्यग् दर्शन की पूर्णता हो जाती है। साधक को केवल ज्ञान की प्राप्ति हो जाती है। साधक को आत्मा की विशुद्ध स्थिति का दर्शन हो जाता है। इस प्रकार सयोग केवली की दशा तक ज्ञान, दर्शन एवं चारित्र्य की साथ-साथ वृद्धि होती है।

(ii) व्रत:

पापों में प्रवृत्त होना अविरति है। व्रत में पापों का सर्वथा त्याग है। हिंसा, झूठ, चोरी, कुशील और परिग्रह या असंतोष अव्रत हैं। हिंसा का त्याग, सत्य बोलना, चोरी का त्याग, ब्रह्मचर्य और परिग्रह त्याग—ये पाँच महाव्रत हैं :

हिंसा विरदिसच्चं, अदत्तपरिवज्जणं च बंभं च।
संग विमुत्ती य तहा, महाव्वया पंच पण्णत्ता।।[100]

आत्म-विशुद्धि के परिणाम में वृद्धि होने पर इन महाव्रतों का निषेधात्मक अर्थ सकारात्मक हो जाता है। महाव्रतों के पालन के परिणाम में भी वृद्धि होती है। इन महाव्रतों में हिंसा का त्याग प्रथम महाव्रत है। जब हिंसा का त्याग अहिंसा परमोधर्म हो जाता है तब इसका अर्थ किसी भी प्राणी की हिंसा न करने तक ही सीमित नहीं रहता। उस स्थिति में अकषाय के बाद समभाव की दृष्टि का उन्मेष होता है; आत्मतुल्यता की चेतना का विकास होता है।

इसी अपेक्षा से इन महाव्रतों का परिचय प्रस्तुत है :

अहिंसा :

अहिंसा का शब्दिक अर्थ है—हिंसा न करना। इस दृष्टि से अहिंसा का अर्थ किसी भी प्राणी की हिंसा न करना है :

एवं खु नाणिणो सारं, जं न हिंसई किंचण (किसी भी प्राणी की हिंसा न करना ही ज्ञानी होने का सार है)।[101]

साधना की परिणत अवस्था में अहिंसा का अर्थ है—सभी प्राणियों का कुशल-क्षेम-मंगल चाहना। जब व्यक्ति संसार के समस्त प्राणियों का कल्याण चाहता है, उनका मंगल चाहता है तब उसके लिए समस्त प्राणी आत्मतुल्य हो जाते हैं। उसके मन में किसी से न राग होता है, न द्वेष होता है। इस दृष्टि से राग-द्वेष आदि परिणामों का मन में उत्पन्न न होना ही अहिंसा है। आत्मतुल्यता की दृष्टि से राग-द्वेष आदि का परिहार होता है तथा जीव में समता भाव आता है। इस दृष्टि से सभी प्राणियों पर समभाव की दृष्टि रखना ही अहिंसा है : 'समया सव्व भूएसु'।[102]

सत्य :

इस विश्व में सभी धर्माचार्यों ने झूठ बोलने की घोर निन्दा की है। असत्य वचन बोलने से बदनामी होती है, परस्पर वैर बढ़ता है तथा मन में संक्लेश की अभिवृद्धि होती है। आत्म-साधक अपनी आत्मा के द्वारा सत्य की खोज करता है। सम्यक्त्व में इसका समारम्भ हो जाता है। मिथ्या ज्ञान के बंधनो को काटकर

उसे तत्त्वस्वरूप का सम्यग् ज्ञान हो जाता है; उसके प्रति श्रद्धा हो जाती है। वह असत्य वाचन न करने का व्रत ले लेता है।

अहिंसा के पोषण के लिए साधक ऐसी भाषा नहीं बोलता जो भाषा कठोर हो, जो भाषा दूसरों को पीड़ा पहुँचाने वाली हो 'तहेव फरुसा भासा, गुरुभूओ बाघइणी'।[103]

जो वचन दूसरों को बुरा लगने वाला हो, भय उत्पन्न करने वाला हो, खेद उत्पन्न करने वाला हो तथा वैर, शोक और कलह करने वाला हो तथा किसी भी प्रकार से दूसरों के लिए दुख उत्पन्न करने वाला हो- इस प्रकार के सभी वचन अप्रिय हैं। साधक को इस प्रकार के वचन नहीं बोलने चाहियें। इस प्रकार के बचन बोलने से दूसरों को पीड़ा पहुँचती है। साधक को ऐसा सत्य वचन बोलना चाहिए जो दूसरों के लिए हितकारक हो, मैत्रीपूर्ण हो तथा ग्राह्य हो। मनुष्य लोभ एवं अन्य विकारों से प्रेरित होकर झूठ बोलता है। जब साधक कषायों को जीत लेता है तो सच बोलना उसका स्वभाव हो जाता है। आत्मतुल्यता की दृष्टि से प्रेरित सत्य भावों से सम्पन्न जीव विश्व के प्राणी मात्र के साथ मैत्री भाव स्थापित कर लेता है। इसी कारण भगवान का उपदेश है—

सया सच्चेण सम्पन्ने मेत्तिं भूएसुकप्पए (जिसकी अन्तरात्मा सदा सत्य भावों से सम्पन्न है, उसे विश्व के प्राणी-मात्र के साथ मित्रता रखनी चाहिए)।[104]

अस्तेय :

बिना दी हुई वस्तु का ग्रहण चोरी है। चोरी करना अपराध है। अस्तेय व्रत में निष्ठा रखने वाला व्यक्ति बिना किसी की अनुमति के दांत कुरेदने के लिए एक तिनका भी नहीं लेता। लोभ एवं अन्य विकारों से प्रेरित होकर व्यक्ति झूठ बोलता है तथा चोरी करता है। बिना दी हुई वस्तु के ग्रहण से जिस जीव की वस्तु चोरी होती है उससे उसको पीड़ा पहुँचती है। चोरी करना मरण का कारण हो सकता है। जिसकी वस्तु चोरी होती है तथा जो चोरी करता है- दोनों के मन में भय व्याप्त हो जाता है। जिसकी वस्तु चोरी होती है उसके मन में भय होता है कि कहीं उसकी अन्य वस्तु की भी चोरी न हो जाए। चोर के मन में चोरी पकड़े जाने का भय रहता है। चोरी करना पाप है। चोरी करने की आदत पर द्रव्य की लिप्सा का कारण बन जाती है। सम्यक्त्व की भूमिका खंडित हो जाती है। चोरी के मूल में लोभवृत्ति है। चोरी करने की आदत आत्मा में कषाय भाव उत्पन्न करती है। चोरी करना अपयश का कारण है, असामाजिक एवं दण्डनीय कार्य है, सन्त पुरुषों द्वारा निन्दित है। प्रियजनों एवं मित्रजनों में भेद करने वाला है। अस्तेय व्रत का निष्ठापूर्वक पालन किए बिना विश्व के प्राणियों के प्रति मैत्री भाव स्थापित नहीं हो सकता।

ब्रह्मचर्य :

जिसके मन में काम-भोगों की वासना है वह सन्यासी नहीं हो सकता। सन्यासी धर्म की अनिवार्य शर्त शुद्ध ब्रह्मचर्य का पालन है। इसलिए भगवान महावीर का कथन है—

स इसी, स मुणी, स संजए, स एव भिक्खू, जे सुद्धं चरइ बंभचेरं (वही ऋषि है, वही मुनि है, वही संयत है, और वही भिक्षु है जो शुद्ध ब्रह्मचर्य का पालन करता है)।[105] राग को जीतना आवश्यक है। इसके लिए काम-भोगों की वासना को जीतना आवश्यक है। सन्यासी का लक्ष्य मोक्ष-प्राप्ति है। सन्यासी के लिए जीवात्मा ही ब्रह्म है। जीवात्मा की प्राप्ति ही उसका लक्ष्य है। महाव्रती साधु का परमार्थ ब्रह्मचर्य है :

जीवो बंभा जीवम्मि चेव, चरिया हविज्ज जा जदिणो।
तं जाण बंभचेरं, विमुक्कपरदेहतित्तिस्स।।

(जीवात्मा ही ब्रह्म है। देह के व्यापार से विमुक्त होकर उस ब्रह्म में चरण करना ही साधु का ब्रह्मचर्य है)।[106]

अपरिग्रह :

भगवान महावीर ने परिग्रह के दुष्परिणामों को पहचाना। भगवान ने जाना कि विश्व के प्राणियों के लिए परिग्रह के समान दूसरा कोई जाल नहीं है। हमारे अन्दर जो लोभ है, राग है, आसक्ति है उसके कारण हम बाह्य वस्तुओं का संग्रह करते जाते हैं, शरीर को अपना मानकर उसी को सजाते संवारते रहते हैं। राग-द्वेष के कारण कर्म के परमाणुओं का परिग्रह करते रहते हैं। यदि कर्म-मुक्ति चाहिए तो वस्तुओं का संग्रह करने की अपेक्षा उनका त्याग करने की वृत्ति को पुष्ट करना होगा। यदि स्व चाहिए तो पर के प्रति मोह, लोभ, आसक्ति आदि का उच्छेद करना होगा। शरीर आदि अनात्मभूत पदार्थों में मेरापन एवं आसक्ति का होना परिग्रह है एवं भिन्नता का बोध एवं अनासक्ति ही अपरिग्रह है। सम्यक्त्व की भूमिका के लिए परिग्रह का त्याग अनिवार्य शर्त है। इसी कारण भगवान महावीर ने कहा : जे सिया सन्निहीकामे, गिही पव्वइए न से (जो साधु मर्यादा विरुद्ध कुछ भी संग्रह करना चाहता है, वह साधु नहीं है अपितु गृहस्थ ही है।)[107]

जब तक पर पदार्थों में आसक्ति है, साधु अपरिग्रह व्रत का पालन नहीं कर सकता, परिग्रह का त्याग नहीं कर सकता। जिस साधक की पर पदार्थों में ममत्वबुद्धि है, वह परिग्रह का त्याग नहीं कर सकता। परिग्रह से हिंसा का पोषण होता है। परिग्रह के लिए व्यक्ति हिंसा करता है। परिग्रह के लिए व्यक्ति झूठ बोलता है। परिग्रह के लिए व्यक्ति चोरी करता है। संयासी होने के लिए

आवश्यक है कि भोगों के प्रति विरक्ति हो। संयासी होने के लिए आवश्यक है कि पर पदार्थों के प्रति ममत्व बुद्धि का लोप हो। साधु को स्व एवं पर का भेद विज्ञान समझ में आता है। उसके प्रति उसका श्रद्धाभाव दृढ़ होता है। मिथ्यात्व एवं ममत्व बुद्धि के कारण ही तो वह संसार प्रवाह में बह रहा है। कर्म-मुक्ति के लिए संसार-प्रवाह की विरुद्ध दिशा में तैरना है। साधक को प्रतिक्रमण करना है। भगवान महावीर ने प्रतिक्रमण का मार्ग चुना। उनका मार्ग अन्तरात्मा की चैतन्यवृत्ति की जागृति का मार्ग था। उन्होंने सांसारिक सुखों को छोड़ा। उनका मार्ग अनन्त सुख की प्राप्ति का मार्ग था। उनकी साधना इसका साक्ष्य है कि उनके जीवन में सांसारिक पदार्थों के प्रति ममत्व बुद्धि एवं आसक्ति का अंश मात्र भी शेष नहीं रहा। अपनी आत्मानुभूति से भगवान ने कहा-

जे ममाइअ मइं जहाइ, से जहाइ ममाइअं (जो ममत्व का त्याग कर सकता है, वही परिग्रह का त्याग कर सकता है)।[108]

जो परिग्रह करता है, वह हिंसा करता है। परिग्रह ही इस लोक में आर्थिक विषमता का कारण बनता है। आर्थिक हिंसा का नाम परिग्रह है। आर्थिक अहिंसा का नाम अपरिग्रह है। काम अब्रह्मचर्य है। भोग वृत्ति परिग्रह है। कर्म किसी जीव को नहीं बांधता। जीव स्वयं राग-द्वेष आदि विकारों से कर्म को बाँधता है। काम एवं भोग अपने आप न किसी में समता उत्पन्न करते हैं और न राग द्वेष रूप विषमता। मनुष्य स्वयं उनके प्रति राग-द्वेष करके उनका स्वामी एवं भोगी बन जाता है। मोहवश विकारग्रस्त हो जाता है :

न काम भोगा समयं उवेंति, न यावि भोगा विगइं उवेंति।
जे तप्पओसी य परिग्गही य, सो तोसु मोहा विगइं उवेइ।।[109]

कामनाओं का अन्त करना ही दुख का अन्त करना है। कामनाओं का अन्त करना ही मोह, मिथ्यात्व, आसक्ति एवं राग बुद्धि का अन्त करना है।

(iii) अप्रमाद :

आत्म कल्याण तथा सद्कर्मों में उत्साह न होना प्रमाद है। आत्म कल्याण के लिए उत्साह होना अप्रमाद है। महाव्रतों के पालन से आत्म-साक्षात्कार की झलक मिलने लगती है। मन में जिज्ञासा जागृत होती है कि क्या करें जिससे पाप-कर्म आत्मा से न बँधें; कर्म-आगमन एवं बंधन की प्रक्रिया रुक जाए। उत्तर मिलता है—अप्रमाद।

भगवान विस्तार से समझाते हैं :

जयं चरे जयं चिट्ठे, जयमासे जयं सए।
जयं भुंजंतो भासंतो, पावकम्मं न बंधइ।।

(यत्न से चलो, यत्न से खड़े हो, यत्न से बैठो, यत्न से सोओ, यत्न से खाओ, यत्न से बोलो। पाप कर्म नहीं बँधता)।[110]

साधु के लिए महाव्रतों के पालन में अप्रमत्त-भाव का होना आवश्यक है। प्रतिक्षण जागृत रहना है। प्रतिकार्य में सतत ध्यान रखना है कि कभी भूल न हो जाए, प्रयत्न में शिथिलता न आ जाए। इसके लिए साधु के लिए आवश्यक है कि वह चलने, बोलने, खाने आदि क्रियाओं को अप्रमत्त-भाव से सम्पन्न करे। शास्त्र की भाषा में इन्हें पाँच समितियाँ कहते हैं। इन समितियों के पालन से चारित्र्य की ओर साधक सतत जागरूक रहता है, सावधान रहता है, यत्न के साथ आचरण करता है।[111]

ईर्या समिति :

ईर्या का अर्थ है— (धार्मिक भिक्षु के रूप में) इधर उधर घूमना। सावधानी के साथ गमन और आगमन करना। संयस्त के लिए यह प्रावधान है कि वह अन्धकार में गमन-क्रिया न करे तथा अपने आगे पाँच हाथ पृथ्वी देख-देखकर चले। इसी को ईर्या समिति कहते हैं। चलने में जीवों की हिंसा न हो जाए—इस लक्ष्य को ध्यान में रखकर इस समिति का निर्देश है।

भाषा समिति :

हित, मित और असंदिग्ध वचन बोले जिससे सुनने वाले किसी भी प्राणी को दुख न हो। अहिंसा एवं सत्य महाव्रतों के पालन को दृढ़ बनाने हेतु इस समिति का निर्देश है।

एषणा समिति :

एषणा समिति का तत्त्वार्थ है—अपनी इच्छाओं को मर्यादित करना। मनुष्य की स्वादिष्ट भोजन करने की इच्छा प्रत्यक्ष है। रूढ़ि अर्थ में एषणा समिति का अर्थ है कि संयासी भिक्षा द्वारा दिन में केवल एक बार शुद्ध निरामिष आहार को निर्लोभ भाव से ग्रहण करे। इसका विस्तृत विधि विधान है। कितने दोषों से बचे। किस प्रकार का आहार ग्रहण करे। किस प्रकार के व्यक्ति का आहार ग्रहण करे। कितना आहार ग्रहण करे। किस प्रकार आहार ग्रहण करे। आहार के लिए जाने के पूर्व अपने मन में अभिग्रह धारण करे। अन्तराय (विघ्न अथवा रुकावट) आने पर आहार ग्रहण न करे। भगवान महावीर के साधना काल में संयासी के स्वादजयी होने का प्रतिमान मूर्तिमान है।

आदान निक्षेप समिति :

ज्ञान एवं चारित्र्य के परिपालन के लिए संयासी जिन वस्तुओं को अपने पास रखता है उनके रखने एवं ग्रहण करने में सावधानी रखना आदान निक्षेप समिति है। आदान का अर्थ है—लेना, पकड़ना, ग्रहण करना। निक्षेप का अर्थ है—रखना। यह समिति भी जीवों की रक्षा में सावधानी के निमित्त है।

प्रतिस्थापन समिति :

मल मूत्र आदि का त्याग लोगों के आने-जाने के मार्ग से दूर, एकान्त, सूखी, जीव-जन्तु रहित ऐसे स्थान पर करना जिससे किसी को कोई आपत्ति न हो।

(iv) अकषाय :

आत्मा की मलिनता ही कषाय है। संयस्त आत्मा के निर्मल स्वरूप के साक्षात्कार के लिए आत्मा की मलिनता दूर करता है। इसका उल्लेख किया जा चुका है कि संक्षेप में कषाय के दो भेद हैं—(1) राग (2) द्वेष। विस्तार में इसके चार भेद हैं—(1) क्रोध (2) मान (3) माया (4) लोभ (दे0 3.5)। राग एवं द्वेष का परिहार अकषाय है। क्रोध, मान, माया एवं लोभ का उपशम एवं क्षय होना अकषाय है।

राग-द्वेष का परिहार :

चारित्र्य की दृष्टि से राग-द्वेष के परिहार के महत्व के सम्बन्ध में सभी आत्मवादी दर्शन एवं बौद्ध दर्शन एकमत हैं। जैन दर्शन में इसके महत्व पर बल देने की अपेक्षा से कथन है कि राग-द्वेष आदि दोषों का परिहार करना सम्यग् चारित्र्य है। भगवान महावीर ने इस सत्य को पहचाना था कि इन्द्रियों के विषय राग-द्वेष आदि भावों के निमित्त कारण मात्र हैं। पाँच इन्द्रियों के विषयों को नष्ट कर देने पर भी मन में होने वाले राग-द्वेष आदि भावों का परिहार नहीं होता। अज्ञानी जीव भ्रान्त ज्ञान के कारण पाँच इन्द्रियों के मनोज्ञ विषयों में राग की कल्पना करता है और उन्हीं में राग का आरोप करता है। अज्ञानी जीव भ्रान्त ज्ञान के कारण पाँच इन्द्रियों के अनमोज्ञ विषयों में द्वेष की कल्पना करता है और उन्हीं में द्वेष का आरोप करता है। जब आत्मा की बहिर्दृष्टि होती है तभी राग-द्वेष उत्पन्न होते हैं। जो साधक राग-द्वेष आदि के निमित्त बहिरंगभूत विषयों को जीतने का केवल प्रयास करता है; वह अकषाय नहीं हो सकता। तत्त्वत: साधक को अपने चित्त में ठहरे हुए राग-द्वेष आदि भावों को जीतने का प्रयास करना चाहिए। भगवान महावीर ने यह भी जाना की चित्त में ठहरे हुए इन राग-द्वेष आदि भावों का केवल उपशमन नहीं करना है अपितु उनका पूर्ण क्षय करना है। इनका काल

के एक क्षण अभाव कर देने से या उपशम कर देने से आत्मा की चैतन्यवृत्ति की काल के उस क्षण झलक तो मिल सकती है, आत्मोपलब्धि नहीं हो सकती। पूर्ण क्षय के लिए विकारमूलक भावों को केवल चेतन मन के धरातल से ही दूर नहीं करना है। मन के सभी धरातलों से इन विकारमूलक भावों का क्षय करना निर्जरा है।

शास्त्र में राग-द्वेष परिणामों के उत्पन्न न होने को अहिंसा कहा गया है। अहिंसा परम धर्म है। ऐसी स्थिति में क्या राग-द्वेष परिणामों के उत्पन्न न होने को परम धर्म माना जा सकता है। केवल राग-द्वेष का अभाव परमात्म-दशा का धर्म नहीं माना जा सकता। राग-द्वेष के अभाव की स्थिति राग-द्वेष रूप परिग्रह के अभाव की स्थिति है। अत: इसे महत्तम धर्म ही कहा जा सकता है। अहिंसा की पूर्ण स्थिति तो परमात्म दशा में स्पष्ट होती है। इस कारण अहिंसा ही परम धर्म है। अपरिग्रह से आत्मतुल्यता की चेतना के विकास की स्थिति का समारम्भ होता है। अहिंसा में प्राणी मात्र के प्रति समता भाव है। प्रत्येक जीव में आत्मा है। स्वरूप की दृष्टि से सभी आत्माएँ समान हैं। जैन शास्त्रों में आत्मा की शुद्ध अवस्था की प्राप्ति की दृष्टि से क्रमिक सोपानों अथवा गुणस्थानों का विवेचन मिलता है। इस सम्बन्ध में आगे संकेत किया जाएगा। सम्प्रति, इतना कहना अभीष्ट है कि दशम गुण स्थान के अन्त तक राग-द्वेष रूप परिग्रह भाव का सर्वथा अभाव हो जाता है। तेरहवें गुणस्थान में ही 'सयोग केवली' की स्थिति है जिसमें आत्मा की आन्तरिक परिणति के रूप में अहिंसा भाव होता है। इस कारण अहिंसा परम धर्म है; राग-द्वेष आदि भावों का परिहार महत्तम धर्म है।

राग-द्वेष परिणामों के उत्पन्न न होने को अहिंसा विशेष प्रयोजन की दृष्टि से कहा गया है। हिंसा दो प्रकार की होती है। अपने आवश्यक कर्तव्यों की पूर्ति के समय बिना जाने एवं बिना इच्छा के हो जाने वाली हिंसा। इच्छापूर्वक हिंसा राग-द्वेष आदि भावों के कारण होती है। जो हिंसा इच्छापूर्वक की जाती है उससे जीव को कर्मबन्ध होता है। इस दृष्टि से हिंसा राग-द्वेष आदि भाव हैं। इसी दृष्टि से राग-द्वेष परिणामों का उत्पन्न न होना अहिंसा है।

क्रोध, मान, माया एवं लोभ का निग्रह

राग-द्वेष के परिहार के लिए क्रोध, मान, माया एवं लोभ का निग्रह करना है। ये चारों अन्तरात्मा के भयंकर दोष हैं :

कोहं च माणं च तहेव मायं, लोभं चउत्थं अज्झत्थदोसा

(क्रोध, मान, माया, लोभ ये चारों अन्तरात्मा के भयंकर दोष हैं)।[112]

क्रोध को क्षमा से, मान को मार्दव से, माया को आर्जव से तथा लोभ को संतोष से जीतने का विधान है।

झूठ बोलने, चोरी करने तथा परिग्रह करने का मूल कारण लोभ है। लोभ को सत्य, अस्तेय, अपरिग्रह महाव्रतों के पालन से जीतना है। लोभ को शौच एवं संयम से जीतना है। सत्य , त्याग, तप, आकिंचन्य एवं ब्रह्मचर्य द्वारा निर्जरा की भावभूमि बनती है।

संयासी को महाव्रतों के पालन तथा समितियों के अनुरूप आचरण के अतिरिक्त अन्य प्रकार एवं विधियों से प्रबुद्ध किया गया है। शुद्ध चेतना/राग-द्वेष रहित आत्मा का सहज स्वभाव है—उत्तम क्षमा, उत्तम मार्दव, उत्तम आर्जव, उत्तम शौच, उत्तम सत्य, उत्तम संयम, उत्तम तप, उत्तम त्याग, उत्तम आकिंचन्य और उत्तम ब्रह्मचर्य। इस कारण ये धर्म की 10 विधियां हैं। इनके आंशिक पालन मात्र से गृहस्थ का जीवन सुखी बनता है। उसके जीवन में शान्ति आती है। पारिवारिक जीवन एवं सामाजिक जीवन में सद्भावों का संचार होता है। इनकी विवेचना अगले अध्याय में की जाएगी। (दे. 4.9)

(v) अयोग :

मन, वचन, काय की शुभ-अशुभ प्रवृत्तियों के कारण कर्म का प्रवृत्त होना योग है। कर्म से सर्वथा अयोग होना मुक्ति है। संवर के बाद निर्जरा है जिसमें पूर्वबद्ध कर्मों को नष्ट करना है। तत्पश्चात आत्मा की निर्मल अवस्था प्राप्त होती है। आत्मा की निर्मल अवस्था की प्राप्ति के बाद भी मोक्ष के पूर्व भगवान महावीर ने लोक मंगलकारी उपदेश दिया। वे भ्रमण करते रहे। उन्होंने नगर-नगर, ग्राम-ग्राम में जाकर जनमानस के संशयों को दूर किया।

संवर के धरातल पर मन, वचन एवं काय की स्थिति एवं प्रकार्य के स्वरूप की विवेचना आवश्यक है। संवर में आस्रव से अनास्रवी होना है :

अप्पसत्थेहिं दारेहिं सव्वओ पिहियासवो

(आत्मा कर्म आने के सभी अप्रशस्त द्वारों को सम्पूर्ण रूप से बन्द कर, अनाश्रवी बन जाता है)।[113]

इस दृष्टि से संवर के धरातल पर द्रव्य मन का सद्भाव रहता है किन्तु भाव मन का द्वार बन्द हो जाता है। भाव मन के न रहने के कारण कषाय उत्पन्न नहीं होते; राग-द्वेष आदि विकारमूलक भावों का उदय नि:शेष हो जाता है। वीतराग भाव रूप होने के कारण मन, वचन, काय की बाह्य शारीरिक क्रियाएँ होने पर भी कर्मों का आत्मा के साथ संश्लेष नहीं होता। आत्म प्रदेशों में परिस्पन्द रूप योग नहीं होता। तत्त्वत: वीतराग भाव के कारण संवर होता है। श्रोत का विषय शब्द है। जो शब्द राग का हेतु होता है, उसे मनोज्ञ कहते हैं। जो शब्द द्वेष का हेतु होता है उसे अमनोज्ञ कहते हैं। जो मनोज्ञ और अमनोज्ञ शब्दों में समान रहता है, वह वीतराग होता है। चक्षु का विषय रूप है। जो रूप राग का

हेतु होता है उसे मनोज्ञ कहते हैं। जो रूप द्वेष का हेतु होता है, उसे अनमोज्ञ कहते हैं। जो मनोज्ञ और अनमोज्ञ रूपों में समान रहता है वह वीतराग होता है। घ्राणेन्द्रिय का विषय गन्ध है। जो गन्ध राग का हेतु होता है, उसे मनोज्ञ तथा जो गन्ध द्वेष का हेतु होता है उसे अनमोज्ञ कहते हैं। जो दोनों में समान रहता है, वह वीतराग होता है। रसेन्द्रिय का विषय रस है। जो रस राग का हेतु है उसे मनोज्ञ तथा जो रस द्वेष का हेतु है उसे अनमोज्ञ कहते हैं। जो दोनों में समान रहता है, वह वीतराग होता है। इसी प्रकार जो मनोज्ञ-अनमोज्ञ स्पर्शों में समान रहता है, वह वीतराग होता है। अकषाय में वीतराग भाव आ जाता है। मन, वचन, शरीर की क्रियाएँ कर्म-प्रवाह के आने का कारण नहीं बनतीं। कर्म का आत्मा के साथ बंधन नहीं होता। संवर में इसी अपेक्षा से मन, वचन एवं शरीर का अयोग है।

3. 6. 2. निर्जरा :

आत्मा से पूर्वबद्ध कर्मों को ध्वंस करना है। यह ध्वंस ही कर्मों की निर्जरा या उनका पूर्ण क्षय है। नाव में जिस छेद से जल आ रहा है उस छेद को बंद कर देने पर बाहर से जल का आना रुक जाता है। नाव में पूर्व आगत जल का कुछ भाग बाह्य प्रभावों से स्वयं सूखता है, शेष को उलीचकर नाव के बाहर करना होता है, नाव को सुखाना होता है। यदि नाव के जल को बाहर न करें, नाव को न सुखाएँ तो नाव में पुनः छेद होने की स्थिति में बाहर से जल आना पुनः आरम्भ हो जाता है।

तप के प्रभाव से कर्मों की निर्जरा होती है। निर्जरण, क्षपण, नाश, कर्मों के अभाव की प्राप्ति—ये सभी शब्द एकार्थवाची हैं :

तवसा उ निज्जरा इह, निज्जरणं खवण नासमेगट्ठा।
कम्मा भावापायणमिह, निज्जरमो जिणा विंति।।[114]

संयमी साधु पाप-कर्मों के द्वार को (अर्थात राग-द्वेष को) रोककर तपस्या के द्वारा करोड़ों भवों के संचित कर्मों को नष्ट कर देता है :

एवं तु संजयस्सावि, पाव कम्म निरासवे।
भव कोडी संचियं कम्मं, तवसा णिज्जरिज्जई।।[115]

तप का एक बाह्य रूप है; दूसरा आभ्यन्तर पक्ष है। बाह्य तप द्वारा शरीर को परीषह सहन के लिए तैयार किया जाता है, इन्द्रियों के सुखों के निवारण का अभ्यास किया जाता है। आभ्यन्तर तप के द्वारा आत्मा तपकर स्वर्ण की भांति निखर उठती है। निर्जरा के संदर्भ में तप का अर्थ आभ्यन्तर तप से है। तप का महत्व सभी आत्मवादी दर्शनों तथा बौद्ध दर्शन में है। शब्दावली में अन्तर मिलता

है। योग सम्प्रदायों में 'तप' को क्रिया योग का एक अंग माना जाता है। जैन दर्शन में तप जिस अर्थ में ग्रहण किया जाता है वह योग दर्शन में समाधि प्राप्ति तथा 'प्रसंख्यान' एवं ज्ञानाग्नि के प्रज्जवलित होने की स्थिति है। क्रिया योग द्वारा संस्कारों का स्थूल रूप नष्ट होता है। वह सूक्ष्म रूप धारण कर लेता है। समाधि की प्राप्ति से क्लेश क्षीण हो जाते हैं और ध्यान-अग्नि/प्रसंख्यान/ज्ञानाग्नि के द्वारा ये दग्ध बीज बन जाते हैं। जैन दर्शन में संवर में अकषाय में राग-द्वेष आदि विकार नष्ट हो जाते हैं। निर्जरा में उपशम की स्थिति में राग-द्वेष का उत्पादक मोह कर्म शान्त होता है। क्षय की स्थिति में बीजभूत कर्म-राशि भस्म बन जाती है। जैन शास्त्र का कथन है :-

नाणमयवायसहिओ, सीलुज्जलिओ तवो मओ अग्गी।
संसारकरणबीयं, दहइ दवग्गी व तणरासिं॥

(ज्ञानमयी वायु से सहित शील द्वारा प्रज्वलित की गई तप रूपी अग्नि संसार के कारण एवं बीजभूत कर्म-राशि को इस प्रकार भस्म कर देती है, जिस प्रकार वायु के वेग से प्रचण्ड दावाग्नि तृण राशि को भस्म कर देती है)।[116]

गीता में सात्विक तप के तीन प्रकारों की चर्चा है।[117]

(1) **शरीर तप**—देवता, ब्राह्मण, गुरु एवं ज्ञानीजनों का पूजन तथा पवित्रता, सरलता, ब्रह्मचर्य एवं अहिंसा।

(2) **वाङ्.मय तप**—उद्वेग रहित, प्रिय एवं हितकारी यथार्थ प्रवचन, वेद-शास्त्रों का अध्ययन एवं परमेश्वर के नाम जपने का अभ्यास।

(3) **मानस तप**—मन की प्रसन्नता, शान्तभाव, भगवत्-चिन्तन करने का स्वभाव, मनोनिग्रह एवं अन्तःकरण की पवित्रता।

योगतंत्र मार्ग के काया-योग, हठ-योग, नाथ-योग, लय-योग, मंत्र-योग, प्राणापान-योग, कुण्डलिनी-योग, नाड़ी-योग, चन्द्र-सूर्य-योग, प्रणव-योग, राजयोग, आत्मयोग एवं ज्ञान-योग आदि विभिन्न सम्प्रदायों में व्यभिचार-निवृत्ति एवं विशुद्ध चैतन्य के प्रकाशित होने की विविध प्रक्रियाओं के विस्तृत वर्णन के साथ काया-शोधन हेतु परिमित आहार की विशद विवेचना, पवन योग में श्वास-प्रश्वास की साधना का विधान तथा पूरक, कुम्भक एवं रेचक प्राणायाम द्वारा सिद्धि की प्रक्रिया वर्णित है। शब्द-योग में मंत्र एवं अजपाजप का विधान है। ध्यान-योग में बीज मंत्र के जाप द्वारा योगमाया की जागृति, सुषुम्णा के मार्ग द्वारा त्रिपुटी संगम में स्नान करके गगन-मण्डल में पहुँचना, शिव-शक्ति के द्वारा कुण्डलिनी का बंधन, कुण्डलिनी शक्ति के महान तेज द्वारा शरीर में ताप का

उत्पन्न होना तथा सुधा का स्राव होना आदि कर्मों का विस्तृत वर्णन है।

महर्षि पतंजलि ने अपने सूत्रों में योग के अष्टांगों की विवेचना की है—(1) यम (2) नियम (3) आसन (4) प्राणायाम (5) प्रत्याहार (6) धारणा (7) ध्यान (8) समाधि। 'तप' को 'नियम' के अन्तर्गत माना गया है—**'शौच-सन्तोष-तप:-स्वाध्याय-ईश्वर- प्रणिधानानि नियमा:।'** हम 'तप' के जिस स्वरूप की विवेचना कर रहे हैं उस दृष्टि से 'तप' के अन्तर्गत आसन, प्राणायाम, प्रत्याहार, धारणा एवं ध्यान सभी आ जाते हैं। योग-साधना के लिए शारीरिक अवयवों के नियमित एवं निर्धारित व्यायाम आसन हैं। प्राणायाम से तात्पर्य श्वास-प्रश्वासों पर नियंत्रण कर मन के निरोध का अभ्यास है। अपने विषयों के सम्बन्ध से रहित होने पर, इन्द्रियों का नियंत्रण 'प्रत्याहार' है। इसके लिए अनेक साधनों का निर्देश है—(1) विपरीतकरणी-मुद्रा का अभ्यास (2) मूर्च्छा-प्राणायाम का अभ्यास (3) समाहित चित्त से एक लाख बीस हजार प्रणव जप (4) सिद्ध-आसन में नासिका के अग्र भाग पर निमेष-उन्मेष रहित दृष्टि का स्थिरीकरण (5) पद्मासन में अवस्थित होकर कुंभक प्राणायाम के द्वारा श्वासोच्छ्वास की गति को अवरूद्ध करना।

'धारणा' के द्वारा ध्याता किसी भी ध्येय में चित्त-वृत्तियों को केन्द्रित करता है। 'धारणा' की सिद्धि विभिन्न मुद्राओं द्वारा होती है। मन की किसी एक निर्धारित विषय में एकाग्रता 'ध्यान' है।

जैन-शास्त्रों में तप को सबसे पहले दो भागों में बाँटा गया है—

(1) बाह्य-तप।

(2) आभ्यन्तर-तप या अन्तरंग-तप।

बाह्य-तप में शारीरिक क्रियाओं की तथा आभ्यन्तर-तप में मानसिक-क्रियाओं की प्रधानता है।

बाह्य तप— बाह्य तप के 6 भेद हैं :—

1. अनशन
2. ऊनोदरी (अवमौदर्य)
3. विविक्त-शय्यासन
4. रस-परित्याग
5. काय-क्लेश
6. वृत्ति-परिसंख्यान

1. अनशन—सब प्रकार के आहारों का त्याग ही अनशन कहलाता है। अनशन से शरीर एवं प्राणों का मोह छूट जाता है। कोई व्यक्ति सहसा मृत्यु-

पर्यन्त अनशन नहीं कर सकता। जीने के लिए आहार की आवश्यकता होती है। इस कारण साधक पहले समय की अवधि निश्चित करके उपवास करता है। एक दिन के उपवास से 6 माह तक का उपवास करता है। ऋषभदेव द्वारा एक वर्ष तक की कठोर तपोसाधना का विवरण मिलता है। अनशन प्रारम्भ करने के समय से लेकर मृत्यु-पर्यन्त अनशन 'यावत्कथिक तप' कहलाता है। जो साधक मृत्यु की आकस्मिक सम्भावना जानकर 'यावत्कथिक तप' करता है, उसे 'अविचार' कहते हैं। जब मृत्यु की तत्काल सम्भावना नहीं होती तथा साधक उत्साह एवं बल के साथ मृत्यु-पर्यन्त अनशन व्रत लेता है वह 'सविचार' कहलाता है।

2. ऊनोदरी—ऊनोदरी का अर्थ 'अल्पाहार' है। भूख से कम खाना, एकासन करना, इसके अन्तर्गत आता है!

3. विविक्त्त शय्यासन—विषयी जीवों के आवागमन वाले स्थानों को छोड़कर, एकान्त स्थान में रहना ही विविक्त शय्यासन है।

4. रस-परित्याग—स्वाद वृत्ति पर इस तप द्वारा विजय प्राप्त की जाती है। इसके लिए वह घृत, दूध, दही, शक्कर, तेल, नमक एवं हरी वस्तुओं आदि पौष्टिक एवं सुस्वादु रसों का परित्याग करता है।

5. काय-क्लेश—यह 'काया-शोधन' सम्बन्धी तप का प्रकार है। इसके लिए वह विविध प्रकार के आसन करता है, जैसे-कायोत्सर्ग, उत्कट-आसन, वीरासन। वह धूप, शीत, वर्षा आदि बाधाओं को सहन करता है। शरीर का साज श्रृंगार नहीं करता। इस तप से देह के प्रति आसक्ति समाप्त हो जाती है। आत्मा एवं अनात्मा (पुद्गल) के भेद की प्रतीति होतो है।

6. वृत्ति-परिसंख्यान—समय, क्षेत्र तथा अभिग्रह का निर्धारण करके पूर्व संकल्प के अनुसार आहार ग्रहण करना 'वृत्ति-परिसंख्यान है।

आभ्यन्तर-तप—इसके भी 6 भेद हैं—

1. प्रायश्चित
2. विनय
3. वैयावृत्य
4. उत्सर्ग
5. स्वाध्याय
6. ध्यान

1. प्रायश्चित—प्रमाद एवं असंयम से उत्पन्न दोषों के परिहार के लिए आलोचन, भविष्य में पुनः न करने की प्रतिज्ञा, गुरु के आदेशित दण्ड की स्वीकृति तथा तदनुरूप आचरण द्वारा चित्त-शोधन करना प्रायश्चित है।

2. विनय—धर्म रूपी वृक्ष का मूल विनय है। दर्शन, ज्ञान एवं चारित्र्य की साधना में प्रवृत्त रहना ही विनय तप है। ज्ञानी पुरुषों, सम्यग् दृष्टिजनों एवं चारित्र सम्पन्न व्यक्तियों के प्रति सम्मान, सत्कार तथा वन्दना करना इसी के अन्तर्गत आता है। ऐसा व्यक्ति अपने मन, वचन एवं काया की अशुभ प्रवृत्तियों को रोकता है तथा उन्हें श्रेयस्कर एवं लोक-मंगल के कार्यों में प्रवृत्त करता है।

3. वैयावृत्त्य—इसमें व्यक्ति अपने आत्मिक गुणों का विकास करता है तथा आचार्य, गुरुजनों, शास्त्रों, तपस्वियों, स्थविरों आदि पूज्य पात्रों तथा वृद्ध, रुग्ण, निर्बल आदि अशक्तों की सेवा करता है। इसी सेवा भावना के कारण उसमें समभाव एवं आत्मतुल्यता की दृष्टि विकसित होती है तथा त्याग की भावना जागृत होती है।

4. उत्सर्ग—शरीर के प्रति ममत्व का त्याग, अंतरंग-परिग्रह अर्थात क्रोध आदि कषायों का त्याग करना तथा संसार की किसी भी वस्तु को अपनी न मानना 'उत्सर्ग' है।

5. स्वाध्याय—धर्मशास्त्रों का अनुशीलन करना, शंकाओं को गुरुजनों से पूछना तथा समाधान के लिए उनके प्रति आभार प्रकट करना, उपार्जित ज्ञान को बार-बार दुहराना, सूत्रों के सम्बन्ध में अनुचिंतन करना तथा आत्मा की पूर्णता की ओर अग्रसर करने के लिए धर्मोपदेश करना स्वाध्याय के अंग हैं।

6. ध्यान—मन की एकाग्रता को 'ध्यान' कहा जाता है। किसी भी प्रकार के असद् विचार या विषय रूप 'अप्रशस्त-ध्यान' को त्याग कर इसके विरुद्ध 'प्रशस्त-ध्यान' में आत्मा को स्थिर करना वास्तविक ध्यान है। ध्यान को 'परम-तप' कहा गया है।

ध्यान के 4 भेद हैं—

1. आर्त्त ध्यान
2. रौद्र ध्यान
3. धर्म ध्यान
4. शुक्ल ध्यान

इनमें आर्त्त ध्यान एवं रौद्र ध्यान अशुभ हैं। अनिष्ट की प्राप्ति, इष्ट के वियोग, दुःखों की वेदना तथा भोग की अभिलाषाओं से जो कषायों को उत्पन्न करने वाला ध्यान किया जाता है, वह आर्त्त-ध्यान कहलाता है। चोरी, अपनी सम्पत्ति की रक्षा, पृथ्वी, जल, अग्नि, वायु, वनस्पति तथा जीवों का घ़ात करने के लिए चित्त की एकाग्रता 'रौद्र ध्यान' है। इस कारण 'आर्त्त एवं 'रौद्र' ध्यान त्याज्य हैं, अनिष्ट कारक हैं। साधक को धर्म ध्यान एवं शुक्ल ध्यान की साधना करनी चाहिए। धर्म ध्यान चित्त-विशुद्धि का प्रारम्भिक अभ्यास है. 'शुक्ल ध्यान'

में निरोध का अभ्यास परिपक्व हो जाता है। शुक्ल ध्यान के चार प्रकार हैं :-

1. पृथक्त्व वितर्क—सवीचार
2. एकत्व वितर्क—अवीचार
3. सूक्ष्म-क्रिया—प्रतिपाती
4. समुच्छिन्न-क्रिया-निवृत्ति।

पहले प्रकार में शब्द, अर्थ, मन, वाणी के धरातलों पर पृथक-पृथक भेद-प्रधान ध्यान का अभ्यास दृढ़ होता है। दूसरे में इनका अभेद-प्रधान ध्यान होता है। इनके अभ्यास से साधक सर्वज्ञ, सर्वदर्शी, वीतराग और अनन्त शक्ति-सम्पन्न हो जाता है। आयु का अन्त निकट आने पर क्रमशः मन, वाणी एवं काया का निरोध करता है। यह 'सूक्ष्म-क्रिया-प्रतिपाती ध्यान' होता है। अभी भी श्वास-प्रश्वास जैसी सूक्ष्म क्रिया शेष रह जाती है। जब उसका भी निरोध हो जाता है तो इसे 'समुच्छिन्न-क्रिया-निवृत्ति-ध्यान' कहा जाता है।

निर्जरा के संदर्भ में तप का तत्त्वार्थ 'शुक्ल ध्यान' है। यही ध्यान अग्नि है। संसारी जीव लोहा है। साधक के लिए निर्देश है कि तप की धोंकनी से सद्ध्यान की धधकती अग्नि प्रज्जवलित करो। परम योगी बनकर आत्मा को ज्योतिर्मयी शुद्ध-अवस्था में उसी प्रकार बना लो जिस प्रकार लोहा स्वर्ण बन जाता है :

झाणं हवेइ अग्गी तवयरणं भत्तली समक्खादो।
जीवो हवेइ लोहं धम्मिदव्वो परम जोगीहिं॥

(ध्यान (वीतराग निर्विकल्प समाधि रूप) अग्नि है। संसारी जीव लोहा है। तपमयी धोंकनी के द्वारा धधकती अग्नि में योगी बनकर निज को स्वर्ण समान ज्योतिर्मयी शुचिमय बना लो)[118]

व्रत पालन, अप्रमाद एवं अकषाय के बाद के तप-ध्यान से कर्म की निर्जरा हो जाती है। सामान्य रूप से दर्शनों में राग-द्वेष के परिहार का विवरण मिलता है। जैन दर्शन राग-द्वेष आदि विकारमूलक भावों का मूल उत्पादक 'मोह' को मानता है। इस कारण यदि मोह का अंश बना रहता है तो संसार-चक्र पुनः आरम्भ होने की सम्भावनाएँ बनी रहती हैं:—

अणाणाय पुट्ठा वि एगे नियट्टंति, मदा मोहेण पाउडा (मोह से आसक्त अज्ञानी साधक पुनः संसार की ओर लौट पड़ते हैं)।[119]

आचार्य उमास्वामी ने कषाय एवं मोह-कर्म के अन्तर का प्रतिपादन किया है। मोह-कर्म के दो भेद हैं (1) दर्शन मोह (2) चारित्र मोह। कषाय (राग-

द्वेष आदि विकारमूलक भाव) की अपेक्षा चारित्र-मोह अधिक सूक्ष्म है। चित्त मे उसकी जड़ें अधिक गहरी होती हैं। इसी कारण आचार्य उमास्वामी का कथन है:—

कषायोदयात्तीव्र परिणामश्चारित्र मोहस्य

(कषाय के उदय से तीव्र परिणाम होना चारित्र-मोह के आने का कारण है)।[120]

मोह का अंश मात्र भी शेष रह जाने पर साधक को केवल ज्ञान नहीं होता, सम्यग् चारित्र्य पूर्ण नहीं होता। जैन दर्शन की भाषा में यदि कहें तो मोह का उपशम करने मात्र से साधक सयोग केवली नहीं होता, मोह कर्म का सम्पूर्ण क्षय आवश्यक है। उपशम एवं क्षय में भेद है। इस अन्तर को हृदयंगम करना आवश्यक है।

गृहस्थ जीवन को छोड़ने के बाद साधक संयस्त जीवन के प्रथम सोपान पर आरूढ़ होता है। साधना के द्वारा आत्म विशुद्धि की मात्रा में वृद्धि करता है। कषायों को जीत लेता है। राग-द्वेष पर विजय प्राप्त कर लेता है। क्रोध को क्षमा से जीतता है। मान को मार्दव से जीतता है। माया को आर्जव से जीतता है। लोभ को शौच एवं संयम से जीतता है। अकषाय हो जाता है। भगवान महावीर साधक को यहीं आकर रुक जाने के लिए नहीं कहते। वे साधक का ध्यान विशेष रूप से आकृष्ट करते हैं कि मोह को केवल शान्त करने से काम नहीं चलेगा, मोह कर्म का सम्पूर्ण क्षय आवश्यक है। उनका कथन है :

'एवं कम्माणि खीयंति, मोहणिज्जे खयं गए'

(मोहकर्म के क्षय होने पर अवशेष कर्म भी नष्ट हो जाते हैं)।[121]

मोह के उपशम में मोह की काल के क्षणांश में उपशान्ति है। मोह के उपशम में साधक को यह प्रतीति हो सकती है कि उसने मोह पर विजय प्राप्त कर ली है। मगर मोह का पुनः उदय हो जाता है। यदि साधक मोह के उदय को पुनः क्षय नहीं कर पाता तो संसार-चक्र पुनः आरम्भ हो जाता है। मनोविज्ञान की भाषा में इसकी व्याख्या सम्भव है। उपशमन चेतन मन के धरातल पर होता है। बाहर से सर्वत्र शान्त भाव की प्रतीति होती है। उपशमन स्थायी नहीं होता, क्षण भर के लिए होता है। चेतन मन से हटकर अचेतन मन के धरातल पर चला जाता है। अचेतन मन में दमित मोह को साधक पहचान नहीं पाता।

साधक को अपने मान सम्मान का मोह हो सकता है। साधक को अपनी यश कीर्ति का मोह हो सकता है। साधक को लोक प्रसिद्धि का मोह हो सकता है। साधक को अपनी प्रतिष्ठा का मोह हो सकता है। साधक को ग्रन्थ विशेष के

प्रति मोह हो सकता है। साधक को तीर्थ स्थान विशेष के प्रति मोह हो सकता है। साधक को संघ के आचार्य के प्रति मोह हो सकता है। साधक को वैराग्य की मूर्ति विशेष के प्रति मोह हो सकता है। गौतम गणधर को भगवान महावीर के प्रति मोह हो गया था। भगवान महावीर ने इसे भी पहचाना तथा गौतम गणधर को भगवान ने बोध कराया- तुम्हारे से आयु में छोटे साधुओं को केवल ज्ञान प्राप्त हो गया है। तुम्हें केवल ज्ञान प्राप्त नहीं हुआ है। इसका कारण तुम्हारा मेरे प्रति प्रगाढ़ स्नेह है। गौतम गणधर को जब भगवान महावीर के प्रति उत्पन्न मोह दूर हुआ तभी उन्हें केवल ज्ञान की प्राप्ति हुई। मोह का संसार अत्यंत व्यापक एवं सूक्ष्म है। जब तक साधक इस रहस्य को नहीं जान पाता उसे केवल ज्ञान प्राप्त नहीं होता। केवल ज्ञान प्राप्त होने पर पुनः मोह का उदय नहीं होता। इसका कारण है कि अज्ञानी जीव ही मोह से आवृत्त होते हैं। अज्ञानी विशेषण केवलज्ञान की अपेक्षा से है। मोह/मोहनीय कर्म के क्षीण होने पर पुनः कर्म उत्पन्न नहीं होते :

'................ कम्मा न रोहंति, मोहणिज्जे खयं गते'।।[122]

मोह कर्म के क्षय होने पर अवशेष कर्म भी नष्ट हो जाते हैं :

'................ कम्माणि खीयंति, मोहणिज्जे खयं गए'।।[123]

कर्म का मूल मोह है। इस अपेक्षा से कहा गया है कि एक मोह कर्म के क्षय होने पर सभी कर्म नष्ट हो जाते हैं :

'................ कम्माणि णस्संति, मोहणिज्जे खयं गए'।।[124]

गौतम गणधर के मन में भगवान महावीर के प्रति धर्म-स्नेह का बंधन केवल ज्ञान की प्राप्ति में बाधक क्यों बना। भगवान महावीर ने इसे मोह का ही रूपान्तर माना। मोह का अंश मात्र भी शेष रहने पर समता भाव नहीं आ पाता। चारित्र धर्म है। जो धर्म है वह समता है। समता मोह तथा क्षोभ से रहित आत्मा का परिणाम है। इसी कारण भगवान महावीर ने समभाव की आराधना की तथा उपदेश दिया :

सव्वं जगं तू समयाणुपेही। पियमप्पियं कस्स विनो करेज्जा।।

(समस्त संसार (सभी जीवों) को समभाव से देखें।
किसी को प्रिय और किसी को अप्रिय न बनाएँ)।[125]

मोह कर्म का सर्वथा क्षय होते ही आत्मशक्ति का घात करने वाले शेष तीन घातिया कर्म (1) ज्ञानावरणीय (2) दर्शनावरणीय (3) अन्तराय भी नष्ट हो जाते हैं। आत्मा की वह अवस्था होती है जिसका कभी क्षय नहीं होता। आत्मा

में अनन्त ज्ञान प्रकट होता है। अभेद दृष्टि से अनन्तज्ञान, धर्म, आत्मा, परमानन्द सब पर्याय हो जाते हैं। भेद दृष्टि से आत्मा की कभी क्षय न होने वाली अवस्था के निम्न प्रकार प्रकट होते हैं :—

(1) केवल ज्ञान	(2) केवल दर्शन
(3) दान लब्धि	(4) लाभ लब्धि
(5) भोग लब्धि	(6) उपयोग लब्धि
(7) सामर्थ्य एवं बललब्धि	(8) सम्यक्त्व लब्धि
(9) चारित्र लब्धि	

ये आत्मिक भाव घातिया कर्मों के नाश होने पर प्रकट होते हैं। ये सादि अनंत हैं। अभेद दृष्टि से सकल परमात्म दशा प्रकट होती है। साधक 'सयोगी केवली' हो जाता है। शरीर एवं वचन की क्रियाएँ चलती रहती हैं। कर्म-बंधन की प्रक्रिया का अभाव हो जाता है।

सयोगी केवली भी तप करते हैं। प्रवचनसार में शंका व्यक्त की गई है कि सकल परमात्म दशा प्रकट होने के पूर्व तो तप ध्यान की प्रासंगिकता समझ में आती है किन्तु सर्वदर्शी एवं सर्वज्ञ के लिए तपध्यान का क्या प्रयोजन है? उत्तर है— अक्षातीत बोध वाले अरहंत आत्मा के स्वाभाविक अनन्त सुख का ध्यान करते हैं। उपयोग (ज्ञान-दर्शन) आत्मा का गुण है। उपयोग की एकाग्रता एवं निश्चलता का नाम ध्यान है। सयोग केवली की दृष्टि से अपने स्वरूप में विश्रान्त, आत्म प्रदेशों में परिस्पन्द-रहित चैतन्य की प्राप्ति ही तप है।

सयोग केवली अयोग केवली बनने के लिए, अरहंत से सिद्ध होने के लिए सल्लेखना तप करता है। जब शरीर भारभूत हो जाता है तो वह उससे भी मुक्ति पाने का उपाय करता है। प्रशान्त एवं प्रसन्नचित्त आहार आदि का त्याग कर आत्मिक चिन्तन करते हुए समाधिस्थ हो जाता है तथा समाधि रमण की तैयारी करता है। मन वाणी एवं काया का निरोध, 'सूक्ष्म-क्रिया-प्रतिपाती-ध्यान' की संज्ञा से अभिहित है। अभी भी श्वास-प्रश्वास जैसी सूक्ष्म क्रिया शेष रह जाती है।

जब उसका भी निरोध हो जाता है तो 'समुच्छिन्न-क्रिया-निवृत्ति ध्यान' हो जाता है। साधक के अघातिया कर्म भी नष्ट हो जाते हैं। साधक अयोग केवली हो जाता है। वह अकर्मा हो जाता है, सिद्ध हो जाता है, मुक्त हो जाता है, कारण-परमात्मा-स्वरूप से कार्य-परमात्मा-स्वरूप हो जाता है।

जैन शास्त्रों में मोक्ष प्राप्ति के मार्ग का अन्य शैलियों में भी प्रतिपादन हुआ है। शब्द प्रयोग एवं प्रतिपादन शैली की दृष्टि से भेद है। परमार्थतः अविरोध है। कर्मबन्ध के पाँच हेतु (1) मिथ्यात्व (2) अविरति (3) प्रमाद (4) कषाय

(5) योग तथा कर्मबन्धन से मुक्ति के पांच कारण (1) सम्यक्त्व (2) विरति (3) अप्रमाद (4) अकषाय (5) अयोग को मुख्यतः ध्यान में रखकर कर्म सिद्धान्त तथा कर्ममुक्ति का प्रतिपादन किया गया है। इन पाँच सोपानों को कुछ जैन शास्त्रों में चौदह भागों में वर्गीकृत किया गया है। इन शास्त्रों में आत्मा की शुद्ध दशा की प्राप्ति के लिए निर्दिष्ट विकास मार्गों की अपेक्षा से विवेचन किया गया है।

3. 6. 3. गुणस्थानों / मार्गणाओं की दृष्टि से विवेचन :

आत्मा की शुद्ध अवस्था की प्राप्ति अथवा मोक्ष प्राप्ति / निर्वाण लाभ आदि दृष्टियों से सभी आत्मवादी दर्शन एवं बुद्ध दर्शन साधक के क्रमिक सोपानों/ भूमिकाओं को स्वीकार करते हैं। जैन शास्त्रों में इन्हें गुणस्थान/मार्गणायें कहा गया है। अध्यात्म विकास के क्रमिक आरोहण ही गुण स्थान हैं। आरोहण की दो श्रेणियाँ हैं:—

(1) उपशम

(2) क्षय

इस दृष्टि से मुमुक्षु साधक के [illegible] प्रकार है:—

(1) उपशम श्रेणी वाला जीव

(2) क्षपक श्रेणी वाला जीव।

पाँचवे गुणस्थान में गृहस्थ सम्यग् दर्शन, सम्यग्ज्ञान तथा सम्यग् चारित्र्य का अंश रूप में पालन करता है। सम्प्रति, संयासी की दृष्टि से विवेचन का प्रसंग है। संयासी के लिए छठवें गुणस्थान से चौदहवें गुणस्थान तक आरोहण का विधान है।

छठवाँ गुणस्थान : षट्खंडागम में इसे प्रमत्त विरत के नाम से अभिहित किया गया है।

इसमें साधक महाव्रतों का पालन करता है। इस दृष्टि से इस गुण स्थान का नाम सर्व-विरति भी है। पौद्गलिक भावों पर मूर्छा की समाप्ति तथा संयम साधना में गहरी निष्ठा होती है। किंचित प्रमाद रहता है। इस कारण प्रमत्त संयत अथवा प्रमत्त विरत की स्थिति है।

सातवाँ गुण स्थान : षट्खंडागम में इसे अप्रमत्त विरत के नाम से अभिहित किया गया है।

इस गुणस्थान में प्रमत्त विरत की अपेक्षा चारित्र्य की क्रमशः शुद्धि एवं वृद्धि होती है। अप्रमाद की स्थिति हो जाती है।

आठवाँ गुण स्थान : षट्खंडागम में इसे 'अपूर्वकरण' के नाम से अभिहित किया गया है। जो पहले कभी नहीं हुई, ऐसी आत्म शुद्धि इस गुणस्थान में होती है।

इस गुणस्थान में उपशम श्रेणी वाला जीव संयम, साधना, भावना एवं पुरुषार्थ से कर्मों को उपशान्त करता है, कर्मों का उपशम करता है। क्षपक श्रेणी वाला जीव संयम, साधना, भावना एवं पुरुषार्थ से कर्मों का क्षय करता है।

नौवाँ गुण स्थान : षट्खंडागम में इसे 'अनिवृत्ति करण' के नाम से अभिहित किया गया है। इस गुण स्थान में पहुँचने पर पूर्व गुण की अपेक्षा कर्म-प्रदेशों की निर्जरा असंख्यात गुणी बढ़ती जाती है। इस गुण स्थान में उपशम श्रेणी वाला जीव मोह-कर्म की एक सूक्ष्म वृति को छोड़कर शेष सर्व कर्म-प्रकृतियों को उपशान्त करता है, उपशम करता है। क्षपक श्रेणी वाला जीव मोह/मोहनीय कर्म की प्रकृतियों के साथ अन्य कर्मों की भी अनेक प्रकृतियों का क्षय करता है।

दसवाँ गुण स्थान : इसका नाम 'सूक्ष्म सांपराय' है। जीव के परिणामों में वीतरागता, निर्मलता और पवित्रता आ जाती है। इस गुणस्थान के आरम्भ में लोभरूप कषाय को छोड़कर शेष अन्य कषायों का उपशम/क्षय हो जाता है। उपशम श्रेणी वाला जीव उपशम तथा क्षपक श्रेणी वाला जीव क्षय करता है। इस गुणस्थान के अन्त में ज्ञानावरण, चार दर्शनावरण, पांच अन्तराय, उच्च गोत्र तथा यश कीर्ति इन कर्म प्रकृतियों का बन्ध रुक जाता है। दसवें गुणस्थान की अन्तिम अवस्था में पहुँचकर क्षपक श्रेणी वाला जीव सीधे बारहवें गुणस्थान में आरोहण करता है। बारहवें गुणस्थान में पहुँचने वाले जीव का कभी अवरोहण नहीं होता।

ग्यारहवाँ गुण स्थान : उपशम श्रेणी वाला जीव दसवें गुणस्थान से ग्याहरवें गुणस्थान तक पहुँच जाता है। इस श्रेणी वाला जीव मोह का केवल उपशम कर पाता है, क्षय नहीं कर पाता। इस गुणस्थान में उपशम किए मोह का पुनः उदय होने पर उपशम श्रेणी वाला जीव आरोहण नहीं करता, अवरोहण करता है, संसार-चक्र में लौटने लगता है।

बारहवाँ गुणस्थान : क्षपक श्रेणी वाला जीव दसवें गुणस्थान से सीधे बारहवें गुणस्थान में आरोहण करता है। भगवान महावीर का जीव इसी श्रेणी का था। उन्होनें जिस प्रकार की साधना एवं तपस्या की उस प्रकार की साधना एवं तपस्या करने वाला साधक क्षपक श्रेणी का होता है। वह ध्यान की गहराइयों में डूब जाता है। मन के सभी धरातलों से सूक्ष्म से सूक्ष्म विकारमूलक भावों एवं मोह का क्षय कर देता है। इस गुणस्थान मे पहुँचकर साधक वीतराग बन जाता है। षट्खंडागम में इस गुणस्थान को क्षीण मोह के नाम से अभिहित किया गया है। क्षीण मोहनीय की स्थिति प्राप्त करने पर मोहनीय कर्म का उदय नहीं होता।

इस गुणस्थान के अन्त में आत्मा की शक्ति का घात करने वाले समस्त घातिया कर्मों का नाश हो जाता है।

तेरहवाँ गुण स्थान : साधक घातिया कर्मों का पूर्णतः क्षय कर इस गुणस्थान में आरोहण करता है। साधक सयोगी केवली हो जाता है। साधक अरहंत पद प्राप्त कर लेता है।

चौदहवाँ गुणस्थान : यह स्थान अयोग केवली का है।

जब आत्मा समस्त कर्मों का क्षय कर सर्वथा विशुद्ध सिद्धि को पा लेती है, तब वह लोक के मस्तक पर स्थित होकर सदा के लिए सिद्ध हो जाती है।

जया कम्मं खवित्ताणं, सिद्धिं गच्छइ नीरओ।
तया लोग मत्थ यत्थो, सिद्धो हवइ सासओ।।[126]

3. 6. 4. कर्म-मुक्ति के प्रतिपादन की अन्य शैलियाँ :

(i) **रत्नत्रय का मार्ग—**
सम्यग् दर्शन, सम्यग् ज्ञान, सम्यग् चारित्र्य
सम्यग् ज्ञान्, सम्यग् दर्शन, सम्यग् चारित्र्य

(ii) **चतुष्टय का मार्ग**—ज्ञान, दर्शन, चारित्र एवं तप

(iii) **दो सूत्र**—(1) संवर (2) निर्जरा

(iv) **तीन अवस्थाएं**—(1) बहिरात्मा (2) अन्तरात्मा (3) परमात्मा

(v) **तीन कारण**—(1) ज्ञान रूपी जहाज (2) ध्यान रूपी हवा (3) चारित्र्य रूपी नाव

(vi) आचार्य गुणधर ने 'कसाय पाहुड' के 10 से 15 अधिकारों में कर्म-बंधन से मुक्ति की विवेचना की है :

(1) **दर्शन मोह उपशमन**—काल के जिस क्षण जीव को अपने स्वरूप का साक्षात्कार होता है तब क्या परिणाम होते हैं—इस अधिकार में इसकी विशद् विवेचना है।

(2) **दर्शन मोह क्षपणा**—दर्शन मोह के क्षय के लिए करणीय की विशद विवेचना इस अधिकार के अन्तर्गत की गई है।

(3) **संयमासंयमलब्धि**—आस्रव न हो। लगी हुई कीचड़ पूरी तरह धुल जाए। आत्मस्वरूप के साक्षात्कार के समय जीव को जो विशुद्ध परिणाम होते हैं उसी को संयमासंयम या देश संयमलब्धि कहते हैं।

(4) **चारित्र लब्धि**—जब चारित्र लब्धि प्रकट होती है तब

जीव अहिंसा आदि धारण करने के लिए प्रवृत्त होता है।

(5) **चारित्र मोह उपशमन**—चारित्र मोह कर्म के उपशमन का विधान।

(6) **चरित्र मोह क्षपणा**—कषाय-क्षय एवं ध्यान प्रक्रिया। घातिया कर्मों का भी समूल नाश (दे0 2.7.3.)

(vi) षट्खंडागम में कर्मबन्धन से मुक्ति एवं मोक्ष प्राप्ति का उदीरणा उपक्रम अधिकार, उपशमन उपक्रम अधिकार (प्रशस्त/अप्रशस्त), विपरिणाम उपक्रम अधिकार एवं मोक्ष की शब्दावली में विवेचन किया गया है।

(क) **उदीरणा उपक्रम अधिकार**—इसके अन्तर्गत प्रकृति, स्थिति, अनुभाग और प्रदेशों की उदीरणा का विवेचन किया गया है।

(ख) **उपशमन उपक्रम अधिकार**—इसके अन्तर्गत प्रकृति, स्थिति, अनुभाग और प्रदेश के भेद से प्रशस्त-उपशमन और अप्रशस्त उपशमन का विवेचन है।

(ग) **विपरिणाम उपक्रम अधिकार**—इसके अन्तर्गत प्रकृति, स्थिति, अनुभाग और प्रदेशों की कर्म-निर्जरा का दो विभागों की दृष्टि से वर्णन है : (1) देश निर्जरा (2) सकल निर्जरा

(घ) **मोक्ष**—इसके अन्तर्गत देश निर्जरा और सकल निर्जरा के द्वारा पर-प्रकृति संक्रमण, उत्कर्षण, अपकर्षण और स्थिति गलन से प्रकृतिबंध, स्थितिबंध, अनुभाग बंध और प्रदेश बन्ध का आत्मा से भिन्न/विलग होने का वर्णन है। यही मोक्ष है।[127]

3. 6. 5. मोक्ष

जीव का कर्मों के आवरण से सर्वथा मुक्त हो जाना ही मोक्ष है। सम्पूर्ण कर्मों का नाश ही मोक्ष है। आत्मा का अकर्मा हो जाना ही मोक्ष है। संसार-चक्र से मुक्त होकर आत्मा का आत्मस्थ होना ही मोक्ष है; स्वरूपावस्था में रमण करना ही मोक्ष है। आत्मा की शुद्ध स्वरूप अवस्था ही मोक्ष है। बौद्ध दर्शन आत्मा के अस्तित्व के प्रश्न पर मौन है। उसमें भी निर्वाण की स्थिति का प्रतिपादन है। हीनयान के मतानुसार संस्कारों का अभाव, बंधन-अभाव, जीवन की प्रक्रिया की समाप्ति, परिवर्तनों की श्रृंखला की समाप्ति, चित्त वृत्तियों का निरोध, सर्वसंकल्पनाओं का क्षय होना निर्वाण है। निर्वाण दीपक की भांति जलकर निःशेष हो जाना है।

मीमांसा दर्शन के अतिरिक्त भारत के अन्य सभी आत्मवादी दर्शन आत्मा/पुरुष की मुक्ति तथा मुक्ति के बाद आत्मा का अस्तित्व स्वीकार करते हैं। अस्तित्व के स्वरूप के प्रश्न पर भिन्नता है। न्याय एवं वैशेषिक दर्शन ज्ञान को आत्मा का आगन्तुक गुण मानते हैं। इस कारण वे मुक्ति के बाद आत्मा की ज्ञान आदि से शून्य स्थिति मानते हैं। सांख्य दर्शन एवं पातंजल योग मोक्ष में चिन्मय स्थिति तो मानते हैं किन्तु आनन्द की स्थिति नहीं मानते। वेदान्त दर्शन आत्मा की मुक्ति के बाद आनन्दमय स्वरूप स्थिति स्वीकार करता है किन्तु आत्मा का परमात्मा में विलय होना मानता है।

जैन दर्शन प्रत्येक आत्मा का स्वतंत्र अस्तित्व स्वीकार करता है। मोक्ष में आत्मा अनन्त सुखमय स्थिति में होती है। उस सुख की न कोई उपमा है और न कोई गणना। मोक्ष में जब आत्माएँ सिद्ध-आत्माएँ होकर सिद्धालय में जा बसती है तो वे असीम, अनन्त एवं निर्बाध आनन्द का अनुभव करती हैं, शाश्वत सिद्ध होती हैं। सर्वकार्य सिद्ध होने से वे सिद्ध हैं। सर्वतत्व के पारगामी होने से वे बुद्ध हैं। संसार समुद्र को तैर चुके होने के कारण वे पारंगत हैं। हमेशा सिद्ध होने के कारण शाश्वत हैं।

संक्षेप में जैन दर्शन की दृष्टि से आत्मा का अकर्मा होना मोक्ष है। आत्मा की स्वभाव दशा का प्रकट होना मोक्ष है। कारण-परमात्मस्वरूप का कार्य-परमात्मस्वरूप हो जाना मोक्ष है :

उपास्यात्मान मेवात्मा, जायते परमोऽथवा।
मथित्वाऽऽत्मान मात्मैव, जायतेऽग्निर्यथा तरुः॥

(कारण परमात्मा स्वरूप इस परम तत्त्व की उपासना करने से यह कर्मों की उपाधि से युक्त जीवात्मा भी परमात्मा हो जाता है, जिस प्रकार बांस का वृक्ष अपने को अपने से रगड़कर स्वयं अग्नि रूप हो जाता है।)[128]

संदर्भ

1. दे. तर्क संग्रह
2. औपपातिक सूत्र, 35
3. आचार्य योगेन्दु देव/आचार्य योगीन्द्र देव (जोइन्दु) : परमात्म प्रकाश, 1/23
4. वही, 26
5. आचारांग, 3/3/10
6. मुनि राम सिंह: पाहुड दोहा, 1/33

7. आंचार्य पूज्य पादः समाधि शतक, 31
8. आचार्य योगेन्दु देव/आचार्य योगीन्द्र देव (जोइन्दु) : परमात्म प्रकाश, 1/33
9. आचार्य पूज्यपाद : समाधि शतक, 98
10. उपाध्याय यशोविजयः अध्यात्म सार, 20/24
11. आचार्य उमास्वामी : तत्त्वार्थ सूत्र, 1/10
12. आचार्य वीरसेन : जय धवला, भाग 1, पृ. 54-55
13. Mohan Lal Mehta : Outlines of Jaina Philosophy, P. 89
14. देववाचक : नंदिसूत्र, 4
15. जिनभद्रगणीः विशेषावश्यक भाष्य, 95
16. आचार्य उमास्वाति : तत्त्वार्थाधिगम सूत्र, 1/2
17. आचार्य उमास्वामीः तत्त्वार्थसूत्र, 1/9-12
18. तत्त्वार्थसूत्र (सटीक) टीका संग्राहक- रामजी मणिकचंद दोशी एडवोकेट, हिन्दी अनुवादक-पं. परमेष्ठीदास जी न्यायतीर्थ, पृ. 46
19. दे. धवला, पुस्तक 13, पृ. 346-353
20. तत्त्वार्थ सूत्र 1/14
21. भगवती सूत्र 8/2
22. तत्त्वार्थ सूत्र, 1/13
23. विशेषावश्यक भाष्य, 396
24. तत्त्वार्थ सूत्र, 1/15
25. (क) तत्त्वार्थ सूत्र, 1/18

    (ख) नंदि सूत्र, 27
26. तत्त्वार्थ सूत्र, 1/20
27. "Knowledge of the Conventional Vocabulary and conscious application of it are the conditions of Sruta-Jhana. In others words, conscious exercise of the gift of language is the indispensable conditions of Sruta-Jhana. The cognision which, in spite of their being couched in words, do not involve conscious attempt on the part of the cognizer at application of vocabulary,

fall in the category of mati-Jhana (Sensuous cognition) and Sruta-Jhana.

Dr. N. Tatia : Studies in Jain Philosophy, pp. 49-50.

28. Vide
    (A) Extra sensory perception by Dr. J.B. Rhine of Duke University (1927)
    (B) Ganzfeld experiments by parapsychologist Charles Honorton.
29. तत्त्वार्थ सूत्र, 1/27
30. (क) नंदि सूत्र, गा. 58
    (ख) विशेषावश्यक भाष्य, गा. 814
31. आचार्य भूतबलि : महाबंध, पृ. 24
32. आचार्य अकलंक : तत्त्वार्थ राजवार्तिक, पृ. 58 (काशी)
33. " The avadhi can well serve the purpose of Manah Paryaya and so it is not necessary to admit the latter as constituting a separate category of knowledge. It can at best be considered as a specific type of avadhi."

    Dr. N. Tatia : Studies in jain Philosophy, P. 69.
34. तत्त्वार्थ सूत्र, 1/25
35. धवला, खण्ड 13
36. आचार्य पूज्यपाद: सर्वार्थसिद्धि, पृ. 452-454
37. तत्त्वार्थ सूत्र, 1/29
38. दशवैकालिक, 4/22
39. नवल शाह: वर्द्धमान पुराण, 10
40. विशेषावश्यक भाष्यवृत्ति, 84
41. आचार्य कुन्दकुन्द: प्रवचनसार, गाथा 37
42. तत्त्वार्थ सूत्र, 5/29-30
43. आचार्य कुन्दकुन्द: पंचास्तिकाय, गा. 10
44. आचार्य हरिभद्र सूरि: सावय पण्णत्ति, 184-185
45. आचार्य देवसेन : नयचक्र बृहद्
46. आचार्य अकलंक : लघीय स्त्रय: टीका, 62

47. ऋग्वेद, 10/129
48. डॉ. महावीर सरन जैन: भाषा एवं भाषाविज्ञान, पृ. 73-79
49. जगन्नाथदास रत्नाकर: उद्धव शतक, पृ. 4
50. आचार्य कुन्दकुन्द: समयसार, 6
51. वही, 8
52. भगवती सूत्र

    (52-क) 7/2/273 (52-ख) 8/33/387

    (52-ग) 2/1/90 (52-घ) 2/1/90 (52-च) 1/8/10
53. आचार्य देवसेन : नयचक्र बृहद्, 4
54. Raja Ramanna : Physical space in the context of all knowledge (Indian Horizons, Vol. XXXVI, Nos. 1-2, pp. 1-6, Indian Council for Cultural Relations, New Delhi, 1987).
55. आचार्य कुन्दकुन्द : पंचास्तिकाय, 124
56. आचारांग, 1/5/5
57. आचार्य उमास्वामी: तत्त्वार्थ सूत्र, 2/8
58. आचार्य कुन्दकुन्द: पंचास्तिकाय, 162
59. आचारांग, 1/5/2
60. औपपातिक सूत्र, 35
61. मुण्डक उपनिषद्, 1/1/6
62. छांदोग्य उपनिषद्, 5/18/1
63. आचार्य नेमिचन्द्र: द्रव्य संग्रह, 2
64. आचार्य अकलंकदेव: राजवार्तिक, 5/1/26
65. आचार्य कुन्दकुन्द: नियमसार, 26
66. आचार्य उमास्वामी: तत्त्वार्थ सूत्र, 5/23
67. उत्तराध्ययन, 34/3
68. दे. वही
69. दे. (क) आचार्य वीरसेन : धवला, 1/1/1/4

    (ख) आचार्य अकलंक देव: राजवार्तिक, 16
70. आचार्य कुन्दकुन्द: पंचास्तिकाय, 86
71. आचार्य देवसेन: नयचक्र बृहद्, 98

72. आचार्य कुन्दकुन्दः पंचास्तिकाय, 91
73. वही, 94
74. आचार्य नेमिचन्द्रः द्रव्य संग्रह, 22
75. मज्झिम निकाय, 28
76. उपाध्याय यशोविजयः अध्यात्म सार, 20/24
77. आचार्य योगेन्दु देव/आचार्य योगीन्द्र देव (जोइन्दु) : परमात्म प्रकाश, 1/59
78. आचार्य कुन्दकुन्दः समयसार, 86
79. आचार्य कुन्दकुन्दः पंचास्तिकाय, 128
80. वही, 129
81. वही, 130
82. आचार्य कुन्दकुन्दः प्रवचनसार, 2/95
83. आचार्य नेमिचन्द्रः द्रव्य संग्रह, 7
84. औपपातिक सूत्र, 56
85. सूत्रकृतांग, 1/7/4
86. आचार्य उमास्वामीः तत्त्वार्थ सूत्र, 6/1
87. पं. निहालचन्द जैनः कर्म सिद्धान्त की वैज्ञानिकता, ऋषिकल्प डॉ. हीरालाल जैन स्मृति ग्रन्थ, पृ. 268-269
88. प्रज्ञापना, 23/1/289
89. भगवती सूत्र, 9
90. सूत्रकृतांग 1/15/7
91. आचार्य कुन्दकुन्दः समयसार, गाथा 171-172
92. आचार्य कुन्दकुन्दः समयसार, गाथा 164-166
93. आचार्य उमास्वामीः तत्त्वार्थ सूत्र, 8/3
94. दशवैकालिक, 2/5
95. आचार्य उमास्वामीः तत्त्वार्थ सूत्र, 1/1
96. दे. षट्खंडागम की शास्त्रीय भूमिका, पृ. 442
97. दे. उत्तराध्ययन, 36/258; 28/3
98. आचार्य जिन भद्रगणी : विशेषावश्यक भाष्य, 1152
99. आचार्य देवसेन : नयचक्र बृहद्, 356

100. आचार्य वट्टकेर : मूलाचार, 4/1/6
101. सूत्र कृतांग, 1/11/10
102. उत्तराध्ययन, 19/25
103. दशवैकालिक, 7/11
104. सूत्रकृतांग, 1/15/3
105. प्रश्न व्याकरण, 4/1
106. आचार्य शिवार्य : भगवती आराधना या मूलाराधना, गा. 878
107. दशवैकालिक, 6/18
108. आचारांग, 2/6
109. उत्तराध्ययन 32/101
110. दशवैकालिक, 4/8
111. दे. आचार्य अमृत चन्द्रः पुरुषार्थ सिद्धि उपाय, श्लोक 203
112. सूत्र कृतांग, 1/6/26
113. उत्तराध्ययन, 19/94
114. आचार्य हरिभद्र सूरि: सावय पण्णत्ति, 82
115. उत्तराध्ययन, 30/6
116. मरण समाधि (प्रकीर्णक), 134
117. गीता, 17/14-16
118. आचार्य कुन्दकुन्दः समयसार, 233
119. आचारांग, 1/2/2
120. आचार्य उमास्वामी : तत्त्वार्थ सूत्र, 6/14
121. दशाश्रुत स्कन्ध, 5
122. वही
123. दशवैकालिक, 5
124. दशवैकालिक, 5/13
125. सूत्रकृतांग, 1/10/7
126. दशवैकालिक, 4/25
127. षट्खंडागम की शास्त्रीय भूमिका, पृ. 181
128. आचार्य पूज्यपाद : समाधिशतक, 8

◆◆◆

जैन धर्म एवं दर्शन

प्रत्येक प्राणी के कल्याण का मार्ग तथा सामाजिक प्रासंगिकता

गृहस्थ के लिए आचरण का प्रतिमान है—अहिंसा धर्म का पालन करना। वैचारिक अहिंसा अनेकान्तवाद है; कथन शैली की अहिंसा स्याद्वाद है; आर्थिक क्षेत्र की अहिंसा परिग्रह परिमाण व्रत का पालन है।

जब व्यक्ति भौतिकवादी होता है तो भौतिक पदार्थों का अधिक से अधिक परिग्रह करता है। लालसा बढ़ती जाती है। भगवान महावीर ने जाना था कि विश्व के सभी प्राणियों के लिए परिग्रह के समान दूसरा कोई जाल नहीं है। इसके कारण की विवेचना करते हुए भगवान ने कहा—

''इच्छा हु आगास-समा अणंतिया।''

(इच्छा आकाश के समान अनन्त है)।[1]

गृहस्थ अपरिग्रही नहीं हो सकता। भौतिक पदार्थों की उपलब्धता गृहस्थ जीवन के लिए आवश्यक है। जीवन की मूलभूत आवश्यकताओं की पूर्ति अनिवार्य है। साँस लेने के लिए वायु, पीने के लिए पानी, खाने के लिए आहार, पहनने के लिए कपड़े, रहने के लिए मकान का होना अनिवार्य है। सुख के भौतिक साधनों का उपयोग एवं संचय गृहस्थ के लिए वर्जित नहीं है। धर्म एवं दर्शन की सामाजिक प्रासंगिकता इस तथ्य में निहित है कि धर्म से सदाचरण की प्रेरणा प्राप्त होती है। धर्म के बोध से यह ज्ञान प्राप्त होता है कि इन्द्रियों को तृप्त करने वाला सुख एवं मानसिक शान्ति प्रदान करने वाला आचरण एकार्थक नहीं हैं। स्वार्थ एवं परार्थ एकार्थक नहीं हैं। बहिर्जगत एवं अन्तर्जगत एकार्थक नहीं हैं। भौतिक सुख एवं मानसिक शान्ति एकार्थक नहीं हैं। सामाजिक व्यक्ति को इनमें संतुलन स्थापित करना चाहिए। व्यक्ति को सफल, सम्पन्न, समृद्ध होने के साथ-साथ संतुष्ट एवं सुखी भी होना चाहिए। धर्म प्रत्येक प्राणी का मंगल करता है। इसी कारण भगवान महावीर ने धर्म को परिभाषित किया कि—**'धम्मो मंगलमुक्किटठं'** (धर्म उत्कृष्ट मंगल है)।[2] सावय धम्मकार ने सामाजिक दृष्टि से विचार करते हुए प्रतिपादित किया कि मनुष्यता का सार सुख है। सुख धर्म के अधीन है **'सुहु सारउ मणुयत्तणहं तं सुहु धम्मायत्तु'**।[3]

हिंसा से अशान्ति एवं पाशविकता का जन्म होता है, अहिंसा से शान्ति, सद्भावना, मानवीयता एवं सामाजिकता का। जीव वैज्ञानिक दृष्टि से तो आदमी भी एक पशु है। अहिंसा की चेतना एवं भावना के कारण उसमें मानवीय एवं सामाजिक भावना का विकास हुआ है।

आदिम युग में जब मनुष्य जंगल में रहता था तो वह पशु के समान आचरण करता था, अपने अस्तित्व के लिए संघर्ष करता था, अपनी शक्ति के बल पर सब कुछ प्राप्त कर लेना चाहता था। उस समय उसे केवल अपनी चिन्ता रहती थी। जब कोई ताकतवर आदमी दूसरे से कोई वस्तु छीन-झपट लेता था तो थोड़ी देर के लिए तो वह मदमस्त हो जाता था मगर अपने से अधिक ताकतवर व्यक्ति की उपस्थिति की आशंका उसे भयभीत कर देती थी। प्रत्येक व्यक्ति दूसरे से आशंकित रहता था। प्रत्येक के जीवन में अनिश्चयात्मकता बनी रहती थी। किसी को किसी का विश्वास न था। प्रत्येक के मन में आशंका एवं भय का भाव बना रहता था। इस मानसिकता में वह भागता रहता होगा, दौड़ता रहता होगा, एक स्थान से दूसरे स्थान की खोज करता रहता होगा। ऐसी स्थिति में व्यक्ति मकान नहीं बना पाता, खेती नहीं कर पाता, घर नहीं बसा पाता। इस भाग-दौड़ एवं मानसिक परेशानी से जब 'जंगली आदमी' थक गया होगा तो उसने किसी दूसरे के साथ मिलकर साथ-साथ रहने की सोची होगी। जिस दिन दो व्यक्तियों के मध्य 'सह-अस्तित्व' की भावना उदित हुई उसी दिन उनके मन में प्रेम, विश्वास एवं मैत्री-भाव के बीज छिटके, सामाजिक भावना की दूब अंकुरित हुई, समाज-निर्माण की आधारशिला रखी गई। धीरे-धीरे 'सह-अस्तित्व' का दायरा बढ़ा। अधिक व्यक्तियों ने एक स्थान पर साथ-साथ रहने का संकल्प लिया। स्वयं जीने के साथ ही दूसरों को भी जीने देने का भाव उत्पन्न हुआ। ऐसी स्थिति में उन्होंने एक स्थान चुना होगा। उसको खण्डों में बाँटा होगा। अलग-अलग खण्डों को अलग-अलग व्यक्तियों के लिए नियत किया होगा। प्रत्येक व्यक्ति ने अपने-अपने भूखण्ड पर झोंपड़ीनुमा आवास स्थल बनाया होगा। भू-खण्ड की सरहदों पर कँटीले झाड़ लगाकर सुरक्षा का प्रबन्ध किया होगा। फिर कृषि-उत्पादन के लिए जमीन को खेतों में बाँटा होगा तथा अपने खेतों के चारों ओर मेंड़ें बनाई होंगी। एक-दूसरे की झोंपड़ी तथा खेत पर कब्जा न करने के बारे में समझौता हुआ होगा। ऐसी ही परिस्थितियों में समाज-रचना का सूत्रपात होता है।

ज्यों-ज्यों व्यक्ति के मन में अहिंसा विकसित होती है त्यों-त्यों उसके जीवन में मानवीय एवं सामाजिक भावना का उद्रेक होता है। जब किसी व्यक्ति के हृदय में यह बात आती है कि जिस प्रकार उसे अपने प्राण प्रिय हैं उसी प्रकार दूसरों को भी अपने प्राण प्रिय होंगे, जिस प्रकार वह जीवित रहना चाहता है उसी प्रकार दूसरा भी जीवित रहना चाहता होगा, जिस प्रकार वह मरना नहीं चाहता

उसी प्रकार दूसरा भी मरना नहीं चाहता होगा, उसी समय वह अहिंसा का कदम उठाता है। जब वह यह संकल्प करता है कि वह दूसरों के प्राणों का वध नहीं करेगा, तब वह अहिंसा का चरण बढ़ाता है। इस सीमा तक 'अहिंसा' का नकारात्मक मूल्य होता है। जब वह दूसरे की धन-दौलत, स्त्री तथा भौतिक-अभौतिक सम्पदा को छीनने, हड़पने, चुराने तथा झपटने की भावना का परित्याग करता है तब उसमें सकारात्मक अहिंसा का भाव उत्पन्न होता है। जब वह दूसरे के कष्ट, अभाव तथा पीड़ा से द्रवित होकर उन्हें दूर करने के लिए कारगर कदम उठाता है, तब उसके अन्दर के देवता का, उसकी अन्तश्चेतना का, अन्तर्निहित सद्वृत्तियों का जागरण होता है। इस प्रकार का आचरण जब किसी समाज के सदस्यों का सहज स्वभाव बन जाता है तब उन सदस्यों के व्यक्तिगत एवं सामाजिक जीवन में न केवल स्थायी शान्ति ही आती है, वरन् सद्भाव एवं मैत्री-भाव 'स्थायी' भाव बन जाते हैं।

धर्म-भावना से चेतना का शुद्धिकरण होता है, वृत्तियों का उन्नयन होता है। धर्म व्यक्ति की पाशविकता को नष्ट करके उसमें मानवीयता एवं सामाजिकता के गुणों का उद्रेक करता है। धर्म व्यक्ति को जीने की कला सिखाता है। धर्म व्यक्ति के आचरण को पवित्र एवं शुद्ध बनाता है। धर्म से सृष्टि के प्रति करुणा एवं अपनत्व की भावना उत्पन्न होती है।

मनुष्य को अपने जीवन में जो धारण करना चाहिए वही धर्म है। धर्म दिखावा नहीं, रूढ़ि नहीं, प्रदर्शन नहीं, किसी के प्रति घृणा नहीं, मनुष्य और मनुष्य के बीच भेदभाव नहीं अपितु मनुष्य में मानवीयता के गुणों की विकास शक्ति है, सार्वभौम चेतना का सत्-संकल्प है। अपनी सम्पूर्णता में, समग्रता में, यथार्थता में 'धर्म' को टुकड़ों में नहीं बाँटा जा सकता, उसे खण्डों में नहीं तोड़ा जा सकता। धर्म एक समग्र सत्य-साधना है। संसार के किसी भी मनुष्य को अच्छा मनुष्य बनने के लिए, श्रेष्ठ सामाजिक व्यक्ति बनने के लिए जिन आदर्शों तथा जीवन-मूल्यों को अपने जीवन में धारण करना है, अपने आचरण में उतारना है—वही धर्म है।

धारण करने योग्य क्या है? क्या हिंसा, क्रूरता, कठोरता, अपवित्रता, अहंकार, क्रोध, असत्य, असंयम, व्यभिचार, परिग्रह आदि विकार धारण करने योग्य हैं? यदि संसार का प्रत्येक व्यक्ति हिंसक हो जाए तो यह संसार चार दिन भी नहीं चल सकता और न इसका अस्तित्व ही कायम रह सकता है। यदि समाज के सभी सदस्य झूठ बोलने लगें तो इसका परिणाम क्या होगा? समाज के सदस्यों में परस्पर विश्वास-भाव समाप्त हो जायेगा। यदि समाज के सभी व्यक्ति यौन-मर्यादा के सामाजिक अथवा नैतिक बन्धनों को तोड़ दें तो उस स्थिति में क्या परिवार की कल्पना की जा सकेगी, सामाजिक सम्बन्धों की

स्थापना हो सकेगी? यदि सभी व्यक्ति असंयमी, परिग्रही एवं व्याभिचारी हो जायेंगे तो इसकी परिणति क्या होगी? इन्द्रिय भोगों की तृप्ति असंख्य भोग-सामग्रियों के निर्बाध सेवन एवं संयम-शून्य कामाचार से सम्भव नहीं है।

अहिंसा का आधार अपरिग्रह है तथा अपरिग्रह का आधार संयम है। जब व्यक्ति अपने को नियंत्रित एवं अनुशासित करता है, सामाजिक नियमों का पालन करता है, दायित्व-बोध की दृष्टि से ज़ीवन व्यतीत करता है तभी उसके अधिकार तथा उसकी स्वंतन्त्रता कायम रह पाते हैं। जब व्यक्ति भौतिक वस्तुओं के संग्रह एवं परिग्रह का संयमन करता है तभी आर्थिक विषमताओं का अन्तर कम होता है तथा उत्पादित वस्तुएँ समाज की प्रत्येक इकाई तक पहुँच पाती हैं, प्रत्येक व्यक्ति की मूलभूत आवश्यकताओं की पूर्ति हो पाती है।

हमारी कामनाओं को नियंत्रित करने की शक्ति या तो धर्म में होती है या फिर शासन-व्यवस्था में। व्यक्ति अपनी चेतना के द्वारा अपने को अनुशासित करता है। जब समाज के सदस्यों में यह अनुशासन नहीं रह जाता तो व्यवस्था बनाये रखने के लिए राज्य-शक्ति निर्ममता के साथ कठोर दण्ड-व्यवस्था लागू करती है। धर्म-भावना से प्रेरित होकर व्यक्ति आत्मानुशासन करता है। शासन के द्वारा विधि-विधानों तथा दंड-प्रक्रिया द्वारा व्यक्तियों पर लगाम लगायी जाती है। जिस समाज के व्यक्ति धर्म-चेतना से प्रेरित होकर आचरण करते हैं वहाँ शासन व्यवस्था की जकड़न कमजोर हो जाती है। उस स्थिति में व्यक्ति अधिक स्वतन्त्र, निर्भय एवं परस्पर सद्भावपूर्ण वातावरण में जीवन जीता है। जो धारण करने योग्य नहीं हैं, उन्हीं को जब समाज के व्यक्ति अपने आचरण का अंग बना लेते हैं तब राज्य की शक्ति व्यवस्था अधिक उग्र, कठोर एवं निर्मम हो जाती है। ऐसे समाज में केन्द्रीकृत अथवा व्यक्ति-विशेष की निरंकुश सत्ता एवं तानाशाही स्थापित हो जाती है। हमारे सामाजिक जीवन की स्वतन्त्रता, समता तथा पारस्परिक प्रेम, सद्भाव एवं विश्वासपूर्ण व्यवहार के लिए धर्म का पालन एक अनिवार्य शर्त है।

4. 1. आत्मा का परमात्मा होना :

"आत्मा ही परमात्मा है", " प्रत्येक प्राणी में आत्म-शक्ति है," "बन्धन और मोक्ष अपने भीतर ही हैं", "आत्मा का दुख स्वकृत है", "अपने स्वयं के उपार्जित कर्मों से ही आत्मा का बंधन है", "बंधन से मुक्त होना तुम्हारे ही हाथ में है", "आत्मा ही अपने दुख एवं सुख का कर्ता या विकर्ता है और इसलिए वही अपना मित्र अथवा शत्रु है",

"धर्म न कहीं गांव में होता है और न कहीं जंगल में, बल्कि वह तो अन्तरात्मा में होता है", "धर्म उत्कृष्ट मंगल है। वह अहिंसा, संयम, तप रूप

है। जिस साधक का मन सदा उक्त धर्म में रमण करता है, उसे देवता भी नमस्कार करते हैं''- आदि सूक्तियों में जैन धर्म एवं दर्शन की क्रान्तिकारिता, कल्याणकारिता एवं मनुष्य मात्र की अस्मिता एवं गरिमा की पहचान के सूत्र निहित हैं। जैन दर्शन किसी के आगे झुक कर अनुग्रह की बैसाखियों के सहारे आगे बढ़ने की पद्धति नहीं है प्रत्युत अपनी ही शक्ति, साधना एवं तपश्चर्या के बल पर जीवात्मा के परमात्मा बनने की प्रयोगशाला है। जैन धर्म प्राणी मात्र के कल्याण की सम्भावनाओं के द्वार प्रशस्त करता है। जैन धर्म प्रत्येक व्यक्ति के लिए स्वप्रयत्नों के द्वारा उच्चतम विकास कर सकने का आस्थापूर्ण मार्ग प्रशस्त करता है। जैन धर्म अन्धी आस्तिकता, भाग्यवाद, परावलम्बन, बाह्य प्रदर्शन, कर्मकाण्ड आदि का निषेध करता है। जैन धर्म स्थापना करता है कि बाह्य जगत की कल्पित शक्तियों को प्रसन्न करने के लिए किए जाने वाले अनुष्ठानों से नहीं अपितु अपनी अन्तरात्मा की पहचान, परिष्कार, शुद्धिकरण एवं स्वरूपवास्था की प्राप्ति से ही कल्याण सम्भव है। प्रत्येक मनुष्य किसी अदृश्य अलौकिक सत्ता के हाथों की कठपुतली नहीं है वरन् स्वयं अपने भाग्य का नियंता एवं निर्माता है।

4. 2. जैन: सम्प्रदायातीत दृष्टि :

जो इन्द्रियों को जीतने में विश्वास कर तदनुरूप आचरण करता है, वही जैन है। जैन दर्शन ऐन्द्रिक अनुभूतियों में रागद्वेष हीनता की स्थिति के निर्माण की साधना है, विश्व में रहते हुए भी अपनी पृथक आत्मा की सत्ता के एकत्व की अनुभूति करना है। विकारों से भिन्न स्वरूप, स्वभाव, एकरूप का साक्षात्कार कर शुद्धात्मा एवं परमात्मा बनना है। जैन धर्म प्रत्येक व्यक्ति को परमात्मा बनने के अधिकार प्रदान करता है। यहाँ आत्म-साक्षात्कार की साधना ही साध्य है, आत्म शक्ति ही उपास्य है। जब राग-द्वेष आदि विकारमूलक भावों का अन्त हो जाता है तो पर-द्रव्य का नवीन बंध नहीं होता। कर्म-परिस्पन्दों का आत्मा की ओर आगमन तो होता है किन्तु ये आत्मा से बंध नहीं पाते। नए बंधों के आगमन की धारा का निरोध हो जाता है। तत्पश्चात् अवशिष्ट कर्मबंधो को नि:शेष करना होता है।

अंधी आस्तिकता एवं भाग्यवाद के सहारे नहीं अपितु अपने पुरुषार्थ एवं चारित्र्य से ही आत्म-साक्षात्कार सम्भव है। सम्यग् दर्शन, सम्यग् ज्ञान और सम्यग् चारित्र्य की निर्मल, निर्दोष आराधना द्वारा क्रमिक विकास करता हुआ जीव जब तेरहवें गुण स्थान में प्रवेश करता है तो सर्वप्रथम मोहनीय कर्मक्षीण होते हैं। ज्ञानावरणीय, दर्शनावरणीय और अन्तराय ये तीनों घाती कर्म भी समाप्त हो जाते हैं। इसका सहज परिणाम यह होता है कि आत्मा में अनन्त ज्ञान, अनन्त

दर्शन, अनन्त चारित्र्य और अनन्त वीर्य की महाज्योति जगमगा उठती है। इस स्थिति में मन, वचन, काया रूप योगों की प्रवृत्ति चलती रहती है। सोचना, बोलना तथा शरीर-व्यापार होता रहता है। जब जीव तेरहवें गुण स्थान को छोड़कर चौदहवें गुणस्थान में प्रविष्ट होता है तब सब व्यापार समाप्त हो जाते हैं। उस स्थिति में अवशिष्ट अघाती कर्म—5. वेदनीय 6. नाम 7. गोत्र 8. आयु भी समाप्त हो जाते हैं। यहाँ आकर आत्मा सर्वथा निष्कर्म हो जाती है। जीव का कर्मों के आवरण से सर्वथा मुक्त हो जाना ही मोक्ष है। सम्पूर्ण कर्मों का नाश ही मोक्ष है। सांसारिक दुखों और आवागमन से पूर्णतः छूटकर "स्वरूप" में रमण करना ही मोक्ष है। मोक्ष ही आत्मा का परमात्मा बनना है। जैन दर्शन जीवात्मा-इकाई को ही "परमात्मा" के समस्त गुण प्रदान करता है। साधना की सिद्धि परमात्मा में लय या विलीन होने में नहीं; परमात्मा हो जाने में है। (दे. 3.6)

मुनि नथमल जी (महाप्रज्ञ) ने भगवान महावीर की सम्प्रदाय-मुक्तता के सम्बन्ध में सारगर्भित विचार प्रस्तुत किए हैं:—

" भगवान महावीर ने मोक्ष का अनुबन्ध किसी सम्प्रदाय के साथ नहीं माना, किन्तु धर्म के साथ माना। भगवान "अश्रुत्वा केवली" के सिद्धान्त की स्थापना कर असाम्प्रदायिक दृष्टि को चरम बिन्दु तक ले गए। "अश्रुत्वा केवली" उस व्यक्ति का नाम है जिसने कभी धर्म नहीं सुना, किन्तु अपनी नैसर्गिक निर्मलता के कारण केवली की कक्षा तक पहुँच गया। "अश्रुत्वा केवली" के साथ किसी भी सम्प्रदाय, परम्परा या धर्माराधना की पद्धति का सम्बन्ध नहीं होता। उस सम्प्रदाय-मुक्त व्यक्ति को मोक्ष का अधिकारी मानकर महावीर ने धर्म की असाम्प्रदायिक सत्ता को मान्यता दे दी।

महावीर ने एक सिद्धान्त की स्थापना और की। उसके अनुसार किसी भी सम्प्रदाय में प्रव्रजित व्यक्ति मुक्त हो सकता है। इस स्थापना में सम्प्रदाय के बीच व्यवधान डालने वाली खाइयों को पाटने का प्रयत्न है। कोई भी सम्प्रदाय किसी व्यक्ति को मुक्ति का आश्वासन दे सकता है, यदि वह व्यक्ति धर्म से अनुप्राणित हो। कोई भी सम्प्रदाय किसी व्यक्ति को मुक्ति का आश्वासन नहीं दे सकता, यदि वह व्यक्ति धर्म से अनुप्राणित न हो। मोक्ष को सम्प्रदाय की सीमा से मुक्त कर भगवान महावीर ने धर्म की असाम्प्रदायिक सत्ता के सिद्धान्त पर दोहरी मोहर लगा दी।"[4]

4. 3. समभाव एवं समदृष्टि :

जैन दर्शन की मान्यता है कि समस्त प्राणियों के प्रति जो समदृष्टि रखता है वस्तुतः वही सच्चा श्रमण है। जो सुख और दुख को समभावपूर्वक सहन

करता है, वही भिक्षु है। जो लाभ-अलाभ, सुख-दुख, जीवन-मरण, निंदा-प्रशंसा, मान-अपमान आदि हर स्थिति में समभाव रहता है, वही साधु है।

अस्तित्व की दृष्टि से प्रत्येक आत्मा स्वतंत्र है। आत्मा का जो नैसर्गिक और वास्तविक स्वरूप है, वह कभी पैदा नहीं होता, कभी विलुप्त नहीं होता। विशुद्ध तत्त्व दृष्टि अथवा निश्चय नय की दृष्टि से तो बंधन की व्याख्या सम्भव नहीं है। चूँकि बंधन की व्याख्या सम्भव नहीं है, इस कारण मुक्ति की व्याख्या भी सम्भव नहीं है। विशुद्ध तत्त्व दृष्टि से तो आत्मा नित्य मुक्त है। बंधन एवं मोक्ष की स्थितियां पर्याय दृष्टि से हैं। पर्याय अनादि से है। आत्मा एवं पुद्गल द्रव्य का अनादि कालीन संयोग है। संयोग के कारण विभाव रूप परिणमन है। जीव के राग द्वेष आदि विभावों को निमित्त करके ही कर्म आत्मा से बंधते हैं। जब जीव शुभ या अशुभ प्रवृत्ति में प्रवृत्त होता है, तब वह अपनी प्रवृत्ति से पुद्गलों का आकर्षण करता है। आकृष्ट पुद्गल आत्मा के परिपार्श्व में अपने विशिष्ट रूप और शक्ति का निर्माण करते हैं। जीव के राग, द्वेष, मोह, ममत्व, मिथ्यात्व आदि विभाव शक्ति जन्य विकारों को निमित्त करके ही पुद्गल कर्मणायें कर्मरूप से परिणमन करती हैं। आत्मा एवं पुद्गल द्रव्य का तो अनादिकालीन संयोग हैं किन्तु कर्म विशेष की दृष्टि से आत्मा और कर्म का सम्बन्ध अनादि नहीं है। कर्म विशेष आत्मा से सदैव-सदैव के लिए नहीं बंधते हैं। कर्म का बंधन पर्याय दृष्टि से है। एक विशेष कर्म के स्थान पर दूसरा विशेष कर्म आता रहता है। इस कारण जैन दर्शन कर्म-विशेष की दृष्टि से नहीं अपितु कर्म-प्रवाह की दृष्टि से आत्मा तथा कर्म का अनादि सम्बन्ध मानता है। (दे. 3.5)

अस्तित्व की दृष्टि से प्रत्येक आत्मा स्वतंत्र है, किन्तु स्वरूप की दृष्टि से सभी आत्मायें समान हैं। आध्यात्मिक दृष्टि से जो एक को जानता है, वह सब को जानता है और जो सबको जानता है, वह एक को जानता है। इसी कारण जो ज्ञानी आत्मा इस लोक में छोटे-बड़े सभी प्राणियों को आत्मतुल्य देखते हैं, षट्द्रव्यात्मक इस महान लोक का सूक्ष्मता से निरीक्षण करते हैं तथा अप्रमत्तभाव से संयम में रत रहते हैं, वे ही मोक्ष प्राप्ति के अधिकारी हैं।[5]

4. 4. सामाजिक समता एवं एकता:

सामाजिक समता एवं जीवमात्र की एकता की दृष्टि से श्रमण परम्परा का अप्रतिम महत्व है। इस परम्परा में मानव को मानव के रूप में देखा गया है; वर्णों, जातियों, उपजातियों, कुलों, गोत्रों आदि का लेबिल चिपकाकर मनुष्य एवं मनुष्य के बीच किसी प्रकार की जन्मना आधार पर दीवारें खड़ी नहीं की गई हैं। प्राणियों में जन्मकृत कोई अन्तर नहीं है। प्रत्येक प्राणी में आत्मा है तथा

निश्चयनय की दृष्टि से प्रत्येक आत्मा समान है। प्राणियों में जो अन्तर है वह साधना की विकास-भूमि अर्थात गुण स्थानों पर पहुँचने की क्रमिकता की दृष्टि से है। किस व्यक्ति की आत्मा का ज्ञान स्वरूप या मुक्त स्वरूप कर्मों के आवरण से कितना आच्छादित है, आत्मा की पर्याय विरूपावस्था की क्या स्थिति है--इस दृष्टि से अन्तर है। आत्म विकास के पथ में जो प्राणी जितनी उच्च-भूमिका पर पहुँच जाता है, वह उतना ही उच्च है; जो प्राणी आत्मगुणों का जितना अधिक विकास कर लेता है, वह उतना ही उच्च है।

सम्यग् दर्शन, सम्यग् ज्ञान और सम्यग् चारित्र्य की निर्मल एवं निर्दोष आराधना द्वारा प्रत्येक प्राणी क्रमिक विकास कर सकता है। किसी तीर्थंकर की पूजा का उद्देश्य उसका अनुग्रह प्राप्त करना नहीं है; उसे प्रसन्न करके उससे कुछ वरदान प्राप्त करना नहीं है; अपितु धर्म-तत्व में श्रद्धा होने की स्थिति निर्मित करना है। भगवान महावीर की पूजा करने की सार्थकता भगवान महावीर जैसी साधना करने में है। धर्म की सार्थकता कामनाओं की पूर्ति में नहीं, कामनाओं पर विजय प्राप्त करने में है। कोई दूसरा हमारा उद्धार नहीं कर सकता क्योंकि आत्मा ही वैतरणी नदी है। सत् प्रवृत्ति में लगी हुई आत्मा ही मित्र रूप है जबकि दुष्प्रवृत्ति में लगी हुई आत्मा ही शत्रु रूप है। आत्मा का दुख स्वकृत है। बन्धन से मुक्त होना व्यक्ति के हाथ में है। मानव की महिमा और मनुष्य-मनुष्य की समता का जितना जोरदार समर्थन जैन धर्म करता है, वह अन्यत्र दुर्लभ है। प्रज्ञा, विवेक और आचरण के बल पर आध्यात्मिक पथ का अनुवर्तन करने वाले धार्मिक व्यक्ति को जैन दर्शन देवताओं का उपास्य मानता है। इसलिए यहाँ उद्घोष किया गया कि अहिंसा, संयम, तप रूप धर्म की साधना करने वाले साधक को देवता भी नमस्कार करते हैं।[6]

साधक को समस्त जीवों के प्रति मैत्रीभाव रखना चाहिए तथा संसार के सभी जीवों को समभाव से देखना चाहिए। समभाव की साधना ही व्यक्ति को श्रमण बनाती है। तीर्थंकर लोक मंगल की आराधना के लिए "तीर्थ" का निर्माण करते हैं जहाँ प्राणी मात्र को विश्वास, आस्था एवं ज्ञान का अमोघ मंत्र प्राप्त होता है। इसी कारण जैनाचार्य समन्तभद्र ने कहा है कि भगवन् ! आपकी व्यवस्था सभी प्राणियों के सर्वदुखों का अंत करने वाली और सबका कल्याण करने वाली है; सर्वोदय तीर्थ है : 'सर्वोदयं तीर्थ मिदं तवैव'।[7]

4. 5. आत्मतुल्यता एवं लोकमंगल की आचरण मूलक भूमिका :

जैन दर्शन एवं धर्म व्यक्ति की मुक्ति की दृष्टि से ही नहीं सोचता, लोकमंगल की आचरण मूलक भूमिका के व्यवहारिक सामाजिक-सूत्र भी प्रदान करता है।

सृष्टि के प्रत्येक प्राणी के प्रति जब राग एवं द्वेष के स्थान पर आत्मतुल्यता की ज्ञान-ज्योति से सहअस्तित्व, मैत्री एवं करुणा की भावना जागृत होती है तभी व्यक्ति का चित्त धार्मिक बनता है। समाज के सभी सदस्यों में धर्म प्रभावना उत्पन्न होने पर सारा समाज सुखी एवं परस्पर सद्भाव के साथ ''समतामय'' बन सकता है। भगवान महावीर ने प्राणी मात्र के प्रति आत्मतुल्य भाव रखने पर इसी कारण बल दिया: 'आय तुले पयासु' (प्राणियों के प्रति आत्मतुल्य भाव रखो!)।[8]

इसके लिए जैन धर्म अत्यन्त तार्किक एवं व्यावहारिक जीवन दृष्टि प्रदान करता है।

''जो बात हमें बुरी लगती है, वह दूसरे को भी बुरी लगती है। दूसरों के दुख को अपने जैसा दुख समझने वाला व्यक्ति ऐसा कोई कार्य नहीं करेगा जो दूसरों को अप्रिय लगे।''

4. 6. अहिंसा : जीवन का सकारात्मक मूल्य

जैन दर्शन अहिंसा शब्द का प्रयोग व्यापक अर्थ में करता है—मन, वचन, कर्म से किसी को पीड़ा न देना। ''अहिंसा'' जीवन का विधानात्मक मूल्य है।

जब व्यक्ति सभी जीवों को समभाव से देखता है तो राग-द्वेष का विनाश हो जाता है। उसका चित्त धार्मिक बनता है। रागद्वेष हीनता धार्मिक बनने की प्रथम सीढ़ी है। शत्रु अथवा मित्र सभी प्राणियों पर समभाव की दृष्टि रखना ही अहिंसा है।

समभाव एवं आत्मतुल्यता की दृष्टि का विकास होने पर व्यक्ति अहिंसक अपने आप हो जाता है। इसका कारण यह है कि प्रत्येक प्राणी जीवित रहना चाहता है। सबको अपना जीवन प्रिय है। सभी जीव जीना चाहते हैं, मरना कोई नहीं चाहता। सभी प्राणियों को दुख अप्रिय है। किसी भी प्राणी को न मारना तथा किसी भी प्राणी को दुख न पहुँचाना ही अहिंसा है। अहिंसा केवल निवृत्तिपरक साधना नहीं है, यह व्यक्ति को सही रूप में सामाजिक बनाने का अमोघ मंत्र है।

अहिंसा के साथ व्यक्ति की मानसिकता का सम्बन्ध है। इस कारण भगवान महावीर ने कहा कि अप्रमत्त आत्मा अहिंसक है। एक कृषक अपनी क्रिया करते हुए यदि अनजाने जीव हिंसा कर भी देता है तो भी हिंसा की भावना उसके साथ जुड़ती नहीं है। भले ही हम किसी का वध न करें, किन्तु किसी के वध करने के विचार के जन्मते ही उसका सम्बन्ध मानसिकता से सम्पृक्त हो जाता है।

हिंसा से पाशविकता का जन्म होता है, अहिंसा से मानवीयता एवं

सामाजिकता का। दूसरों का अनिष्ट करने की नहीं, अपने कल्याण के साथ-साथ दूसरों का भी कल्याण करने की प्रवृत्ति ने मनुष्य को सामाजिक एवं मानवीय बनाया है।

4. 7. अहिंसा से अनुप्राणित अर्थतंत्र : अपरिग्रह :

अहिंसा के साथ ही जुड़ी हुई भावनाएं हैं—अपरिग्रहवाद एवं अनेकांतवाद। परिग्रह से आसक्ति एवं ममता का जन्म होता है। अपरिग्रह वस्तुओं के प्रति ममत्वहीनता का नाम है। जब व्यक्ति अहिंसक होता है, रागद्वेष रहित होता है तो स्वयंमेव अपरिग्रहवादी हो जाता है। उसकी जीवन दृष्टि बदल जाती है। भौतिक-पदार्थों के प्रति उसकी आसक्ति समाप्त हो जाती है। अहिंसा की भावना से प्रेरित व्यक्ति अपनी आवश्यकताओं को उसी सीमा तक बढ़ाता है, जिसमें किसी अन्य प्राणी के हितों को आघात न पहुँचे।

बहुत अधिक उत्पादन मात्र करने से ही हमारी समाजिक समस्याएँ नहीं सुलझ सकतीं। हमें व्यक्ति के चित्त को अन्दर से बदलना होगा। जब व्यक्ति धर्म से प्रेरणा प्राप्त कर अपनी कामनाओं एवं इच्छाओं को स्वयं सीमित करना सीखेगा तभी बहुत सी सामाजिक समस्याओं को सुलझाया जा सकेगा।

ऐसा नहीं हो सकता कि कोई सामाजिक प्राणी सम्पूर्ण पदार्थों को छोड़ दे। किन्तु हम अपने जीवन को इस प्रकार से ढाल सकते हैं कि पदार्थ तो हमारे पास रहे किन्तु उसके प्रति हमारी आसक्ति न हो। धर्म यह प्रेरणा दे सकता है जिससे हम अपने जीवन में पदार्थों की मात्रा का स्वयं निर्धारण करना सीखें, उनके प्रति अपने ममत्व को कम करना सीखें।

समाज में इच्छाओं को संयमित करने की भावना का विकास आवश्यक है। इसके बिना मनुष्य को शान्ति प्राप्त नहीं हो सकती।

"पर कल्याण" की चेतना व्यक्ति की इच्छाओं पर लगाम लगाती है तथा उसमें त्याग करने की प्रवृत्ति एवं "परिग्रह परिमाण वृत्ति" की भावना का विकास करती है।

परिग्रह की वृत्ति मनुष्य को अनुदार बनाती है; उसकी मानवीयता को नष्ट करती है। उसकी लालसा बढ़ती जाती है। धन लिप्सा एवं अर्थलोलुपता ही उसका जीवन-लक्ष्य हो जाता है। उसकी जिन्दगी पाशविक शोषणता के रास्ते पर बढ़ना आरम्भ कर देती है। इसके दुष्परिणामों को भगवान महावीर ने पहचाना था। इसी कारण उन्होंने कहा कि जीव परिग्रह के निमित्त हिंसा करता है, असत्य बोलता है, चोरी करता है, मैथुन का सेवन करता है और अत्यधिक मूर्च्छा करता है। परिग्रह को घटाने से ही हिंसा, असत्य, अस्तेय एवं कुशील इन चारों पर रोक लगती है। इसी कारण भगवान महावीर ने स्पष्ट रूप से कहा कि विश्व के सभी

प्राणियों के लिए परिग्रह के समान दूसरा कोई बंधन नहीं है: नत्थि एरिसो पासो पडिबंधो अत्थि सव्व जीवाणं सव्व लोए।[9]

परिग्रह के परिमाण के लिए "संयम" की साधना आवश्यक है। संयम पारलौकिक आनन्द के लिए ही नहीं, इस लोक के जीवन को सुखी बनाने के लिए भी आवश्यक है। आधुनिक युग में पाश्चात्य जगत ने व्यक्तित्व स्वातंत्र्य के अतिरेक से उत्पन्न स्वच्छंद यौनाचार एवं निर्बाध इच्छाओं को परितृप्त करने में मानवीय जीवन की सार्थकता तलाशने के व्यामोह के कारण पिछले दशकों में जो संयमहीन आचरण किया, उसका क्या परिणाम निकला है? निर्बाध भोगों में निरत, लक्ष्यहीन, सिद्धान्तहीन, मूल्यहीन समाज की स्थिति क्या है? ऐसे समाज के सदस्यों के पास पैसा हो सकता है, धन-दौलत हो सकती है मगर क्या उनके जीवन में सुख, शान्ति, विश्वास, तृप्ति भी है? यदि जीवन में परस्पर प्रेम, विश्वास, सद्भाव नहीं हैं तो क्या इस प्रकार का जीवन अनुकरणीय माना जा सकता है? संत्रास, अतृप्ति, वितृष्णा एवं कुंठाओं से भरा जीवन क्या किसी को स्वीकार्य होगा?

4. 8. वैचारिक अहिंसा : अनेकान्तवाद:

अहिंसक व्यक्ति आग्रही नहीं होता। उसका प्रयत्न होता है कि वह दूसरों की भावनाओं को ठेस न पहुँचावे। वह सत्य की तो खोज करता है, किन्तु उसकी कथन शैली में अनाग्रह एवं प्रेम होता है। अनेकांतवाद व्यक्ति के अहंकार को झकझोरता है। उसकी आत्यन्तिक दृष्टि के सामने प्रश्नवाचक चिन्ह लगाता है। अनेकान्तवाद यह स्थापना करता है कि प्रत्येक पदार्थ में विविध गुण एवं धर्म होते हैं। सत्य का सम्पूर्ण साक्षात्कार सामान्य व्यक्ति द्वारा एकदम सम्भव नहीं हो पाता। अपनी सीमित दृष्टि से देखने पर हमें वस्तु के एकांगी गुण-धर्म का ज्ञान होता है। विभिन्न कोणों से देखने पर एक ही वस्तु हमें भिन्न प्रकार की लग सकती है तथा एक स्थान से देखने पर भी विभिन्न दृष्टियों की प्रतीतियां हो सकती हैं। (दे. 3.3.1)

"स्याद्वाद" अनेकांतवाद का समर्थक उपादान है; तत्त्वों को व्यक्त कर सकने की प्रणाली है; सत्य कथन की वैज्ञानिक पद्धति है। (दे. 3.3.2)

मिथ्या ज्ञान के बन्धनों को दूर करके स्याद्वाद ने ऐतिहासिक भूमिका का निर्वाह किया; एकांतिक चिन्तन की सीमा बताई। आग्रहों के दायरे में सिमटे हुए मानव की अन्धेरी कोठरी को अनेकांतवाद के अनन्त लक्षण सम्पन्न सत्य-प्रकाश से आलोकित किया जा सकता है। आग्रह एवं असहिष्णुता के बंद दरवाजों को स्याद्वाद के द्वारा खोलकर विविध दृष्टियों एवं सन्दर्भों से उन्मुक्त विचार करने की प्रेरणा प्रदान की जा सकती है।

यदि हम वैज्ञानिक पद्धति से सत्य का साक्षात्कार करना चाहते हैं तो अनेकांतवाद से दृष्टि लेकर स्याद्वादी प्रणाली द्वारा कर सकते हैं; विचार के धरातल पर उन्मुक्त चिन्तन तथा अनाग्रह, प्रेम एवं सहिष्णुता की भावना का विकास कर सकते हैं।

4. 9. प्राणी मात्र के कल्याण तथा सामाजिक सद्भाव एवं सामरस्य की दृष्टि से दशलक्षण धर्म :

आत्मा का सहज स्वभाव ही उसका धर्म है। राग-द्वेष रहित आत्मा का सहज स्वभाव क्षमा, मार्दव, आर्जव, सत्य, शौच, संयम, तप, त्याग, आकिंचन्य और ब्रह्मचर्य है। धर्म के इन 10 लक्षणों एवं अंगों की सामाजिक प्रासंगिकता भी है। ये सभी अहिंसा परम-धर्म के पोषक धर्म हैं। क्या अहिंसक व्यक्ति किसी पर क्रोध कर सकता है? क्षमा उसका सहज स्वभाव हो जाता है। जिसके मन में सृष्टि के कण-कण के प्रति प्रेम एवं करुणा है क्या वह किसी पर क्रोध कर सकता है? जो सभी जीवो पर मैत्रीभाव रखता है वह क्या किसी की हिंसा कर सकता है? विश्लेषण पद्धति की दृष्टि से धर्म के सामान्य लक्षणों, अंगों, विधियों को इस प्रकार स्पष्ट किया जा सकता है

	धर्मभाव = सद्गुणों का वरण।	अधर्मभाव = दुर्गुणों में आसक्ति
1.	क्षमा	क्रोध / वैर / द्वेष
2.	मार्दव/विनम्रता/करुणा एवं विनयशीलता	अहंकार / गर्व / मान / मद
3.	आर्जव / निष्कपटता / हृदय की शुद्धता / आत्म संशोधन / मन, वाणी एवं कर्म की एकरूपता, सामंजस्य एवं समरसता	माया / कपटता / कुटिलता / मिथ्यात्व
4.	सत्य/सत्य-आचरण	झूठ बोलना / दुर्वचन / मिथ्या व्यवहार
5.	शौच/ आत्मशुद्धि / पवित्रता	लोभ / बंधन / मल / भोगों में रत रहना।
6.	संयम / अप्रमाद / आत्म संयम	इन्द्रिय लोलुपता / प्रमाद
7.	तप / मनोनिग्रह / अन्तःकरण की पवित्रता	वासनायें / कषाय / कलमषताएँ

8.	त्याग / दान करना / परिग्रहों का त्याग / अनासक्ति	संग्रह / तृष्णा / आसक्ति -----------
9.	आकिंचन्य / अपरिग्रह वृत्ति ममत्व / परिग्रह	वस्तुओं के प्रति आसक्ति / एवं मन का अहंकार वृत्ति
10.	ब्रह्मचर्य / कामवासना पर विजय / लीन होना / इंद्रियों की चंचलता	कामाचार/विषय वासनाओं में कामभाव का संयमीकरण

I. क्षमा

सामाजिक जीवन में राग के कारण लोभ एवं काम की तथा द्वेष के कारण क्रोध एवं बैर की वृत्तियों का संचार होता है। क्रोध के कारण संघर्ष एवं कलह का वातावरण बनता है। क्रोध में अहंकार एक उर्वरक का काम करता है। इस दृष्टि से क्रोध एवं अहंकार एक दूसरे के पूरक हैं। अहंकार से क्रोध उपजता है तथा क्रोध का अहंकार के कारण विकास होता है। क्रोधी मनुष्य तप्त लौह पिंड के समान अंदर ही अंदर दहकता एवं जलता रहता है। उसकी मानसिक शान्ति नष्ट हो जाती है। विवेकपूर्ण कार्य करने की स्थिति समाप्त हो जाती है। क्रोध के कारण कोई व्यक्ति दूसरे का उतना अहित नहीं कर पाता जितना अहित वह स्वयं अपना कर लेता है।

अहंकार से प्रेरित होकर व्यक्ति अपने को सब कुछ समझने लगता है। वह यह समझता है कि उसके पास इतनी शक्ति है कि वह दूसरों को नष्ट कर सकता है। उसमें अपने आपको बड़ा मानने तथा दूसरों को अपने से छोटा समझने की चेतना विकसित होती है। वह सोचता है कि दूसरे व्यक्तियों का अस्तित्व और विकास उसकी इच्छा पर निर्भर है। वह स्वामी है, दूसरे सेवक हैं। वह टुकड़े बाँटता है, दूसरे उसके टुकड़ों पर पलते हैं। इसी अहंकार के कारण वह समाज के सदस्यों से यह अपेक्षा करने लगता है कि सब उसके ही इशारों पर चलें, सब उसके स्वार्थ की सिद्धि में सहायक हों। जब कोई व्यक्ति स्वतन्त्र निर्णय लेकर अपनी मर्जी से चलना चाहता है अथवा उसके स्वार्थ की पूर्ति नहीं करता तो वह आहत हो उठता है और उसका क्रोध जाग जाता है।

क्रोध में विनय तथा समता की भावना नष्ट हो जाती है। समता की भावना का विकास होने पर अहंकार उत्पन्न नहीं होता तथा क्रोध का पौधा मुरझाने लगता है। इसका कारण यह है कि आत्मतुल्यता की चेतना से सम्पन्न व्यक्ति दूसरों के व्यवहार तथा आचरण से व्यक्तिगत-धरातल पर अशांति का अनुभव नहीं करता।

यह प्रश्न उठाया जा सकता है कि क्या क्रोध सर्वथा त्याज्य है? क्या समाज की व्यवस्था तोड़ने वाले व्यक्ति पर क्रोध नहीं करना चाहिए? व्यवस्था बनाये रखने वाले अधिकारी को क्या क्रोध नहीं करना चाहिए? अन्याय एवं अनाचार के प्रति आक्रोश करना एक बात है तथा अहंकार के कारण क्रोधित होना दूसरी बात है। समाज की व्यवस्था एवं नियम के विपरीत आचरण करने वाले व्यक्ति पर सामाजिक न्याय की भावना के कारण क्रोधित होने वाली मानसिकता, अहंकार की भावना से उत्पन्न क्रोध की मानसिकता से भिन्न होती है। अपने सामाजिक जीवन के दायित्व-बोध के आधार पर आचरण करने तथा क्रोध एवं अहंकार के वशीभूत आचरण करने में अन्तर है। अहंकार से क्रोधित व्यक्ति जब किसी का विनाश करना चाहता है तब वह अपना विवेक खो देता है। जब कोई व्यक्ति सामाजिक भावना से प्रेरित होकर सामाजिक विकास मे बाधक बनने वाले असामाजिक एवं दुष्ट व्यक्तियों का दमन करता है तो वह अपने विवेक को कायम रखता है। वह दुष्ट व्यक्तियों का दमन इसलिए करता है जिससे सामाजिक व्यवस्था कायम रह सके। उसके मन में दुष्ट व्यक्ति को सुधारने का संकल्प होता है, उसके अस्तित्व को मिटा देने का नहीं। वह प्रतिकार इसलिए नहीं करता क्योंकि किसी के द्वारा उसका अपमान हुआ है, अपितु उसके ही सुधार एवं कल्याण के लिए वह सामाजिक दृष्टि से अन्याय करने वाले व्यक्ति का प्रतिरोध करता है।

क्रोध के अभ्यास से व्यक्ति का विवेक नष्ट हो जाता है। क्रोध से अन्धा व्यक्ति सत्य, शील एवं विनय का विनाश कर डालता है। किसी ने उसका अहित किया है या कोई उसका अहित करना चाहता है इसके अनुमान मात्र के आधार पर वह तत्क्षण क्रोधित हो जाता है। इस प्रकार सोच समझकर कार्य करने की प्रवृत्ति नष्ट हो जाती है। इसके कारण द्वेष भाव का विकास एवं विस्तार होता है। सम्पूर्ण जगत को वह अपना शत्रु समझने लगता है। उसका जीवन दर्शन विध्वंसात्मक हो जाता है। संघर्ष, तोड़-फोड़, विनाश, हत्या आदि उसके जीवन की प्रवृत्तियाँ हो जाती हैं। इस प्रकार जब क्रोध का विकास होता है, विस्तार होता है तो व्यक्ति की सम्पूर्ण मानवीयता एवं सामाजिकता नष्ट हो जाती है। इस स्थिति पर यदि नियन्त्रण नहीं हो पाता तो उसके अपराधी बन जाने की सम्भावनाएँ बढ़ जाती हैं।

गीता में कृष्ण ने अर्जुन को उपदेश दिया है कि क्रोध से अविवेक एवं मोह होता है, मोह से स्मृति का भ्रम होता है तथा बुद्धि के नाश हो जाने से आदमी कही का नहीं रह जाता :

क्रोधाद्भवति संमोहः संमोहात्स्मृतिविभ्रमः।
स्मृतिभ्रंशाद्बुद्धिनाशो बुद्धिनाशात्प्रणश्यति।।[10]

गीता में श्रीकृष्ण अर्जुन को युद्ध करने के लिए प्रेरित करते हैं, अन्याय का प्रतिकार करने के लिए बार-बार कहते हैं किन्तु दूसरी तरफ युद्ध में कूद जाने की प्रेरणा देनेवाले श्रीकृष्ण क्रोध से बचने के लिए सर्वत्र सावधान करते हैं। गहराई से विचार करने पर इस प्रतीयमान अंतर्विरोध का रहस्य इस तथ्य में निहित है कि लोकमंगल की साधना के लिए अन्याय का प्रतिकार करने तथा क्रोधित होकर दूसरे का नाश करने के लिए तत्पर होने में बहुत अन्तर है।

क्रोध का विरोधी भाव क्षमा है। क्षमा, 'क्षम' धातु से बना है। इसके दो मुख्य अर्थ हैं। एक अर्थ में क्षमा का अर्थ है धैर्य, सहनशीलता एवं विनम्रता। दूसरे अर्थ में क्षमा सामर्थ्यवाचक है- सहने योग्य होना अर्थात् पर्याप्त सक्षम होना।

क्षमाशील व्यक्ति धैर्यवान होता है, विनम्र होता है एवं अत्यन्त सहनशील होता है। क्षमा कायरता नहीं है। क्षमाशील व्यक्ति समर्थ एवं सक्षम होता है। दुःख पहुँचाने वाले व्यक्ति को वह प्रताड़ित कर सकता है, किन्तु अपनी क्षमावृत्ति के कारण वह उस दुःख को सहन करता है, विनम्र रहता है। वह क्रोध को शान्ति के साथ जीतता है। 'ऐसा व्यक्ति कम्प रहित होकर क्रोधादि कषाय को नष्ट कर देता है—'विगिंच कोहं अविकंपमाणे'[11]

सामाजिक जीवन में हम कभी-कभी अज्ञानवश यह समझ बैठते हैं कि अमुक व्यक्ति के कारण हमारा अहित हुआ है। यदि हम क्रोधी नहीं, धैर्यवान होते हैं तथा शान्ति के साथ विवेकपूर्वक स्थितियों का विश्लेषण करते हैं तो बहुत सारी बातें स्पष्ट हो जाती हैं। हमारी असफलता का कारण अनेक बार हमारी अपनी ही कमजोरी होती है। यदि किसी व्यक्ति ने किसी कारणवश या अकारण ही हमारा अहित कर भी दिया है तो हमें पहले पूरी परिस्थितियों से परिचित होना चाहिए तथा हमको उस व्यक्ति के साथ धैर्यपूर्वक बातें करनी चाहिए। अपना पक्ष उसके सामने प्रस्तुत कर उसके पक्ष एवं दृष्टि से अवगत होना चाहिए। ऐसा करने पर वह व्यक्ति या तो आत्मग्लानि का अनुभव करता है अथवा उन परिस्थितियों को स्पष्ट कर देता है जिसके कारण उसने हमारा अहित किया।

क्षमा का पालने करने वाला व्यक्ति यदि कभी अन्याय का विरोध करता भी है तो भी उसका मार्ग क्रोध का मार्ग नहीं होता। अपने मन में इसी कारण वह किसी के प्रति कभी बैर नहीं बाँधता। इस प्रकार यदि उसे दुष्टता एवं अन्याय का प्रतिरोध करना पड़ता है तो भी उसके मन में किसी के प्रति शत्रुता का भाव उत्पन्न नहीं होता। यदि कभी शत्रुभाव उत्पन्न हो भी जाता है तो भी वह अपनी क्षमा वृत्ति के कारण उस भाव का शमन कर लेता है। इसी कारण गौतम बुद्ध ने कहा, 'उसने मुझे गाली दी, उसने मुझे मारा, उसने मुझे हराया, उसने मुझे लूटा, इस प्रकार की बातों को जो व्यक्ति गाँठ बाँधकर नहीं रखते उनका बैर शान्त हो जाता है-

अकोच्छि मं अवधि मं अजिनि मं अहासि मे।
ये तं न उपनय्हन्ति वेरं तेसूपसम्मति।।[12]

इस प्रकार क्रोध मन की गाँठों को बाँधता है; प्रतिकार की भावना, कठोरता, दयाहीनता एवं हिंसा आदि प्रवृत्तियों को विकसित करता है। क्षमा मन की गाँठों को खोलती है तथा दया, सहानुभूति, सन्तोष, उदारता, प्रेम, मानशून्यता एवं वैराग्य की प्रवृत्तियों को विकसित करती है। सहनशक्ति क्षमा की धुरी है। आधुनिक युग में भारत में अरविन्द ने इसका आख्यान किया तथा गांधीजी ने सामाजिक जीवन में इसका प्रयोग किया। अरविन्द ने सविनय-अवज्ञा-आन्दोलन के सन्दर्भ में कहा-'दमन की वेदनाओं को सहन करो।' अहिंसा की शक्ति का प्रतिपादन करते हुए महात्मा गांधी ने कहा कि सच्ची अहिंसा भय से नहीं, प्रेम से जन्म लेती है, नि:सहायता से नहीं, सामर्थ्य से उत्पन्न होती है। जिस सहिष्णुता में क्रोध नहीं, द्वेष नहीं, नि:सहायता का भाव नहीं, उसके समक्ष बड़ी से बड़ी शक्तियों को भी झुकना पड़ेगा।

क्षमा की कई कोटियाँ, अनेक रूप एवं प्रकार हैं। जब हम व्यक्तिगत रागद्वेष की सीमाओं से ऊपर उठ जाते हैं तथा संसार के सभी प्राणियों के प्रति मैत्री-भाव एवं आत्म-तुल्यता की प्रतीति करने लगते हैं तो क्षमा का भाव हमारे जीवन का सहज अंग बन जाता है। मध्य कोटि की क्षमा वह होती है जहाँ हम आत्मतुल्यता की भावना से प्रेरित होकर नहीं अपितु उपेक्षा-भाव से प्रेरित होकर दूसरों को क्षमा करते हैं। जब हम मन की सहज भावना से नहीं अपितु किसी स्वार्थ से प्रेरित होकर अथवा भय की भावना के कारण क्षमा का प्रदर्शन करते हैं अथवा क्रोधित नहीं होते तो इस प्रकार की क्षमा अधम कोटि की क्षमा है।

हमें यह प्रयास करना होगा जिससे क्षमा की वृत्ति हमारी मानसिकता का एक अभिन्न अंग बन सके। क्षमा वृत्ति के विकास में जैन दर्शन की प्रांसगिकता उल्लेखनीय है। जैन दर्शन यह स्वीकार करता है कि प्रत्येक द्रव्य स्वतन्त्र है, उसके गुण और पर्याय भी स्वतन्त्र हैं। विवक्षित किसी एक द्रव्य तथा उसके गुणों एवं पर्यायों का अन्य द्रव्य या उसके गुणों और पर्यायों के साथ कोई अभिन्न सम्बन्ध नहीं है। प्राणीमात्र आत्मतुल्य है। स्वरूप की दृष्टि से सभी आत्माएँ समान हैं। अस्तित्व की दृष्टि से प्रत्येक आत्मा स्वतन्त्र है। प्रत्येक जीव अपने ही कारण से संसारी बना है और अपने ही कारण से मुक्त होगा। आत्मा अपने स्वयं के उपार्जित कर्मो से बँधती है। आत्मा का दु:ख स्वकृत है। व्यक्ति अपने ही प्रयास से उच्चतम विकास भी कर सकता है। आत्मा सर्व कर्मों का नाश कर सिद्ध पद प्राप्त करने की क्षमता रखती है। इस प्रकार प्रत्येक व्यक्ति अपने ही बल पर उच्चतम विकास कर सकता है। प्रत्येक आत्मा अपने बल पर परमात्मा बन सकती है। अपने विकास में तत्त्वत: कोई दूसरा बाधक नहीं हो सकता। हमारे

कर्म ही इसके लिए उत्तरदायी हैं। इस प्रकार के बोध एवं ज्ञान के कारण हमारे मन में प्रत्येक प्राणी के प्रति क्षमा का भाव सहज ही विकसित हो जाता है।

सामाजिक जीवन के लिए क्षमावृत्ति अनिवार्य है। क्रोध से क्रोध उपजता है। यह चक्र सामाजिक सापेक्षता की भावना को समाप्त कर देता है। सामाजिक सद्भाव एवं पारस्परिक बन्धुत्व की भावना के लिए क्षमावृत्ति अनिवार्य है। इससे व्यक्ति धार्मिक बनता है, शान्त-चित एवं विवेकशील होकर विचार करने एवं कार्य करने में समर्थ होता है। क्षमा याचना के आधार पर वह समाज के अन्य सदस्यों के प्रति अपनी प्रेम-भावना का विकास करता है, उसके जीवन में आस्था और विश्वास का संचार होता है, आत्मतुल्यता की दृष्टि का विस्तार होता है।

II. मार्दव

'क्षमा' के परिपाक एवं विकास के लिए 'मार्दव' का महत्व है। किसी पर क्रोध न करना ही पर्याप्त नहीं है। सामाजिक व्यक्ति के लिए यह भी आवश्यक है कि वह 'अहंकार' का परित्याग कर, दूसरों के प्रति विनम्रता के साथ मृदुता का आचरण करे।

अहंकारहीन एवं मृदुव्यवहार वाले व्यक्ति के चित में क्रोध भाव उत्पन्न होने की सम्भावनाएँ क्षीण होती जाती हैं।

समाज के एक कार्यकारी सदस्य के रूप में व्यक्ति से अपेक्षा की जाती है कि वह भद्र एवं सभ्य व्यक्ति के रूप में व्यवहार करे, अहंकार का त्याग कर मृदुता का व्यवहार करे जिससे दूसरों के मन को पीड़ा न पहुँचे।

व्यक्ति को समाजनिरपेक्ष स्थिति में व्यक्तिगत साधना के धरातल पर भी अपने अहंकार का विसर्जन करना होता है। हृदय की कठोरता एवं क्रूरता को छोड़े बिना व्यक्ति का चित्त धार्मिक नहीं हो सकता। कारण यह है कि अध्यात्म-यात्रा की सबसे बड़ी रुकावट 'मैं' की है। भगवान महावीर ने कहा है कि जिसे तू मारना चाहता है वह तू ही है, जिसे तू शासित करना चाहता है वह तू ही है, जिसे तू परिताप देना चाहता है वह तू ही है।[13]

'मार्दव' की कई अर्थ छायाएँ एवं स्तर हैं। एक दृष्टि से मार्दव का अर्थ है- मृदु, शिष्ट एवं विनम्र व्यवहार। इसके आगे जाकर मार्दव का अर्थ होता है- कठोरता का पूर्ण विर्सजन। इसके भी आगे जाकर 'मार्दव' से व्यक्ति के अन्त:करण के उस गुण का बोध होता है जिसमें वह किसी भी प्राणी के दु:ख को देखकर सहजरूप से करुणा से अभिभूत हो जाता है, प्रत्येक प्राणी को वह आत्मतुल्य एवं समभाव की दृष्टि से देखने का अभ्यस्त हो जाता है, उसका मन करुणा से आपूरित रहता है।

व्यक्ति के मनोभाव की दृष्टि से मृदुता के दो प्रकार है :

(1) प्रतीयमान मृदुता

(2) यथार्थ मृदुता

'प्रतीयमान मृदुता' का पालने करने वाला व्यक्ति बाह्य दृष्टि से विनम्र एवं शिष्ट होता है, किन्तु उसका 'अन्तर्मन' मार्दव से अप्रभावित रहता है। बाह्य दृष्टि से आवश्यकता से अधिक विनम्र होने पर भी व्यक्ति अन्तर्मन की दमित वासनाओं का शिकार हो सकता है। उसके अचेतन मन का अंहकार ही विनय के रूप में प्रदर्शित हो सकता है। जब समाज में इस प्रकार के व्यक्तियों की संख्या बढ़ जाती है तो अनुराग एवं विश्वास द्योतक शब्दों के अर्थ बदलने लगते है। ऐसा सम्भव है कि बाह्य स्तर पर कोई हमसे मित्रता व्यक्त करे किन्तु अन्दर से अहंकार के वशीभूत अथवा स्वार्थसिद्धि हेतु हमारे विनाश की योजना बनाए। इस प्रकार के व्यक्ति के आचरण का वास्तविक रहस्य जब खुल जाता है, तो उसके प्रति विश्वास समाप्त हो जाता है।

'यथार्थ मृदुता' का जो व्यक्ति अभ्यास करता है उसका अन्तर्मन मार्दव से भावित होता है। उसके जीवन में विनयशीलता, निरभिमानता एवं उदारता का क्रमश: विकास होता है। अन्तत: उसके चित्त में मैत्री का अजस्र स्रोत प्रवाहित होने लगता है।

मार्दव के विरोधी-भाव अहंकार, गर्व, मद, कठोरता है। मार्दव की विपरीत स्थिति मन, वचन, क्रिया की कठोरता है। 'अहंकार' अधर्म का मार्ग है। इससे हम आत्म-चेतना से दूर होते जाते हैं। बाह्य पदार्थों में हमारी आसक्ति एवं अनुरक्ति बढ़ती जाती है। 'गर्व' के कारण मन में अपने अहंकार के प्रति 'मान' होता है। 'मान' विनय का विनाश कर डालता है। 'मद' में हम विवेक खो देते हैं। सोचने-समझने की शक्ति समाप्त हो जाती है। मन की सारी कोमलता नष्ट हो जाती है। हमारा वचन ही नहीं, मन एवं कर्म भी कुटिल हो जाते हैं।

लोक में आठ प्रकार के मद प्रसिद्ध हैं—(1) शरीर, (2) धन, (3) बल, (4) कुल, (5) जाति, (6) ज्ञान, (7) चारित्र्य (8) तप।

जो व्यक्ति इन आठों प्रकार का किंचित् भी 'मद' नहीं करता वही उत्तम मार्दव का पालन करता है। यहाँ यह द्रष्टव्य है कि अपने चरित्र एवं तप का मद भी बहुत भयावह होता है। आधुनिक मनोविज्ञान इस बात को स्वीकार करता है। अहंकार होने पर 'सुपरइगो' प्रकृत-प्रवृतियों का दमन करके आत्मभर्त्सना का रूप ग्रहण कर लेता है और अवांछित प्रवृत्तियों का निराकरण नहीं हो पाता। फलस्वरूप चेतन मन का संघर्ष अचेतन मन में होने लगता है। मानसिक शक्ति का उदात्तीकरण नहीं हो पाता। चेतन मन अचेतन मन के आवेगों का अनुभव नहीं कर पाता। मद एवं अंहकार के दूर होने पर ही दमित मानसिक-शक्ति चेतना

की सतह पर लायी जा सकती है तथा चेतन मन के धरातल पर आत्म-नियन्त्रण किया जा सकता है।

अहंकार एवं मान से कषायों का जन्म होता है। राग-द्वेष का संचार होता है। अहंकार को चोट लगने पर मन में क्रोध, ईर्ष्या, क्रूरता उत्पन्न होते हैं। विनम्रता एवं मृदुता से कषायों का नाश होता है। जीवन में ऋजुता आती है। जब 'अहंकार' विगलित होने लगता है तो मन की पाषाण जैसी कठोरता चूर-चूर होकर कोमल सिकता कणों में परिणत होने लगती है। विनम्रता एवं करुणा के शीतल जल-प्रवाह द्वारा मन का ताप मिट जाता हैं, मानवीय प्रवृत्तियों का विकास होता है। यदि कोई उसे दु:ख पहुँचाता है तो भी चित्त की विनम्रता एवं करुणा उसे क्षमा कर देती है। जब अहंकार की परतें हटने लगती हैं तो कषायों के बन्धन खुलने लगते हैं। इस प्रकार 'मार्दव' जहाँ 'क्षमा' के विकास एवं परिपाक में सहायक है वहीं 'आर्जव' के विकास एवं परिपाक में भी सहायक है।

जब तक अहंकार रहता है, व्यक्ति अपने व्यक्तित्व का अपेक्षित विकास नहीं कर सकता। अहंकार के कारण उसके विकास की गति धीमी पड़ जाती है। वह गर्व में डूब जाता है। मद के कारण वह यह भूल जाता है कि उसकी मंजिल अभी दूर है।

तत्त्वत: बन्ध और मोक्ष अपने ही भीतर हैं। आत्मस्वरूप को पहचानने के लिए 'मैं' को गलाना पड़ता है। जिस प्रकार वृक्ष के मूल से स्कन्ध पैदा होता है, स्कन्ध से शाखाएँ और शाखाओं से प्रशाखाएँ निकलती हैं, प्रशाखाओं से पत्ते पैदा होते हैं और इसके पश्चात् क्रमश: फल-फूल और रस उत्पन्न होते हैं, इसी प्रकार धर्मरूपी वृक्ष का मूल 'विनय' है और मोक्ष उसका फल है। अहंकार के आवरण को हटाये बिना अमृत-तत्व प्राप्त नहीं हो सकता। एक बार गौतम ने भगवान महावीर से पूछा—भंते, मृदुता से क्या होता है?

भगवान ने कहा—'मृदुता' से अपने आपको दूसरों से अतिरिक्त, दूसरों से विशिष्ट मानने की भावना नष्ट हो जाती है।

इसी कारण समस्त जीवों पर मैत्री भाव रखने एवं समस्त संसार के जीवों को समभाव से देखने की दृष्टि 'मृदुता' से विकसित होती है।

तप एवं त्याग के बावजूद यदि व्यक्ति के चित में अहंकार एवं मान शेष रह जाता है तो उसकी सारी साधना निष्फल हो जाती है।

मृदुता से उदारता, सहिष्णुता एवं दृष्टि की उन्मुक्तता का विकास होता है। सत्यानुसंधान के लिए यह बहुत आवश्यक है। अहंकार से आग्रह जन्म लेता है, उदारता से अनाग्रह। अनाग्रह की चेतना ही अनेकांतवादी जीवन-दृष्टि प्रदान करती है।

'अहंकार' के कारण पारिवारिक जीवन में अशान्ति उत्पन्न होती है, सामाजिक जीवन में संघर्ष उत्पन्न होता है एवं राजनैतिक जीवन में पराजय प्राप्त होती है। पारिवारिक एवं सामाजिक जीवन के विकास के लिए सभी सदस्यों में परस्पर प्रेम भाव, दूसरों के अस्तित्व की स्वीकृति तथा एक सदस्य का अन्यों के प्रति करुणा एवं मैत्रीभाव का होना आवश्यक है। 'मार्दव' से उपर्युक्त गुणों का विकास होता है। व्यक्ति के हृदय में दूसरों को आत्मतुल्य मानने का भाव उत्पन्न होता है। दूसरों के विचारों एवं कार्यों के प्रति उसके मन में अनाग्रह, सहिष्णुता एवं उदारता उत्पन्न होती है तथा अन्ततः सहन शक्ति का विकास होता है। यदि व्यक्ति अहंकार नहीं छोड़ता तो परिवार के अन्य सदस्यों की उपेक्षा का पात्र बन जाता है। समाज उसके प्रति अरुचि, उपेक्षा एवं अन्ततः घृणा करने लगता है। मार्दव गुण सामाजिक प्राणी का सर्वप्रथम सकारात्मक गुण है। हमे यह प्रयास तो करना ही चाहिए कि हमारे व्यवहार से किसी को पीड़ा न हो। हमारे पास जो है–उसे किसी को दे सकने की स्थिति में न हों तो कम से कम इतना सामाजिक दायित्व बोध तो हममें होना ही चाहिए कि हम अपने व्यवहार से दूसरों पर चोट न करें। हमारा मृदु एवं विनम्र आचरण दूसरों को हमारी तरफ आकर्षित करता है। हमारा सामाजिक दायरा विस्तृत होता है। व्यक्ति समाज के अन्य सदस्यों से संघर्ष एवं कलह की स्थितियों को सर्वथा समाप्त नहीं कर सकता तो उन्हें कम अवश्य कर सकता है। संघर्ष के भयावह एवं वीभत्स वातावरण को नष्ट कर सकता है। अन्य सदस्यों से मैत्री-सम्बन्ध स्थापित कर, परस्पर सौहार्द एवं प्रेम का वातावरण निर्मित कर, सामाजिक शान्ति की स्थापना में सहयोग प्रदान कर सकता है।

राजनैतिक जीवन में भी मार्दव गुण का बहुत महत्व है। लोकतन्त्रात्मक शासन व्यवस्था में नेतृत्व के लिए यह आवश्यक है कि वह मार्दव गुण का पालन करे, सत्ताप्राप्ति के पश्चात् भी सत्ता के मद से दूर रहे। यदि जनप्रतिनिधि ऐसा नहीं कर पाता तो उसके एवं जनता के बीच दूरी बढ़ जाती है। इस दृष्टि से महाकाव्य 'कामायनी' में वर्णित संघर्ष सर्ग की कथा अत्यन्त प्रेरक है। 'मनु' सारस्वत प्रदेश के राजा बनकर अपने बनाये हुए नियमों से शासन संचालित करते हैं, किन्तु स्वयं उन नियमों का पालन नहीं करना चाहते। वे स्वयं स्वच्छन्द जीवन व्यतीत करने का प्रयास करते है। इड़ा उन्हें समझाती है कि नियामक को भी नियमों के अनुरूप आचरण करना चाहिए। संसार की ताल में, विश्व की लय में, समाज के बन्धन में सम होना चाहिए। इससे संगीत की लय नहीं बिगड़ती, जीवन की समरसता में विषमता उत्पन्न नहीं होती। अहंकारी मनु पर इसका कोई प्रभाव नहीं पड़ता। इड़ा को प्राप्त करने के लिए वे समस्त बन्धनों एवं नियन्त्रणों को तोड़ने का प्रयास करते हैं। इसका परिणाम यह होता है कि प्रजाजन विद्रोह कर देते हैं। संघर्ष होता है। मनु क्रूरता के साथ अपने खड्ग से प्रजाजनों को

कुचलकर आगे बढ़ना चाहते हैं। भीषण जन-संहार होता है। रक्तोन्मत मनु का हाथ रुक नहीं पाता। उधर प्रजा का साहस भी नहीं थमता। इसका समापन मनु की पराजय में होता है और वे मूर्छित होकर गिर पड़ते हैं।

इस कथा से हमें ज्ञात होता है कि किस प्रकार अहंकार में व्यक्ति असंयमी एवं क्रोधी हो जाता है, जिससे वह सामाजिक एवं राजनैतिक दृष्टि से पराजित हो जाता है।

आधुनिक जीवन में मार्दव गुण के अभाव के कारण सामाजिक जीवन में परस्पर संघर्ष एवं तनाव का वातावरण पनप रहा है। अहंकार की भावना के कारण अपने को सर्वोच्च, शक्तिमान एवं श्रेष्ठ तथा दूसरों को अपने से निम्न, दुर्बल एवं हीन मानने के कारण साम्प्रदायिक दंगे होते हैं, जातीय संघर्ष होते हैं, वर्णगत विभेद बढ़ता है। 'धर्म' व्यक्ति को समभाव सिखाता है। अपने धर्म की श्रेष्ठता का प्रतिपादन कर; धर्म के ठेकेदार साम्प्रदायिक दंगे करवाने में सफल हो जाते हैं।

'मार्दव' की वृत्ति के विकास से समाज के सभी सदस्यों में परस्पर अनुराग एवं मैत्री सम्भव है। आत्मतुल्यता की दृष्टि विकसित होने पर सभी आत्माओं की स्वरूप की दृष्टि से समानता एवं प्रत्येक आत्मा की अस्तित्व की दृष्टि से स्वतन्त्रता की मान्यता का विकास होने पर समाज में ऊँच-नीच, बड़ा-छोटा, गोरा-काला आदि के आधार पर बनी हुई विभेदकारी रेखाएँ स्वत: मिट जायेंगी।

'मृदुता' का अर्थ आत्म-पराजय अथवा हीनता-बोध नहीं है। इसका भावार्थ आत्मिक दृढ़ता है, अपनी आत्मा की स्वीकृति का भाव है तथा अपनी ही जैसी सभी जीवों की आत्माओं के प्रति आत्मतुल्यता की भाव-प्रतीति है। यह स्वीकृति एवं प्रतीति व्यक्ति की चिन्तन-दृष्टि को उन्मुक्त बनाती है, आग्रहों से लिपटे दायरों को समाप्त कर सतत जागरूकता प्रदान करती है। 'मैं' का आवरण हटा आत्मानुसंधान के रहस्य द्वार को खोलती है तथा सृष्टि के प्राणियों के प्रति मैत्री एवं अपनत्व की भावना उत्पन्न करती है।

III. आर्जव

मार्दव से आर्जव का परिपाक होता है। विनम्रता से सरलता आती है तथा सरलता से निष्कपटता की वृत्ति विकसित होती है। सरलता से अपने दोषों की आलोचना करनेवाला व्यक्ति माया एवं मद से मुक्त हो जाता है।

आर्जव के विरोधी भाव माया, छल, कपट एवं कुटिलता हैं। जिस व्यक्ति के हृदय में कपट एवं कुटिलता होती है उसकी दृष्टि आविष्ट, आविल एवं मलिन होती है। उसका जीवन कृत्रिम एवं असामाजिक बन जाता है।

माया के कारण वह यह नहीं समझ पाता कि ऋजु क्या है और कृत्रिम

क्या है; कपट क्या है और निष्कपट क्या है? इस कारण माया से सद्गति का प्रतिघात होता है। छल एवं कपट से दुर्गुणों को प्रश्रय मिलता है। हमारा व्यक्तित्व कुंठाग्रस्त हो जाता है। छल एवं कपट का जिस व्यक्ति के जीवन में जितना प्राबल्य होगा उसके चेतन एवं अचेतन मन की भावना का अन्तर उतना ही अधिक होगा। ऐसे व्यक्ति की स्मरण-शक्ति, कल्पना, चित्त की एकाग्रता एवं इच्छाशक्ति दुर्बल होती जाती हैं। मानसिक ग्रन्थियाँ दृढ़तर होती जाती हैं। उसमें न तो चरित्र बल रह जाता है और न व्यक्तित्व की पवित्रता। कपट के कारण व्यक्ति खुल नहीं पाता, अचेतन मन की खोज करके प्रत्येक प्रकार के द्वन्द्व को चेतना की सतह पर नहीं ला पाता। उसके अचेतन मन में जो भाव एवं विचार एकत्र होते हैं वे उसके व्यक्तित्व को विभाजित कर देते हैं।

दु:खों की जड़ मनोवैज्ञानिक दृष्टि से हमारे ही मन में है। ग्रन्थियों के कारण हम अन्तर्मन की खोज नहीं कर पाते तथा दु:ख का कारण सदा बाह्य वातावरण में खोजते रहते है। सत्य जानने का मार्ग अवरुद्ध हो जाता है। अंधेरी कोठरी में बन्द व्यक्ति अपने से ही लड़ता रहता है। मानसिक संघर्ष के कारण बाहरी जगत में संघर्षात्मक स्थितियाँ उत्पन्न कर लेता है। अहंकार मन के कपट को बढ़ा देता है। ऐसी स्थिति में मानसिक बेचैनी, अकारण चिन्ता, भय, कल्पित शारीरिक रोग आदि उत्पन्न हो जाते हैं।

इन मानसिक रोगों से बचने के लिए निष्कपट होना होता है। निष्कपटता से मनुष्य का आन्तरिक संघर्ष चेतना की सतह पर आ जाता है। जो वासना, स्मृति एवं विचार दमित अवस्था में अचेतन मन में रहते हैं, वे चेतन मन के धरातल पर आ जाते हैं। इस प्रकार के प्रकाशन से अचेतन मन की ग्रंथियाँ ऋजु होकर शक्तिहीन हो जाती हैं। ऐसी स्थिति में व्यक्ति चेतन मन के धरातल पर स्वत: के प्रयत्न द्वारा सप्रयास आत्मनियन्त्रण कर सकता है।

आध्यात्मिक दृष्टि से व्यक्ति कपट के कारण अपना प्रकृत स्वभाव भूल जाता है। राग-द्वेष तथा इन्द्रियों के वशीभूत होकर जीव मन, वचन एवं शरीर से कर्म संचय करता है। मिथ्यात्व, अविरति, प्रमाद एवं कषायों के कारण कर्मों का आस्रव होता है। (दे. 3.5)

कर्म या माया के कारण आत्मा का शुद्ध स्वभाव आच्छादित हो जाता है। इस तथ्य को प्राय: सभी दर्शन स्वीकार करते हैं। आत्मा (जीव) के साथ जैन दर्शन में पौद्गलिक कर्मों का, बौद्ध दर्शन में तृष्णा का, वेदान्त दर्शन में माया का, कपिल-पतंजलि के सांख्य-योग दर्शन में प्रकृति का संयोग माना गया है। कपट एवं कुटिलता के कारण बन्धन की ग्रन्थियाँ जुड़ती जाती हैं। 'आर्जव' का पालन करने पर इन ग्रंथियों की जकड़न दूर हो जाती है, गाँठे ऋजु हो जाती हैं। हृदय सरल, स्पष्ट, निष्कपट हो जाता है। इसी के पश्चात् हृदय शुद्ध होता

है। आत्म-संशोधन होता है, जहाँ धर्म ठहर सकता है। इसी कारण भगवान् महावीर से जब प्रश्न किया गया कि हृदय को पवित्र एवं शुद्ध किस प्रकार बनाया जा सकता है तो उन्होंने उत्तर दिया कि ऋजुता से हृदय को पवित्र किया जा सकता है- 'माया विजएणं अज्जवं जणयइ (माया को जीत लेने से ऋजुता प्राप्त होती है)।'14

गीता में भी आर्जव को साधना का एक प्रधान अंग माना गया है तथा इस शब्द का प्रयोग 'मन वाणी की सरलता' के अर्थ में किया गया है। अर्जुन को ज्ञान के साधनों के बारे में बताते हुए भगवान कृष्ण ने श्रेष्ठता के अभिमान का अभाव, दम्भाचरण का अभाव, अहिंसा तथा क्षमा के बाद 'आर्जव' को स्थान दिया है।

'अमानित्वमदम्भित्वमहिंसा क्षान्तिरार्जवम्'।[15]

कपट का परित्याग करके ही व्यक्ति सत्य की साधना कर सकता है तथा अन्तःकरण की शुद्धि कर सकता है। इस कारण 'सत्य' एवं 'शौच' के पालन के लिए 'आर्जव' भूमिका का निर्माण करता है।

स्वस्थ शरीर, शुद्ध मन तथा आत्मानुसंधान के अतिरिक्त सामाजिक विश्वास का वातावरण बनाने की दृष्टि से भी आर्जव का महत्व है।

कुटिलता के कारण पारिवारिक जीवन में अविश्वास उत्पन्न हेाता है। सामाजिक जीवन में छल, छद्म एवं विश्वासघात की वृत्तियाँ पनपती हैं, राजनैतिक जीवन कुटिलता का पर्याय बन जाता हैं। पारिवारिक एवं सामाजिक जीवन के विकास के लिए तथा परस्पर मैत्री भाव के लिए जिस प्रकार मार्दव गुण आवश्यक है, उसी प्रकार आर्जव गुण भी आवश्यक है। मार्दव गुण के कारण अहंकार समाप्त होता है तथा मन, वचन एवं क्रिया की दुष्टता दूर होती है। आर्जव गुण के कारण छल, कपट, कुटिलता दूर होती है तथा मन, वचन, एवं क्रिया की एकरूपता स्थापित होती है। मार्दव गुण के कारण व्यक्ति परिवार और समाज के अन्य सदस्यों के अस्तित्व की स्वीकृति प्रदान करता है। आर्जव गुण के कारण मैत्री भाव की आधारभूमि बनती है। मित्रता का आधार है- परस्पर निष्कपटता, स्पष्टवादिता तथा ईमानदारी। मित्रों के बीच कोई दुराव-छिपाव नहीं होता। माया के विषय में भगवान महावीर ने कहा है कि माया मित्रता को नष्ट कर देती है (माया मित्ताणि नासेइ)।[16] पारिवारिक एवं सामाजिक जीवन में परस्पर मैत्रीभाव उत्पन्न करने के लिए आर्जव गुण के सतत अभ्यास की आवश्यकता असंदिग्ध है। मार्दव के कारण हम दूसरों को अपनी विनम्रता से अपनी ओर आकर्षित करते हैं तथा आर्जव गुण के कारण सच्चे एवं सरल हृदय से मैत्री सम्बन्ध स्थापित करते हैं। इसी कारण गौतम बुद्ध ने कहा कि जिस प्रकार कुशल बढ़ई लकड़ी को सीधा करके उससे सुन्दर खिलौने और विशाल भवन

तैयार करता है, वैसे ही साधक अपने आपको सरल एवं सीधा बनाता है।

राजनीति के क्षेत्र में छल और कपट बढ़ रहा है। राजनीति को तात्कालिक स्वार्थसिद्धि एवं सत्ता प्राप्ति के कौशल के रूप में परिभाषित किया जा रहा है। इसका दुष्परिणाम यह हो रहा है कि राजनीतिज्ञों के जीवन में परस्पर अविश्वास, अपवित्रता एवं कुटिलता बढ़ती जा रही है। उनके प्रति आस्था की भावना घट रही है। राजनैतिक जीवन की सफलता एवं स्थायित्व के लिए जनता के मन में यह विश्वास होना चाहिए कि उनका प्रतिनिधि जो कह रहा है वही करेगा। जो राजनीतिज्ञ जनता का विश्वास खो देता है, उसका राजनैतिक जीवन समाप्त हो जाता है। वह अपने त्याग एवं जनसेवा के संकल्प की लाख दुहाई दे, किन्तु फिर भी जनता का बहुमत उसके कथन का या तो विश्वास नहीं करता अथवा उसके प्रत्येक क्रियाकलाप को संशय एवं सन्देह की दृष्टि से देखता है। इसके विपरीत जो राजनीतिज्ञ अपनी निष्कपटता एवं ईमानदारी के लिए प्रसिद्ध हो जाते हैं, वे यदि एक शब्द भी बोलते हैं तो उसका जनमानस पर प्रभाव पड़ता है। उनकी बात पर विश्वास किया जाता है। राजनैतिक जीवन में भी स्थायी सफलता तथा लोक-विश्वास प्राप्त करने के लिए आर्जव गुण का महत्व है।

आधुनिक जीवन में आर्जव गुण की कमी के कारण जीवन के प्रत्येक क्षेत्र में दुराव-छिपाव का वातावरण पनप रहा है। परस्पर अविश्वास एवं अनास्था से जीवन में विश्वासहीनता, उद्वेग, उत्पीड़न तथा भटकन बढ़ रही है। भरी-भीड़ में व्यक्ति अकेला होता जा रहा है। जीवन में संत्रास और निराशा की भावना बढ़ रही है। भौतिक साधनों की दृष्टि से हम आज अधिक सम्पन्न हैं। सुख के साधन प्रचुर हैं। मन की कुटिलता के कारण ही अनावश्यक मानसिक तनाव तथा परस्पर अविश्वास से उत्पन्न विश्वासघात की भावना बढ़ रही है। व्यक्ति अपने ऊपर, अनेक प्रकार के मिथ्या आडम्बर लाद रहा है। प्रदर्शन की प्रवृत्ति बढ़ रही है। वह मानसिक विकारों का शिकार तथा उत्तरोत्तर 'एॅबनार्मल' बनता जा रहा है। अपने मन की परतों को न खोल सकने के कारण वह मानसिक तनावों में जी रहा है। कपटता के कारण परस्पर के मैत्री सम्बन्ध नष्ट होते जा रहे हैं। दूसरों को धोखा देने की, ठगने की, ऊपर से मित्र एवं हितेषी बनकर अन्दर विरोध एवं घात करने की समाजिक वृत्तियों के कारण हमारा जीवन भयावह हो उठा है। इनके समाधान का जो रास्ता पाश्चात्य विचारकों ने निकाला है, वह व्यक्ति को और अधिक भटका रहा है। साम्यवादी विचारधारा के कारण वर्ग संघर्ष की प्रेरणा तो मिली किन्तु मानव जाति में परस्पर अनुराग की भावना का पोषण नहीं हुआ। इसी प्रकार अस्तित्ववादी-दर्शन चेतनाओं में पारस्परिक सम्बन्धों की आधार-भूमि सामंजस्य को नहीं अपितु विरोध को मानता है। वह यह स्वीकार करता है कि एक व्यक्ति के अस्तित्व वृत्त तथा अन्य व्यक्तियों के अस्तित्व-वृत्तों के मध्य संघर्ष है।

बिना सामाजिक प्रेम, विश्वास एवं बन्धुत्व के व्यक्ति का जीवन सुखी नहीं बन सकता। इस कारण समाज में परस्पर मैत्रीभाव का होना आवश्यक है।

भोगवादी विचारधारा इन्द्रियों की तृप्ति में ही सुख मानती है। इन्द्रियों के सुख को ही जीवन का लक्ष्य मानती है। जैन दर्शन इस मान्यता को स्वीकार नहीं करता। इसका कारण यह है कि इच्छाओं का कोई अन्त नहीं है। कामनाएँ तो आकाश के समान अनन्त हैं। मिथ्या आवरणों को हटाने पर ही प्रकृत स्वभाव का दर्शन सम्भव है। इसलिए हमारा सारा प्रयास यह होना चाहिए कि हमारी चेतना के ऊपर कपट, बेईमानी एवं मिथ्या आडम्बरों की जो अनेक तहें जम गयी हैं, उनको आर्जव के द्वारा हटा सकें। ऐसा करने पर हमारा जीवन सरल बन सकेगा। हम तनावों से मुक्त हो सकेंगे।

आर्जव का अर्थ प्रज्ञा-सम्पन्न व्यक्ति के द्वारा आन्तरिक सद्गुणों का विकास करना है, अचेतन मन की अनजानी दमित वासनाओं को चेतन मन के धरातल पर लाना है। 'आर्जव' आत्म-संशोधन की भूमिका का निर्माण करता है, व्यक्ति के चरित्र एवं व्यवहार को निष्कपट बनाता है, कषायों के बन्धनों को ऋजु कर विवेक की भूमिका प्रदान करता है तथा मिथ्या माया का आवरण हटा आत्मानुसंधान के रहस्य-द्वार के कपाट को थपथपाता है।

VI. सत्य

आर्जव से सत्याचरण के लिए प्रेरणा मिलती है। आर्जव की नींव पर सत्य का भवन बनाया जा सकता है। निष्कपटता से मन, वचन और शरीर की क्रियाओं की एकरूपता स्थापित होती है। ऋजुता से मिथ्यात्व का अन्त होता है, सत्याचरण की प्रवृत्ति विकसित होती है। जब व्यक्ति सत्याचरण करने लगता है तब कपट कुटिलता के द्वार बन्द हो जाते हैं।

सत्य एवं 'शौच' का परस्पर अन्योन्याश्रित सम्बन्ध है। बिना चित्त की शुद्धि के व्यक्ति लोभ-वृत्ति को दूर नहीं कर पाता। जब तक लोभ की भावना रहती है तब तक झूठ बोलने की भी सम्भावनाएँ बनी रहती हैं। हम जिन कारणों से झूठ बोलते हैं उनमें लोभ बहुत बड़ा कारण होता है। 'शौच' से हम लोभ पर विजय प्राप्त करते हैं। इस कारण से शौच गुण का सत्य से गहरा सम्बन्ध है।

सत्य आत्मा का स्वाभाविक गुण है। सत्याचरण के बिना आत्मिक शुद्धि असम्भव है। इस कारण सत्य से शौच का मार्ग प्रशस्त होता है।

सत्य को अंगीकार किये बिना आत्मा का उद्धार असम्भव है। इसी कारण कहा गया है कि आत्मार्थी साधक को परिमित, असंदिग्ध, परिपूर्ण, स्पष्ट, अनुभूत, वाचालतारहित तथा किसी को भी उद्विग्न न करनेवाली वाणी बोलनी चाहिए। चुभे हुए लौह कंटक का दुःख घड़ी दो घड़ी का होता है। वह काँटा

निकालने पर सरलता से दूर हो जाता है। दुर्वचनों का काँटा एक बार चुभ जाने पर सरलता से नहीं निकलता। इस कारण सत्य प्रिय एवं हितकारी होना चाहिए। केवल तथ्य-परकता ही सत्यता नहीं है। इसके साथ व्यक्ति की मानसिकता जुड़ी हुई है। इसी कारण क्रोध, मान, माया, लोभ, द्वेष, दम्भ, कल्पित व्याख्या तथा हिंसा का आश्रय लेकर जो भाषा बोली जाती है, वह असत्य भाषा कहलाती है। सत्य अहिंसा का रक्षक है। इसलिए सत्य में दूसरे प्राणी की हित-आंकाक्षा का तत्त्व जुड़ा रहता है। सत्य आत्मा का धर्म है। आत्मा का स्वभाव सत्य है। इस कारण 'अहिंसा निरपेक्ष यथातथ्य प्रकाशन' सत्य नहीं माना जा सकता।

सत्य का विरोधी भाव झूठ बोलना तथा मिथ्या व्यवहार करना है। किसी सद्वस्तु के स्वरूप, स्थान, काल आदि के सम्बन्ध में मिथ्या बोलना, उसे असत् बतलाना, ये दोनों ही प्रकार असत्य वचन के द्योतक हैं। किसी वस्तु के यथार्थ स्वरूप को छिपाकर झूठ बोलना ही सामान्यतः सत्य का विरोधी माना जाता है। मानसिक एवं आध्यात्मिक दृष्टि से अप्रिय, अहितकारी एवं पर-पीड़क वचन बोलना भी असत्य है।

सत्य को सभी धर्मों ने स्वीकार किया है। वैदिक ऋषियों ने सत्य के स्वरूप की सूक्ष्म व्याख्या की है। 'सब कुछ आत्माश्रित है। आत्मा सत्य है, अतः सब कुछ सत्यात्मक है। यही सत्य मैं (जीव) हूँ।'[16]

सत्य को ब्रह्म कहा गया है और आत्मा का रूप बतलाया गया है। श्रीमद्भागवत में परमात्मा को सत्यव्रत, परमसत्य, त्रिसत्य, सत्यनिहित, सत्य का सत्य एवं सत्यात्मक कहकर उसकी वंदना की गयी है। अद्वैतवादी शंकराचार्य सत्य की तीन श्रेणियाँ मानते हैं: (1) व्यवहारिक सत्य, (2) प्रातिभासिक सत्य, (3) पारमार्थिक सत्य। उन्होंने पारमार्थिक सत्य को ही वास्तविक सत्य माना है। बौद्धाचार्यों ने सत्य के दो रूप माने हैं: (1) सांवृत्तिक सत्य, (2) पारमार्थिक सत्य। जैन दर्शन में निरूपित निश्चयनय एवं व्यवहारनय तत्त्वतः सत्य के प्रकार हैं। वेदान्ती केवल पारमार्थिक सत्य में विश्वास करते हैं। जैन दर्शन निश्चयनय की अपेक्षा से व्यवहारनय को कम महत्व देता है। तांत्रिक सत्य के समस्त स्तरों में विश्वास करते हैं।

प्रश्न उठता है कि सत्य क्या है? सत्य की प्रकृति क्या है? एक दृष्टि से यह कहा जा सकता है कि जिस किसी भी वस्तु की सत्ता है, वह सत्य है। हमें पानी दिखाई पड़ता है, इसलिए पानी सत्य है। इसी के साथ प्रश्न उपस्थित होता है कि जो दिखाई न पड़े या जिसका अनुभव न हो, क्या वह सत्य नही है? किसी अंधेरे कमरे में पड़ी हुई सुई को यदि हम देख नहीं पाते, उसकी सत्ता का अनुभव नहीं कर पाते, तो क्या उसकी सत्ता नहीं है?

हम किसी भौतिक वस्तु की सत्ता का ज्ञान भी आसानी से नहीं कर पाते।

कभी उसके लिए हमें उस वस्तु को स्वयं जाकर देखना होता है। कभी देखने के लिए प्रकाश की व्यवस्था करनी होती है। कभी प्रकाश में भी अनेक बार खोजना पड़ता है, ध्यान लगाना पड़ता है, मन एकाग्र करना पड़ता है। प्रश्न उपस्थित होता है कि अतीन्द्रिय एवं निरपेक्ष सत्य की सूक्ष्म एवं अमूर्त सत्ता का ज्ञान हम किस प्रकार कर सकते हैं?

जिस वस्तु की हम खोज कर रहे हैं उसके आधारों तथा खोज के कारणों के सम्बन्ध में भिन्न-भिन्न दृष्टियाँ हैं। नैयायिक निम्न 'प्रमाण' मानते हैं: (1) प्रत्यक्ष प्रमाण (2) अनुमान प्रमाण (3) उपमान प्रमाण (4) शब्द प्रमाण। इनके अतिरिक्त वेदान्ती और मीमांसक- अनुपलब्धि और अर्थापत्ति— ये दो अतिरिक्त प्रमाण मानते हैं। सांख्य केवल प्रत्यक्ष, अनुमान एवं शब्द को ही मानते हैं। यथार्थ ज्ञान के सम्बन्ध में बहुत मतभेद हैं। कुछ विचारक यह मानते हैं कि जिन वस्तुओं का प्रत्यक्षण हो रहा है वे सभी सत्य हैं। दूसरे विचारक मानते हैं कि कुछ समय के लिए हमें भ्रान्ति भी हो सकती है, जैसे हम रस्सी को साँप समझ सकते हैं। इस कारण प्रातिभासिक सत्य यथार्थ सत्य नहीं है। कभी-कभी सारे साधनों के बावजूद भी हम सत्य की तह तक पहुँचने में एकदम समर्थ नहीं हो पाते। प्रत्यक्ष में इन्द्रिय दोष भी हो सकता है। हमारा मस्तिष्क किसी अन्य स्थान पर केन्द्रित हो सकता है। इसके कारण हमारी आँखे खुली रहने पर भी हम कुछ देख नहीं पाते। अपनी सीमित दृष्टि से देखने पर हमें वस्तु के एकांगी गुण तथा धर्म का ज्ञान होता है। विभिन्न स्थानों पर से देखने पर एक ही वस्तु हमें भिन्न प्रकार की लग सकती है, तथा एक ही स्थान पर एक ही वस्तु विभिन्न द्रष्टाओं को विभिन्न प्रकार की प्रतीत हो सकती है। भारतवर्ष में जिस क्षण कोई व्यक्ति सूर्योदय देखता है, उसी क्षण संसार के किसी दूसरे स्थान में वहाँ के व्यक्ति को सूर्यास्त के दर्शन होते हैं। एक ही व्यक्ति से विभिन्न व्यक्तियों के अलग-अलग प्रकार के सम्बन्ध होते हैं। एक ही व्यक्ति किसी के लिए कठोर प्रशासक हो सकता है, तो दूसरे के लिए कोमल प्रेमी।

इन्हीं कारणों से जैन तत्त्व-चिन्तन वस्तु के अनेकान्त स्वरूप की मीमांसा करता है। स्याद्वाद कथन शैली है। सप्तकारक-वचन-विन्यास से वस्तु के अनन्त धर्मों के अभिव्यक्तीकरण की दिशा में तत्त्व चिन्तक को सही दिशा एवं सही माध्यम प्राप्त होता है। (दे. 3.3.1 व 3.3.2)

सत्य आचरण जीवन की तपश्चर्या है। इसके मार्ग में हमें अनेक कठिनाइयों का सामना करना पड़ता है। इसी कारण योगी अरविंद ने कहा कि सत्य को जीतना बड़ा कठिन एवं दुष्कर है। इस जीत के लिए मनुष्य को सच्चा योद्धा बनना पड़ता है—ऐसा योद्धा जो किसी भी वस्तु या परिस्थिति से भय नहीं खाता।

सत्य का पालन क्रिये बिना अपने स्वरूप का ज्ञान नहीं हो पाता, साधना

सफल नहीं हो पाती। आत्मा नदी है, संयम पुण्य तीर्थ है, सत्य उसका पुण्य जल है एवं शील उसकी तरंगे हैं। महाभारतकार ऐसी ही नदी में पांडु पुत्र को स्नान करने का परामर्श देते हैं तथा बताते हैं कि नदी में स्नान करने से आत्मा का शुद्धिकरण सम्भव नहीं है।

सत्य आध्यात्मिक साधना की नींव है। जब व्यक्ति भौतिक सुखों को ही चरम-सत्य मानकर बैठ जाता है तो वह वास्तविक आत्मिक शक्ति की प्राप्ति करने में असमर्थ रहता है। ऐसी स्थिति में मनुष्य सत्य से असत्य की ओर, ज्योति से अन्धकार की ओर एवं अमृत से मृत्यु की ओर गमन करता है। राग और द्वेष के कारण वास्तविक सत्य पीछे छूट जाता है तथा मिथ्यात्व ही सत्य प्रतीत होने लगता है। ऐसे व्यक्ति सत्य का तब तक साक्षात्कार नहीं कर पाते जब तक उनका अहंकार विगलित नहीं हो जाता तथा उनकी वृत्तियों में निष्कपटता नहीं आ जाती। अज्ञानी की अपेक्षा मिथ्याज्ञानी को सत्य का ज्ञान कराना अत्यन्त दुष्कर कार्य है। जब अमृत-तत्व स्वर्ण के पात्र में बन्द हो जाता है, तब उसकी खोज का रास्ता बड़ा कठिन हो जाता है। स्वर्ण की चकाचौंध में वह अपना लक्ष्य भूल जाता है। असत्य से सत्य की ओर, तम से ज्योति की ओर एवं मृत्यु से अमृत की ओर चलने का आह्वान करने वाले उपनिषद्कारों ने संशय रहित, द्विविधाहीन मन:स्थिति में सोने के पात्र के स्वर्णिम आवरण को हटाने की बात कही। सन्त कबीर ने भी कहा कि अन्धविश्वास मत करो, विवेक के आधार पर वस्तु की परख करो। जो व्यक्ति खरे खोटे का विचार किये बिना ही विश्वास कर लेता है, वह उस मूर्ख महाजन की भाँति है जो मूल गँवाकर लाभ की आशा करता है :

खरा खोटा जिन नहीं परखाया।
चहत लाभ तिन्ह मूल गँवाया।।

यही कारण है कि सत्य प्राप्ति के लिए चित की उन्मुक्तता एवं अनाग्रह तथा विवेक परम आवश्यक है। इस वृति से जो विचार किया जाता है, वह सम्यग् ज्ञान होता है।

ज़ब व्यक्ति विचारपूर्वक सत्य का साक्षात्कार करता है, तो दु:ख दूर हो जाता है :

करू विचार जेहि सब दुख जाहीं।

जो सत्य है, वह आत्मा है। आत्मा का स्वभाव सत्य है। कषायों के बन्धन के कारण व्यक्ति 'पर' को 'अपना' मानता है। मनोवैज्ञानिक दृष्टि से व्यक्ति अपने अचेतन मन की भावना का विचार नहीं कर पाता। जो मनुष्य तप एवं साधना के द्वारा सत्य का साक्षात्कार कर लेता है, वही दार्शनिक दृष्टि से आत्म-साक्षात्कार करने में तथा मनोवैज्ञानिक दृष्टि से चेतन और अचेतन मन के द्वन्द्व

को दूर करने में समर्थ होता है। उसे आनन्द की प्राप्ति होती है। इसी कारण सत्य, आनन्द एवं ब्रह्म का प्रयोग समान अर्थों में होता है। तैत्तिरीयोपनिषद् की भृगुवल्ली की कथा बहुत सार्थक है। भृगु ने अपने पिता वरुण से कहा कि भगवन् मैं ब्रह्मज्ञान पाना चाहता हूँ। पिता ने तप करने की आज्ञा दी। कठिन तपस्या से पुत्र ने आविष्कार किया कि अन्न ही ब्रह्म है। पिता ने फिर तप करने को कहा। पुत्र ने दोबारा तप करके पता लगाया कि प्राण ही ब्रह्म है। पिता ने पुनः लौटा दिया। पुत्र ने पुनः तप किया और आकर बतलाया कि ब्रह्म मन है। पिता ने कहा, तुम्हारी साधना और तप माँगती है। पुत्र ने तप करके आविष्कार किया कि विज्ञान ही ब्रह्म है। पिता ने कहा कि तुम्हारी साधना पूर्णतया की ओर बढ़ रही है, थोड़ा तप और करो। पुत्र ने साधना की गहनतम भूमिकाओं को पार कर उत्तर दिया कि आनन्द ही ब्रह्म है।

इस प्रकार अन्न, प्राण, मन, विज्ञान, आनन्द ये विभिन्न स्तर हैं। इनमें आनन्द रूपी आत्म तत्त्व का साक्षात्कार सबसे कठिन और अन्तिम है। दूसरे शब्दों में निरपेक्ष सत्य की प्रतीति एकदम सम्भव नहीं है।

सत्य विश्व तथा विश्व के समस्त अस्तित्वों का आधार है। सत्य का सम्यग् ज्ञान न होने तक ही अनस्तित्व एवं सत्याभास जीवित रहते हैं। जब सत्य का प्रकाश धूमिल हो जाता है तभी जैन दर्शन की दृष्टि से आत्मा की शुद्ध चेतना राग-द्वेष एवं मोह के कारण 'पर' को अपना समझने लगती है, शैव दर्शन की दृष्टि से माया अज्ञान की चादर उढ़ाकर आत्मा से भिन्न भेदपूर्ण सृष्टि उत्पन्न करती है तथा स्वतन्त्र पुरुष पर तीनों प्रकार के मलों का आवरण डालकर उसे लिप्त एवं परतन्त्र बना देती है तथा गीताकार की दृष्टि से कामरूप बैरी मन, बुद्धि और इन्द्रियों के द्वारा ज्ञान को आच्छादित कर, जीवात्मा को मोहित कर देता है।

V. शौच

शौच का अर्थ है- शुचिता, शुद्धता, स्वच्छता, पवित्रता एवं निर्मलता। शौच का अर्थ शरीर के धरातल पर 'स्वच्छता', मन के धरातल पर 'पवित्रता' तथा आध्यात्मिक धरातल पर 'आत्मशुद्धि' है। कर्मबन्धनों से रहित परम चैतन्य आत्मा का साक्षात्कार ही आन्तरिक शौच है। आत्मा का मूल स्वभाव शौच है। आत्मा का सहज स्वभाव शुद्ध चैतन्य मात्र है। चैतन्य स्वभाव का अनुसरण करने वाले आत्मा के परिणाम को उपयोग कहते है। 'अज्ञानी जीव राग आदि के बन्धन के कारण ज्ञान की उपासना नहीं करता। आत्मा और शरीर में एकता की कल्पना के कारण रागद्वेषों की तथा अन्यान्य विकल्पों की पूजा करता है।'

वेदान्त भी यह प्रतिपादन करता है कि शौच आत्मा का स्वाभाविक गुण

है। अशौच के कारण ही आत्मा भव-बन्धन में पड़ती है। मल ही बन्धन का कारण है। शैव तान्त्रिकों के अनुसार समस्त मलों से मुक्त हो जाने पर 'पशु' 'पशुपति' बन जाता है। गीता में ज्ञान के साधनों का विवरण देते समय नौ गुणों में शौच को भी स्थान दिया गया है।[17]

व्यक्ति जब बहिर्मुखी होकर खोज करता है तो 'अपने' को नहीं खोज पाता। वह बाहरी साधनों में सुख की खोज करता है। उसे तात्कालिक सुख का अहसास भले ही हो जाए, स्थायी आनन्द प्राप्त नहीं हो पाता। इसी कारण दार्शनिक कहते है 'अपने को पहिचानो।' दर्शन की इस मान्यता का समर्थन मनोविज्ञान करता है। मनोविज्ञान की पहुँच आत्मा तक नहीं है, किन्तु चेतन मन (बाह्य) की अपेक्षा वह अचेतन मन (आन्तरिक) को महत्वपूर्ण मानते हुए कहता है—अपनी गुप्त दमित प्रवृत्तियों को चेतना की सतह पर लाने का उपाय करो।

मलिनता किसी भी धरातल पर ठीक नहीं है। हम अपने शरीर को साफ करते हैं। अपने वातावरण को स्वच्छ बनाते हैं। यदि हम अपने शरीर की सफाई न करें तो शारीरिक रोग उत्पन्न हो सकते है। यदि हम परिवेश को साफ न करें तो उसको देखकर हमारे मन में जुगुप्सा का भाव आ सकता है। पर्यावरण के प्रदूषण की समस्या कितनी चिन्ताजनक है- इससे हम सभी विदित हैं।

शरीर की सफाई की अपेक्षा मन की सफाई अधिक महत्वपूर्ण एवं आवश्यक है। स्नान करके व्यक्ति अपने शरीर को तो साफ कर सकता है, किन्तु इससे उसका मन पवित्र नहीं होता। मन की मलिनता से व्यक्ति को शारीरिक एवं मानसिक दोनों प्रकार के रोग होते हैं। शारीरिक दृष्टि से घातक बीमारियाँ हो जाती हैं। मानसिक दृष्टि से वह आत्मग्लानि, चिन्ता, भय, क्रोध, ईर्ष्या तथा निराशा का अनुभव करता है। जटिल व्याधियों का शिकार हो जाता है। मनोविज्ञान अचेतन मन में जमा दुर्गुणों को चेतना के धरातल पर लाकर उन्हें शान्त करके का उपाय बताता है। आत्मनिरीक्षण, आत्मस्वीकृति, तथा आत्मनियन्त्रण द्वारा उन्हें मित्र बनाकर उनका रेचन करता है।

आत्मा के साक्षात्कार के लिए शौच गुण का पालन अनिवार्य है। किसी वस्तु का दर्शन हम तभी कर सकते हैं जब वह अपने स्वरूप में प्रकट हो। आत्मा शुद्ध स्वरूप है, इस कारण शौच गुण का पालन आत्मदर्शन के लिए अनिवार्य है। हमारी आत्मा मलों एवं कषायों के आवरण द्वारा ढकी हुई है। हम इस आवरण को हटाकर आत्मशुद्धि कर सकते हैं। रूई से बने हुए कपड़े का प्रकृतरंग सफेद है। गन्दगी एवं धूल के कण उसे गन्दा एवं मैला कर देते हैं। जिस कपड़े का मूल रंग धवल है, वह 'पर' संयोग के कारण मैला लगता है। हम कहते हैं कि कपड़ा गन्दा है, मैला है। गन्दगी और मैलापन कपड़े का

स्वाभाविक गुण नहीं है। जब हम कपड़े को साफ कर देते है, तो कपड़ा गन्दा नहीं रह जाता। जब उसका मैल हटा देते हैं तो वह अपने स्वाभाविक रंग में दिखाई देने लगता है। जब व्यक्ति कषायों एवं कर्म-मलों की गन्दगी को हटा देता है तो आत्मा का शुद्ध स्वभाव शौच प्रगट हो जाता है। कपड़े के साथ जब तक गंन्दगी एवं मैलेपन का संयोग रहता है, तब तक उसकी धवलता नजर नहीं आती। आत्मा के साथ जब तक राग-द्वेष जन्य कर्म बन्धन की अशुद्धता रहती है, तब तक आत्मा के शुचि-स्वभाव का दर्शन नहीं हो पाता।

जीवात्मा का अन्तिम लक्ष्य मोक्ष है। इस कारण आध्यात्मिक दृष्टि बाह्य शौच की अपेक्षा आन्तरिक शुचिता को महत्व देती है। पाप या कषाय शरीर को नहीं आत्मा को लगते हैं। महाभारत में जब युधिष्ठिर को यह तत्त्व-बोध हो जाता है तो वे स्वीकार करते हैं कि बाहरी स्नान से शुद्धि की कल्पना भ्रामक है। भगवान कृष्ण उपदेश देते हैं कि अंत:करण की शुद्धि आवश्यक है। आत्मा रूपी नदी में संयम का जल भरा है, तप की तरंगें उठती हैं, सत्य उसका प्रवाह है और ब्रह्मचर्य उसका तट है। व्यक्ति को इसी में स्नान करना चाहिए।

भगवान महावीर की घोषणा है कि प्रात: स्नान आदि कर लेने से मोक्ष नहीं होता।

धर्म के ही पवित्र अनुष्ठान से आत्मा का शुद्धिकरण होता है। 'धम्मो सुद्धस्स चिट्ठई-शुद्धात्मा में ही धर्म स्थित रह सकता है'।[18]

शुद्ध आत्मा में ही धर्म स्थित रहता है, अशुद्ध आत्मा में नहीं। बिना शुचिता के सम्यग् ज्ञान, सम्यग् दर्शन एवं सम्यग् चारित्र सम्भव नहीं है। आत्मा चेतना का साक्षात्कार करना है तो आत्मशुद्धि आवश्यक है। कषायों को हटाना अनिवार्य है। कर्म-रूप ग्रन्थियों को ढीला कर देने से ही काम नहीं चलता, उन्हें दूर करना होता है, निर्ग्रन्थ बनना होता है।

आत्म-विशुद्धि का रास्ता किसी व्यक्ति या देवता के प्रमि नमन नहीं है। यह व्यक्ति के आत्म स्वभाव को जानने की प्रक्रिया है। व्यक्ति के जिन होने की अर्थात् इन्द्रियों को जीतने की दशा है। विकारों की राख के नीचे दबी हुई शुद्ध एवं परम चैतन्य रूपी आग की खोज है। ऐसी आग जब राखों की परतों को अलग करके अपने शुद्ध चैतन्य स्वभाव से प्रदीप्त हो जाती है तो संसार के प्राणी मात्र को प्रकाश देती है। शौच का महत्व प्राय: सभी धर्म एवं दर्शन-सम्प्रदाय स्वीकार करते हैं। शुद्धि किसकी? इसके सम्बन्ध में अलग-अलग दर्शन सम्प्रदायों की शब्दावली में अन्तर है। योगी शरीर, प्राण, मन, शुक्र, वाणी एवं स्वरों की शुद्धि करते हैं। भक्त अपने भाव को शुद्ध करता है। ज्ञानी मन की शुद्धता तथा हठयोगी काया की शुद्धि का उपदेश देते हैं। यदि तत्त्व की दृष्टि से देखें तो इन सबका लक्ष्य 'आत्मशुद्धि' ही है। शौच का भावार्थ भी अलग-अलग दर्शन

सम्प्रदायों में अलग-अलग वाचकों द्वारा अभिव्यक्त है। ये वाचक है- बन्धन का अभाव, मलों की अप्सारणा, भोगों से विरति एवं संन्यास, कषायों का नाश, चित का शुद्धिकरण, आत्मविशुद्धि आदि।

शौच के पालन के लिए आर्जव अनिवार्य है। जब तक कषायों के बन्धन ढीले नहीं होते, तब तक उन्हें हटाया नहीं जा सकता। आर्जव के द्वारा व्यक्ति बन्धनों को शिथिल करता है। क्षमा एवं मार्दव के द्वारा अपने द्वेष भाव को दूर करता है। इसके बाद वह शौच के द्वारा लोभ पर विजय प्राप्त करता है। क्षमा, मार्दव, आर्जव एवं शौच के गुणों के पालन से राग-द्वेष के भाव समाप्त हो जाते हैं, कर्म बन्धन के कारण दूर हो जाते हैं। शुद्धि के मार्ग में लोभ अवरोधक तत्त्व है। लोभ मन की चंचलता है। लोभ के कारण हमारा असन्तोष बढ़ता है, इच्छाओं में वृद्धि होती है। लोभ से राग उत्पन्न होता है। राग से पर वस्तुओं में, पर पदार्थों में आसक्ति उत्पन्न होती है। ऐसी स्थिति में हम अपने ही स्वार्थों की पूर्ति करना चाहते हैं। लोभी जीव की तृष्णा कभी शान्त नहीं होती। जब तक लोभ है, तब तक त्रिलोक की राज्य प्राप्ति के पश्चात् भी सन्तोष नहीं हो सकता। इसी कारण यह कहा जाता है कि लोभ सभी सद्गुणों का नाश कर देता है—**'लोभो सव्व विणासणो'**।[19]

हिन्दू पुराणों में बहुत सी कथाओं में यही विषय है कि पृथ्वी लोक के किसी साधक की सत्व विशुद्धि देखकर जब देवगण स्वयं स्वर्गों से अपदस्थ होने के भय से व्याकुल हो जाते है तो वे उसकी साधना में अवरोध उत्पन्न करने के लिए उसे अनेक प्रकार के लोभ देते हैं। लोभ से ही भोग का रास्ता प्रशस्त होता है। भोग की प्रवृत्ति को रोकने के लिए लोभवृत्ति को हटाना आवश्यक है। जब तक लोभ एवं भोग भाव रहता है तब तक मल एवं कषाय विद्यमान रहते हैं। इस कारण शौच के लिए लोभ वृत्ति एवं भोग-भावना को जीतना आवश्यक है। जैन शास्त्रों में कहा गया है—

सम-संतोस-जलेण य, जो धोवदि तिण्ण लोह मल पुंजं।
भोयण गिद्धि विहीणो, तस्स सउच्चं हवे विमलं।।

'जो मुनि समताभाव और सन्तोषरूपी जल से तृष्णा और लोभ रूपी मल के पुंज को धोता है तथा भोजन में लालची नहीं होता, उसके निर्मल शौच-धर्म होता है।'[20]

जब व्यक्ति में समताभाव उत्पन्न होता है तो वह संसार के सभी प्राणियों को अपने समान समझने लगता है। फिर वह न तो किसी के प्रति क्रोध करता है और न अपने प्रति अहंकार रखता है। प्राणी मात्र के प्रति आत्मतुल्यता का भाव उत्पन्न होने पर मान एवं क्रोध के भाव समाप्त हो जाते हैं। सन्तोषवृत्ति के कारण लोभ की भावना समाप्त हो जाती है। सन्तोष से मन स्थिर रहता है। मन

का असन्तोष दूर होता है। इस प्रकार समताभाव एवं सन्तोष के परिपालन एवं विकास से व्यक्ति के मन के क्रोध, बैर, घृणा, प्रतिशोध, द्वेष, मान, अहंकार, मद, राग, काम , लोभ, मोह एवं तृष्णा आदि विकार समाप्त हो जाते हैं। ये सभी मनोविकार अंतश्चेतना को मलिन करते हैं। चेतना की शुद्धता के लिए इनका निवारण आवश्यक है। इस प्रकार समता एवं सन्तोष के विकास से शौच गुण की प्राप्ति होती है। क्षमा, सन्तोष, मृदुता, सरलता, सत्य, दया, समता इत्यादि मन:शुद्धि के सहायक तत्त्व हैं।

शौच में शुद्धि के साथ-साथ पवित्रता का भाव समाहित है। व्यक्ति के सामाजिक जीवन में भी शौच का अत्यधिक महत्व है। व्यक्ति लोभ के कारण झूठ बोलता है। भौतिक साधनों का अधिकाधिक संग्रह करता है। तृष्णा के कारण परिग्रह की वृत्ति का विकास होता है। वह भौतिक वस्तुओं का संग्रह करके ही सन्तुष्ट नहीं रहता, पूँजी उत्पादन के साधनों पर भी अपना एकाधिकार करना चाहता है। इस प्रकार समाज में आर्थिक विषमता बढ़ती है तथा सामाजिक समस्याएँ उत्पन्न होती है।

लोभी व्यक्ति सामाजिक आक्रोश का पात्र बन जाता है। लोभ वृत्ति के कारण उसकी उदारता समाप्त हो जाती है। वह अनुदार एवं असहिष्णु हो जाता है। उसके मन में पाशविकता एवं क्रूर वृत्तियों का विकास होता है। समाज के जो सदस्य उसके अधीन कार्य करते हैं, उनका वह शोषण करता है। परपीड़न में उसे तृप्ति मिलती है। इस कारण उसके प्रति विरक्ति, उपेक्षा, अमैत्री, घृणा एवं आक्रोश के भाव उत्पन्न होते हैं।

इसके विपरीत सन्तोष एवं धैर्य हमारे सामाजिक जीवन के विकास के लिए सहायक है। यहाँ यह कहना आवश्यक है कि सन्तोष का अर्थ अकर्मण्यता नहीं है। संतोषी व्यक्ति कर्मवादी होता है, भाग्यवादी नहीं। कर्म से प्रसूत फल के प्रति उसके मन में सन्तोष रहता है। इसी सन्तोष के कारण व्यक्ति कभी निराश नहीं होता, कभी टूटता नहीं, और किसी से पराजित नहीं होता। श्रम करने पर भी यदि उसे अनुरूप फल प्राप्त नहीं होता, तो वह हताश नहीं हो जाता, अपना विवेक नहीं खो देता। इसके विपरीत विवेक के साथ शान्त मन से पहले से अधिक संकल्प के साथ परिश्रम करता है। ऐसा व्यक्ति कुंठाओं का शिकार नहीं बनता। इसी विचारधारा का दार्शनिक प्रतिपादन गीता में निष्काम कर्मयोग के रूप में हुआ है, जो हमारे जीवन में व्यवहारिक दृष्टि से भी मूल्यवान है।

इस प्रकार शौच मनोवैज्ञानिक दृष्टि से अचेतन मन में पड़ी हुई दमित कुंठाओं एवं वासनाओं के मल को दूर कर, चेतन एवं अचेतन मन के एकात्मीकरण, दुष्प्रवृत्तियों के मार्गान्तीकरण एवं दुर्गुणों का रेचन कर हमारे सम्पूर्ण मनोवैज्ञानिक व्यक्तित्व का शुद्धिकरण करता है। आध्यात्मिक दृष्टि से राग-द्वेषों से विरत आत्मा के प्रकाश की शुभ्रता से परिचित कराता है तथा

सामाजिक दृष्टि से व्यक्ति को बहिर्मुखी भौतिकवादी व्यवस्था की चकाचौंध से हटाकर आन्तरिक नैतिक मूल्यों के प्रति प्रेरित करता है।

IV. संयम

मन बार-बार इन्द्रिय सुखों की ओर प्रवृत्त होता है। इन्द्रियों के सुख में ही जीवन लक्ष्य मानने वाले व्यक्ति अन्दर की ओर झाँककर नहीं देखते, आत्मा के सहज रूप का साक्षात्कार नहीं कर पाते। राग एवं द्वेष से उत्पन्न मनोविकारों के स्वच्छन्द एवं उन्मुक्त प्रवाह में बहते रहते हैं।

संयम का सामान्य अर्थ रोकथाम, प्रतिबन्ध एवं नियन्त्रण है। संयमी व्यक्ति अपनी इच्छाओं, मनोविकारों एवं प्रवृत्तियों को नियन्त्रित करता है।

आध्यात्मिक दृष्टि से संयम आत्मा का गुण है। इस कारण आत्मानुशासन संयम है। आत्मा में एकाग्र होना संयम है।

संयम एवं दमन में अन्तर है। पुराने शास्त्रों में यद्यपि संयम एवं दमन पर्याय रूप में प्रयुक्त हैं किन्तु आधुनिक मनोविज्ञान दोनों में अन्तर करता है। आज के सन्दर्भ में ये दोनों शब्द भिन्नार्थक हैं। संयम का अर्थ नियन्त्रण एवं दमन का अर्थ दबाना है। जब व्यक्ति चेतन मन में चलने वाले संघर्ष को नियंत्रित नहीं कर पाता, तो वह संघर्ष अचेतन मन में चला जाता है। वहाँ वह दमित अवस्था में परिणत हो जाता है। व्यक्ति का अहंकार जितना प्रबल होता है उसके जीवन में दमित वासनायें उतनी ही प्रबल एवं उग्र होती हैं।

एक ओर वासनाओं के दमन से व्यक्तित्व का विकास रुक जाता है तो दूसरी ओर वासनाओं के स्वच्छन्द एवं उन्मुक्त व्यवहार से सामाजिक जीवन की व्यवस्था नष्ट हो जाती है। कुछ मनोवैज्ञानिक मानसिक रोगों के निराकरण के लिए दमित वासना के प्रकाशन को आवश्यक मानते हैं। यहाँ यह उल्लेखनीय है कि अनेक दमित वासनायें असामाजिक एवं अनैतिक होती हैं। इनका स्वतन्त्र प्रकाशन एवं आचरण सामाजिक-व्यवस्था की दृष्टि से सम्भव नहीं होता। दमित वासनाओं का व्यवहारगत-प्रकाशन कालगत अन्तराल के कारण भी उचित नहीं होता। बाल्यकाल की दमित इच्छाओं को व्यक्ति जीवन के यौवनकाल अथवा प्रौढ़ावस्था में प्राकृतिक रूप से तृप्त नहीं कर सकता। इसके अतिरिक्त इस प्रक्रिया से मानसिक द्वन्द्व बढ़ जाता है। यदि हम दमित कामवासना को अपने आचरण में प्रकाशित होने की छूट प्रदान करते हैं तो ऐसा करने से मानसिक द्वन्द्व का निराकरण नहीं हो पाता, उसका रूपान्तरण होता है। कामवासना के दमन के समय वह शक्ति प्राय: मनुष्य की 'अहंकार-बुद्धि' होती है। कामवासना को अपने आचरण में प्रकाशित होने की छूट देते समय मनुष्य की अहंकार-बुद्धि का दमन हो जाता है। इससे एक प्रकार के दमन का स्थान दूसरा दमन ले लेता है।

दमन से मनुष्य की स्मृति का ह्रास होता है, चित्त की एकाग्रता समाप्त होती है, इच्छा शक्ति दुर्बल होती है। जीवन चिन्ता, भय, क्रोध आदि भावों से संत्रस्त हो जाता है।

जब मनुष्य अचेतन मन की अंधेरी कोठरी में झांकता है तब अचेतन मन में नये अनुभवों का दमन होना बन्द हो जाता है। दमित वासनायें चेतन मन के स्तर पर आ जाती हैं। चेतन और अचेतन मन में समन्वय स्थापित हो जाता है। व्यक्ति चेतन मन के धरातल पर स्व-प्रयत्न से आत्म नियन्त्रण करने में समर्थ हो जाता है। अचेतन मन का कार्य दमन है, चेतन मन का कार्य आत्मनियन्त्रण है। आत्मनियन्त्रण से मनुष्य की मानसिक शक्ति बढ़ती है, उसके चरित्र का निर्माण होता है तथा व्यक्तित्व का विकास होता है। 'आत्म-नियन्त्रण' का अर्थ चेतन मन के भाव का अचेतन में जाकर दमित होना नहीं है। इसका अर्थ चेतन मन के धरातल पर मन के उग्रभावों को दृढ़ता के साथ जानबूझकर नियन्त्रित करना है, वश में करना है।

मनोवैज्ञानिक दृष्टि से चेतन मन के धरातल पर प्रवृत्तियों के आत्म-नियन्त्रण से व्यक्तित्व का विकास होता है। आध्यात्मिक दृष्टि से इन्द्रियों के विषय-विकारों पर प्रतिबन्ध लगाये बिना साधना सम्भव नहीं है। संयमहीन साधना छलनी में पानी इकट्ठा करने के समान है। शास्त्रों में 'संयमः खलु जीवनम्' कहा गया है। संयम को ही जीवन का पर्याय माना गया है।

सभी आध्यात्मिक दर्शन धाराओं में संयम के महत्व का प्रतिपादन हुआ है। 'अहिंसा संजमो तवो' कहकर महावीर ने अहिंसा, संयम और तप को धर्म का मूलाधार माना है।[21] बुद्ध ने संयम के लिए अप्रमाद शब्द का प्रयोग किया है। उन्होंने कहा कि प्रमाद ही समस्त अधःपतनों का मूल कारण है। इस कारण भिक्षु को संयम का अभ्यास करना चाहिए। प्राज्ञ-पुरुष उद्योग, अप्रमाद, संयम और नियन्त्रण द्वारा ऐसा द्वीप बनावे, जिसे बड़ी बाढ़ भी न डुबो सके।[22] योगी लोग इन्द्रियों के विषय विकारों को रोककर अपने वश में करते हैं, उनका संयम रूपी अग्नि में हवन करते हैं। गीता में 'आत्मसंयम योगाग्नौ जुह्यति ज्ञानदीपिते' कहा गया है। ज्ञान से दीप्त आत्म संयम रूपी योग-अग्नि में हवन करने का परामर्श दिया गया है।

संयम के प्रकारों की भी चर्चा हुई है—

स्थानांग में संयम के चार प्रकार बतलाये गये हैं-'मण संजमे, वइ संजमे, काय संजमे, उवगरण संजमे'। (1) मन का संयम (2) वचन का संयम (3) शरीर का संयम (4) उपाधि (सामग्री) का संयम।[23] साधना की दृष्टि से योग सम्प्रदाय में संयम को निम्न प्रकार से वर्गीकृत किया गया है :

(1) जल का संयम—इससे योगी ब्रह्मरन्ध्र में अटल स्थिति प्राप्त करता है।

(2) अन्न का संयम—इससे योगी के हृदयाकाश में ज्योति का उन्मेष होता है।

(3) पवन का संयम—इससे योगी देह रूपी घर के 9 दरवाजों को बन्द करके यौगिक शक्तियों के स्थिरीकरण में सफलता प्राप्त करता है।

(4) बिन्दु का संयम—इससे योग की साधना के लिए उपयोगी शारीरिक स्थिरता प्राप्त होती है।

संयम के प्रकार एवं उनकी प्राप्ति के साधनों का वर्गीकरण इस प्रकार है:—

(1) तन का संयम—यह आहार-संयम एवं आसन द्वारा सिद्ध होता है।

(2) प्राणों का संयम—यह प्राणायाम द्वारा सिद्ध होता है।

(3) इंद्रियों का संयम—यह प्रत्याहार द्वारा सिद्ध होता है।

(4) मन का संयम—यह यम-नियमों द्वारा सिद्ध होता है।

(5) बुद्धि-आत्मा का संयम—यह धारणा, ध्यान एवं समाधि द्वारा सिद्ध होता है।

व्यक्ति क्षमा द्वारा क्रोध को, मार्दव द्वारा अहंकार को, आर्जव द्वारा माया एवं कपट को तथा शौच द्वारा लोभ को जीत लेता है। अहंकार, क्रोध, माया एवं लोभ ही राग-द्वेष के कारण हैं। इस प्रकार राग-द्वेष के कारणों को दूर करके व्यक्ति 'सत्य' का प्रकाश प्राप्त कर आत्म ब्रह्म के मार्ग की ओर गमन करता है। यात्रा में सबसे बड़ा खतरा इन्द्रिय-लोलुपता एवं प्रमाद का है। दूसरा कारण यह है कि मन वस्तुत: अत्यन्त बलशाली एवं चंचल है। उसका निग्रह करना वायु की भाँति बहुत दुष्कर है। कृष्ण के द्वारा प्रतिपादित समत्व-भाव युक्त ध्यान योग की बहुत काल तक ठहरने वाली स्थिति के विषय में अर्जुन मन की चंचलता के कारण सन्देह करते हैं।[24] संयम के द्वारा व्यक्ति इन्द्रियों की विषय उन्मुखता पर प्रतिबन्ध लगाता है, उन्हें नियन्त्रित करता है। संयम की लगाम से इन्द्रियों को वश में करके व्यक्ति अपने लक्ष्य पर पहुँचता है।

संयमी जीवन की पहली शर्त 'अप्रमाद' है। अप्रमाद निषेधात्मक है, संयम विधानात्मक है। जैसे रात्रि बीत जाने पर वृक्ष के पत्ते पीले पड़कर झड़ जाते हैं उसी तरह आयु बीतने पर मनुष्य की पर्याय नष्ट हो जाती है। इस कारण क्षण भर भी प्रमाद नहीं करना चाहिए। उसे जागरूक होकर समभाव से लोक का

स्वरूप समझकर, अप्रमत्त भाव से विचरण करना चाहिए। संसारी मनुष्य विषयों के प्रवाह में ही बहते रहते हैं। इन्द्रियों के सुख को ही मानव जीव का लक्ष्य मानकर चलते हैं। सन्त पुरुषों का लक्ष्य प्रतिस्रोत है। वे मुक्त होना चाहते हैं, स्वतन्त्र होना चाहते हैं, सहज होना चाहते हैं। संयम से इन्द्रियों की परतन्त्रता से छुटकारा मिलता है। संयम आत्मा का सहज स्वभाव है। साधना काल में संयम साधन है, सिद्धिकाल में स्वभाव है। अनुस्रोत संसार है, असंयम है, आत्मा का कषायों से संयोग है। प्रतिस्रोत संसार से बाहर निकलने का उपाय-द्वार है, आत्मा की अनात्मा से दूरी है, इन्द्रियों के सुख से विरत होकर विशुद्ध चैतन्य की ओर उन्मुखता है।

संयम के कारण हम क्रोध का शमन कर 'क्षमा' का अभ्यास करने में समर्थ होते हैं, इन्द्रिय भोग की कामना का परित्याग करके चित्त को शुद्ध करते हैं तथा जीवन को सहज एवं सरल बनाते हैं।

'संयम' का तप एवं त्याग से घनिष्ठ सम्बन्ध है। बिना संयम के 'तप' सम्भव नहीं है।

संयम से जीव आस्रवों का निरोध करता है। उसी के पश्चात् पापों की निर्जरा कर पाता है। नाव में जब छेद हो जाता है तो उसमें पानी भरने लगता है। नाव को डूबने से बचाने के लिए पहले हम नाव का छेद बन्द करते हैं। जल का प्रवेश होना बन्द हो जाता है। इसके बाद आए हुए जल को नाव से बाहर निकालते हैं। संयम के द्वारा आत्मा की नाव में इन्द्रिय-सुखों की कामना रूपी जल को आने से रोकते हैं। पुनः तप द्वारा पूर्व-संचित जल रूपी कर्मों को सुखाते हैं।

परिग्रह में व्यक्ति जोड़ता है। संयम के द्वारा व्यक्ति जोड़ने की प्रवृत्ति को संयमित करता है। संचय एवं भोग की प्रवृत्तियों पर प्रतिबन्ध के बाद व्यक्ति के अन्तःकरण में त्याग की भावना उत्पन्न होती है।

मानव जाति का अस्तित्व संयम के बिना सम्भव नहीं है। मनुष्य अपनी पाशविक वृत्तियों के नियन्त्रण के द्वारा ही सामाजिक प्राणी बन पाया है। सामाजिक संरचना एवं व्यवस्था तभी कायम रह सकती है, जब उसके सदस्य नियमों का पालन करें। नियमों का पालन करना ही सामाजिक संयम है। पाश्चात्य राजनीतिज्ञ हॉब्स ने समाज-रचना से पूर्व की स्थिति पर विचार किया है। वे इसी निष्कर्ष पर पहुँचे हैं कि जब तक मनुष्य ने समाज नहीं बनाया था, तब तक उसे धर्म, मर्यादा, नैतिकता तथा संयम का ज्ञान नहीं था। वह मन में उठने वाली वासनाओं की पूर्ति के लिए दल बनाकर जंगलों में घूमता था। एक दल दूसरे दल पर आक्रमण कर, उसकी सम्पत्ति छीनने का प्रयास करता था। जो दल सबल होता था, वह शत्रु दल के सदस्यों को बन्दी बनाकर मार डालता था। कोई

दल सुरक्षित नहीं था। सबके जीवन में असुरक्षा की भावना थी। इस जीवन से परेशान होकर सबने मिलकर समाज बनाया और इस प्रकार अपने जीवन में संयम का पालन करना सीखा। समाज की प्रत्येक इकाई अपने को संयम की परिधि में बांधकर जब जीवन व्यतीत करती है तभी समाज में शान्ति व्यवस्था कायम रहती है। जब किसी समाज के सदस्य संयम के बंधनो को तोड़ते हैं तो उस समाज के वातावरण में जहर घुल जाता है। स्वच्छन्द एवं कामुक प्रेम का आचरण करने वालों के जीवन में क्या होता है? प्रेम शारीरिक वासना की तृप्ति का साधन बनकर रह जाता है। मन का मिलन नहीं हो पाता। तथाकथित आधुनिक-समाज के व्यक्तियों के जीवन में इस तथ्य को साक्षात देखा जा सकता है। स्वच्छन्द यौनाचार के कारण उनके जीवन में अतृप्ति, वितृष्णा, कुंठा एवं संत्रास की प्रवृत्तियाँ मुखर हैं। इन्द्रिय-भोगों की तृप्ति असंख्य भोग-सामग्रियों के निर्बाध सेवन एवं संयम-शून्य कामाचार से सम्भव नहीं है। इसका कारण यह है कि मनुष्य की इच्छाओं का कोई अन्त नहीं है। आग में जितना घी डाला जाता है, आग उतनी ही अधिक उद्दीप्त होती है। इस कारण जीवन के प्रत्येक क्षेत्र में संयम अनिवार्य है।

क्रोध पर संयम न करने के कारण हमारा जीवन संघर्षों से भर जाता है। काम पर संयम न रखने के कारण हम पशु के धरातल पर उतर आते हैं। संयम-हीन आचरण के कारण ही जीवन में अशांति, व्याकुलता, द्वेष, अमानवीयता, क्रूरता आदि भावों एवं वृत्तियों का संचार होता है।

मनुष्य ने वैज्ञानिक साधनों के द्वारा अपनी उत्पादन शक्ति में असीम वृद्धि की है। प्रत्येक राज्य-शासन के आंकड़े सूचना देते हैं कि वस्तुओं का उत्पादन बढ़ रहा है। इसके बावजूद समाज में अशांति क्यों है? वास्तव में जब तक व्यक्ति का भोग की इच्छाओं पर नियन्त्रण नहीं होगा, तब तक पिपासा शान्त नहीं होगी। आधुनिक जीवन के सबसे महत्वपूर्ण मूल्य स्वतन्त्रता एवं समानता हैं। इन दोनों के लिए संयम आवश्यक है। जब व्यक्ति अपने आप पर नियन्त्रण करता है, सामाजिक नियमों का पालन करता है; दायित्व बोध की दृष्टि से जीवन व्यतीत करता है तभी उसके अधिकार तथा उसकी स्वतन्त्रता कायम रहते हैं।

इसी प्रकार जब व्यक्ति भौतिक वस्तुओं के परिग्रह का संयम करता है, तभी आर्थिक विषमताओं का अन्तर कम होता है तथा समाज के द्वारा उत्पादित वस्तुएँ प्रत्येक इकाई तक पहुँच पाती हैं। इस दृष्टि से अहिंसा का आधार अपरिग्रह है एवं अपरिग्रह का आधार संयम है।

VII. तप

इन्द्रिय सुखों के लिए व्यक्ति विषय-वासनाओं में लीन रहता है। आत्मा

को भूल जाता है। अनात्मा को सब कुछ समझ बैठता है। पथ से भटक जाता है। लक्ष्य से दूर चला जाता है। मंजिल भूल जाता,है। आत्म-चेतना राग-द्वेष से आवृत्त हो जाती है।

तप द्वारा व्यक्ति उत्तरोत्तर विकास करता है, वृत्तियों का उत्तरोतर उदात्तीकरण करता है तथा उसका मन उत्तरोतर ऊर्ध्वगामी बनता है।

'तप' के कई अर्थ हैं। सामान्य अर्थ में 'तप' का अर्थ शरीर को कष्ट देना, शरीर को कृश करना तथा अनेक प्रकार की पीड़ायें सहन करना है। यह तप का शारीरिक अथवा बाह्य पक्ष है।

आत्मिक दृष्टि से 'तप' दृढ़तापूर्वक की गयी कोई कृच्छ क्रिया या अनुष्ठान नहीं है, अपितु आत्मा के दोषों को निर्मूल करके उसे निर्मल बनाना है। इस दृष्टि से तप के अर्थ हैं—चमक, प्रज्वलन तथा परिष्कार। तप की आग में पूर्वबद्ध कर्मों का प्रज्वलन हो जाता है। आत्मा अपने शुद्ध चैतन्य स्वरूप में चमकती है। जिस प्रकार शकुनी नाम का पक्षी अपने परों को फड़फड़ाकर उन पर लगी हुई धूल को झाड़ देता है उसी प्रकार तपस्या के द्वारा मुमुक्षु अपने आत्म-प्रदेशों पर लगी हुई कर्मरज को दूर कर देता है।

'सत्य' से आत्मा के प्रकाश के सम्बन्ध में व्यक्ति की समझ, अनुभूति एवं ललक गहरी होती है। क्षमा, मार्दव, आर्जव एवं शौच द्वारा वह आत्मा पर अनात्मा के बन्धनों के कारणों को दूर करता है। संयम के द्वारा साधक तैयारी करता है, मन को शुद्ध चैतन्य-स्वरूप आत्मा में केन्द्रित करने की भूमिका बनाता है; तथा तप के द्वारा पूर्वबद्ध कर्मों का नाश करता है।

तप एवं संयम परस्पर पूरक हैं। नाव में जब तक बाहर से जल का प्रवेश होता रहता है, तब तक उसकी तली सूख नहीं सकती। संयम कर्मास्रव रूपी जल के प्रवेश को रोकता है। नाव में जल के आगमन को रोक देने पर भी, उसकी तली को सुखाने के लिए पहले से विद्यमान जल को बाहर निकालना पड़ता है। इसके बाद सूर्य के ताप द्वारा उसकी तली सूख जाती है। बाह्य 'तप' के द्वारा हम शरीर को कृश करते है, परिषह सहन करते हैं, इन्द्रियों के सुखों का निवारण करते हैं तथा आभ्यन्तर तप की आग में कर्मों को जलाते हैं। आत्मा तपकर स्वर्ण की भाँति निखर उठती है।

'तप' ज्ञान एवं विवेक के साथ करना चाहिए। ज्ञान एवं विवेक से लक्ष्य का बोध होता है, मंजिल स्पष्ट होती है। 'तप' द्वारा व्यक्ति उस मंजिल पर पहुँचता है। साधक की मंजिल आत्म-दर्शन है। साधक 'तप' द्वारा करोड़ो जन्मों के संचित कर्मों को नष्ट कर देता है। जिस प्रकार नाग अपनी केंचुली को छोड़ देता है, उसी प्रकार आत्मस्थ साधक अपनी कर्मरज रूप केंचुली को झाड़ कर अलग कर देता है। किसी वासना की तृप्ति, कामना की पूर्ति या किसी तृष्णा

के लिए किया गया 'तप' यथार्थ तप नहीं है। 'तप' का उद्देश्य समस्त कामनाओं का संवरण कर तृष्णा का निरोध तथा वासनाओं का हवन करना है। इस कारण जो तप भौतिक सुखों की प्राप्ति हेतु किया जाता है, वह 'कुतप' होता है।

'तप' का व्यक्ति की मानसिकता के साथ गहरा सम्बन्ध है। तप व्यक्ति की विचारधारा को प्रभावित करता है। तप व्यक्ति को भाग्यवादी नहीं बनाता, अपितु उसके पुरुषार्थ को जागृत करता है। तपस्वी-साधक अनुग्रह, अनुकम्पा तथा दया की भीख नहीं माँगता। वह अपने ही पुरुषार्थ के बल पर उच्चतम आध्यात्मिक विकास करता है। तप व्यक्ति को परावलम्बी नहीं बनाता, अपितु अपने पैरों के बल खड़ा होना सिखाता है।

'तप' द्वारा मन की गति बहिर्मुखी से अन्तर्मुखी तथा अधोमुखी से ऊर्ध्वमुखी होती है। गीता में तप के तीन भेदों की चर्चा है। महर्षि पंतजलि ने योग अष्टाँगों की विवेचना की है। जैन दर्शन में बाह्य तप के 6 भेद हैं तथा आभ्यन्तर तप के भी 6 भेद हैं। तप के अन्तर्गत ही ध्यान का अन्तर्भाव है। आध्यात्मिक साधना में 'तप' का महत्त्व एवं क्षेत्र स्पष्ट है। कर्म-बंधन के प्रकरण में निर्जरा के संदर्भ में इसकी विवेचना की गई है। (दे. 3.6(।।) निर्जरा)

जीवन के प्रत्येक क्षेत्र में सफलता प्राप्ति के लिए साधना करनी पड़ती है। साधना की प्रत्येक विधि तपोमूलक होती है। तप के द्वारा भाग्य की पूर्वलिखित रेखाओं को भी मिटाया जा सकता है। सृष्टि का आधार तप है। इसी के कारण शेषनाग पृथ्वी को धारण करते हैं। पार्वती की तपस्या प्रसिद्ध है, जिन्होंने बेल की सूखी पत्तियाँ भी खाना छोड़ दिया, जिसके कारण उनका नाम अपर्णा पड़ा। बिना तपस्या और साधना के कुछ प्राप्त नहीं होता।

आधुनिक अस्तित्ववादी दर्शन भी यह मानता है कि व्यक्तित्व निर्माण के लिए स्वप्रयत्नों एवं कर्म का महत्व है। सार प्रकृति का निश्चित, आकारयुक्त, प्रयोजनशील निष्क्रिय तत्त्व है किन्तु अस्तित्व (Existence) चेतना सम्पन्न, क्रियाशील एवं अनिश्चित तत्त्व है, जो मनुष्य में परिलक्षित होता है। सृष्टि की यह चेतना सत्ता अपने चिन्तन एवं निर्णय के लिए पूर्ण स्वतन्त्र है।

कला, साहित्य, राजनीति, विज्ञान प्रत्येक विषय-क्षेत्र में मूर्धन्य स्थान प्राप्त करने के लिए साधना अनिवार्य है। संगीतज्ञ अभ्यास करता है। वैज्ञानिक अपनी प्रयोगशाला में खो जाता है। ये लौकिक दृष्टि से तप के ही नामान्तर हैं।

इस प्रकार तप लौकिक दृष्टि से साधना में मन की एकाग्रता है, तो आध्यात्मिक दृष्टि से वह अग्नि है, जिसमें मन के कषाय (क्रोध, मान, माया, लोभ), वासनायें, कल्मषतायें जल जाती है तथा आत्मा का शुद्ध चैतन्य-स्वभाव प्रदीप्त हो उठता है।

VIII त्याग

त्याग के आयाम बहुमुखी हैं। इसी कारण इसके अर्थ एवं भाव भी अनेक हैं। लौकिक दृष्टि से त्याग का प्रयोग किसी व्यक्ति के द्वारा अपनी वस्तु का दान करने के सन्दर्भ में होता है। जब हम दान एवं त्याग के अर्थों में अन्तर करते हैं, तो दान बाह्य क्रिया का वाचक अधिक है, जबकि 'त्याग' में व्यक्ति की मानसिक स्थिति एवं आंतरिक प्रक्रिया पर बल है।

आध्यात्मिक दृष्टि से साधना की अवस्था में 'त्याग' का अर्थ भोगों का एवं परिग्रहों का त्याग है। सिद्धि की अवस्था में 'त्याग' आत्मा का स्वभाव है।

परद्रव्यों के प्रति ममत्व के त्याग के कारण साधक भोगों से उदासीन हो जाता है। इस दृष्टि से त्याग का अर्थ दान मूलक न होकर 'परित्यक्ति मूलक' है। इस धरातल पर त्याग करनेवाला अपने पास से संचित वस्तु, पदार्थ, औषधि, ज्ञान का कुछ अंश दूसरों को दान में देकर ही संतुष्ट नहीं हो जाता, प्रत्युत वह लोभ, मोह आदि विकारों अर्थात आभ्यन्तर-परिग्रहों का त्याग करता है। इस दृष्टि से तप की अग्नि में विकारों को जलाना 'त्याग' है। त्याग आत्मविजय की आभ्यन्तर क्रिया है। तप से आत्मप्रकाश ज्योतित होता हैं। त्याग से पर को छोड़ने की भावना उत्पन्न होती है। त्याग का सम्बन्ध व्यक्ति की मानसिकता से है, जिससे उसका पर-द्रव्यों के प्रति मोह नहीं रह जाता। गीता में जिस 'निष्काम-कर्मयोग' का प्रतिपादन है, वह त्याग की इस अर्थवत्ता के निकट है। इसी कारण गीताकार ने कर्मों में होने वाली 'फलासक्ति' के त्याग को 'त्याग' माना है।

साधना की अवस्था में त्याग की अंतिम मंजिल आत्मदर्शन है। चेतना या आत्मा स्वभाव से त्याग स्वरूप है। वह आत्मा के अतिरिक्त अन्य सभी पदार्थों को अनात्मा मानता है। इस कारण जब साधक 'सिद्ध' होता है तो 'पर' का त्याग कर चुका होता है। इस स्थिति में 'त्याग' क्रिया नहीं रह जाती, स्वभाव बन जाता है। मोक्ष का अर्थ है—अकर्मा होना।

त्याग का विरोधी भाव लौकिक दृष्टि से वस्तुओं का संग्रह तथा आत्मिक दृष्टि से लोभ एवं मोह के कारण विकार-मूलक परिग्रहों के प्रति आसक्ति है।

इस जीवन में व्यक्ति इन्द्रियों द्वारा भोगों को प्राप्त करना चाहता है। इस कारण वह भोग की सामग्रियों का संग्रह करता है। संग्रहवृत्ति के कारण उसके मन में वस्तुओं के प्रति आसक्ति बढ़ती है। इच्छाएँ कभी पूरी नहीं होतीं। इस कारण तृष्णा पैदा होती है। तृष्णा के अनुरूप जब वह वस्तुओं का संग्रह नहीं कर पाता तो असन्तोष एवं निराशा होती है। इस प्रकार त्याग की विरोधी स्थिति में तृष्णा, आसक्ति, असन्तोष एवं निराशा के भाव विकसित होते हैं। आध्यात्मिक दृष्टि से कर्म-पुद्गलों के भार से लदा मानव आत्म-ज्योति की मंजिल तक पहुँचने में असमर्थ होता है। 'पर' को ही अपना समझने के कारण उसमें आत्म-

संकोच होता है। परिणामस्वरूप कषायों का निर्माण होता है। वह कर्म-बन्धन में बन्ध जाता है। (दे. 3.5)

त्याग के भाव की उत्पत्ति के लिए आत्मा एवं अनात्मा के भेद का ज्ञान आवश्यक है। इस ज्ञान के कारण मन में पर-पदार्थों के प्रति वैराग्य भावना उत्पन्न होती है। पदार्थों के प्रति विरक्ति से त्याग भाव की उत्पत्ति होती है।

सामाजिक दृष्टि से त्याग की उत्पत्ति के लिए प्रेम, दया एवं करुणा का महत्व है। त्याग के विकास के लिए मन की उदात्ता एवं उदारता आवश्यक है। ऐसी स्थिति में किसी की पीड़ा को देखकर हृदय में करुणा एवं दया के भाव उत्पन्न होते हैं तथा हम धन से, वस्तु से, पदार्थ से, उसकी सहायता करते हैं। करुणा एवं दया के अतिरिक्त प्रेम सम्बन्धों में व्यक्ति अपने पास की वस्तु को अपने साथी को प्रदान करता है। उसके जीवन में उत्सर्ग की भावना विकसित होती है। प्रेम में हमारा आकर्षण वस्तु की अपेक्षा प्रिय से हो जाता है। उदाहरणार्थ, प्रसाद ने अपने एक पात्र से कहलवाया है- 'प्रत्येक हृदय में एक बार प्रेम की दीपावली जलती है जिसमें हृदय हृदय को पहचानने का प्रयत्न करता है, उदार बनता है और सर्वस्व अर्पण करने की भावना रखता है'।

त्याग-भाव के विकास में मार्दव, शौच एवं संयम सहायक हैं। मार्दव से व्यक्ति का अहंकार समाप्त होता है। उसकी दृष्टि व्यापक बनती है। आत्मतुल्यता की चेतना का विकास होता है।

शौच के कारण लोभ की प्रवृत्ति का अन्त हो जाता है तो त्याग की भावना का विकास होता है।

संयम द्वारा व्यक्ति जोड़ने की प्रवृत्ति को सीमित करता है। पदार्थों के प्रति आसक्ति भाव को नियंत्रित करता है। त्याग में वह अपने पास के पदार्थों को दूसरों को प्रदान करता है। संयम के द्वारा त्याग की भावना का विकास होता है तथा त्याग के कारण संयम की साधना बलवती एवं दृढ़ होती है।

तप एवं त्याग का गहरा सम्बन्ध है। तप में व्यक्ति पूर्व-संचित कर्मों का क्षय करता है। पर के प्रति आसक्ति ही कर्मों के आस्रव का मूल कारण है। जब तप के द्वारा आसक्तियों का अन्त होता है तो त्याग की भावना का परिपाक होता है। जब पर-पदार्थों के त्याग की भावना का संचार होता है तो उनके प्रति मन में आसक्ति के अंशों का नाश होता है।

तप की साधना में त्याग-भाव की इसी कारण प्रधानता है। वस्तुतः आध्यात्मिक दृष्टि से 'त्याग' तप की और 'आकिंचन्य' त्याग की ऊर्ध्व मूलक स्थितियाँ हैं।

इस प्रकार 'त्याग' तप एवं आकिंचन्य की मध्यस्थ भाव धारा है। तप के

द्वारा राग-द्वेषों से शून्यता होती है। त्याग के द्वारा आत्मा अपरिग्रह से संवलित होती है। पूर्ण आकिंचन्य की स्थिति में पहुँच कर तन, मन, धन किसी के प्रति कोई मोह शेष नहीं रह जाता।

त्याग एवं अपरिग्रह परस्पर पूरक हैं। अपरिग्रह में परिग्रह का निषेध है। त्याग में अपनी वस्तु को दूसरों को दान करने की सामाजिक चेतना भी है। व्यक्ति त्याग के द्वारा परिग्रह का नाश करता है एवं अपरिग्रह का पालन करता है। आध्यात्मिक दृष्टि से त्याग अपरिग्रह तक पहुँचने का साधन है। त्याग से ही व्यक्ति में समाज के अन्य सदस्यों के लिए उत्सर्ग भाव का उदय होता है।

त्याग के पालन से आत्मदृष्टि का विकास होता है। वैराग्य, ममत्वहीनता, रागशून्यता एवं अपरिग्रह की वृत्तियाँ पनपती हैं। सामाजिक दृष्टि से त्याग से सामाजिक वृत्ति का उन्मेष होता है। तुलसी ने इसी भाव को धर्म माना है :

'परहित सरिस धरम नहीं भाई।'

इस दृष्टि से त्याग की विशिष्ट भूमिका है। क्षमा, मार्दव, आर्जव, सत्य, शौच, संयम, तप, आकिंचन्य एवं ब्रह्मचर्य, इन सबके द्वारा व्यक्ति आत्म-संशोधन एवं साक्षात आत्म कल्याण करता है, अप्रत्यक्ष रूप में पर कल्याण का निमित्त भी बनता है, जबकि त्याग में प्रत्यक्ष रूप से दूसरों को देने की भावना निहित है। समभाव की साधना तभी विकसित हो सकती है जब व्यक्ति दूसरों को अपने जैसा समझता है। त्याग के द्वारा करुणा का विस्तार होता है। दूसरों जीवों को आत्मवत समझने के कारण ही व्यक्ति हिंसा का त्याग कर देता है और अहिंसा का पालन करता है। वह यह मानता है कि प्राणी मात्र जीवित रहने की कामना रखते हैं। मुझे अपना जीवन प्रिय है, दूसरों को भी अपना जीवन प्रिय है। मुझे दुःख अप्रिय है, दूसरों को भी दुःख अप्रिय है। इस प्रकार समभाव एवं आत्मतुल्यता की चेतना का विकास होने पर व्यक्ति अहिंसक होता है।

त्याग के पालन से व्यक्ति के जीवन में सन्तोष एवं शान्ति का पोषण होता है। दया एवं सेवा की भावना का विकास होता है। उसका चित्त उदार बनता है। सहिष्णुता की भावना विकसित होती है।

सामाजिक जीवन की दृष्टि से त्याग की तीन प्रमुख कोटियाँ हैं :

1. अधम,
2. मध्यम,
3. उत्तम।

जब कोई व्यक्ति किसी भय के द्वारा अथवा स्वार्थ की भावना के कारण अपनी वस्तु का त्याग करता है, तो वह अधम त्याग है।

एक व्यक्ति तस्करी का माल ला रहा है। उसे पता चलता है कि पुलिस

के द्वारा उसकी तलाशी ली जाने वाली है। भय के कारण वह तस्करी के माल को अपने से अलग कर देता है या किसी दूसरे को दे देता है। इसमें वस्तु को अपने पास से अलग करने की अथवा दूसरे को दे देने की प्रकिया तो है, किन्तु यह कार्य उसने भय की भावना तथा पुलिस से अपने को बचाने के उद्देश्य से किया है। इस कारण यह अधम कोटि का त्याग है। इस प्रकार का त्याग नैतिक दृष्टि से कोई मूल्य नहीं रखता।

जब व्यक्ति किसी दूसरे के दुःख को देखकर विचलित हो जाता है तथा अपनी वस्तु का दान कर देता है तो इस प्रकार का त्याग मध्यम कोटि का है। इसमें व्यक्ति करुणा, प्रेम अथवा दया के भावों से प्रेरित होकर त्याग करता है।

जब मन की सहज भावना से प्रेरित होकर त्याग किया जाता है, तो वह उत्तम त्याग कहलाता है। इसमें त्याग करना जीवन का स्वभाव बन जाता है।

उत्तम त्याग में व्यक्ति अपनी कीर्ति, प्रशंसा एवं यश की कामना नहीं करता। इसीलिए यह कहा गया है 'पूयणट्ठी जसोकामी, माण संमाण कामए। बहुं पसवई पावं, माया सल्लं च कुव्वइ'— जो साधक पूजा-प्रतिष्ठा के चक्कर में पड़ा है, यश का कामी है, मान-सम्मान का पिपासु है, वह अनेक प्रकार का दम्भ रचता हुआ बहुत पाप कर्म का संचय करता है।[25]

मुनि जीवन में व्यक्ति सांसारिक वस्तुओं का परित्याग कर चुका होता है। भौतिक पदार्थों को छोड़ने के बाद उसकी आध्यात्मिक साधना का आरम्भ होता है। इस धरातल पर त्याग के दो स्वरूप हैं : (1) बाह्य त्याग (2) आभ्यंतर त्याग। साधक समय की अवधि निर्धारित कर भोजन का त्याग करता है, भोजन की मात्रा घटाता है तथा भोजन में अनेक रसों का त्याग कर देता है। इसे कायिक बाह्य त्याग कहा जा सकता है। साधक असत्य वचन, तिरस्कारमय वचन, दूसरों को अप्रिय लगनेवाले वचन, कर्कश कठोर वचन, अविचारपूर्ण वचन, शांत हुए कलह को उद्बुद्ध करने वाले वचन- ऐसे सभी वचनों का परित्याग कर देता है। वाचालता को त्याग देता है। इसे वाचिक बाह्य त्याग कह सकते हैं।

आभ्यंतर त्याग में साधना के आरम्भ में व्यक्ति पहले लोभ, मोह आदि विकार मूलक परिग्रहों का परित्याग करता है। इसके बाद वह बाह्य ध्येयों से दृष्टि को हटाकर अन्त में शरीर से चेष्टाओं का त्याग, वाणी से वचनों का त्याग, तथा मन से चितवन का त्याग कर आत्मा में निरत हो जाता है।

त्याग का महत्व सभी धर्म एवं दर्शन परम्पराओं में मान्य है। दुखों का मूल इच्छा है। इच्छाओं का त्याग ही वास्तविक त्याग है। किसी ने इच्छा को तृष्णा, किसी ने माया, किसी ने वासना, किसी ने अज्ञान तथा किसी ने कर्म पुद्गलों के आस्त्रव का कारण माना है। बौद्ध दर्शन में भव चक्र की बाह्य श्रृंखलाओ में इच्छा को प्रथम माना गया है। योगियों ने उन्मनी भाव को आत्म-दर्शन का सर्वोच्च पथ

माना है। उन्मनी भाव का अर्थ है मन या इच्छा का उन्मूलन। मन या इच्छा के विनाश से सृष्टि का विनाश होता है। इसलिए मन को ही बन्धन और मुक्ति दोनों का हेतु माना गया है। मन का त्याग ही योगियों की दृष्टि में सबसे महान त्याग है। ईसा के वचन 'अपना निषेध करो' (Deny Yourself) का भावार्थ 'अहंकार' का ही त्याग है।

भक्ति साधना में भी त्याग को साधना का अनिवार्य अंग माना गया है। अभिमान, दंभ, सुख-दुख, इच्छा, लाभ-हानि, कामंना आदि का त्याग साधना पथ में अनिवार्य है।

गीता में त्याग को 'दैवी संपदा' कहा गया है। जर्मन दार्शनिक शोपेनहावर ने भी स्वीकार किया है कि 'इच्छाओं का त्याग ही सत्य का प्रवेश द्वार है'। यह तत्त्व दर्शन का वास्तविक मार्ग है। इसी कारण आध्यात्मिक साधना के समस्त सन्तों ने त्याग पर बहुत बल दिया है। सत्य के साधक को बार-बार बाहरी प्रभोलन अभिभूत करते हैं। इसी कारण सन्तों ने कामनाओं का सर्वथा त्याग करके मुक्ति पथ पर बढ़ने के लिए कहा है : 'अब घर जालौं तास का, जे चलै हमारे साथि'।[26]

त्याग ही सृष्टि अथवा सम्पूर्ण सृजन का आधार है। प्रकृति का विधान त्याग पर ही आधारित है। सूर्य प्रकाश देता है, पुष्प सुगंध देते हैं, वृक्ष फल देते हैं, नदियाँ जल प्रदान करती हैं तथा पृथ्वी अन्न देती है। प्रकृति का त्याग निष्काम है। कवीन्द्र रवीन्द्र ने इसी को ध्यान में रखकर कहा है : 'हे प्रभु, तुम इस विनाशशील पात्र को बार-बार खाली करते हो एवं पुनः नये-नये जीवन से भर देते हो।'

समाज विद्वान का आदर करता है, त्यागी की पूजा करता है। महावीर, बुद्ध, राम, सुकरात, ईसा की पूजा उनकी त्यागमयी साधना के कारण की जाती है।

त्याग से मानवीयता का विकास होता है। मनोवैज्ञानिक दृष्टि से व्यक्ति को मानसिक शान्ति प्राप्त होती है। उसके हृदय में दूसरों के लिए कोमल भावना का संचार होता है। स्वार्थ वृत्ति के स्थान पर परहित की भावना का विकास होता है। सामाजिक दृष्टि से त्याग वृत्ति के कारण अनेक सामाजिक कार्य सम्पन्न होते हैं। जब समाज के व्यक्तियों में त्याग की भावना रहती है तो समष्टिगत कल्याण की अनेक योजनाएँ बिना राज्य शक्ति की सहायता से सम्पन्न हो जाती हैं। त्याग से आर्थिक विषमतायें कम होती हैं।

त्याग करते रहना आवश्यक है। यदि नदी संचय ही करती रहे तथा त्याग न करे तो उसका परिणाम क्या होगा? उसके तटों की सीमाएँ टूट जायेंगी। व्यक्ति संग्रह ही करता रहे तथा त्याग न करे तो उसका परिणाम क्या होगा। संयम एवं

सन्तोष के तटों की सीमाएँ टूट जायेंगीं। तृष्णा-वृत्ति बढ़ती जायेगी। उदारता एवं सहिष्णुता समाप्त हो जायेंगी। अतृप्ति के विकास से उसमें अनेक मानसिक कुंठाएँ उत्पन्न होंगी। समाज में आर्थिक वैषम्य अपनी चरम सीमा पर पहुँच जायेगा।

आधुनिक जीवन में त्याग का महत्व बहुत अधिक है। पहले के व्यक्ति और आज के व्यक्ति की विचारधारा में अन्तर है। पहले का व्यक्ति अपने वर्तमान जीवन के अभावों को विगत जीवन के कर्मो का परिणाम मानकर सन्तुष्ट हो जाता था। आज का व्यक्ति इसी जीवन में साधनों के उपभोग की माँग कर रहा है। अब वह भाग्य के सहारे अभावों की जिन्दगी जीने के लिए तैयार नहीं है। वह समाज से अपनी सत्ता की स्वीकृति चाहता है, अस्तित्व के लिए साधनों की माँग कर रहा है। इस कारण आज आर्थिक विषमताओं को कम करना सामाजिक शान्ति एवं व्यवस्था की दृष्टि से आवश्यक है।

साधन-सम्पन्न व्यक्ति यदि त्याग वृत्ति के द्वारा यह कार्य सम्पन्न नहीं कर पायेंगे तो जो वर्ग साधनों से विहीन है, जिस वर्ग के पास रहने के लिए मकान नहीं है, खाने के लिए रोटी नहीं है, वह शान्त नहीं बना रह सकता। वह आज पुराने युग के आदमी की भाँति धैर्य धारण नहीं करेगा, विद्रोह करेगा। वह सामाजिक व्यवस्था को तोड़ने का प्रयास करेगा। हिंसा का सहारा लेगा। सामाजिक जीवन में सघंर्ष बढ़ेगा।

अपने आप किसी वस्तु को देने से मन में सन्तोष होता है। दूसरों के द्वारा वस्तु को बलपूर्वक छीने जाने से दु:ख, आक्रोश, पीड़ा एवं अपमान होता है।

इस प्रकार त्याग व्यष्टिजन्य स्वार्थ को तिरोहित कर, आत्मज्योति को तो प्रदीप्त करता ही है, परार्थ की वृत्ति का उन्मेष कर, सामाजिक समस्याओं का अहिंसात्मक समाधान भी प्रस्तुत करता है।

IX. आकिंचन्य

आकिंचन्य भाववाचक संज्ञा है। यह विशेषण 'अकिंचन' से व्युत्पन्न है। अकिंचन का अर्थ है 'नास्ति किंचन यस्य'—जिसके पास कुछ भी न हो।

आध्यात्मिक साधना में जो सब कुछ छोड़ देता है वह अपने को पा लेता है। बड़ी चीज पाने के लिए छोटी चीज को खोना पड़ता है। जब किसी बड़ी चीज के प्रति आकर्षण हो जाता है, तो उससे छोटी चीज के प्रति विकर्षण हो जाता है। एक आयु में बच्चों का आकर्षण खिलौनों से होता है। मानसिक विकास हो जाने पर जब उनका आकर्षण पुस्तकों से हो जाता है तो खिलौनों से विकर्षण हो जाता है। जो व्यक्ति सप्रयास विवेकपूर्ण साधना के द्वारा बाहर का सब कुछ खो देता है, वह पारमार्थिक दृष्टि से अपने भीतर सब कुछ पा लेता है।

आत्मा के साधक को क्या पाना है? उत्तर है—आत्मा। आत्मा चेतन है।

आत्मा से व्यक्ति जानता है। जो जान नहीं पाता वह जड़ अनात्म है। पदार्थों का ज्ञान आत्मा को होता है, इन्द्रियों को नहीं। इन्द्रियाँ तो जानने की साधन हैं। चेतना के लुप्त होने पर इन्द्रियाँ नहीं जान पातीं। शरीर छोड़ देने पर आत्मा में पूर्व में ज्ञात किये गये पदार्थों का स्मरण रहता है। यही कारण है कि तत्काल उत्पन्न शिशु अपनी माँ के स्तनों का पान करने लगता है। आत्मा अर्मूत है, शरीर मूर्त है। जानने की शक्ति से ही आत्मा की अनुभूति होती है। आत्मा से रहित शरीर में चेतना नहीं होती। 'आत्मा अजन्मा, नित्य, शाश्वत और पुरातन है, शरीर के नाश होने पर भी इसका नाश नहीं होता'।[27] इस प्रकार आत्मा अथवा चेतन तथा जड़ अनात्मा अथवा पुद्गल तात्विक दृष्टि से पृथक-पृथक हैं। व्यवहार से ही इनमें एकत्व है। इसका कारण यह है कि जीव अथवा आत्मा एवं पुद्गल द्रव्य का अनादिकालीन संयोग है।

संयोग के कारण इनमें विभाव रूप परिणमन होता है। स्पर्श, रस, गंध, वर्ण,शब्द आदि मूर्त पुद्गलों का निमित्त पाकर जीव को राग, द्वेष, मोह आदि विभाव-शक्ति-जन्य विकार होते हैं। क्रोध, मान, माया, लोभ आदि का कर्ता स्वयं जीव है। जीव में ये कषाय मोह कर्म के निमित्त से प्रकट होते हैं। इस कारण ये जीव के निज स्वभाव नहीं हैं। इन्हीं भावों के द्वारा नवीनबंध होता है। ममत्व एवं मिथ्यात्व आदि भाव ही बंध के कारण हैं। इन्ही भावों से आसक्ति उत्पन्न होती है। बाहरी वस्तुएँ एवं घटनायें सुख-दुःख का निमित मात्र होती हैं। मोह एवं आसक्ति के कारण हमें सुख-दुःख रूप भावों की प्रतीति एवं उनकी प्रबलता का बोध होता है। जो मोह एवं आसक्ति को छोड़ देते है, उन्हें हर्ष अथवा विषाद की स्थितियों में सुख-दुःख नहीं होता। जिसको मोह रहता है उसे कारण मिलने पर अथवा बिना कारण के भी केवल अपने संकल्प से सुख-दुःख का अनुभव होता रहता है। साथी का वियोग होने पर किसी को बहुत दुःख होता है, किसी को अपेक्षाकृत कम होता है तथा किसी को बिल्कुल नहीं होता।

व्यवहार से बंध एवं मोक्ष का हेतु अन्य पदार्थ को माना जाता है। यदि हम तात्त्विक दृष्टि से विचार करें तो यह जीव स्वयं बंध तथा मोक्ष दोनों का हेतु है। जीव के राग, द्वेष आदि परिणामों का निमित्त करके ही पुद्गल वर्गणायें कर्मरूप से परिणमन करती हैं। इस प्रकार जीव के राग आदि भावों को निमित्त करके ही कर्म आत्मा से बँधते है। कोई दूसरा हमें नहीं बाँधता अपितु हम स्वयं ही अपने किये गये भावों के अनुसार उपार्जित कर्मों से बँधते हैं।

राग, द्वेष आदि विकारमूलक भावों का अन्त हो जाने पर कर्म-परमाणु रूप परद्रव्य का नवीन बंध नही होता। सूक्ष्म कर्म-परमाणु-समूह का आत्मा की ओर आगमन तो होता है, किन्तु वह आत्मा से बंध नहीं पाता। इस प्रकार शरीर में स्थित होने पर भी साधक शरीर के प्रति ममत्वभाव का त्याग कर सकता है,

शरीर को आत्मा से भिन्न पदार्थ के रूप में जान सकता है,आत्म तत्त्व का साक्षात्कार कर सकता है। आध्यात्मिक साधक धन, सम्पत्ति, पुत्र, पत्नी, मित्र, इद्रिन्य भोगों तथा अंततः स्वयं अपने शरीर की आत्मा से भिन्नता समझता है तथा पर-द्रव्यों के प्रति ममत्व भाव का त्याग कर देता है। इसी कारण दर्शन के धरातल पर आकिंचन्य का अर्थ है—देहादि समस्त भौतिक पदार्थों के प्रति ममत्व का त्याग।

आकिंचन्य का विरोधीभाव वस्तुओं के प्रति आसक्ति, ममत्व एवं मन का अहंकार है। इनके कारण व्यक्ति की दृष्टि भौतिकवादी हो जाती है। वह अधिक से अधिक संग्रह करना चाहता है। परिग्रह के विस्तार से उसमें अहंकार एवं लोभ का विस्तार होता है। व्यक्ति संगृहीत वस्तुओं के कारण अपने को दूसरों से श्रेष्ठ समझने लगता है। उसकी अंहकार वृत्ति के कारण समाज में भेदभाव की भावना विकसित होती है। व्यक्ति अपना मान-सम्मान चाहता है। प्रतिष्ठा की कामना अंकुरित होती हैं। परिग्रह के विस्तार के साथ साथ वह अपने को समाज का प्रतिष्ठित नागरिक मानने लगता है। प्रतिष्ठा की कामना से प्रमाद को प्रोत्साहन मिलता है। प्रमाद से संयम की नींव हिलने लगती है। यदि कामना के अनुरूप मान प्राप्त नहीं हो पाता, तो उसका मन क्षुब्ध हो जाता है। मन में क्रोध बढ़ता है, क्षमा वृत्ति पराजित हो जाती है।

सांसारिक दृष्टि से व्यक्ति सम्पन्न होना चाहता है। पदार्थों को जोड़ना चाहता है। इसका अर्थ है कि आध्यात्मिक दृष्टि से वह सब कुछ छोड़ना चाहता है। जब तक पदार्थों के प्रति अपनेपन का भाव रहता है, तब तक वह पर के प्रति अपनत्व की चेतना से रिक्त नहीं हो पाता। उसके जीवन-पात्र में आत्मज्योति अपने शुद्ध रूप में प्रकाशित नहीं हो सकती।

आकिंचन्य की स्थिति तक पहुँचने के लिए रागद्वेषशून्यता तथा ज्ञान की दृष्टि से सत्य, कर्म की दृष्टि से तप, तथा भावनाओं की दृष्टि से त्याग की आराधना आवश्यक है। यही कारण है कि आकिंचन्य को क्षमा, मार्दव, आर्जव, शौच तथा सत्य, संयम, तप एवं त्याग के बाद विवेचित किया गया है।

आकिंचन्य एवं अपरिग्रह परस्पर पूरक हैं। अपरिग्रह व्रत है। आकिंचन्य धर्म है। अपरिग्रह परिग्रह का निषेध हैं। वस्तु के प्रति ममत्वभाव परिग्रह है। जो साधक पर-पदार्थों के प्रति अपनी ममत्व बुद्धि का त्याग कर देता है, वही परिग्रह का त्याग करने में समर्थ हो सकता है। परिग्रह का निषेध कर, व्यक्ति अपरिग्रह-व्रत को पूरा करने के लिए आगे बढ़ता है। साधना की अवस्था में आकिंचन्य अपरिग्रह तक पहुँचने का साधन है। सिद्धि की अवस्था में अपरिग्रह की स्थिति में आकिंचन्य आत्मा का धर्म है, आत्मा का स्वभाव है।

आकिंचन्य का अर्थ परिग्रह-शून्यता मात्र नहीं है, परिग्रह-शून्यता के

मनोभाव की सहज स्वीकृति भी है। जब तक साधक के मन में किसी वस्तु के अपने पास होने का अहंकार विद्यमान रहता है अथवा वस्तु की प्रप्ति की आकांक्षा रहती है तब तक आकिंचन्य का भाव नहीं आता। आकिंचन्य आत्मा के अतिरिक्त अन्य सभी वस्तुओं का अंतर-आत्मा से त्याग करते हुए समस्त परिग्रहों से शून्य होने की सहज स्थिति है।

उपर्युक्त विवेचना के पश्चात आकिंचन्य शब्द से निम्नलिखित अर्थ प्रकट होते हैं :

(1) वस्तु-अभाव-स्थिति।

(2) परिग्रह-शून्यता।

(3) किसी भी अप्राप्त वस्तु की प्राप्ति की इच्छा का अभाव।

(4) परिग्रह-शून्य रहने की इच्छा एवं उसके लिए अभ्यास।

(5) प्राप्त वस्तुओं के प्रति ममत्व का अभाव।

(6) अहंकार, लोभ, तृष्णा, असन्तोष एवं ममत्व आदि का त्याग।

(7) आत्मा एवं अनात्मा के भेद की प्रतीति। समस्त भौतिक पदार्थों का त्याग एवं अपने शरीर के प्रति भी ममत्व का त्याग।

सामाजिक जीवन में व्यक्ति यद्यपि आकिंचन्य का पूर्ण रूप से पालन नहीं कर सकता, तथापि आकिंचन्य के चिंतन से पर पदार्थों के प्रति अपने आसक्तिभाव को अवश्य घटा सकता है। ऐसी स्थिति में किसी वस्तु के अभाव से मानसिक पीड़ा नहीं होती। जीवन में सन्तोष का संचार होता है।

आसक्ति के अभाव का अर्थ किसी व्यक्ति के प्रति उपेक्षा, घृणा अथवा तिरस्कार का भाव नहीं है, अपितु सभी के प्रति प्रेम है। जब व्यक्ति किसी के प्रति आसक्त होता है, तो उसके मन में उसके प्रति राग होता है, उसके विरोधी के प्रति उसके मन में द्वेष होता है। जब व्यक्ति को आत्मा एवं अनात्मा का भेद स्पष्ट हो जाता है, तो उसे संसार के समस्त प्राणियों की आत्माओं के प्रति आत्मतुल्यता का बोध होता है। अपनी शुद्ध आत्मा को जानकर वह सबको जान लेता है। आध्यात्मिक धरातल पर एक को जानने का अर्थ है, सबको जानना तथा सबको जानना भी अपने को ही जानना है। अस्तित्व की दृष्टि से प्रत्येक आत्मा स्वतन्त्र है किन्तु स्वरूप की दृष्टि से सभी आत्माएँ समान हैं। जब साधक का अपने शरीर से भी ममत्व छूट जाता है, तो उस स्थिति में उसकी दृष्टि विस्तृत से विस्तृततर हो जाती है, और उसे पता चलता है कि स्वरूप की दृष्टि से सभी आत्माएँ समान हैं। इसी कारण अनात्माओं से अनासक्ति एवं संसार के सभी प्राणियों के प्रति आत्मतुल्यता का भाव होता है। संसार के सारे पदार्थों को

छोड़कर, अपने आत्मस्वरूप के साक्षात्कार से सभी प्राणियों के प्रति समभाव होता है। यह कर्मों का बंधन नहीं, संयम का सहज आचरण है। इसी कारण यह कहा गया है कि जो इस लोक में छोटे-बड़े सभी प्राणियों को आत्मतुल्य देखते हैं, षट्द्रव्यात्मक इस महान लोक का सूक्ष्मता से निरीक्षण करते हैं तथा अप्रमत्त भाव से संयम में रत रहते हैं, वे ही मोक्ष के अधिकारी हैं।

सामाजिक स्तर पर आकिंचन्य धर्म के पालन में राजा जनक का जीवन आदर्श स्वरूप है तथा लोक जीवन में गांधीवादी ट्रस्टीशिप की भावना।

X. ब्रह्मचर्य

विषय वासनाओं में लीन मनुष्य धर्म के तत्त्व को नहीं पहचान पाता। जो मनुष्य वासना के प्रवाह से दूर आत्म-रूप भागीरथी के तट पर नहीं पहुँचता, वह संसार के प्रवाह में बहता रहता है। काम-भोगों से कर्मों का बंधन होता है। काम-भोगों की लालसा रखनेवाले प्राणी कभी तृप्त नहीं हो पाते।

हमारा अहंकार काम वासना की अतृप्ति को बढ़ाता है। आत्मभाव के आने पर व्यक्ति निष्कपट हो जाता है। वह अपने से कुछ छिपाता नहीं है। ऐसे व्यक्ति की सभी विषय-वासनाएं आत्म चेतना के समक्ष आकर शान्त हो जाती हैं। वासनाओं की भूख बड़ी उत्कट है। देह-दमन के मार्ग से वासनाओं की भूख को नहीं मिटाया जा सकता। आत्मा की ओर झाँककर, अन्तश्चेतना की ओर अभिमुख होकर, अचेतन मन की खोज करके, प्रत्येक प्रकार के अंतर्द्वन्द्व को चेतना की सतह पर लाना आवश्यक है। वासना को दबाना नहीं, हटाना चाहिए। वासनाओं को दबाने से, वे आत्मा से और भी प्रगाढ़ रूप में बँध जाती हैं। जब तक वासनाएँ अचेतन मन के धरातल पर क्रियाशील रहती हैं तब तक कोई व्यक्ति, प्रयत्न करने पर भी उनसे मुक्त नहीं हो सकता। ऐसा व्यक्ति अज्ञानी होता है। वह उस जन्मान्ध व्यक्ति के समान होता है जो छिद्रवाली नौका पर चढ़कर नदी के किनारे पहुँचना चाहता है, किन्तु किनारा आने के पूर्व ही नदी के बीच जल-प्रवाह में डूब जाता है। जब व्यक्ति अहंकार छोड़ देता है, तभी वह आत्मा के द्वारा सत्य का अन्वेषण कर पाता है। उस स्थिति में वह आत्मा के द्वारा आत्मा का नियन्त्रण करता है। जिस प्रकार पुरानी एवं सूखी लकड़ियों को आग शीघ्र जला देती है, उसी प्रकार आत्म-निष्ठ साधक चेतना के धरातल पर अचेतन मन की वासनाओं को संयम, तप एवं त्याग की अग्नि के द्वारा जला देता है।

काम-वासना पर विजय प्राप्त करना अत्यन्त कठिन कार्य है। सामान्य व्यक्ति अपने जीवन से काम और वासना को निर्मूल नहीं कर पाता। मुनि एवं तपस्वी उग्र ब्रह्मचर्य व्रत धारण करते हैं। गृहस्थ यह व्रत नहीं ले पाता। इस कारण ब्रह्मचर्य को पारिभाषित करते समय उसके स्वरूप को अलग-अलग स्तरों पर समझना होगा।

गृहस्थ जीवन में ब्रह्मचर्य का अर्थ परस्त्री का त्याग, अपनी पत्नी के द्वारा ही काम-वासना की संतुष्टि तथा कामभाव का संयमीकरण है।

अध्यात्म के स्तर पर ब्रह्मचर्य साधना का अंग भी है और सिद्धि की अवस्था भी। इस स्तर पर ब्रह्मचर्य शब्द से साधना के क्रमिक विकास के अनुरूप भिन्न अर्थ-छायाओं का बोध होता है:

(1) मैथुन के प्रति विरक्ति।

(2) इन्द्रियों की चंचलता की निवृत्ति।

(3) चित्त की भ्रान्ति की निवृत्ति।

(4) विषय-वासना आदि प्रवृत्तियों की इच्छा की निवृत्ति।

अध्यात्म की सिद्ध अवस्था में विशुद्ध चैतन्य का प्रकाशित होना ही ब्रह्मचर्य है। उस अवस्था में आत्म स्वरूप ब्रह्म में रमण करना ही ब्रह्मचर्य है। विषय तथा विषयी का भेद हट जाने पर, जब आत्म ब्रह्म का साक्षात्कार होता है, तब साधक अखण्ड महाव्रत ब्रह्मचर्य में स्थित रहता है।

ब्रह्मचर्य की विरोधी स्थितियाँ है : काम का उदय होना, काम की इच्छा होना, काम के प्रति आसक्ति होना, कामाचार, इन्द्रियों की चंचलता, चित्त का विपेक्ष, तथा भौतिक सुखों को वास्तविक मानना। गृहस्थ की दृष्टि से परस्त्री के प्रति काम-प्रवृत्ति का उदय ब्रह्मचर्य अवस्था का पतन है। सामाजिक दृष्टि से विवाह के पूर्व ब्रह्मचर्य का पालन करना चाहिए। ब्रह्मचर्य का सम्बन्ध व्यक्ति की मानसिकता से है। यौवन काल के आने पर जब शरीर की अंतःस्रावी ग्रन्थियाँ क्रियाशील होती हैं, तो पुरुषों को स्वप्नदोष हो सकता है। परन्तु यदि यह क्रिया प्रकृतिगत है, तो इससे चिंतित होने की आवश्यकता नहीं है।

आध्यात्मिक दृष्टि से अब्रह्मचर्य अधर्म का मूल है। पुरुष स्त्री समागम के प्रति अनुरक्ति का भाव संयम को खण्डित कर देता है। इन्द्रियों की चंचलता आत्मा को विषय-वासना की ओर प्रवृत्त करती है। चित्त का विक्षेप कषायों का रूप धारण कर लेता है।

ब्रह्मचर्य की साधना के लिए शारीरिक दृष्टि से आहार का विवेक एवं मलशुद्धि आवश्यक है। विवाह पूर्व जीवन में ऐसे भोजन से बचना चाहिए जो गरिष्ठ हो तथा विषय वासनाओं को उभारने वाला हो। वासना पर संयम के लिए दैनिक जीवन में योग-साधनों का अभ्यास एवं ध्यान भी आवश्यक है। विवाह के पश्चात् भी व्यक्ति को चाहिए कि वह अपनी पाशविक वृत्तियों को संयमित करे। प्रेम केवल देह-कृत्य नहीं है। भावात्मक लगाव एवं आकर्षण से ही प्रेम सम्बन्धों में स्थायित्व आ सकता है।

आध्यात्मिक दृष्टि से ब्रह्मचर्य की साधना के लिए रागद्वेष का परिहार,

आत्मा एवं अनात्मा की भेद-प्रतीति तथा अध्यात्म योग की ओर अभिमुख होकर अपने को विषयों से बचाने का उत्तरोत्तर प्रयत्न करना चाहिए। इस दृष्टि से ब्रह्मचर्य केवल शुक्रसंयम मात्र नहीं है, अपितु यह आत्मब्रह्म में संचरण की अनवरत साधना है।

सभी आत्मिक धर्मों एवं दर्शनों में ब्रह्मचर्य का महत्व निर्विवाद है। महाभारत के 'सनत्सुजातपर्व' में ब्रह्मचर्य को चतुष्पाद कहा गया है। उसके विवेचन से यह स्पष्ट है कि ब्रह्मचर्य का जितना सम्बन्ध स्त्री समागम से विरति, बिन्दु साधन एवं मनोजय से है, उससे अधिक 'ब्रह्म' की अनुभूति से है। ब्रह्मचर्य के द्वारा ही पर-ममत्व के परिहार का विधान है।

योग परम्परा में 'मरणं बिन्दु-पातेन' कहकर बिन्दु पतन को मृत्यु तथा 'जीवनं बिन्दु-धारणात्' कहकर बिन्दु धारण को जीवन की संज्ञा दी गयी है। बिन्दु क्या है? गणित शास्त्र में जिस प्रकार वृत्त एवं त्रिकोण आदि का केन्द्र बिन्दु कहलाता है, उसी प्रकार योग एवं तन्त्र सम्प्रदायों में शरीर अथवा कोषों के केन्द्र को बिन्दु कहते है। शरीर का सबसे सूक्ष्म एवं सार भाग बिन्दु है। बिन्दु से रहित शरीर का अस्तित्व ही सम्भव नहीं है। इसमें प्राण एवं मन के चिद् अणु विद्यमान हैं। यौगिक विधान से इन्हें ऊर्जा (विद्युत शक्ति) में परिवर्तित किया जा सकता है।

इससे अध्यात्म-शक्ति का पोषण होता है। आत्मा के साक्षात्कार के लिए आवश्यक शक्ति प्राप्त होती है। इस प्रकार ब्रह्मचर्य की प्रथम साधना बिन्दु का परिपाक है, जिसके द्वारा योगी ब्रह्म में स्थित होता है।

अलग-अलग कोषों में उनके अलग-अलग केन्द्रों में अलग-अलग एक-एक बिन्दु होने का भी योग-सम्प्रदाय में विधान है। अग्निमय कोष का केन्द्र स्थूल बिन्दु है, जिसके आधार पर हमारा स्थूल शरीर प्रतिष्ठित है। प्राणमय, मनोमय और विज्ञानमय कोषों के आधार पर सूक्ष्म शरीर गठित होता है। इनके भी कोषगत केन्द्रों में एक-एक बिन्दु है। इसके बाद आनन्दमय कोष है। इसके केंन्द्र में जो बिन्दु है उसे 'अमृत बिन्दु' कहते हैं। शरीर, प्राण, मन एवं समस्त इन्द्रियों की प्रत्येक क्रिया का पोषक तत्त्व बिन्दु ही है। इन समस्त क्रियाओं के साथ बिन्दु का क्षरण होता है। बिन्दु के क्षरण को रोके बिना न तो स्थिरता सम्भव है, और न ऊर्ध्व गति।

बिन्दु की दो दशाएँ हैं :

(1) अधोगमन।

(2) ऊर्ध्व गमन।

बिन्दु के अधोगमन से बिन्दु का स्खलन होता है। बिन्दु का ऊर्ध्वगमन जीव

का ब्रह्म के साथ मिलन है। ब्रह्मचर्य की साधना में बिन्दु को प्रकाश रूप आत्मा के साथ एकीकृत करने का अभ्यास किया जाता है। इसके लिए पहले साधक स्थिर होता है। इंद्रिय मौन अर्थात् इंद्रिय निग्रह करता है। इस भूमिका पर योगी बिन्दु को स्थिर करते हैं। इसके बाद उसका शोधन करते हैं। वैदिक तथा तांत्रिक साधना में बिन्दु शोधन के अनेक उपाय वर्णित हैं।

पिण्ड में वर्तमान बिन्दु अपनी सूक्ष्म अवस्था में प्रकाश रूप है। ऊर्ध्वीकरण द्वारा बिन्दु को ऊर्जा में परिणत किया जाता है तथा परम ऊर्जा आत्मा में मिला दिया जाता है। ब्रह्मरंध्र में निष्फल ब्रह्म के साथ एक रूप होकर बिन्दु ही ब्रह्म हो जाता है।

यह कार्य अत्यन्त कठिन एवं दुष्कर है। ब्रह्मचर्य की साधना के द्वारा बिन्दु को इन्द्रिय विषयों के जगत से पृथक् करके तथा पवित्र बनाकर ब्रह्ममार्ग में लगाया जाता है, जिससे व्यक्ति को संसार से मुक्ति मिलती है।

योगसूत्र में ब्रह्मचारी की अवस्था का वर्णन प्रकारान्तर से श्रद्धा रूप में किया गया है। ब्रह्मचर्य पालन से संरक्षित वीर्य का संचय होने पर शरीर के अन्दर दिव्य-तेज अथवा दिव्य विद्युत ऊर्जा का विकास होता है। चित्त की चंचलता नष्ट हो जाती है। प्राणों की गति स्थिर हो जाती है। ध्येय की ओर ध्याता के चित्त का एकल प्रवाह उत्पन्न होता है। चित्त के समाहित होने पर 'ध्येय' आवरण मुक्त होकर उज्जवल रूप में अपनी ज्योति से उद्भासित एवं ज्योतित हो उठता है।

इस प्रकार विषयवासनाओं में प्रवृत्त इंद्रियों एवं मन को जो साधक ब्रह्मचर्य की आराधना के द्वारा आत्मा की ओर लगा लेता है, वह मुक्त हो जाता है। इसके बाद अन्य साधनों का महत्त्व नहीं रह जाता। गीता में श्रीकृष्ण ने कहा- जैसे बड़े जलाशय के प्राप्त हो जाने पर छोटे जलाशय की आवश्यकता नहीं रह जाती, वैसे ही ब्रह्मज्ञानी के लिए सर्व वेद निष्प्रयोजन हो जाते हैं।

यावानर्थ उदपाने सर्वतः संप्लुतोदके।
तावान्सर्वेषु वेदेषु ब्राह्मणस्य विजानतः।।[28]

मनोविज्ञान भी अब मानने लगा है कि मानस का क्षेत्र केवल मन तक ही सीमित नहीं है। मनोविज्ञान के क्षेत्र में भारतीय मनीषियों ने मन से अधिक सूक्ष्म प्रत्ययों का अविष्कार किया है। महर्षि अरविंद ने मनो चेतना के ऊर्ध्व रूप को 'अतिमानस' की संज्ञा दी है, मनोचेतना के विकास में मन के आधार से चेतना का ऊर्ध्व आरोहण सम्भव है। इंद्रियों की प्रवृत्तियों का उन्नयन या उदात्तीकरण ही ब्रह्मचर्य है। चेतना का ऊर्ध्व-आरोहण ही मनोवैज्ञानिक दृष्टि से ब्रह्मचर्य है।

लोक जीवन में ब्रह्मचर्य के पालन के लिए महनीय आदर्श और संयम की आवश्यकता है। संयम के द्वारा व्यक्ति चेतन-मन के धरातल पर प्रवृत्तियों का

आत्म नियन्त्रण कर व्यक्तित्व का विकास कर पाता है, इसके सम्बन्ध में विवेचना की जा चुकी है। जब मन का अहंकार नष्ट होने लगता है तभी हम दमित, उद्दाम काम वासना पहचान पाते हैं तथा संयम के द्वारा उसको नियंत्रित कर पाते हैं। स्वच्छंद, उन्मुक्त एवं संयम हीन कामाचरण से मनुष्य न तो अपना कल्याण कर सकता है और न समाज का।

जब तक व्यक्ति इंद्रियों पर नियन्त्रण नहीं कर पाता, तब तक सम्भोग के सुख को भी पूर्णतया के साथ नहीं भोग पाता। यदि व्यक्ति प्रेम में एकनिष्ठता का आचरण नहीं करता, मधुकरीवृत्ति अपना लेता है तो वह मनुष्य से पशु के धरातल पर उतर आता है। मन की कोमल वृत्तियाँ तथा उसकी सौन्दर्य-चेतना नष्ट भ्रष्ट हो जाती है। ऐसी स्थिति में वह प्रेम सम्बन्धों के मानसिक तोष अर्थात हार्दिक आनन्द का कभी भी अनुभव नहीं कर सकता।

सामाजिक व्यवस्था के लिए ब्रह्मचर्य का पालन अनिवार्य है। जब आदिम मनुष्य जंगली जीवन जीता होगा, तब उन्मुक्त यौनाचार करता होगा। जीवन में कोई व्यवस्था न होगी। सुरक्षा की कोई भावना न होगी। परस्पर मिलजुलकर रहने की कोई आवश्यकता न होगी।

मानव सभ्यता के क्रमिक विकास के साथ, जब मनुष्य समाज का निर्माण हुआ, लोगों ने मिलजुलकर रहना सीखा, अपने अस्तित्व और आवश्यकताओं के अनुरूप दूसरों के अस्तित्व एवं उनकी आवश्यकताओं का अनुभव व आदर करने लगे, तो परिवारों की रचना हुई और क्रमशः पति-पत्नी सम्बन्धों की स्थापना हुई तथा उनमें पवित्रता का भाव उत्पन्न हुआ।

पति द्वारा पत्नीत्व व्रत का पालन तथा पत्नी द्वारा पतिव्रत का पालन जहाँ दोनों के व्यक्तिगत जीवन में प्रेम, सन्तोष, विश्वास, अनुराग एवं आस्था की भावनाओं का निर्माण एवं विकास करता है, पारिवारिक जीवन में शान्ति, सद्भाव एवं परस्पर मिलजुलकर एकत्व की अनुभूति के साथ कार्य करने की भावनाओं का निर्माण करता है, वहीं सामाजिक जीवन की व्यवस्था को भी बनाये रखता है।

इस प्रकार एक ओर व्यक्तिगत जीवन में ब्रह्मचर्य जहाँ व्यक्ति के द्वारा नैतिक मूल्यों की स्वीकृति तथा अनेक मनोवैज्ञानिक एवं सामाजिक समस्याओं का समाधान है वहीं दूसरी ओर आध्यात्मिक धरातल पर साधक का परमार्थ महाव्रत है तथा सिद्धि की चरम परिणति है। जिस प्रकार दान के प्रकारों में अभयदान सर्वोपरि दान है, ध्यान के प्रकारों में शुक्ल ध्यान सर्वोपरि ध्यान है, ज्ञान के प्रकारों में सर्वज्ञ ज्ञान सर्वोपरि ज्ञान है उसी प्रकार गुण समूहों में ब्रह्मचर्य सर्वोपरि गुण है, आत्मा की महत्तम निर्मलता है, साधक की आत्म-स्वरूप में प्रतिष्ठा है।

संदर्भ

1. उत्तराध्ययन, 9/48
2. दशवैकालिक, 1/1
3. सावय धम्म दोहा, 4
4. जैन दर्शन : मनन और मीमांसा, पृ. 53
5. सूत्रकृतांग, 1/12/18
6. दशवैकालिक, 1/1
7. आचार्य समन्तभद्रः युक्तयनुशासन, 61
8. सूत्र कृतांग 1/11/3
9. प्रश्न व्याकरण, 1/5
10. गीता, 2/63
11. आचारांग, 4/3/135
12. धम्मपद, 1/4
13. आचारांग, 5/5
14. उत्तराध्ययन, 29/69
15. गीता, 13/7
16. छान्दोग्य उपनिषद्, 6/87
17. गीता, 13/7
18. उत्तराध्ययन, 3/12
19. दशवैकालिक, 8/38
20. कार्तिकेयानुप्रेक्षा, 397
21. दशवैकालिक, 1/1
22. दे. धम्मपद, 25
23. स्थानांग, 4/2
24. दे. गीता, 6/33-34
25. दशवैकालिक, 5/2/35
26. कबीर ग्रन्थावली, साखी 668
27. गीता, 2/20
28. वही, 2/46

◆◆◆

जैन धर्म एवं दर्शन की वर्तमान युगीन प्रासंगिता

आज के संसार को ऐसे धर्म-दर्शन की आवश्यकता है जो उसकी वर्तमान समस्याओं का समाधान कर सके।

विज्ञान की उपलब्धियों एवं अनुसंधानों ने मनुष्य को चमत्कृत कर दिया है। प्रतिक्षण अनुसंधान हो रहे हैं। जिन घटनाओं को न समझ पाने के कारण उन्हें अगम्य रहस्य मान लिया गया था वे आज अनुसंधेय हो गयी हैं। तत्त्वचिन्तकों ने सृष्टि की बहुत-सी गुत्थियों की व्याख्या परमात्मा एवं माया के आधार पर की। इस कारण उनकी व्याख्या इस लोक का यथार्थ न रहकर परलोक का रहस्य बन गयी। आज का व्यक्ति उनके बारे में भी जानना चाहता है। अन्वेषण का जिज्ञासा बढ़ती जा रही है।

भौतिकवादी प्रगति एवं विकास के बावजूद मनुष्य सुखी नहीं है। वह मकान तो आलीशान बना पा रहा है मगर घर नहीं बसा पा रहा है। परिवार के सदस्यों के बीच प्यार एवं विश्वास की कमी होती जा रही है। व्यक्ति की चेतना क्षणिक, संशयपूर्ण एवं तात्कालिकता में केन्द्रित होती जा रही है। सम्पूर्ण भौतिक सुखों को अकेला ही भोगने की दिशा में व्यग्र मनुष्य अन्ततः अतृप्ति का अनुभव कर रहा है।

आज के संत्रस्त मनुष्य को आशा एवं विश्वास की आलोकशिखा थमानी है। व्यक्ति परम्परागत मूल्यों पर विश्वास नहीं कर पा रहा है क्योंकि वे अविश्वसनीय एवं अप्रासंगिक हो गये हैं। नये युग को नये जीवन-मूल्य चाहिए।

वैज्ञानिक विकास के कारण हमने जिस शक्ति का संग्रह किया है, उसका उपयोग किस प्रकार हो; प्राप्त गति एवं ऊर्जा का नियोजन किस प्रकार हो—यह आज के युग की जटिल समस्या है। विज्ञान ने हमें शक्ति, गति एवं ऊर्जा प्रदान की है। लक्ष्य हमें धर्म एवं दर्शन से प्राप्त करने हैं।

धर्म ही ऐसा तत्त्व है जो मानव मन की असीम कामनाओं को सीमित करने की क्षमता रखता है। धर्म मानवीय दृष्टि को व्यापक बनाता है। धर्म मानव मन में उदारता, सहिष्णुता एवं प्रेम की भावना का विकास करता है। समाज की व्यवस्था, शांति तथा समाज के सदस्यों में परस्पर प्रेम, सद्भाव एवं विश्वासपूर्ण व्यवहार के लिए धर्म का आचरण एक अनिवार्य शर्त है। मन की कामनाओं को

नियंत्रित किये बिना समाज रचना संभव नहीं है। जिंदगी में संयम की लगाम आवश्यक है। कामनाओं को नियंत्रित करने की शक्ति या तो धर्म में है या शासन की कठोर व्यवस्था में। धर्म का अनुशासन 'आत्मानुशासन' है। शासन का अनुशासन हम पर 'पर का नियंत्रण' है।

धर्म संप्रदाय नहीं है। जिंदगी में हमें जो धारण करना चाहिए, वही धर्म है। नैतिक मूल्यों का आचरण ही धर्म है। धर्म वह पवित्र अनुष्ठान है जिससे चेतना का शुद्धिकरण होता है।[1] धर्म वह तत्त्व है जिसके आचरण से व्यक्ति अपने जीवन को चरितार्थ कर पाता है। यह मनुष्य में मानवीय गुणों के विकास की प्रभावना है, सार्वभौम चेतना का सत्संकल्प है।

मध्ययुग में विकसित धर्म एवं दर्शन के परम्परागत स्वरूप एवं धारणाओं के प्रति आज के व्यक्ति की आस्था नहीं है। मध्ययुगीन चेतना के केन्द्र में ईश्वर का कर्तृत्व रूप प्रतिष्ठित था। मध्ययुगीन धर्म एवं दर्शन के प्रमुख घटक थे—स्वर्ग की कल्पना, सृष्टि एवं जीवों के कर्ता रूप में ईश्वर की कल्पना, वर्तमान जीवन की निरर्थकता का बोध, अपने देश एवं काल की माया एवं प्रपंचों से परिपूर्ण अवधारणा। अपने श्रेष्ठ आचरण, श्रम एवं पुरुषार्थ द्वारा अपने वर्तमान जीवन की समस्याओं का समाधान करने की ओर हमारा ध्यान कम गया, अपने आराध्य की स्तुति एवं जयगान करने में हमने अपनी शक्ति अधिक लगायी। धर्म की आड़ में अपने स्वार्थों की सिद्धि करने वाले धर्म के दलालों ने अध्यात्म-सत्य को भौतिकवादी आवरण से ढ़कने का प्रयास किया। इनकी चिन्ता का केन्द्र मनुष्य की वर्तमान समस्याओं का समाधान नहीं था। इन्होंने मनुष्य को स्वर्ग अथवा बहिश्त में पहुँचकर मौजमस्ती की जिंदगी बिताने की राह दिखाई और उपदेश दिया कि हमारे माध्यम से अपने आराध्य के प्रति तन-मन-धन से समर्पण करो—पूर्ण आस्था, पूर्ण विश्वास, पूर्ण निष्ठा के साथ भक्ति करो। तर्क को साधना पथ का सबसे बड़ा अवरोधक तत्त्व मान लिया गया।

धर्म के व्याख्याताओं ने संसार के प्रत्येक क्रिया-कलाप को ईश्वर की इच्छा माना तथा मनुष्य को ईश्वर के हाथों की कठपुतली के रूप में स्वीकार किया। दार्शनिकों ने व्यक्ति के वर्तमान जीवन की विपन्नता का हेतु 'कर्म-सिद्धान्त' के सूत्र में प्रतिपादित किया। इसकी परिणति मध्ययुग में यह हुई कि वर्तमान की सारी मुसीबतों का कारण 'भाग्य' अथवा ईश्वर की मर्जी को मान लिया गया। धर्म के ठेकेदारों ने पुरुषार्थवादी-मार्ग के मुख्य-द्वार पर ताला लगा दिया। समाज या देश की विपन्नता को उसकी नियति मान लिया गया। समाज स्वयं भी भाग्यवादी बनकर अपनी सुख-दुःखात्मक स्थितियों से सन्तोष करता रहा।

आज के युग ने यह चेतना प्रदान की है कि विकास का रास्ता हमें स्वयं

बनाना है। किसी समाज या देश की समस्याओं का समाधान कर्म-कौशल, व्यवस्था-परिवर्तन, वैज्ञानिक तथा तकनीकी विकास, परिश्रम तथा निष्ठा से सम्भव है। इस कारण व्यक्ति, समाज तथा देश अपनी समस्याओं के समाधान करने के लिए तत्पर हैं, जिन्दगी को बेहतर बनाने के लिए प्रयत्नशील हैं। जीवन के प्रत्येक क्षेत्र में प्रगति एवं विकास की ललक बढ़ रही है।

वर्तमान जिन्दगी को सुधारने तथा सँवारने की अपेक्षा, पहले के व्यक्ति को 'परलोक' की चिन्ता अधिक रहती थी। उसका ध्यान 'स्वर्ग' या 'बहिश्त' में पहुँचकर सुख एवं मौज-मस्ती प्राप्त करने की तरफ अधिक रहता था। भौतिक इच्छाओं की सहज एवं पूर्ण तृप्ति की कल्पना 'स्वर्ग' या 'बहिश्त' की परिकल्पना का आधार बनी। आज के मनुष्य की रुचि अपने वर्तमान जीवन को संवारने में अधिक है। उसका ध्यान 'भविष्योन्मुखी' न होकर वर्तमान में है। वह दिव्यताओं को अपनी ही धरती पर उतार लाने के प्रयास में लगा हुआ है। वह पृथ्वी को ही स्वर्ग बना देने के लिए बेताब है।

विज्ञान ने दुनिया को समझने और जानने का वैज्ञानिक मार्ग प्रतिपादित किया है। विज्ञान ने स्पष्ट किया है कि यह विश्व किसी की इच्छा का परिणाम नहीं है। सभी पदार्थ कारण-कार्य भाव से कार्यशील हैं। भौतिक विज्ञान ने सिद्ध किया है कि किसी पदार्थ का कभी विनाश नहीं होता, उसका केवल रूपांतर होता है। विज्ञान ने शक्ति के संरक्षण के सिद्धान्त का प्रतिपादन किया है। पदार्थ के अविनाशिता के सिद्धान्त की पुष्टि की है। समकालीन अस्तित्ववादी दर्शन ने भी ईश्वर का निषेध किया है। आधुनिकता का मूल प्रस्थान-बिन्दु यह विचार है कि ईश्वर मनुष्य का स्रष्टा नहीं है अपितु मनुष्य ही ईश्वर का स्रष्टा है।

मध्ययुगीन चेतना के केन्द्र में ईश्वर प्रतिष्ठित था। आज की चेतना के केन्द्र में मनुष्य प्रतिष्ठित है। मनुष्य ही सारे मूल्यों का स्रोत है। वही सारे मूल्यों का उपादान है।

विज्ञान द्वारा प्रतिपादित अवधारणाओं में, साम्यवादी दर्शन में तथा अस्तित्ववादी दर्शन में कुछ विचार-प्रत्यय समान हैं—तीनों ने ईश्वर का निषेध किया है तथा ईश्वर के स्थान पर मनुष्य की स्थापना की है। तीनों भाग्यवादी नहीं हैं, कर्मवादी तथा पुरुषार्थवादी हैं। तीनों में मनुष्य की जिन्दगी को सुखी बनाने का संकल्प है। अस्तित्ववादी दर्शन ने वैयक्तिक स्वतन्त्रता की चेतना प्रदान की है। साम्यवादी दर्शन ने सामाजिक समता पर बल दिया है। विज्ञान, मार्क्सवाद, अस्तित्ववादी-दर्शन तीनों की सीमाएँ भी हैं।

विज्ञान बुद्धि एवं तर्क मात्र के आश्रित है। मानवीयता एवं सामाजिकता केवल तर्क एवं बुद्धि से संगठित नहीं होते। उनके संगठन में तर्क एवं बुद्धि के अतिरिक्त कल्पना, मनोभाव एवं संवेगों की भी महत्वपूर्ण भूमिका होती है। जीवन

में केवल बुद्धिजगत के ही नहीं अपितु भावजगत के तत्त्व भी महत्वपूर्ण भूमिका का निर्वाह करते हैं।

मार्क्सवाद वर्ग संघर्ष पर आधारित है। साम्यवादी विचारधारा मनुष्य की व्यक्तिगत स्वतन्त्रता के सम्बन्ध में अत्यन्त निर्मम तथा कठोर है। वर्ग संघर्ष एवं द्वन्द्वात्मक भौतिकवादी चिन्तन के कारण वह समाज को बांटती है। गतिशील पदार्थों की विरोधी शक्तियों के संघर्ष या द्वन्द्व को जीवन की भौतिकवादी व्यवस्था के मूल में मानने के कारण सतत संघर्ष की भूमिका प्रदान करती है। मानव जाति को परस्पर अनुराग एवं एकत्व की आधारभूमि प्रदान नहीं करती। मार्क्सवाद हिंसात्मक क्रांति में विश्वास करता है। जिस देश में हिंसात्मक क्रांति होती है; वह प्रतिक्रिया में मानसिक उत्पीड़न को जन्म देती है। हिंसा के माध्यम से सत्ता पर कब्जा करने के बाद शासनाध्यक्ष के कोष में आत्म-स्वातंत्र्य शब्द की सत्ता समाप्त हो जाती है। सभी प्रकार की स्वतन्त्रता का दमन किया जाता है। पूर्वी यूरोप के समाजवादी गण राज्यों में जनता को समेटकर मजदूर वर्ग, फिर मजदूर वर्ग को 'कम्युनिस्ट पार्टी, कम्युनिस्ट पार्टी को कम्युनिस्ट पार्टी की केन्द्रीय समिति का पोलित ब्यूरो, फिर कम्युनिस्ट पार्टी की केन्द्र समिति के पोलित ब्यूरो को कम्युनिस्ट पार्टी की केन्द्रीय समिति का सचिव मंडल तथा इस सचिव मण्डल को व्यक्ति विशेष की तानाशाही में केन्द्रित कर दिया गया था।

अस्तित्ववादी दर्शन यह मानता है कि मनुष्य का स्रष्टा ईश्वर नहीं है और इसीलिए मानव-स्वभाव, उसका विकास, उसका भविष्य भी निश्चित एवं पूर्व मीमांसित नहीं है। मनुष्य वह है जो अपने आपको बनाता है। मानव को महत्व देते हुए भी अस्तित्ववादी-दर्शन समाज के धरातल पर अत्यन्त अव्यवहारिक है। वह यह मानता है कि चेतनाओं के पारस्परिक सम्बन्धों की आधार भूमि सामंजस्य नहीं अपितु विरोध है। व्यक्तियों के अस्तित्व वृत्तों के मध्य संघर्ष, भय, घृणा आदि भाव हैं। इस प्रकार अस्तित्ववादी दर्शन व्यक्ति और व्यक्ति के मध्य संघर्ष एवं अविश्वास की भूमिका मानता है।

आज के धार्मिक एवं दार्शनिक मनीषियों को वह मार्ग खोजना है जिससे मानव अपनी बहिर्मुखता के साथ-साथ अन्तर्मुखता का भी विकास कर सके। पारलौकिक चिन्तन व्यक्ति के आत्म विकास में चाहे कितना भी सहायक हो किन्तु उससे सामाजिक सम्बन्धों की सम्बद्धता, समरसता एवं समस्याओं के समाधान में अधिक सहायता नहीं मिलती है। आज के भौतिकवादी युग में केवल वैराग्य से काम चलने वाला नहीं है। भौतिकवाद का अतिरेक भी मनुष्य को संतुष्ट नहीं कर पा रहा है। आज हमें मानव की भौतिकवादी दृष्टि को सीमित करना होगा, भौतिक स्वार्थपरक इच्छाओं को संयमित करना होगा, स्वार्थ की कामनाओं में परार्थ का रंग मिलाना होगा। आज मानव को न तो इस प्रकार का

दर्शन शांति दे सकता है कि केवल ब्रह्म सत्य है, जगत मिथ्या है तथा न केवल भौतिक तत्त्वों की ही सत्ता को सत्य मानने वाला दृष्टिकोण जीवन के उन्नयन में सहायक हो सकता है।

व्यक्ति धर्म को छोड़ना नहीं चाहता। मगर परम्परागत धर्म उसके विज्ञानसम्मत विवेक को संतुष्ट नहीं कर पा रहा है। पाश्चात्य समाज ऐसे किसी धर्म की कल्पना नहीं कर पा रहा है जिसका स्वरूप ईश्वर के कर्तृत्व के बिना विवेचित किया जा सके। अध्यात्म एवं विज्ञान के बीच सामरस्य का मार्ग स्थापित करने के लिए परम्परागत धर्म की इस मान्यता को छोड़ना होगा कि यह संसार ईश्वर की इच्छा की परिणति है। हमें विज्ञान की इस दृष्टि को स्वीकार करना होगा कि सृष्टि रचना के व्यापार में ईश्वर के कर्तृत्व की कोई भूमिका नहीं है। सृष्टि रचना व्यापार में प्रकृति के नियमों को स्वीकार करना होगा। विज्ञान को भी अपनी भौतिकवादी सीमाओं का अतिक्रमण करना होगा। विज्ञान विशुद्ध रूप से भौतिकवादी रहा है। विश्व के मूल में भौतिक-पदार्थ एवं शक्ति को ही अधिष्ठित देखता आया है। विज्ञान ने अभी तक सत्ता के भौतिक क्षितिज मात्र का ही स्पर्श किया है। उसे भविष्य में भौतिक क्षितिज के पार की अपार्थिव चिन्मय सत्ता का भी संस्पर्श करना होगा। भविष्य के विज्ञान को अपना यह आग्रह भी छोड़ना होगा कि जड़ पदार्थ से चेतना का आविर्भाव होता है। विज्ञान की अध्ययन-सीमा जड़ पदार्थ है। यदि वह अपनी अध्ययन-सीमा जड़ पदार्थ तक सीमित रखता है तो यह संगत है मगर जड़ पदार्थ से चेतना का भी आविर्भाव होता है—यह मानना विज्ञान का दुराग्रह है।

'जानना' चेतना का व्यवच्छेदक गुण है। जो जानता है, वह चेतना है; जो नहीं जानता, वह अचेतना है। स्मृति एवं बुद्धि तथा मस्तिष्क के समस्त व्यापार 'चेतना' नहीं है। पदार्थ के रूपांतर से स्मृति एवं बुद्धि के गुणों को उत्पन्न किया जा सकता है मगर चेतना उत्पन्न नहीं की जा सकती। चेतना का अध्ययन अध्यात्म का विषय है।

आज हमें धर्म के केन्द्र में मनुष्य को प्रतिष्ठित कर उसके पुरुषार्थ एवं विवेक को जाग्रत करना है, उसके मन में सृष्टि के समस्त जीवों के प्रति अपनत्व भाव जगाना है। मनुष्य और मनुष्य के बीच आत्मतुल्यता की ज्योति जगानी है जिससे परस्पर समझदारी, प्रेम तथा विश्वास उत्पन्न हो सके। आज के मनुष्य को वही धर्म-दर्शन प्रेरणा दे सकता है तथा मनोवैज्ञानिक, सामाजिक, राजनैतिक समस्याओं के समाधान में प्रेरक हो सकता है जिसका स्वरूप निम्न प्रकार का हो:—

1. वैज्ञानिक अवधारणाओं का परिपूरक हो। अगर कोई धर्म-दर्शन विज्ञान की अवधारणाओं का विरोधी होगा तो युवा मानस उस पर विश्वास नहीं करेगा। विज्ञान ईश्वर की कर्तृत्व शक्ति को स्वीकार

नहीं करता। धर्म एवं दर्शन को बिना ईश्वर की कर्तृत्व शक्ति के सृष्टि की रचना तथा जीवो की रचना का प्रतिपादन करना होगा।

2. लोकतंत्र के आधारभूत जीवन मूल्यों का पोषक हो।
3. सर्वधर्म समभाव की स्थापना में सहायक हो।
4. धर्म एवं दर्शन ऐसा हो जो अन्योन्याश्रित विश्व व्यवस्था की दृष्टि प्रदान कर सके।
5. विश्व शान्ति एवं अन्तर्राष्ट्रीय सद्‌भावना का प्रेरक हो।

5. 1. जैन धर्म-दर्शन एवं विज्ञान

विज्ञान एवं अध्यात्म की सीमाएं पृथक हैं, मगर दोनों की मूलभूत अवधारणाओं में सामंजस्य स्थापित किया जा सकता है। यदि दोनो अपने-अपने आग्रह छोड़ दें तो दोनों के बीच सामरस्य के सूत्र स्थापित किये जा सकते हैं।

यह कहा जा चुका है कि अध्यात्म एवं विज्ञान के बीच सामरस्य का मार्ग स्थापित करने के लिए परम्परागत धर्म की इस मान्यता को छोड़ना पड़ेगा कि यह संसार ईश्वर की इच्छा की परिणति है। हमें विज्ञान की इस दृष्टि को स्वीकार करना होगा कि सृष्टि रचना के व्यापार में ईश्वर के कर्तृत्व की कोई भूमिका नहीं है। सृष्टि रचना व्यापार में प्रकृति के नियमों को स्वीकार करना होगा। विज्ञान को भी अपनी भौतिकवादी सीमाओं का अतिक्रमण करना होगा। विज्ञान विशुद्ध रूप से भौतिकवादी रहा है। विश्व के मूल में भौतिक-पदार्थ एवं शक्ति को ही अधिष्ठित देखता आया है। विज्ञान को अपार्थिव चिन्मय सत्ता का भी संस्पर्श करना होगा। भविष्य के विज्ञान को अपना यह आग्रह भी छोड़ना होगा कि जड़ पदार्थ से चेतना का आविर्भाव होता है। पदार्थ के रूपांतर से स्मृति एवं बुद्धि के गुणों को उत्पन्न किया जा सकता है मगर चेतना उत्पन्न नहीं की जा सकती। चेतना का अध्ययन अध्यात्म का विषय है।

विज्ञान एवं अध्यात्म दोनों मानते हैं कि 'सत्ता' नष्ट नहीं होती। विज्ञान की मान्यता है कि पदार्थ का रूपान्तर या स्वरूप परिवर्तन तो संभव है, उसका विनाश संभव नहीं है। पदार्थ का ऊर्जा में, स्मृति में, बुद्धि में रूपांतर होता है, उसका नाम एवं रूप परिवर्तित होता है किन्तु उसकी मूल सत्ता को न तो नष्ट किया जा सकता है और न विजातीय बनाया जा सकता है। भारतीय अध्यात्म एवं दर्शन की चेतना अथवा आत्मा के सम्बन्ध में इसी के समानान्तर अवधारणाएँ हैं।

जैन धर्म एवं दर्शन में आत्मा विषयक चिन्तन वैज्ञानिक अवधारणाओं का परिपूरक है। इसकी विवेचना की जा चुकी है कि विज्ञान में ऊर्जाणु भौतिकी के

क्षेत्र में जो अनुसंधान कार्य हो रहे हैं उनसे भविष्य में आत्मा अथवा चेतना के स्वतंत्र अस्तित्व की पुष्टि होना संभव है। विज्ञान इस सिद्धान्त की पुष्टि की ओर कदम बढ़ा रहा है कि प्रत्येक प्राणी की चेतना को प्रकट करने के लिए जैविक-चेतना-संहिति तो केवल भौतिक ढांचा जुटाता है। (दे. 3.4) अनेकान्तवाद व्यापक विचार पद्धति है। अनेकान्त दृष्टि का प्रमाण भौतिक क्षेत्र में आइंस्टीन का सापेक्षतावाद है। परमाणु के क्षेत्र में जैन दर्शन का चिंतन आधुनिक विज्ञान की अवधारणाओं से सिद्ध है। विज्ञान वेत्ताओं को अभी भी इस प्रश्न पर विचार करना है कि क्या वे परमाणु के उस स्तर तक पहुँचने में समर्थ हो गये हैं जिसकी जैन दर्शन में विवेचना हुई है अर्थात परमाणु वह है जिसे और अधिक विभाजित नहीं किया जा सकता तथा जिसका आदि, मध्य एवं अन्त वह स्वयं ही होता है। (दे. 3.4 (2))

5. 2. जैन धर्म-दर्शन एवं लोकतन्त्र

प्रजातंत्रात्मक शासन व्यवस्था में प्रत्येक व्यक्ति को समान अधिकार प्राप्त होते हैं। दर्शन के धरातल पर भी हमें प्रत्येक प्राणी की समता का उद्घोष करना होगा। प्रजातंत्रात्मक जीवन पद्धति के स्वतंत्रता एवं समानता दो बहुत बड़े मूल्य हैं। राजतंत्रात्मक शासन व्यवस्था एवं प्रजातंत्रात्मक शासन व्यवस्था में मूलभूत अन्तर हैं। जाति-पाँति, ऊँच-नीच की भेदभावना एवं आर्थिक विषमता में मध्ययुगीन राजतंत्रात्मक शासन व्यवस्था का भी योगदान रहा है। उस युग में किसी देश की राजधानी में सबसे अधिक वैभवपूर्ण भवन या तो राजा का महल होता था या देवता का मन्दिर। राजागण अपने को भगवान जैसा समझते थे। राजा के दरबार में उसके प्रशंसक होते थे।

राजतंत्रात्मक शासन व्यवस्था में राजा ही सर्वोच्च एवं सर्वशक्तिमान होता है। उसके दरबार में दरबारदारियों की विनम्रता चरम सीमा पर होती है। राजा की कृपा पर ही उनका अस्तित्व निर्भर रहता है। मध्य युग में धर्म के क्षेत्र में भक्ति का विकास हुआ। भक्ति का मूल है—आराध्य की सेवा, शरणागति एवं आराधना। भक्ति में भक्त भगवान का अनुग्रह प्राप्त करना चाहता है। बिना भगवान के अनुग्रह के उसका कल्याण सम्भव नहीं है। राजतंत्रात्मक शासन व्यवस्था एवं मध्ययुगीन भक्ति का स्वरूप समानान्तर विकसित हुआ। राजतंत्रात्मक शासन व्यवस्था में समाज में प्रत्येक मनुष्य को समान अधिकार प्राप्त नहीं होते। उस व्यवस्था में राजा के अनुग्रह एवं इच्छानुसार समाज की व्यवस्था परिचालित होती है। भक्ति में साधक अपनी साधना के बल पर मुक्ति का अधिकार प्राप्त नहीं कर पाता, उसके लिए भगवत कृपा होनी जरूरी है। इन्हीं शासन व्यवस्था एवं धार्मिक चिन्तन के कारण सामाजिक धरातल पर विभेदकारी स्थितियों का निर्माण हुआ।

प्रजातंत्रात्मक शासन व्यवस्था में प्रत्येक व्यक्ति को राजनैतिक दृष्टि से समान संवैधानिक अधिकार प्राप्त होते हैं। स्वतंत्रता, समानता एवं बन्धुत्व लोकतंत्र के आधारभूत जीवन मूल्य हैं।

जैन-दर्शन समाज के प्रत्येक मानव के लिए समान अधिकार जुटाता है। भगवान महावीर ने घोषणा की कि प्रत्येक प्राणी में आत्म शक्ति है।[2] प्रत्येक प्राणी सम्यग् दर्शन, सम्यग् ज्ञान एवं सम्यग् चारित्र के बल पर उच्चतम विकास कर सकता है। सामाजिक समता एवं एकता की दृष्टि से जैन दर्शन एवं धर्म का अप्रतिम महत्व है। इस दर्शन-धर्म में मानव को मानव के रूप में देखा गया है; वर्णों, वादों, सम्प्रदायों आदि का लेबिल चिपकाकर मानव-मानव को बांटने वाले दर्शन के रूप में नहीं। मानवीय महिमा का जितना जोरदार समर्थन जैन दर्शन में हुआ है, वह अनुपम है। जैन दर्शन आत्मा की स्वतंत्रता की प्रजातंत्रात्मक उद्घोषणा करता है। अस्तित्व की दृष्टि से प्रत्येक आत्मा स्वतंत्र है। साधना की सिद्धि परमात्मा में विलय हो जाने में नहीं, स्वयं परमात्मा हो जाने में है।[3] जैन दर्शन में स्वरूप की दृष्टि से सभी आत्मायें समान हैं।[4] व्यवहार से बन्ध और मोक्ष का हेतु अन्य पदार्थ को माना जाता है किन्तु निश्चय से यह जीव स्वयं बन्ध का हेतु है और यही जीव स्वयं मोक्ष का हेतु है।[5] संसार में अनन्त प्राणी हैं और उनमें से प्रत्येक में जीवात्मा विद्यमान है। कर्म बंध के फलस्वरूप ये जीवात्मायें जीवन की नाना दशाओं, नाना योनियों, नाना प्रकार के शरीरों एवं अवस्थाओं में परिलक्षित होती हैं किन्तु सभी में उच्चतम विकास की समान शक्तियां निहित हैं। अहिंसावाद पर आधारित क्षमा, मैत्री, संयम एवं प्रत्येक प्राणी को आत्म तुल्य मानने से परस्पर सौहार्द एवं बन्धुत्व की भावना सहज रूप से उत्पन्न होती है। जो ज्ञानी आत्मा इस लोक में छोटे बड़े सभी प्राणियों को आत्मतुल्य देखते हैं, षट् द्रव्यात्मक इस लोक का सूक्ष्मता से निरीक्षण करते हैं तथा अप्रमत्त भाव से संयम में रत रहते हैं, वे ही मोक्ष प्राप्ति के अधिकारी हैं।

प्रजातंत्र में विभिन्न दल होते हैं। जनता अपने प्रतिनिधि के रूप में अपने विधायकों का चुनाव करती है। प्रजातंत्रात्मक शासन-व्यवस्था की सफलता के लिए विधायकों की मानसिकता में बदलाव आना जरूरी है। उन्हें यह समझना होगा कि वे जनता के प्रतिनिधि हैं। उन्हें जनता की आकांक्षाओं के अनुरूप अपने आचरण को ढालना होगा। सभी दलों का लक्ष्य समाज की प्रगति एवं विश्वास होना चाहिए। उन्हें किसी विषय पर विविध दृष्टियों से विचार करने के अनन्तर मानवीय हित की दृष्टि से सर्वश्रेष्ठ निर्णय तक पहुँचने का प्रयास करना चाहिए। इस दृष्टि से लोकतंत्र केवल शासन व्यवस्था नहीं है, एक सम्पूर्ण जीवन दर्शन है जिसके आधारभूत मूल्य स्वतंत्रता, समानता, बन्धुत्व एवं अनेकान्त हैं। इन सभी मूल्यों के आचरण के लिए अहिंसा मूलक समाज की स्थापना आवश्यक है।

5. 3. जैन धर्म-दर्शन एवं सर्व धर्म समभाव

धर्म की प्रासंगिकता एक व्यक्ति की मुक्ति में ही नहीं है। धर्म की प्रासंगिकता एवं प्रयोजनशीलता शान्ति, व्यवस्था, स्वतंत्रता, समता, प्रगति एवं विकास से सम्बन्धित समाज सापेक्ष परिस्थितियों के निर्माण में भी निहित है।

धर्म का सम्बन्ध आचरण से है। धर्म आचरणमूलक है। दर्शन एवं धर्म में अन्तर है। दर्शन मार्ग दिखाता है, धर्म की प्रेरणा से हम उस मार्ग पर बढ़ते हैं। हम किस प्रकार का आचरण करें—यह ज्ञान दर्शन से प्राप्त होता है। जिस समाज में दर्शन एवं धर्म में सामंजस्य रहता है, ज्ञान एवं क्रिया में अनुरूपता होती है, उस समाज में शान्ति होती है तथा सदस्यों में परस्पर मैत्री-भाव रहता है।

भारतवर्ष में दर्शन और चिन्तन के धरातल पर जितनी विशालता, व्यापकता एवं मानवीयता रही है, उतनी आचरण के धरातल पर नहीं रही। जब चिन्तन एवं व्यवहार में विरोध उत्पन्न हो गया तो भारतीय समाज की प्रगति एवं विकास की धारा भी अवरुद्ध हो गयी।

दर्शन के धरातल पर उपनिषद् के चिन्तकों ने प्रतिपादित किया कि यह जितना भी स्थावर जंगम संसार है, वह सब एक ही परब्रह्म के द्वारा आच्छादित है। उन्होंने संसार के सभी प्राणियों को 'आत्मवत्' मानने एवं जानने का उद्घोष किया, मगर सामाजिक धरातल पर समाज के सदस्यों को उनके गुणों के आधार पर नहीं अपितु जन्म के आधार पर जातियों, उपजातियों, वर्णों, उपवर्णों में बाँट दिया तथा इनके बीच ऊँच-नीच की दीवारें खड़ी कर दीं।

धर्म साधना की अपेक्षा रखता है। धर्म के साधक को राग-द्वेषरहित होना होता है। धार्मिक चित्त प्राणिमात्र की पीड़ा से द्रवित होता है। तुलसीदास ने कहा- 'परहित सरिस धरम नहीं भाई, परपीड़ा सम नहिं अधमाई'। सत्य के साधक को बाहरी प्रलोभन अभिभूत करने का प्रयास करते हैं। मगर वह एकाग्रचित्त से संयम में रहता है। प्रत्येक धर्म के ऋषि, मुनि, पैगम्बर, संत, महात्मा आदि तपस्वियों ने धर्म को अपनी जिन्दगी में उतारा। उन लोगों ने धर्म को ओढ़ा नहीं अपितु जिया। साधना, तप, त्याग आदि दुष्कर हैं। ये भोग से नहीं, संयम से सधते हैं। धर्म के वास्तविक स्वरूप को आचरण में उतारना सरल कार्य नहीं है। महापुरुष ही सच्ची धर्म-साधना कर पाते हैं। इन महापुरुषों के अनुयायी जब अपने आराध्य-साधकों जैसा जीवन नहीं जी पाते तो उनके नाम पर सम्प्रदाय, पंथ आदि संगठनों का निर्माण कर, भक्तों के बीच आराध्य की जय-जयकार करके अपने कर्तव्य की इतिश्री मान लेते हैं। अनुयायी साधक नहीं रह जाते, उपदेशक हो जाते हैं। ये धार्मिक व्यक्ति नहीं होते, धर्म के व्याख्याता होते हैं। इनका उद्देश्य धर्म के अनुसार अपना चरित्र निर्मित करना नहीं होता, धर्म का आख्यान मात्र करना होता है। जब इनमें स्वार्थ-लिप्सा का उद्रेक होता है तो ये धर्म-तत्त्वों की व्याख्या

अपने स्वार्थों की पूर्ति के लिए करने लगते हैं। धर्म की आड़ में अपने स्वार्थों की सिद्धि करने वाले धर्म के दलाल अथवा ठेकेदार अध्यात्म सत्य को भौतिकवादी आवरण से ढकने का बार-बार प्रयास करते हैं। इन्हीं के कारण चित्त की आन्तरिक शुचिता का स्थान बाह्य आचार ले लेते हैं। पाखंड बढ़ने लगता है। कदाचार का पोषण होने लगता है। जब धर्म का यथार्थ अमृत तत्त्व सोने के पात्र में कैद हो जाता है तब शताब्दी में एकाध साधक ऐसे भी होते हैं जो धर्म-क्रान्ति करते हैं, धर्म के क्षेत्र में व्याप्त अधार्मिकता एवं साम्प्रदायिकता पर प्रहार कर, उसके यथार्थ स्वरूप का उद्‌घाटन करते हैं। भगवान महावीर ने अहिंसा को परम-धर्म के रूप में मान्य कर धर्म की सामाजिक भूमिका को रेखांकित किया।

मध्य युग में धर्म के बाह्य आचारों एवं आडम्बरों को सन्त कवियों ने उजागर किया। सन्त नामदेव ने 'पाखण्ड भगति राम नही रीझें' कहकर धर्म के तात्त्विक स्वरूप की ओर ध्यान आकृष्ट किया तो कबीर ने 'जो घर फूँके आपना, चले हमारे साथ' कहकर साधना-पथ पर द्विधारहित एवं संशयहीन मन:स्थिति से कामनाओं एवं परिग्रहों को त्याग कर आगे बढ़ने का आह्वान किया। पंडित लोग पढ़-पढ़कर वेदों का बखान करते हैं, किन्तु इसकी सार्थकता क्या है? जीवन की चरितार्थता आत्म-साधना में है और ऐसी ही साधना के बल पर दादूदयाल यह कहने में समर्थ हो सके कि 'काया अन्तर पाइया, सब देवन को देव'।

भगवान महावीर ने प्रतिपादित किया कि धर्म न कहीं गाँव में होता है और न कहीं जंगल में बल्कि वह तो अन्तरात्मा में होता है। बाह्य जगत् की कल्पित शक्तियों के पूजन से नहीं अपितु अन्तरात्मा के दर्शन एवं परिष्कार से कल्याण सम्भव है। शास्त्रों के पढ़ने मात्र से उद्धार सम्भव नहीं है। यदि चित्त में राग एवं द्वेष है तो समस्त शास्त्रों में निष्णात होते हुए भी व्यक्ति धार्मिक नहीं हो सकता। क्या किसी 'परम सत्ता' एवं हमारे बीच किसी 'तीसरे' का होना जरूरी है? क्या लौकिक इच्छाओं की पूर्ति के लिए ईश्वर के सामने शरणागत होना ही अध्यात्म साधना है? क्या धर्म-साधना की फल-परिणति सांसरिक इच्छाओं की पूर्ति में निहित है? सांसारिक इच्छाओं की पूर्ति के उद्‌देश्य से आराध्य की भक्ति करना धर्म है अथवा सांसारिक इच्छाओं के संयमन के लिए साधना-मार्ग पर आगे बढ़ना धर्म है? क्या स्नान करना, तिलक लगाना, माला फेरना आदि बाह्य आचार की प्रक्रियाओं को धर्म-साधना का प्राण माना जा सकता है? धर्म की सार्थकता वस्तुओं एवं पदार्थों के संग्रह में है अथवा राग-द्वेष रहित होने में है? धर्म का रहस्य संग्रह, भोग, परिग्रह, ममत्व, अहंकार आदि के पोषण में है अथवा अहिंसा, संयम, तप, त्याग आदि के आचरण में?

आत्मस्वरूप का साक्षात्कार अहंकार एवं ममत्व के विस्तार से सम्भव नहीं

है। अपने को पहचानने के लिए अन्दर झाँकना होता है, अन्तश्चेतना की गहराइयो में उतरना होता है। धार्मिक व्यक्ति कभी स्वार्थी नहीं हो सकता। आत्म-गवेषक अपनी आत्मा से जब साक्षात्कार करता है तो वह 'एक' को जानकर 'सब' को जान लेता है, पहचान लेता है, सबसे अपनत्व-भाव स्थापित कर लेता है। आत्मानुसंधान की यात्रा में व्यक्ति एकाकी नहीं रह जाता, उसके लिए सृष्टि का प्रत्येक प्राणी आत्मतुल्य हो जाता है। एक की पहचान सबकी पहचान हो जाती है तथा सबकी पहचान से वह अपने को पहचान लेता है। भाषा के धरातल पर इसमें विरोधाभास हो सकता है, अध्यात्म के धरातल पर इसमें परिपूरकता है। जब व्यक्ति आत्मसाक्षात्कार के लिए प्रत्येक पर-पदार्थ के प्रति अपने ममत्व एवं अपनी आसक्ति का त्याग करता है तब वह राग-द्वेषरहित हो जाता है, वह आत्मचेतना से जुड़ जाता है, शेष सबके प्रति उसमें न राग रहता है न द्वेष। इसी प्रकार जब साधक सृष्टि के प्रत्येक प्राणी को आत्मतुल्य समझता है तब भी उसका न किसी से राग रह जाता है और न किसी से द्वेष। धर्म का अभिप्राय व्यक्ति के चित्त का शुद्धिकरण है जहाँ पिण्ड में ही 'ब्रह्माण्ड' है। समस्त प्राणियों के प्रति मैत्रीभाव, प्रेमभाव तथा समभाव होना ही धर्म है और इस दृष्टि से 'सर्वधर्म समभाव' में से यदि विशेषणों को हटा दें तो शेष रह जाता है : 'धर्म-भाव'। सम्प्रदाय में भेद दृष्टि है, धर्म में अभेद-दृष्टि। हमारी कामना है कि विश्व में इसी अभेद-दृष्टि का विकास हो। धर्म से पहले जुड़ने वाला कोई भी 'विशेषण' किसी भी स्थिति में कभी भी अपने 'विशेष्य' से अधिक महत्वपूर्ण न बने।

जैन धर्म की ही भांति प्रत्येक धर्म में व्यक्ति के राग-द्वेष के कारणों को दूर करने का विधान स्पष्ट है। क्रोध से द्वेष का तथा अहंकार, माया एवं लोभ से राग का परिपाक होता है। व्यक्ति क्षमा द्वारा क्रोध को, मार्दव या विनम्रता द्वारा अहंकार को, आर्जव या निष्कपटता द्वारा माया या तृष्णा को तथा शुचिता द्वारा लोभ को जीतता है। तदनन्तर व्यक्ति सत्य का प्रकाश प्राप्त कर पाता है। संयम के द्वारा व्यक्ति इन्द्रियों की विषय-उन्मुखता पर प्रतिबन्ध लगाता है या उन्हें नियंत्रित करता है। तप रूपी अग्नि में कषाय, वासनाएँ, कल्मषताएँ जल जाती हैं। इसके बाद व्यक्ति संचित पदार्थों का त्याग करता है, वस्तुओं के प्रति आसक्ति समाप्त करता है तथा काम भाव को संयत कर काम-वासना पर विजय प्राप्त करता है।

जैन दर्शन की भांति ही विश्व के सभी धर्मों में नैतिक मूल्यों का प्रतिपादन है, मानव मूल्यों की स्थापना है, मानव-जाति में सदाचारण के प्रसार का प्रयास है। इन नैतिक मूल्यों, सद्गुणों एवं सदाचारों को व्यक्त करने वाली शब्दावली में भिन्नता होने के कारण बाह्य धरातल पर हमें धर्मों के साधना-पक्ष में अन्तर प्रतीत होता है, तात्त्विक दृष्टि से सभी धर्म मनुष्य के सद्पक्ष को उजागर करते

हैं, सामाजिक जीवन में शान्ति, बन्धुत्व, प्रेम, अहिंसा एवं समतामूलक विकास के पक्षधर हैं। अनेकान्तवाद से सर्वधर्म समभाव की उदात्त चेतना का विकास सम्भव है। मतवादों का भेद हमारे ज्ञान एवं प्रतिपादन शक्ति की अपूर्णता के कारण है। प्रत्येक द्रव्य के अनन्त धर्म हैं। एकांगी प्रतिपादन के कारण वे परस्पर विरोधी प्रतीत होते हैं। अनेकान्त दृष्टि से प्रतीत होने वाले विरोधों का शमन सम्भव है। उदाहरण के लिए संग्रहनय की अपेक्षा से वेदान्त दर्शन तथा ऋजुसूत्रनय की दृष्टि से बौद्ध दर्शन की संगत व्याख्या सम्भव है। प्रतीयमान विरोधी दर्शनों में अनेकान्त दृष्टि से समन्वय स्थापित किया जा सकता है। स्यादवाद् के सम्बन्ध में जो कथन जैन शास्त्र में वर्णित है उसकी व्यवहार में परिणति आवश्यक है।

सापेक्षा नयाः सिद्धा, दुर्नयाऽपि लोकतः।
स्याद्वादिनां व्यहारात्, कुक्कुट ग्राम वासितम्।।

(लोक में प्रयुक्त पक्षपातपूर्ण प्रायः सभी नय या अभिप्राय दुर्नय हैं। वे ही स्याद्‌वाद की शरण को प्राप्त होने पर उसी प्रकार सुनय बन जाते हैं जिस प्रकार ग्राम या ग्रहवासी परस्पर मैत्रीपूर्वक रहने के कारण प्रशंसा को प्राप्त होते हैं।)[7]

5. 4. जैन धर्म-दर्शन एवं अन्योन्याश्रित विश्व व्यवस्था

वैज्ञानिक प्रगति तथा तकनीकी विकास के कारण आज दुनिया बहुत छोटी हो गयी है। विश्व एकता की चेतना का भी तेजी से विकास हुआ है। व्यक्ति यह समझने तथा पहचानने लगा है कि विश्व के एक भाग की घटना का प्रभाव पूरे विश्व पर पड़ता है। यदि किसी देश का जंगल कटता है या नष्ट होता है तो उससे पूरे संसार का पर्यावरण प्रभावित होता है। यदि किसी देश में जन-संहार का अस्त्र निर्मित होता है तो पूरी दुनिया में तनाव एवं संघर्ष का वातावरण निर्मित होता है। यदि संसार के किसी भू-भाग का कोई बच्चा भूखा मरता है तो उससे समस्त जगत के वायुमण्डल में वेदना का स्वर मुखरित होता है।

सम्पूर्ण पृथ्वीलोक को एक इकाई मानकर चिन्तन होना आरम्भ हो गया है। इस चिन्तन के प्रेरणा-स्रोत आज दर्शन, धर्म, काव्य, कला आदि ही नहीं हैं अपितु विज्ञान, तकनीकी विकास, यातयात, सूचना-क्रान्ति आदि अनेक कारक हैं। कलाओं का अध्ययन एवं उनका मूल्यांकन विश्वव्यापी प्रतिमानों के आधार पर किया जाने लगा है। अब हम यह अनुभव करने लगे हैं कि हमारे पृथ्वी लोक के मनुष्य-जगत एवं प्रकृति-जगत की अनेक ऐसी समस्याएँ हैं जिनका समाधान एकदेशीय धरातल पर सम्भव नहीं है। समस्याएँ एक-दूसरे से जुड़ी हुई हैं,

परस्पर गुँथी हुई हैं। इनके समाधान के लिए विश्वजनीन दृष्टिकोण अपनाना आवश्यक है। इनका समाधान सार्वदेशिक धरातल पर ही सम्भव है।

बीसवीं शताब्दी ने ईश्वर के स्थान पर मनुष्य को प्रतिष्ठित किया है। मानववादी दृष्टि का पल्लवन हुआ है। बीसवीं शताब्दी के अन्तिम दशक का आरम्भ विश्वशक्तियों के गुटों के विघटन से हुआ। पूर्वी यूरोप के देशों की लौह दीवारें ध्वस्त हो चुकी हैं तथा संसार के अधिकांश देशों ने लोकतन्त्रात्मक शासन-व्यवस्था का वरण कर लिया है। पूँजीवादी देशों में भी वैचारिक परिवर्तन होने आरम्भ हो गये हैं। विश्व के देशों में इस बात पर आम सहमति विकसित होती जा रही है कि विकास का अर्थ केवल मशीनों के द्वारा अधिक उत्पादन करना नहीं है। विकास अपने में साध्य नहीं है। विकास केवल साधन है। विकास का लक्ष्य मनुष्य है। विकास साधन है और साध्य है—मनुष्य जाति का हित-सम्पादन। विकास का उद्देश्य है—मनुष्य की समग्र उन्नति। विश्व में विकास की ऐसी व्यवस्था स्थापित हो जिससे मनुष्य के अन्तर्जात गुणों का पूर्ण विकास सम्भव हो सके। उसकी सृजनशीलता की विविध रूपों में पूर्ण अभिव्यक्ति सम्भव हो सके, मनुष्य की भौतिक सन्तुष्टि के साथ-साथ उसकी आत्मिक सन्तुष्टि भी हो सके। मनुष्य अपना जीवन सुखी बनाने के साथ-साथ उसे सार्थक भी बना सके।

कुछ व्यवस्थाओं ने व्यक्तिगत स्वातंत्र्य को तथा कुछ ने आर्थिक समानता को सर्वाधिक महत्वपूर्ण माना। मिखाइल गोर्बाचोव की 'परेस्त्रोइका' या पुनर्रचना की नीति के प्रभाव के कारण पूर्वी यूरोप के देशों में तथाकथित साम्यवादी शासन-व्यवस्था के दुर्ग ढह चुके हैं तथा वहाँ जनक्रान्तियों की सफलता के कारण लोकतन्त्र स्थापित हो गया है। पूँजीवादी देशों की सरकारें भी समाज के निर्धन, विपन्न, कमजोर, बेसहारा, बेरोजगार वर्गों के लिए कल्याणकारी कार्यक्रम आयोजित कर रही हैं। 'पूँजी' को विपन्न वर्गों के लिए समायोजित किया जा रहा है। अब धीरे-धीरे विश्व के अधिकांश देशों ने नये जीवन-मूल्यों को मान्यता देना आरम्भ कर दिया है। इनमें निम्नलिखित मूल्यों का उल्लेख करना प्रासंगिक होगा :—

(1) स्वतन्त्रता
(2) व्यक्ति की प्रतिष्ठा
(3) जनशक्ति एवं जन-आकांक्षाओं का आदर
(4) समता
(5) समाज के सुविधाविहीन वर्गों के प्रति दायित्व-बोध
(6) पुरुष एवं स्त्री की समानता

(7) विश्व-बन्धुत्व एवं विश्व-मैत्री

(8) अन्तर्राष्ट्रीय सद्भावना

(9) एक-दूसरे की संस्कृति, परम्परा, धर्म, रीति-रिवाजों के प्रति आदर

(10) लोकतन्त्रात्मक शासन-व्यवस्था।

विश्वशक्तियों के बीच जो नयी समझ उत्पन्न हुई है उसके कारण विभिन्न राष्ट्रों के बीच समानता तथा आम सहमति के आधार पर समस्याओं के समाधान का मार्ग प्रशस्त हुआ है, पारस्परिक लाभ के आधार पर विकास के लिए सार्वभौमिक सहयोग के सिद्धान्त को मान्यता प्राप्त हुई है।

विश्व के सामने बहुत-सी समस्याएँ एवं चुनौतियाँ हैं, अनेक संकट हैं। इनमें से अधिकांश समस्याएँ एवं चुनौतियाँ एकदेशी नहीं हैं। सार्वभौमिक चिन्ता के प्रश्नों एवं समस्याओं का उत्तर एवं समाधान परस्पर सहयोग से ही संभव है :

(क) विकसित देशों ने अपने निवासियों की भोजन, आवास, वस्त्र, शिक्षा, चिकित्सा आदि मूलभूत आवश्यकताओं को लगभग पूरा कर लिया है लेकिन विकासशील देशों के निवासियों की मूलभूत आवश्यकताएँ अभी पूरी नहीं हो सकी हैं। विकसित एवं विकासशील देशों में असमानाताएँ बहुत अधिक बढ़ गयी हैं। विकसित देशों को अपेक्षित नीतिगत परिवर्तन करने होंगे तथा समता सम्बन्धी प्रतिबद्धताओं को कार्यरूप में परिणत करना होगा।

(ख) विकसित देशों में भी आर्थिक समृद्धि के लाभों के असमान वितरण से समाज के निर्धन वर्गों में व्याकुलता तथा गहरे असन्तोष के लक्षण विद्यमान हैं।

(ग) विकास को पूर्णतः मानवीय दृष्टि से देखना होगा। विश्व की अर्थव्यवस्था की संरचनात्मक समस्याओं का हल ढूँढते समय तथा नीतियों को क्रियान्वित करते समय नीति-निर्माताओं को इस बात को ध्यान में रखना होगा कि नीति का लक्ष्य विकसित एवं विकासशील देशों के समाजों में विद्यमान आर्थिक असमानताओं को दूर करना है। विकासशील देशों के विकास को सुनिश्चित करने के लिए कुछ व्यापक उपायों पर अमल होना जरूरी है। विकास के मार्ग में जिन नीतियों को बाधक माना जाता है उनको विकासशील देशों की सरकारों को अपनाए रखने का दुराग्रह छोड़ना होगा। विकसित देशों को विकासशील देशों के साथ

व्यापार की अपनी शर्तों में सुधार करना होगा, संरक्षणवाद को तिलांजलि देनी होगी, विकासशील देशों के ऊपर कमरतोड़ ऋण के बोझ की समस्या को सुविचारित ढंग से हल करना होगा, विकासशील देशों को मिलने वाली विकास सहायता में पर्याप्त वृद्धि करनी होगी, बहुपक्षीय विकास संस्थाओं के संसाधनों की स्थिति को सुदृढ़ करना होगा, विज्ञान और प्रोद्यौगिकी के क्षेत्रों में सभी देशों के पारस्परिक हित के लिए अन्तर्राष्ट्रीय सहयोग की एक नयी व्यवस्था स्थापित करनी होगी तथा अस्त्र-शस्त्रों पर व्यय होने वाली धनराशि को विकासशील देशों की समस्याओं के निराकरण के लिए विनियोजित करना होगा।

(घ) विकास मात्र आर्थिक उन्नति पर ही केन्द्रित नहीं रह सकता। जन-जन की निर्धनता समाप्त करने, रोजगार के अवसर बढ़ाने, पुरुष एवं स्त्री वर्गों की असमानताओं को दूर करने तथा संसार के सभी लोगों की बुनियादी जरूरतों को पूरा करने के लिए सभी देशों से यह अपेक्षित है कि वे एकीकृत तथा सार्वदेशिक दृष्टि से विचार करें, नीतियाँ बनावें तथा कार्यक्रमों को क्रियान्वित करें। गरीबी और सामाजिक कुव्यवस्था ये दोनों ही आर्थिक विकास और जीवन-स्तर-उन्नयन के मार्ग की मुख्य रुकावटे हैं। इस कारण विकास की दिशा में आर्थिक उपायों के साथ-साथ सामाजिक दृष्टि से भी संगठित प्रयास किए जाने जरूरी हैं। सामाजिक एवं प्रशासनिक दृष्टियों से आतंकवाद, बढ़ते अपराध, नशीले तथा मादक द्रव्यों का सेवन, कैंसर एवं एड्स जैसे रोगों का प्रसार किसी देश विशेष की समस्याएँ नहीं है। आर्थिक एवं सामाजिक संरचना में सम्यक् सुधारों के द्वारा ही इन समस्याओं के स्थायी समाधान का मार्ग खोजा जा सकता है।

(ङ) जनसंख्या-पर्यावरण-प्राकृतिक संसाधन का विकास से गहरा सम्बन्ध है। जनसंख्या-वृद्धि की कम दर और आर्थिक विकास के उन्नत स्तर में सीधा सम्बन्ध है। किसी देश की जन्म दर का वहाँ के सामाजिक-आर्थिक विकास से सहसम्बन्ध है। समााजिक और आर्थिक विकास ही उच्च जन्मदर को रोकने का सही उपाय है। विश्व की बढ़ती आबादी के भयावह परिणामों की ओर सबका ध्यान आकृष्ट होना चाहिए। विकासशील देशों में शहरी क्षेत्रों में जनसंख्या का बढ़ता बोझ भारी आर्थिक और सामाजिक समस्याएँ ही पैदा नहीं कर रहा है अपितु पर्यावरण के लिए भी संकट उत्पन्न कर रहा है। शहरी जनसंख्या के विस्तार के कारण

> शहरों में अन्धाधुन्ध भवनों का निर्माण हो रहा है। अव्यावहारिक भवन-निर्माण-परियोजनाओं के कारण शहरों के मकान 'घर' न होकर 'माचिस की बन्द डिब्बियों' के रूप में बदलते जा रहे हैं। प्रत्येक शहर अपनी पहचान खोता जा रहा है तथा इस्पात और कंकरीट आदि भौतिक पदार्थों से निर्मित बहुमंजिली इमारतों के जंगल में बदलता जा रहा है। शहरों का फैलाव इतना अधिक बढ़ता जा रहा है कि व्यक्ति को अपने फ्लैट से निकलकर अपने कर्म-स्थल तक पहुँचने तथा वहाँ से अपने फ्लैट लौटने में समय, श्रम एवं अर्थसाध्य कठिनाइयों का सामना करना पड़ रहा है। सामाजिक जीवन में एकाकीपन, अलगाव, मानसिक दबाव तथा असुरक्षा की भावनाएँ बढ़ रही हैं। इसी कारण प्रत्येक व्यक्ति भरी भीड़ में अकेला होता जा रहा है।

मानसिक अशान्ति के इस चक्रव्यूह में फँसा हुआ व्यक्ति भौतिक पदार्थों के अधिकाधिक उपभोग की तरफ बढ़ रहा है। विकसित देशों की बहुराष्ट्रीय कम्पनियाँ अपने संसाधनों के कारण अपने उत्पादों की बाजारों में खपत बढ़ाने के लिए उपभोक्ताओं को तरह-तरह से आकर्षित करके 'उपभोग-प्रवृत्ति' को बढ़ावा देने में संलग्न हैं।

इसका परिणाम यह हो रहा है कि पृथ्वी का सम्पूर्ण पर्यावरण तरह-तरह के प्रदूषणों से दूषित हो गया है तथा प्राकृतिक संसाधनों का दोहन अपनी चरमसीमा पर पहुँच गया है। आकाश, भूमि तथा जल तीनों की चिन्त्य स्थिति है। विभिन्न प्रकार के प्रदूषणों के कारण पृथ्वीलोक के जीवन की रक्षा करने वाली 'ओजोन परत' क्षत-विक्षत हो चुकी है। पृथ्वी की हरियाली रेगिस्तान में बदलती जा रही है। आदमी जंगल के हरे-भरे पेड़ो को काटता जा रहा है जिसके कारण रेगिस्तान बनने की क्रिया तेज होती जा रही है। चरागाहों तथा खेती करने योग्य जमीन का आवश्यकता से अधिक उपयोग किया जा चुका है। मनुष्य ने अपना तथा अपने पशुओं का पेट भरने के लिए ही नहीं अपितु मकानों के निर्माण, ईधन, औषधि आदि के लिए भी पेड़-पौधों को बहुत बड़ी मात्रा में नष्ट कर दिया है। जब वर्षा होती है तब वर्षा का जल भूमि में प्रवेश किये बिना भूमि की खाद को बहा ले जाता है। इसके कारण धीरे-धीरे वनस्पति तथा खादवाली मिट्टी के नष्ट हो जाने से मरुस्थल का दायरा बढ़ रहा है।

बड़ी-बड़ी जनसंख्या वाले नगरों तथा औद्योगिक प्रतिष्ठानों के कार्बनिक तथा अकार्बनिक अवशिष्ट जल में मिलकर अधिकांश नदियों के जल को प्रदूषित कर रहे हैं। प्रदूषित जल ही रिस-रिसकर भूमि के अन्दर जाकर भूमिगत जल में मिल रहा है। इस शताब्दी के अन्त तक पानी का उपभोग दुगना हो जायेगा।

एक तरफ पानी निरन्तर प्रदूषित हो रहा है, दूसरी तरफ उपभोक्ताओ के लिए अधिकाधिक पेयजल उपलब्ध कराने की समस्या बढ़ती जा रही है।

मनुष्य और मनुष्य, राष्ट्र और राष्ट्र, मनुष्य और प्रकृति अन्योन्याश्रित हैं। भगवान महावीर ने उद्घोष किया—

सुख दुःख जीवित मरणोपग्रहाश्च।।
परस्परोपग्रहो जीवानां।।

(सुख, दुख, जीवन, मरण में जीवों के लिए पुद्गलें सहायक होती हैं। (सभी जीव परस्पर तथा सभी पुद्गल) परस्पर उपकारक होते हैं।[8]

भौतिकवादी दृष्टि है—योग्यतम की उत्तर जीविता (Survival of thc fittcst) भगवान महावीर की दृष्टि है—विश्व के सभी पदार्थ परस्पर उपकारक हैं। भौतिकवादी दृष्टि संघर्ष एवं दोहन की वृत्तियों का संचार करतो है। भगवान महावीर की दृष्टि अहिंसा भाव का विकास करती है। अहिंसक व्यक्ति कभी प्रकृति पर विजय प्राप्त करने के लिए प्रयास नहीं करता। अहिंसक व्यक्ति प्रकृति से सामंजस्य करने का प्रयास करता है। अहिंसक व्यक्ति प्रकृति के संसाधनों का दोहन नहीं करता। 'बिना प्रयोजन वृक्ष आदि को काटना, भूमि को खोदना, पानी को सींचना आदि पाप कार्य प्रमाद-आचरित नामक अनर्थ दण्ड हैं।'[9]

पर्यावरण में सुधार के जो तकनीकी प्रयास हो रहे है उनसे वांछित सफलता मिलना सन्देहास्पद है। हमें प्रकृति एवं परिवेश के साथ भावात्मक सम्बन्ध स्थापित करने होंगे, यह अनुभव करना होगा कि मनुष्य जगत तथा प्रकृति जगत अन्योन्याश्रित हैं। मनुष्य को प्रकृति पर शासन करने की लालसा को छोड़कर उसके साथ समरस होने का प्रयास करना होगा। मनुष्य को यंत्रों पर इतना अधिक आश्रित नहीं होना चाहिए कि वह प्रकृति से ही दूर चला जाये। मनुष्य का जीवन एवं उद्योग दोनो के यंत्रचालित होने के दुष्परिणाम स्पष्ट हैं। इससे बेरोजगारी का अनुपात बढ़ रहा है तथा प्रकृति में प्रदूषण का प्रसार हो रहा है। मानव संसाधनों का सुनियोजित उपयोग जरूरी है। मानव-श्रम एवं शक्ति के पूर्ण समायोजन हो जाने के बाद ही औद्योगिक प्रतिष्ठानों को 'स्वचालन' की शरण लेनी चाहिए, मनुष्य को 'रोबोट' से अधिक महत्व मिलना चाहिए। ऐसी प्रबन्ध कुशलता से क्या लाभ जो मानव-समूहों को रोजगार के अवसरों से वंचित कर दे। उत्पादन, प्रगति, विकास, समृद्धि आदि की सार्थकता तभी मानी जा सकती है जब ये समाज में मनुष्य-समूहों तथा समुदायों की आशा-आकांक्षाओं की पूर्ति में अपना योग देने में समर्थ हों तथा मनुष्य जाति में मानवीयता, नैतिकता एवं सृजनात्मकता की भावना का विकास करें।

विकास एवं प्रगति का लक्ष्य है—विश्व शान्ति तथा अन्तर्राष्ट्रीय सद्भावना के प्रति समर्पित तथा प्रकृति-जगत् के संरक्षण एवं उसके प्रति मैत्री-भाव के लिए संकल्पित मानवीय भावना का विस्तार। इस प्रकार की भावना से मानव की मूलभूत भौतिक आवश्यकताओं एवं मानसिक आकांक्षाओं को पूरा करने वाली एक न्यायसंगत विश्व-व्यवस्था स्थापित हो सकेगी।

5. 5. जैन धर्म-दर्शन एवं विश्व शान्ति तथा अन्तर्राष्ट्रीय सद्भावना

व्यक्ति के मन में जिस अनुपात में अहिंसा भाव का विकास होता है, उसी अनुपात में उसकी सद्वृत्तियों का विकास होता है, किसी समाज के सदस्यों में जब अहिंसा सहज स्वभाव बन जाता है, तब उस समाज में न केवल स्थाई शान्ति ही आती है वरन सद्भाव एवं मैत्री भाव स्थाई भाव बन जाते हैं, उसी प्रकार विश्व शान्ति की स्थापना के लिए विश्व के राष्ट्र सदस्यों का विश्व शान्ति के लिए संकल्पित होना आवश्यक है।

आज का मनुष्य किसी भी कीमत पर युद्ध नहीं चाहता। सभी महाद्वीपों की जनता ने शान्ति आन्दोलनों का समर्थन किया है तथा राजनेताओं से अनुरोध किया है कि वे तनाव-शैथिल्य और निरस्त्रीकरण की दिशा में कदम उठायें।

इस दृष्टि से विकसित देशों की जनता का दृष्टिकोण एवं उनका व्यवहार शीशे की तरह साफ है। सन् 1980 के बाद इन देशों की जनता ने शान्ति के समर्थन और नाभिकीय युद्ध के विरुद्ध जिस प्रकार निरन्तर विशाल प्रदर्शन किये हैं, उनसे इस तथ्य की सहज पुष्टि होती है।

द्वितीय महायुद्ध के भयावह परिणामों से हम सब परिचित हैं। जिन देशों ने युद्ध की यातनाओं एवं विभीषिकाओं को झेला है, वहाँ की जनता आगामी युद्ध की आशंका मात्र से भयाक्रान्त है। यूरोप की बहुत सी महिलाएँ माँ नहीं बनना चाहतीं। उन्होंने माँ बनने की स्त्रीसुलभ इच्छा का बलिदान कर दिया है। वे अपने बच्चों को अपनी आँखों के सामने आशंकित युद्ध के कारण मरते नहीं देखना चाहतीं।

वैज्ञानिक अध्ययनों ने इस तथ्य को स्पष्ट किया है कि सीमित नाभिकीय युद्ध की अवधारणा भ्रान्तिपूर्ण है। भविष्य में कभी 'तृतीय विश्वयुद्ध' नहीं होगा, अगर हुआ तो वह 'अन्तिम युद्ध' होगा। अगर कभी वह युद्ध छिड़ गया तो वह सम्पूर्ण मानवीय जीवन तथा भूमण्डल का विनाशकारक अवसान होगा। नाभिकीय प्रौद्योगिकी की प्रचण्ड विध्वंसक क्षमता के निःसृत होने पर केवल आज का पार्थिव जीवन ही नष्ट नहीं हो जायेगा, अपितु वह सृष्टि के ब्रह्मांडीय इतिहास एवं लोकों के पारस्परिक सन्तुलन-चक्र के भी विपरीत होगा। नाभिकीय टकराव की विनाश लीला में न कोई विजेता होगा न कोई पराजित। इसका परिणाम

होगा :— (1) मानवता का अन्त (2) प्रकृति का अन्त (3) भूमण्डल से सभी प्रकार के जीवन का अन्त।

एक देश की अथवा दुनिया के एक क्षेत्र की शान्ति का विचार अब अप्रासंगिक हो गया है। किसी देश अथवा क्षेत्र की सीमाओं में शान्ति अथवा संघर्ष को प्रतिबंधित नहीं किया जा सकता। किसी की विजय अथवा किसी की पराजय के प्रश्न अर्थहीन हो गये हैं। आज सम्पूर्ण पृथ्वी के अस्तित्व या अनस्तित्व के बीच किसी एक का चयन करना है। विश्व शान्ति एवं हम सबकी सत्ता अन्योन्याश्रित है।

सामाजिक और आर्थिक प्रगति में तेजी लाने के लिए भरोसेमन्द एवं कारगर तंत्र निर्मित करने की प्रक्रिया में तेजी लाने की आवश्यकता असंदिग्ध है। विश्व शक्तियों के बीच किसी मुद्दे पर तनाव है तो उसकी परिणति युद्ध में नहीं होनी चाहिए। शिखर वार्ताओं के द्वारा समस्या का समाधान होना चाहिए। नाभिकीय शस्त्रों के परीक्षण पर रोक लगाने, नाभिकीय अस्त्रों के उपयोग को प्रतिबंधित करने, विनाशकारी अस्त्र-शस्त्रों के मौजूदा जमा भण्डारों को नष्ट करने तथा नाभिकीय हथियारों की पूर्ण समाप्ति के लिए सभी विश्व शक्तियों को समयबद्ध कार्यक्रम बनाने की दिशा में ठोस कदम उठाने होंगे। नई अन्तर्राष्ट्रीय अर्थव्यवस्था स्थापित करनी होगी।

व्यक्ति के प्रति अधिकतम आदर तथा उसके आत्मसम्मान के प्रति सरोकार की भावना नीति-निर्देशक तत्त्व के रूप में स्वीकार कर ली गयी है। समाजवाद को पूरी तरह जनवाद में परिवर्तित कर दिया गया है। फरमानशाही और केंद्रीकृत आर्थिक प्रबन्ध-तन्त्र की विकृतियों को दूर करके प्रबन्ध-तन्त्र में जनवादी आधार को मान्यता दी जा चुकी है। स्वप्रबन्धक सिद्धान्तो के व्यापक अमल की व्यवस्था की जा चुकी है, तथा 'एक व्यक्ति जो अर्जित करता है वह उसे मिलना चाहिए' के सिद्धान्त की मान्यता के साथ अर्थलाभ को व्यक्ति के हित एवं स्वामित्व के साथ समायोजित किया जा रहा है।

पूँजीवादी देशों में भी सामाजिक एवं आर्थिक परिवर्तन हुए हैं। इन देशों में 'कल्याणकारी राज्य' की अवधारणा विकसित हो चुकी है। सरकार की कर्तव्य-सीमा के अन्तर्गत वृद्धों, बेसहारा बच्चों, बीमारों एवं बेरोजगारों के लिए कल्याणकारी कार्यक्रम चलाना समाहित हो गया है। अधिकांश उन्नत पूँजीवादी देशों की सरकारों के द्वारा इस प्रकार के कार्यक्रम चलाये जा रहे हैं।

जनता की शक्ति बढ़ रही है, शासकों की शक्ति घट रही है। किसी देश के राष्ट्राध्यक्ष की तानाशाही के विरुद्ध जन-जागृति बढ़ रही है। जनमत का दबाव तेज होता जा रहा है।

जिस देश व समाज में हिंसात्मक क्रान्ति होती है वह प्रतिक्रिया में मानसिक

उत्पीड़न को जन्म देती है। हिंसा के माध्यम से सत्ता पर कब्जा करने के बाद शासनाध्यक्ष 'आत्म-स्वातंत्र्य' की बात को हवा में उड़ा देते हैं। सभी प्रकार की स्वतन्त्रता का दमन किया जाता है तथा सामान्य नागरिकों को बन्दी की तरह रहने के लिए विवश बना दिया जाता है। इसके विपरीत 'प्रजातन्त्र' एवं 'लोकतन्त्र' शासन-व्यवस्था राजनीतिक दृष्टि से अहिंसावादी एवं अनेकान्तवादी दृष्टियों की परिणति है।

अहिंसक जीवन एवं सद्भावपूर्ण-व्यवहार से महात्मा गांधी जी भी बहुत प्रभावित थे और उनका मत था कि 'यही विश्व-संस्कृति और विश्व-मानवता की आधारशिला बन सकते हैं।' अहिंसा की भावना पर आधारित विश्व शान्ति की प्रासंगिकता, सार्थकता एवं प्रयोजनशीलता स्वयंसिद्ध हैं। विश्वशान्ति का अर्थ केवल यही नहीं है कि संसार में कहीं युद्ध न हो। विश्व शान्ति की सकारात्मक अवधारणा सम्पूर्ण मानव जाति की प्रगति एवं उसके विकास में निहित है।

विश्व शान्ति की सार्थकता एक नये विश्व के निर्माण में है। जिसके लिए विश्व के सभी देशों में परस्पर सद्भावना का विकास आवश्यक है।

शांतिपूर्ण सह-अस्तित्व एवं विकास के लिए घटकों द्वारा आग्रहपूर्ण नीति का त्याग तथा सहयोगपूर्ण नीति का वरण आवश्यक है। सह-अस्तित्व की परिपुष्टि के लिए आत्मतुल्यता एवं समभाव की विचारणा का पल्लवन आवश्यक है।

भगवान महावीर ने इसी कारण समस्त जीवों के प्रति मैत्रीभाव रखने तथा समस्त जीवों को समभाव से देखने का उपदेश दिया। उन्होंने प्रतिपादित किया कि किसी एक जाति में अन्य की अपेक्षा कोई असाधारण विशेषताएँ नहीं होतीं।

जाति और कुल से त्राण नहीं होता। प्राणी-मात्र आत्मतुल्य है। इस कारण प्रत्येक व्यक्ति को संसार के सभी प्राणियों को आत्मतुल्य मानना चाहिए, सबको आत्मतुल्य समझना चाहिए, सबके प्रति मैत्री भाव रखना चाहिए।

अन्तर्राष्ट्रीय सद्भावना के लिए पृथ्वीलोक के विभिन्न सामाजिक संवर्गों एवं राजनीतिक इकाइयों के बीच सद्भाव, समझदारी एवं सहयोग आवश्यक है। यह आवश्यक है कि सामाजिक धरातल पर आत्मतुल्यता एवं समता की भावना विकसित हो, राजनीतिक धरातल पर सभी देश परस्पर एक-दूसरे की स्वतन्त्रता तथा प्रभुसत्ता का आदर करें एवं एक-दूसरे के आन्तरिक मामलों में हस्तक्षेप न करें तथा आर्थिक धरातल पर देशों के बीच व्याप्त आर्थिक असन्तुलन एवं वैषम्य समाप्त हो।

विभिन्न देशों के बीच सद्भावना के उदय के लिए 'पंचशील' के सिद्धान्तों की स्वीकृति एवं स्थिति आवश्यक है। वे हैं :

(1) एक दूसरे देश की क्षेत्रीय अखण्डता तथा प्रभुसत्ता का सम्मान।

(2) परस्पर आक्रमण न करना।

(3) एक-दूसरे देश के आन्तरिक मामलों में हस्तक्षेप न करना।

(4) समानता तथा परस्पर लाभ पहुँचाना।

(5) शांतिपूर्ण सहअस्तित्व।

जिस प्रकार सामाजिक जीवन में सद्भावना के विकास के लिए दूसरे व्यक्ति, वर्ग, धर्म आदि के प्रति सहिष्णुता की भावना आवश्यक है उसी प्रकार अन्तर्राष्ट्रीय सद्भावना के लिए सभी देशों में इस बात पर आम सहमति होनी चाहिए कि हर देश को अपने रचनात्मक विकास का रास्ता स्वयं चुनने का अधिकार है। हर देश को यह अधिकार है कि वह अपने देश की जनता की आकांक्षाओं एवं इच्छाओं के अनुरूप अपने भविष्य के मार्ग का निर्धारण कर सके तथा उस रास्ते पर अपना समाजिक, आर्थिक, राजनीतिक और सांस्कृतिक विकास कर सके। सन् 1983 में सं. रा. सं. की महासभा को सम्बोधित करते हुए भारत की तत्कालीन प्रधानमंत्री इन्दिरा गांधी ने इस बात का उल्लेख किया था कि मौजूदा उथल-पुथल के बीच एक नयी व्यवस्था जन्म लेने के लिए कसमसा रही है। उनके वाक्यों को उद्धृत करना ही समीचीन होगा : 'हम गुटनिरपेक्ष देशों के लिए और उन सबके लिए जो मानवता के भविष्य के प्रति गहरी चिन्ता रखते हैं, सवाल यह है कि हम इस नये सृजन के जन्म में सहायक बनें या उसके साँस लेने से पहले ही उसका गला घोट दें? यह मामला आसान नहीं है, क्योंकि इतिहास ने बार-बार यह दिखाया है कि विचारों और आन्दोलनों के रास्ते में कुछ देर के लिए तो रुकावटें खड़ी की जा सकती हैं लेकिन उन्हें हमेशा के लिए नहीं रोका जा सकता। समृद्ध-सम्पन्न कुछ लोग बहुत बड़ी जनसंख्या पर, दूसरों के प्राकृतिक संसाधनों पर और उनकी सांस्कृतिक शक्ति पर कब तक अपना प्रभाव डालते रहेंगे? किसी विचारधारा के मानने वालों का गला घोंट कर, आप उस विचार का गला नहीं घोट सकते। वह नवजात मरेगा नहीं। उसकी वृद्धि में विलम्ब किया जा सकता है लेकिन इसकी कीमत बहुत अधिक होगी और समृद्ध-सम्पन्न वर्ग को ही इसे भुगतना होगा। जब शांतिपूर्ण परिवर्तन का मार्ग अवरुद्ध किया जाता है तो हिंसा जन्म लेती है। पहले किसी सभ्यता की समाप्ति के साथ विनाश और विध्वंस आता था। अगर हम पिछली प्रवृत्तियों के ही साथ चलें तो हम परिस्थितियों के चक्र में ही फँसे रह जायेंगे। लेकिन आज हमारे सामने अवसर है, बहुत सम्भव है कि मानव इतिहास में यह पहला अवसर हो जबकि मानव-जाति सचेत होकर पुराने से नये बदलाव का एक पुल बना सके, एक नये युग का निर्माण कर सके और एक-दूसरे के साथ कदम मिलाकर एक नये भविष्य की ओर अग्रसर हो सके।'

सामाजिक जीवन में सद्भावना के लिए यह आवश्यक है कि चिन्तन के धरातल पर उन्मुक्तता, अनाग्रह एवं सहिष्णुता के साथ-साथ संवेदना के धरातल पर एकता, पारस्परिक समझदारी, प्रेम एवं सहयोग की भावना विकसित हो। विभिन्न देशों के बीच परस्पर सम्पर्क बढ़ना आवश्यक है, विचारों का आदान-प्रदान होना आवश्यक है। जब किसी देश का प्रतिनिधिमण्डल अथवा राष्ट्राध्यक्ष दूसरे देश की सद्भावना-यात्रा करता है तो परस्पर वार्ता एवं मिलन के कारण उन देशों के सम्बन्धों में प्रगाढ़ता आती है, सहयोग एवं सद्भावना बढ़ती है। राजनीतिज्ञों एवं राजनयिकों के अतिरिक्त देशों के सामान्य नागरिकों के बीच भी सम्पर्क बढ़ना चाहिए।

यह भी आवश्यक है कि अन्तर्राष्ट्रीय सहयोग की 'बहुपक्षीय व्यवस्था' के प्रति सभी देशों की आस्था बढ़े और प्रतिबद्धता सुदृढ़ हो। सर्वसामान्य की भलाई एवं कल्याण के लिए किये जाने वाले सहकारी कार्यों का दायरा बढ़ना चाहिए। आज पृथ्वीलोक में बहुत-सी जटिल समस्याएँ उत्पन्न हो गयी हैं। पर्यावरण, जनसंख्या वृद्धि तथा आबादी पर नियन्त्रण, जन-जन की निर्धनता समाप्त करने, रोजगार के अवसर बढ़ाने तथा सभी लोगों की बुनियादी जरूरतों को पूरा करने आदि जैसे सार्वभौम चिन्ता के प्रश्नों का 'बहुपक्षीय व्यवस्था' के अन्तर्गत अन्तर्राष्ट्रीय सहयोग के अलावा अन्य किसी दूसरे उपाय से समाधान सम्भव नहीं है। इस दृष्टि से विकसित देशों को अपेक्षित उपाय करने के लिए, मानवीय कल्याणकारी एवं पृथ्वीलोक के पर्यावरण एवं परिवार-नियोजन सम्बन्धी प्रतिबद्धताओं को कार्यरूप देने के लिए सार्थक एवं सक्षम भूमिका का निर्वाह करना होगा।

अन्तर्राष्ट्रीय सद्भावना के संवर्द्धन के लिए सभी देशों को मानवीय विकास एवं प्रगति को केवल राष्ट्रीय दृष्टि से न देखकर पूर्णतः मानवीय और आधारभूत अनिवार्यता की दृष्टि से देखना होगा, मौजूदा असमानताओं को दूर करने की दिशा में सहयोगी बनना होगा और संसार में सभी जगह मनुष्य की जिन्दगी तथा विकास की दर को बेहतर बनाने में सहायता करनी होगी। इसी रास्ते शान्ति, न्याय, समानता और विकास पर आधारित नयी विश्व-व्यवस्था स्थापित हो सकेगी, अन्तर्राष्ट्रीय सम्बन्ध लोकतांत्रिक बन सकेंगे तथा 'नयी विश्व सूचना एवं संचार व्यवस्था' का विकास हो सकेगा।

समकालीन युग ने इस तथ्य को पहचाना है कि आर्थिक विषमता को समाप्त किये बिना समाज में सच्ची सुख-शान्ति स्थापित नहीं हो सकती। अन्तर्राष्ट्रीय सद्भावना के स्थायित्व के लिए विभिन्न देशों की आर्थिक असमानता और उनके असन्तुलन को मिटाना जरूरी है। औद्योगीकृत विकसित देशों तथा विकासशील एवं अविकसित देशों के जीवन-स्तर, प्रोद्यौगिकी स्तर एवं संसाधनों के स्तर के अन्तरालों को कम करने की आवश्यकता असंदिग्ध है। आज

असन्तुलन की स्थिति यह है कि संसार की सैंतालीस प्रतिशत आबादी को विश्व के कुल संसाधनों में से केवल पाँच प्रतिशत ही प्राप्त हैं।

साम्राज्यवाद, उपनिवेशवाद तथा नव-उपनिवेशवाद की नीतियों के कारण आर्थिक दृष्टि से जो देश निर्धन हैं उनकी आर्थिक समस्याओं का तत्काल समाधान आवश्यक है। समाधान की आवश्यकता को अब व्यापक रूप में स्वीकार किया जा रहा है। समाधान की आवश्यकता की आलोचनात्मक विवेचना करने तथा समाधान के स्वरूप पर सैद्धान्तिक बहस करने का अवकाश नहीं है, इसको विद्वान एवं राजनयिक जिस नाम से चाहे पुकारें—सुधार, विकास संरचना, पुनः संरचना—इनमें से जो नाम देना चाहें, दें, विकसित देशों को इस दिशा में तात्कालिक एवं कारगर कदम उठाने होंगे। इन देशों को निम्नलिखित तथ्यों को हृदयंगम करना होगा:

(क) विश्व की दो-तिहाई आबादी के बराबर वाले इन देशों के समाजों में जो निर्धनता, निरक्षरता, भुखमरी, कुपोषण और रोगग्रस्तता है वह इनके ऊपर हुए औपनिवेशिक शोषण का परिणाम है।

(ख) यदि इन देशों के समाजों की स्थितियों को तत्काल नहीं सुधारा गया तो अन्तर्राष्ट्रीय क्षितिज पर आर्थिक असन्तुलन से उद्भूत तनाव तथा संघर्ष की स्थितियाँ उत्पन्न हो जायेंगी। अन्तर्राष्ट्रीय स्तर पर राजनीति के प्रति जागरूकता बढ़ने तथा संचार के माध्यमों के विकास होने के कारण विकसित देशों के विकास प्रदर्शन तथा बहुराष्ट्रीय कम्पनियों के विज्ञापनों को देखे जाने का यह परिणाम हुआ है कि निर्धन देशों के समाजों के व्यक्तियों की आशाएँ एवं आकांक्षाएँ पहले की अपेक्षा बहुत बढ़ गयी हैं। ये लोग अपनी स्थितियों में तत्काल सुधार चाहते हैं। इन लोगों ने अपनी माँगों पर अधिकाधिक बल देना शुरु कर दिया है। इससे उनमें अशान्ति व आक्रोश दिनोंदिन बढ़ता जा रहा है। नयी अन्तर्राष्ट्रीय अर्थव्यवस्था के लिए किया जाने वाला संघर्ष मात्र जागरूकता तक सीमित नहीं है। यदि तात्कालिक आर्थिक वैषम्य एवं असन्तुलन को दूर नहीं किया गया तो उसके परिणाम भयावह होंगे।

(ग) इससे न केवल सामाजिक समस्याएँ उत्पन्न होंगी, इसका प्रभाव संपूर्ण विश्व की अर्थव्यवस्था पर पड़ेगा। इससे सम्पूर्ण विश्व के आर्थिक सन्तुलन तथा विकास के लिए भी खतरा पैदा हो जायेगा। इस स्थिति से विकसित देशों को उत्पादन अलाभ का

सामना करना पड़ेगा तथा उनके लिए विक्रय-बाजार का क्षेत्र छोटा हो जायेगा। इससे विकसित देशों की पूँजी-व्यवस्था एवं उत्पादकता पर प्रतिकूल प्रभाव पड़ेगा। विकसित औद्योगिक देशों की खुशहाली अन्ततः विकासशील देशों के आर्थिक भविष्य पर निर्भर है। विकासशील देश परिवर्तनीय मुद्रा एवं द्रव्य-पूँजी की कमी, मुद्रा के अवमूल्यन, ऋणों के बोझ, ब्याज की बढ़ती हुई दरों आदि के कारण मुद्रा-स्फीति का सामना कर रहे हैं तथा उनका आर्थिक स्वरूप टूटने की स्थिति में है। भुगतान के सन्तुलन के घाटे की वृद्धि तथा बढ़ते हुए ऋणों के बोझ से यदि इन देशों की अर्थव्यवस्था चरमरा गयी तो इसका प्रभाव अन्ततः सभी देशों पर पड़ेगा। उत्तर-दक्षिण सहयोग में पूर्ण एवं स्थायी गतिरोध उत्पन्न हो गया तो विकासशील देश अपने अस्तित्व के लिए सामूहिक आर्थिक आत्मनिर्भरता की नीति पर चलने के लिए बाध्य हो जायेंगे तथा 'दक्षिण-दक्षिण' के बीच पारस्परिक सहयोग. के अपने प्रयत्न तेज कर देंगे। विकसित देशों की पूँजी एवं बाजार व्यवस्था पर क्या इसका कोई प्रभाव नहीं पड़ेगा? बढ़ती बेरोजगारी, घटती माँग, आर्थिक मंदी तथा आर्थिक निष्क्रियता आदि के दुष्परिणाम सभी को झेलने पड़ेंगे। यदि अविकसित एवं विकासशील देशों की अर्थव्यवस्था चरमरा गयी तो वे विकसित देशों से उधार ली हुई 'ऋण-राशि' एवं ब्याज की किस्तों का भुगतान किस प्रकार कर सकेंगे। यदि इनकी क्रय-शक्ति ही चुक गयी तो विकसित देशों की उत्पादित सामग्री की खपत कहाँ होगी? वस्तुतः सुरक्षित, स्थायी, समृद्ध और समीचीन सार्वभौम अर्थव्यवस्था की तत्काल स्थापना युगीन आवश्यकता है।

नाभिकीय शस्त्र-मुक्त और हिंसा-रहित संसार की निर्मिति के लिए यह आवश्यक है कि संसार के सभी देश सैनिक कार्यों पर किये जाने वाले विशाल, अन्धाधुंध, अनुत्पादक एवं निरर्थक व्यय में पर्याप्त कमी करें। जब महाशक्तियों में एक-दूसरे के विरुद्ध या तीसरे देशों के विरुद्ध नाभिकीय और परम्परागत सभी प्रकार के युद्धों का परित्याग करने, बाह्य अन्तरिक्ष में हथियारों की होड़ रोकने, नाभिकीय शस्त्र-परीक्षणों को बन्द करने, रासायनिक शस्त्रों पर प्रतिबन्ध एवं उन्हें पूरी तरह नष्ट करने तथा सैन्य-क्षमताओं को नियंत्रित करने आदि विचारो के प्रति रजामंदी बढ़ रही है तब ऐसी स्थिति में यह परमावश्यक है कि सभी देश अपने सैन्य बजटों में पर्याप्त कटौती करें।

अर्थशास्त्रियों ने सैनिक व्यय का बेरोजगारी तथा मुद्रास्फीति के साथ सह-

सम्बन्ध का प्रामाणिक विवरण प्रस्तुत किया है। संसाधनों को युद्ध सामग्री एवं शस्त्र उत्पादन के उच्च प्राविधिक क्षेत्रों की ओर मोड़े जाने से विश्व में बेरोजगारी एवं मुद्रास्फीति बढ़ती है। निजी उद्योग अस्त्र-शस्त्रों के विक्रय में भारी मुनाफा कमाते हैं। वे रक्षा-अनुबन्धों में जिस प्रकार दिलचस्पी लेते हैं वह सर्वविदित है। सैनिक उत्पादन में की गयी पूँजी-निवेश की अपेक्षा असैनिक उत्पादन में की गयी पूँजी-निवेश से काफी ज्यादा रोजगार मिलता है। शस्त्रों का उत्पादन करने वाले उद्योग अपने निजी स्वार्थों के लिए 'शीतयुद्ध' का वातावरण बनाते तथा विकसित करते हैं, शस्त्रों की होड़ का मनोविज्ञान बनाने में उत्प्रेरक का काम करते हैं तथा हथियारों को खरीदवाने के लिए विकासशील एवं अविकसित देशों को कर्जदार बनवा देते हैं। विकासशील देशों पर विदेशी ऋणों के बढ़ते हुए बोझ एवं उनकी ऋणग्रस्तता की समस्याओं का सबसे बड़ा कारण यही है।

विश्व में कुल वार्षिक सैन्य-व्यय इतना अधिक है कि इस धनराशि के पचास प्रतिशत भाग को खाद्य पदार्थों एवं उपभोक्ता वस्तुओं के उत्पादन में तथा अविकसित एवं विकासशील देशों को दी जाने वाली अनुदान-निधि में विनियोजित एवं हस्तांतरित करने से पूरे विश्व की भुखमरी, गरीबी, बेरोजगारी दूर हो सकती है।

इस समय जो अनुसंधान हो रहे हैं उनको बन्द करने की आवश्यकता नहीं है, उनके प्रयोग-क्षेत्रों को बदलने की जरूरत है। नाभिकीय अनुसंधानों को अभी सैनिक कार्यों के लिए इस्तेमाल किया जाता है। इन अनुसंधानों का विनियोग ऊर्जा की समस्या के समाधान के लिए किया जा सकता है। इसी प्रकार जीव-रसायनशास्त्र के क्षेत्र में जो अनुसंधान हो रहे हैं उनका प्रयोग विध्वंस-सामग्री एवं युद्ध सामग्री के उत्पादन के स्थान पर स्वास्थ्य सम्बन्धी समस्याओं के समाधान के लिए किया जा सकता है।

आज के विश्व के समक्ष उपस्थित चुनौतियों का प्रभावकारी ढंग से मुकाबला करने के लिए, देशों की गतिविधियों में समरसता स्थापित करने के लिए और बहुपक्षीयवाद की अवधारणा को सुदृढ़ करने के लिए यह आवश्यक है कि संयुक्त राष्ट्र संघ और अधिक मजबूत बने, विभिन्न अन्तर्राष्ट्रीय संगठनों की कार्य-पद्धति और अधिक कारगर बने।

निरस्त्रीकरण, देशों की सामाजिक-आर्थिक समस्याओं का समाधान, प्रत्येक देश को आधुनिक वैज्ञानिक एवं प्रौद्योगिकी ज्ञान का लाभ, संयुक्त राष्ट्र सशस्त्र सेना एवं संयुक्त राष्ट्र आपातिक सेना की शक्ति में अभिवृद्धि तथा संयुक्त राष्ट्र संघ के अभिकरणों के संसाधनों में वृद्धि आदि क्षेत्रों में सभी देशों के द्वारा तत्काल कदम उठाया जाना आवश्यक है जिससे इस संस्था की क्षमता में वृद्धि हो सके तथा इसके प्रति देशों की आस्था बढ़ सके। अविकसित एवं विकासशील

देशों के औद्योगिक विकास के लिए 'यू.एन.डी.पी.' को इन देशों को नव्यतम तकनीकी, वैज्ञानिक एवं प्रौद्योगिकी सम्बन्धी जानकारी एवं विशेषज्ञ सुलभ कराने के लिए, खाद्य एवं कृषि संगठन (एफ.ए.ओ.) को इन देशों की खाद्य समस्याओं का हल निकालने के लिए तथा विश्व स्वास्थ्य संगठन (डब्लयू. एच.ओ.) एवं 'संयुक्त राष्ट्र अंतर्राष्ट्रीय बाल-आपातिक निधि' (युनिसेफ) को इन देशों में प्राथमिक स्वास्थ्य, बुनियादी पोषक आहार तथा पेयजल प्रदान करने के लिए विशेष एवं सघन कार्यक्रम चलाने होंगे।

अन्तर्राष्ट्रीय सद्भावना के लिए विश्वबन्धुत्व की भावना का पल्लवन आवश्यक है। विश्व के सभी लोग इस पृथ्वी रूपी जहाज पर सवार सहयात्री हैं। सहयोग एवं मैत्री की इस भावना से शान्ति आन्दोलन के प्रति प्रतिबद्ध शक्तियों को संगठित एवं पुनर्बलित करने की आवश्यकता है। इस भावना के विकास की आवश्यकता है कि यह पूरी दुनिया अन्ततः एक है। यदि विश्व-शान्ति एवं अन्तर्राष्ट्रीय सद्भावना खण्डित होती है तो अशांति की ज्वाला पूरे विश्व को भस्मीभूत कर देगी। शान्ति एवं सद्भावना के विकसित एवं परिपुष्ट होने पर हमारी यह धरती ही स्वर्ग बन जायेगी।

देवता बाहर नहीं है, हमारी अन्तश्चेतना में है। अपनी अन्तश्चेतना की दिव्य ज्योति को प्रखर करने की आवश्यकता है। आज के युग ने मशीनी सभ्यता के चरम विकास से सम्भावित विनाश के जिस राक्षस को उत्पन्न कर लिया है वह किसी यंत्र से नहीं अपितु 'अहिंसा-मन्त्र' से ही नष्ट हो सकता है।

5. 6. उपसंहार

आधुनिक प्रजातंत्र एवं लोकतंत्र के जीवन मूल्यों के अनुरूप जैन धर्म-दर्शन आत्मा की स्वतंत्रता तथा प्राणीमात्र की आत्मतुल्यता का प्रतिपादन करता है। अस्तित्व की दृष्टि से प्रत्येक आत्मा स्वतंत्र है। स्वरूप की दृष्टि से प्रत्येक प्राणी आत्मतुल्य है। जैन धर्म एवं दर्शन मानवीय महिमा का जोरदार समर्थन करता है। इसकी व्याख्या आज के आदमी की अशान्ति, उद्वेग तथा मानसिक तनावों को दूर करने में सहायक है। जैन धर्म एवं दर्शन मानव-मात्र के लिए समान मानवीय मूल्यों की स्थापना करता है, ईश्वर की कर्तृत्व शक्ति का निषेध करता है, वैज्ञानिक मान्यताओं के अनुरूप आध्यात्मिक चिन्तन प्रस्तुत करता है, अहिंसा आधारित जीवन यापन की व्याख्या करता है, परिग्रह परिमाण व्रत आदि के द्वारा आर्थिक वैषम्य को दूर करने तथा कामनाओं पर नियंत्रण करने के सूत्र प्रदान करता है, पूर्वाग्रह रहित तथा उदार दृष्टि से विचार करने के लिए अनेकान्तवादी दृष्टि प्रदान करता है तथा संसार के प्रत्येक व्यक्ति को अपने ही बल पर उच्चतम विकास कर सकने का आस्थावादी मार्ग प्रशस्त करता है।

संदर्भ

1. दे. स्थानांग, 1/1/40
2. दे. पंचास्तिकाय, 33
3. दे. समाधि शतक, 31 एवं 98
4. दे. अध्यात्म सार, 20/24
5. आचारांग, 1/5/2
6. सूत्र कृतांग, 1/12/18
7. सिद्धि विनिश्चय, 10/27
8. तत्त्वार्थ सूत्र, 5/20-21
9. सर्वार्थ सिद्धि, 7/21/360

◆◆◆

ग्रन्थ सूची

1. अंगुत्तर निकाय : सम्पादक—भिक्षु जगदीश कश्यप (बिहार राजकीय पालि प्रकाशन मण्डल, 1960)
2. अकलंक ग्रन्थ त्रय (लघीय स्त्रय, न्याय विनिश्चय, प्रमाण संग्रह): (सिंघी जैन ग्रन्थमाला, अहमदाबाद-कलकत्ता, 1939)
3. अध्यात्म तरंगिणी (योगशास्त्र) : सोमदेवाचार्य (अहिंसा मन्दिर प्रकाशन, दिल्ली, 1960)
4. अध्यात्म योगी श्रीमद् जिन तारण तरण विरचित ज्ञान समुच्चय सार : पं. फूलचन्द्र जैन (सेठ भगवानदास शोभा लाल जैन चेरिटेबल ट्रस्ट, सागर, 1973)
5. आगम और त्रिपिटक : एक अनुशीलन : मुनि श्री नगराज (जैन श्वेताम्बर तेरापन्थी महासभा, कलकत्ता, 1969)
6. आचारांग सूत्रम् (प्रथम एवं द्वितीय श्रुत स्कन्ध) : व्याख्याकार—श्री आत्माराम जी महाराज, सम्पादक-मुनि समदर्शी (आचार्य श्री आत्माराम जी जैन प्रकाशन समिति, जैन स्थानक, लुधियाना, 1963-64)
7. आचार्य कुन्दकुन्द राष्ट्रीय संगोष्ठी, सरधना (आचार्य शान्तिसागर स्मृति ग्रन्थमाला, मुजफ्फरनगर, 1996)
8. आवरण के परे : डॉ. महावीर सरन जैन (श्री दि. जैन पंचायत सभा, जबलपुर, 1978)
9. आवश्यक चूर्णि : आचार्य जिनदास गणि महत्तर (रतलाम, 1928)
10. आवश्यक निर्युक्ति : भद्रबाहु (द्वितीय), वृत्ति—हरिभद्र, टिप्पणी—हेमचन्द्र सूरि (1919)
11. आस्था और अन्वेषण : सम्पादक—सुरेश जैन (ज्ञानोदय विद्यापीठ, भोपाल, 1999)
12. आस्था और चिन्तन : आचार्य रत्न श्री देशभूषण जी महाराज अभिनन्दन ग्रन्थ (दिल्ली, 1987)

13. उत्तराध्ययन (अखिल भारतीय श्वेताम्बर स्थानक शास्त्रोद्धार समिति, राजकोट) प्रथम भाग (1959), द्वितीय भाग (1960), तृतीय भाग (1961) चतुर्थ भाग (1960)

14. उत्तर पुराण : आचार्य गुणभद्र, सम्पादक—पन्नालाल जैन (द्वितीय संस्करण) (भारतीय ज्ञानपीठ प्रकाशन, 1968)

15. उद्धव शतक : जगन्नाथ दास 'रत्नाकर' (इंडियन प्रेस पब्लिकेशंस, प्रयाग, 1958)

16. ऋग्वेद संहिता (सरल हिन्दी भावार्थ सहित) (चार भाग) : सम्पादक-श्रीराम शर्मा एवं भगवती देवी शर्मा (मोतीलाल बनारसी दास प्रकाशन)

17. ऋषि कल्प डॉ. हीरालाल जैन स्मृति ग्रन्थ : सम्पादक—डॉ. धर्मचन्द्र जैन (जबलपुर, 2001)

18. एसो पंच णमोक्कारो : युवाचार्य महाप्रज्ञ (आदर्श साहित्य संघ, चुरू-राजस्थान, 1989)

19. औपपातिक सूत्र : टीका एवं अनुवाद—घासीलाल जी महाराज (अ. भा. श्वे. स्था. जै. शा. स.,राजकोट, 1958)

20. कबीर ग्रन्थावली : सम्पादक—श्यामसुन्दर दास (नागरी प्रचारिणी सभा, काशी, छठवाँ संस्करण, 1956)

21. कर्मयोगी श्री केसरीमल जी सुराणा अभिनन्दन ग्रन्थ (राणावास-राजस्थान, 1982)

22. कल्पसूत्र : संग्रह—देवर्द्धिगणी क्षमा-श्रमण, सम्पादक-अनुवादक : देवेन्द्र मुनि

23. कषाय पाहुड (कसाय पाहुडं), (जयधवला सहित) : (भारतीय दिगम्बर जैन संघ, मथुरा, 1944); (वीर शासन संघ, कलकत्ता, 1955)

24. कार्तिकेयानुप्रेक्षा: स्वामी कुमार कार्तिकेय (श्री ब्र. दुलीचन्द जैन ग्रन्थमाला, दिगम्बर जैन स्वाध्याय मन्दिर ट्रस्ट, सोनगढ़, द्वितीय आवृत्ति, 1974)

25. कुन्दकुन्द प्राभृत संग्रह : हिन्दी अनुवाद—पं. कैलाशचन्द्र (जीवराज जैन ग्रन्थमाला, शोलापुर, 1960)

26. कुसुम अभिनन्दन ग्रन्थ : प्रधान सम्पादक-साध्वी दिव्य प्रभा (श्री तारक गुरु जैन ग्रन्थमाला, उदयपुर, 1990)

27. केनोपनिषद् : टीका—यमुना प्रसाद त्रिपाठी (मोतीलाल बनारसी दास प्रकाशन)

28. गोम्मट सार : जीवकाण्ड (भाग एक एवं भाग दो) : आचार्य नेमिचन्द्र : कर्मकाण्ड (भाग एक एवं भाग दो) : आचार्य नेमिचन्द्र : सम्पादन एवं अनुवाद—आदिनाथ नेमिनाथ उपाध्येय एवं पं. कैलाशचन्द्र शास्त्री (भारतीय ज्ञानपीठ प्रकाशन, द्वितीय संस्करण, 1996-1997)

29. गीता—दे. श्रीमद्भगवद् गीता

30. चउपन्न महापुरिस चरिय : शीलांकाचार्य (प्राकृत ग्रन्थ परिषद्, वाराणसी, 1961)

31. चतुर्विंशति जिन चरित (गायकवाड़ ओरियंटल सिरीज, बड़ौदा, 1932)

32. चार तीर्थंकर : पं. सुखलाल संघवी (श्री जैन संस्कृति संशोधन मण्डल, बनारस, 1953)

33. चिन्तन की मनोभूमि : उपाध्याय अमर मुनि जी महाराज (सन्मति ज्ञानपीठ, आगरा, द्वितीय संस्करण, 1955)

34. जैन तत्त्व मीमांसा : फूलचन्द सिद्धान्त शास्त्री (अशोक प्रकाशन मन्दिर, वाराणसी, 1960)

35. जैन दर्शन—मनन और मीमांसा : मुनि नथमल, सम्पादक—मुनि दुलहराज (आदर्श साहित्य संघ प्रकाशन, चुरू—राजस्थान, 1973)

36. जैन धर्म : पं. कैलाशचन्द्र जी सिद्धान्त शास्त्री (प्राच्य श्रमण भारती, मुजफ्फरनगर, 1998)

37. जैन धर्म का मौलिक इतिहास : आचार्य श्री हस्तीमल जी महाराज (जैन इतिहास समिति, जयपुर, प्रथम भाग (1971), द्वितीय भाग (1974)।

38. जैन धर्म-दर्शन : श्री श्वेताम्बर स्थानक वासी जैन सभा हीरक जयन्ती स्मारिका, कलकत्ता, 1988)

39. जैन परम्परा और श्रमण संस्कृति : डॉ. हीरालाल जैन, सम्पादक—डॉ. धर्मचन्द जैन (शारदा पब्लिशिंग हाउस, दिल्ली, 2002)

40. जैन शासन : पं. सुमेरू चन्द्र दिवाकर (प्राच्य श्रमण भारती, मुजफ्फरनगर, चतुर्थ आवृत्ति, 1988)

41. तट दो प्रवाह एक : मुनि नथमल (आदर्श साहित्य संघ, चुरू-राजस्थान, द्वितीय संस्करण, 1970

42. तर्क संग्रह : संस्कृत एवं हिन्दी टीका -दयानन्द भार्गव (मोतीलाल बनारसीदास प्रकाशन)

43. तत्त्वार्थ सूत्र : आचार्य उमास्वामी/आचार्य उमास्वाति

(i) पूज्यपाद कृत सर्वार्थ सिद्धि टीका सहित (जैन संस्कृति संरक्षक संघ, सखाराम नेमिचन्द्र जैन ग्रन्थमाला, शोलापुर, 1939)

(ii) स्वोपज्ञ भाष्य—हरिभद्र (देवचन्द लाल भाई पुस्तकोद्धार फंड, बम्बई, 1911)

(iii) विद्यानंदिकृत श्लोक वार्तिक सहित (नाथारंग जैन ग्रन्थमाला, बम्बई, 1918)

(iv) अकलंककृत तत्त्वार्थ राजवार्तिक टीका एवं हिन्दी सारांश सहित, भाग 1-2, (भारतीय ज्ञानपीठ प्रकाशन)

(v) सर्वार्थ सिद्धि टीका सहित : भूमिका एवं अनुवाद- पं. फूलचन्द्र (भारतीय ज्ञानपीठ प्रकाशन)

(vi) तत्त्वार्थ दीपिका—टीकाकार—आचार्य ज्ञानसागर (वीर सेवा मन्दिर ट्रस्ट, अजमेर, द्वि. सं. 1994)

(vii) मोक्षशास्त्र टीका—रामजी माणेक चन्द दोशी, एडवोकेट (गुजराती) हिन्दी अनुवाद—पं. परमेष्ठी दास (श्री दिगम्बर जैन स्वाध्याय मंदिर ट्रस्ट, सोनगढ़, चतुर्थ आवृत्ति, 1971)

44. तिथोगाली पइन्नय (हस्तलिखित पाण्डुलिपि) : (लालभाई दलपत भाई भारतीय संस्कृति विद्या मंदिर, अहमदाबाद)

45. तिलोयपण्णत्ति : आचार्य यतिवृषभ (जीवराज जैन ग्रन्थमाला, शोलापुर, भाग-1 (1943), भाग-2 (1952)

46. तीर्थंकर महावीर : आचार्य विजयेन्द्र सूरि (काशीनाथ सराक यशोधर्म मंदिर, बम्बई, 1960)

47. तीर्थंकर महावीर और उनकी आचार्य परम्परा : डॉ. नेमिचन्द्र शास्त्री (श्री भा. दि. जैन वि., सागर, खण्ड एक, 1974)

48. त्रिलोकसार : आचार्य नेमिचन्द्र, टीका-माधवचन्द्र (माणिकचन्द्र दिगम्बर जैन ग्रन्थमाला, बम्बई, 1917)

49. त्रिषष्टि शलाका पुरुष चरित्र : हेमचन्द्र (जैन धर्म प्रसारक सभा, भावनगर, 1906-13)

50. त्रिषष्टि स्मृतिशास्त्र : आशाधर (माणिक चन्द्र दिगम्बर जैन ग्रन्थमाला, बम्बई, 1937)

51. दर्शन दिग्दर्शन : राहुल सांकृत्यायन (किताब महल, इलाहाबाद, द्वितीय संस्करण, 1947)

52. दशवैकालिक सूत्र : सम्पादक—श्री घेवरचन्द बांठिया (साधुमार्गी जैन संस्कृति रक्षक संघ, सैलाना, 1957)

53. दीघ निकाय : सम्पादक—भिक्षु जगदीश कश्यप (बिहार राजकीय पालि प्रकाशन मण्डल, 1958-60)

54. धम्मपदः संस्कृत एवं हिन्दी अनुवाद—धर्मरक्षित भिक्षु (मोतीलाल बनारसीदास प्रकाशन)

55. धम्मपद : सम्पादक—श्री कन्छेदीलाल गुप्त एवं श्री सत्कारि शर्मा वङ्गीय (चौखम्भा विद्या भवन, वाराणसी, 1968)

56. नंदिसूत्र : देववाचक, अनुवाद—आचार्य श्री हस्तीमल जी महाराज (सतारा, 1942)

57. नयचक्र बृहद : आचार्य देवसेन (माणक चन्द्र दिगम्बर जैन ग्रन्थमाला, बम्बई, 1920)

58. नियमसार : आचार्य कुन्दकुन्द, संस्कृत टीका-पदम् प्रभ, हिन्दी व्याख्या—ब्रह्मचारी शीतल प्रसाद (बम्बई, 1916)

59. निशीथ सूत्र : चूर्णि–जिनदास महत्तर, सम्पादक—अमरचन्द जी एवं मुनि कन्हैयालाल जी कमल (सन्मति ज्ञानपीठ, आगरा)

60. नैतिकता का गुरुत्वाकर्षण : मुनि नथमल (आदर्श साहित्य संघ, चुरु, 1967)

61. पंचास्तिकाय : आचार्य कुन्दकुन्द, संस्कृत टीका—अमृतचन्द्र एवं जयसेन, हिन्दी अनुवाद—मनोहरलाल (रायचन्द्र जैन शास्त्र माला, बम्बई, 1904)

62. पं. उदयजैन अभिनन्दन ग्रन्थ : प्रधान सम्पादक—डॉ. नरेन्द्र भानावत (कानोड़-राजस्थान, 1974)

63. पं. सुमेरु चन्द्र दिवाकर अभिनन्दन ग्रन्थ (जबलपुर, 1976)

64. पद्म पुराण : आचार्य रविषेण, सम्पादन एवं अनुवाद—पं. पन्नालाल जैन, भाग 1-3 (भारतीय ज्ञानपीठ प्रकाशन, तृतीय संस्करण, 1989)

65. परमात्म प्रकाश : आचार्य योगीन्द्र (योगीन्दु देव / जोइन्दु),

संस्कृत टीका—ब्रह्म देव, हिन्दी टीका—दौलतराम, प्रस्तावना अंग्रेजी भाषा में—डॉ. ए. एन. उपाध्येय, हिन्दी अनुवाद—जगदीशचन्द्र (रायचन्द्र शास्त्र माला, अगास, 1960)

66. पातंजल योग दर्शन (व्यास भाष्य, हिन्दी अनुवाद तथा हिन्दी व्याख्या) (मोतीलाल बनारसी दास प्रकाशन)

67. पातंजल योग सूत्र : पतंजलि, सम्पादन—काशीनाथ शास्त्री (आनन्दाश्रम प्रेस, पूना, 1932)

68. पाहुड दोहा : मुनि राम सिंह, भूमिका, अनुवाद, शब्द कोश, टिप्पणी एवं सम्पादन—हीरालाल जैन (गोपाल अम्बा दास चवरे, संस्थापक, कारंजा जैन पब्लिकेशन सोसायटी, कारंजा, 1933)

69. पुराण सार संग्रह : आचार्य दामनन्दि, सम्पादक—पं0 गुलाब चन्द्र जैन (भारतीय ज्ञानपीठ प्रकाशन, भाग-एक (1954), भाग-दो (1955)

70. पुरुषार्थ सिद्धि उपाय : आचार्य अमृतचन्द्र, अनुवाद—वैद्य श्री गम्भीर चन्द जैन (श्री दि. जैन स्वाध्याय मंदिर ट्रस्ट, सोनगढ़, 1972)

71. प्रज्ञापना: सम्पादक—जिनविजय जी (सिंघी जैन ज्ञानपीठ, शान्ति निकेतन)

72. प्रवचन प्रमेय : आचार्य विद्या सागर (ज्ञानोदय प्रकाशन, जबलपुर, 1987)

73. प्रवचनसार : आचार्य कुन्दकुन्द, टीका-आचार्य ज्ञान सागर जी महाराज (वीर सेवा मन्दिर ट्रस्ट, जयपुर एवं श्री दिगम्बर जैन समिति एवं सकल दिगम्बर जैन समाज, अजमेर, द्वितीय संस्करण, 1994)

74. प्रवचन सारोद्धार : नेमिचन्द्र सूरि (देवचन्द लाल भाई पुस्तकोद्धार समिति, बम्बई, 1922)

75. प्रश्न व्याकरण : सम्पादक—श्री घेवरचन्द बांठिया (अगरचन्द भैरोंदान सेठिया, बीकानेर)

76. प्रेरणा (बाबू जय कुमार जैन स्मृति ग्रन्थ) : (आगरा, 2002)

77. बुद्धकालीन भारतीय भूगोल : डॉ. भरत सिंह उपाध्याय (हिन्दी साहित्य सम्मेलन, प्रयोग, 1961)

78. भगवती आराधना : आचार्य शिवार्य (अनन्त कीर्ति ग्रन्थमाला, बम्बई, 1932)

79. भगवती (भगवती व्याख्या प्रज्ञप्ति) : संग्रहकर्ता—देवर्द्धि गणी क्षमा श्रमण, अनुवाद आदि—घासीलाल जी महाराज (भा. श्वे. स्था. जैन शा. स., राजकोट, 1961)

80. भगवान महावीर—आधुनिक संदर्भ में : सम्पादक—डॉ. नरेन्द्र भानावत (श्री अ. भा. सा. जैन संघ, बीकानेर, 1974)

81. भगवान महावीर : जीवनदर्शन और सिद्धान्त (अवधेश प्रताप सिंह विश्वविद्यालय, रीवा, 1978)

82. भगवान महावीर स्मृति ग्रन्थ (सन्मति ज्ञान प्रसारक मंडल, शोलापुर, 1976)

83. भारतीय संस्कृति में जैन धर्म का योगदान : डॉ. हीरालाल जैन (मध्य प्रदेश शासन साहित्य परिषद्, भोपाल, 1962)

84. भाषा एवं भाषा विज्ञान : डॉ० महावीर सरन जैन (लोक भारती प्रकाशन, इलाहाबाद, 1985)

85. महाप्रज्ञ: व्यक्तित्व एवं कृतित्व : सम्पादक—कन्हैयालाल फूल फगर (मित्र परिषद्, कलकत्ता, 1980)

86. मेरा धर्म : केन्द्र और परिधि : आचार्य तुलसी (आदर्श साहित्य संघ, चुरू, 1967)

87. मैं: मेरा मन : मेरी शान्ति : युवाचार्य महाप्रज्ञ (तुलसी अध्यात्म नीड़म् प्रकाशन, जैन विश्व भारती, लाडनूं, चतुर्थ संस्करण, 1985)

88. मज्झिम निकाय (बिहार राजकीय पालि प्रकाशन मण्डल, प्रथम भाग-सम्पादक-डा. पी. वी. वापट (1958) द्वितीय भाग एवं तृतीय भाग—सम्पादक—राहुल सांकृत्यायन (1958))

89. महाबंध (महाधवल सिद्धान्त शास्त्र): आचार्य भूतबलि (भारतीय ज्ञानपीठ प्रकाशन, खण्ड 1-7, 1947-1958)

90. महावीर चरिउ (प्राकृत टैक्स्ट सोसायटी, वाराणसी, 1961)

91. महावीर चरित्र: देवेन्द्र गणि (नेमिचन्द्र) (जैन आत्मानन्द सभा, भावनगर, 1916)

92. महावीर चरियं : गुणचन्द्र गणि (देवचंद लाल भाई पुस्तकोद्धार फण्ड, बम्बई, 1929)

93. मूलाचार : आचार्य वट्टकेर, टीका एवं अनुवाद—आर्यिका रत्न ज्ञानमती जी (भारतीय ज्ञानपीठ प्रकाशन), भाग-1 (द्वितीय संस्करण-1962) भाग-2 (तृतीय संस्करण-1966)

94. युक्त्यनुशासन : आचार्य समन्तभद्र, हिन्दी व्याख्या—पं. जुगल किशोर मुख्तार (वीर सेवा मन्दिर, सरसावा, 1951)

95. योगसार : योगीन्दु देव (जिनश्रुत प्रकाशन समिति, जयपुर एवं पंडित टोडरमल स्मारक ट्रस्ट, जयपुर, तृतीय संस्करण, 1999)

96. राजवार्तिक : आचार्य अकलंक (दे. तत्त्वार्थ सूत्र)

97. लघीय स्त्रय : आचार्य अकलंक (दे. अकलंक ग्रन्थ त्रय)

98. वड्ढमाण चरिउ : विबुध श्रीधर, सम्पादन एवं अनुवाद-डॉ. राजाराम जैन (भारतीय ज्ञानपीठ प्रकाशन, 1975)

99. वर्धमान चरित: सकल कीर्ति (भारतीय ज्ञानपीठ प्रकाशन, 1975)

100. वर्धमान चरित्र : असग, हिन्दी अनुवाद—पं. खूबचन्द (मूलचन्द किसनदास कापडिया, सूरत, 1918)

101. विशेषावश्यक भाष्य स्वोपज्ञ टीका : जिनभद्र क्षमा श्रमण (लालभाई दलपतभाई भारतीय संस्कृति विद्या मंदिर, अहमदाबाद)

102. विश्व चेतना तथा सर्वधर्म समभाव : डॉ. महावीरसरन जैन (वाणी प्रकाशन, नई दिल्ली, 1996)

103. विश्वशान्ति एवं अहिंसा : डॉ. महावीरसरन जैन (श्री अखिल भारतीय जैन विद्वत परिषद् एवं सम्यग् ज्ञान प्रचारक मण्डल, जयपुर, 1990)

104. शंकराचार्य ग्रन्थावली : शंकराचार्य (भाग-एक)- ईश आदि दशोपनिषद् पर शांकर भाष्य सहित (मोतीलाल बनारसीदास प्रकाशन)

105. शिक्षा और सेवा के चार दशक (श्री सरदार मल जी कांकरिया अभिनन्दन ग्रन्थ): (श्री श्वे. स्था. जैन सभा, कलकत्ता, 1993)

106. श्री पुष्कर मुनि अभिनन्दन ग्रन्थ (श्री तारक गुरु जैन ग्रन्थालय, उदयपुर, 1979)

107. श्रीमद् जयन्त सेन सूरि अभिनन्दन ग्रन्थ (अखिल भारतीय श्री राजेन्द्र जैन नवयुवक परिषद, श्री मोहनखेड़ा तीर्थ, मध्यप्रदेश, 1991)

108. श्रीमद् भगवद् गीता (गीताप्रेस, गोरखपुर)

109. श्रीमद् भागवत पुराणम् (मोतीलाल बनारसीदास प्रकाशन)

110. श्रीमद् वाल्मीकीय रामायण: आदि कवि महर्षि वाल्मीकि, टीकाकार—पाण्डेय रामतेज शास्त्री (पंडित पुस्तकालय, काशी)

111. श्री राजेन्द्र ज्योति : श्रीमद् राजेन्द्र सूरि जन्म-सार्द्ध—शताब्दी ग्रन्थ (अखिल भारतीय श्री राजेन्द्र जैन नवयुवक परिषद्, श्री मोहनखेड़ा तीर्थ, मध्य प्रदेश, 1977)।

112. श्री रामचरित मानस : महाकवि तुलसीदास, सम्पादक-डॉ. माता प्रसाद गुप्त (हिन्दुस्तानी एकेडेमी, उत्तर प्रदेश, इलाहाबाद, 1949)

113. षट्खण्डागम (धवला टीका सहित) : आचार्य धरसेन, आचार्य पुष्दंत, आचार्य भूतबलि, धवला टीकाकार-आचार्य वीरसेन, भूमिका-हिन्दी अनुवाद एवं अनुक्रमणिका-डॉ. हीरालाल जैन (अमरावती, भाग 1-16, 1939-1958)

114. षट्खंडागम (महाबंध) : आचार्य भूतबलि, हिन्दी भूमिका अनुवाद आदि सहित (भारतीय ज्ञानपीठ प्रकाशन, भाग 1-7, 1947-1958)

115. षट्खंडागम की शास्त्रीय भूमिका : डॉ. हीरालाल जैन, संकलन एवं सम्पादन-डॉ. धर्मचन्द जैन (प्राच्य श्रमण भारती, मुजफ्फरनगर, 2000)

116. संस्कृत एवं प्राकृत साहित्य में महावीर कथा : डॉ. शोभानाथ पाठक (मदन महल जनरल स्टोर्स, जबलपुर, 1977)

117. संस्कृति के चार अध्याय : गमधारी सिंह 'दिनकर' (उदयाचल, पटना, तृतीय संस्करण, 1962)

118. समता : दर्शन और व्यवहार : आचार्य श्री नाना लाल जी महाराज (अखिल भारतीय साधु मार्गी जैन संघ, बीकानेर, 1973)

119. समन्वयशील संस्कृति के पुरोधा डॉ. हीरालाल जैन: रचना और पुनर्रचना (डॉ. भीमराव अम्बेदकर विश्वविद्यालय, आगरा, 2002)

120. समयसार : आचार्य कुन्दकुन्द, संस्कृत टीका—आचार्य जयसेन, हिन्दी टीका—आचार्य ज्ञानसागर, पद्य-अनुवाद-आचार्य विद्यासागर (ज्ञानोदय प्रकाशन, जबलपुर, 1969)

121. समवायाङ्.ग : टीका एवं अनुवाद—घासीलाल जी महाराज (भारतीय श्वे. स्था. जैन शास्त्रोद्धार समिति, राजकोट)।

122. समाधि शतक : आचार्य पूज्यपाद, टीका-प्रभाचन्द्राचार्य, हिन्दी अनुवाद-धन्य कुमार, प्रस्तावना-पं. जुगल किशोर मुख्तार (वीरसेवा मंदिर, सरसावा, 1939)

123. सम्मई जिणिंद चरिउ: महाकवि रइधू (रइधू ग्रन्थावली, अनुवाद एवं सम्पादन—डॉ. राजाराम जैन), (जीवराज ग्रन्थमाला, शोलापुर)

124. सर्वार्थ सिद्धि : पूज्यपाद, सम्पादन एवं अनुवाद—पं. फूलचन्द्र शास्त्री (भारतीय ज्ञानपीठ प्रकाशन, छठा संस्करण, 1995)

125. सावय धम्म दोहा : देवसेनाचार्य, भूमिका, अनुवाद, शब्दकोश, टिप्पणी, सम्पादन-हीरालाल जैन (कारंजा जैन पब्लिकेशन सोसायटी, कारंजा, 1932)

126. सिद्धि विनिश्चय : आचार्य अकलंक, टीका-अनन्तवीर्य, प्रस्तावना-डॉ. महेन्द्र कुमार (भारतीय ज्ञानपीठ प्रकाशन, भाग 1-2, 1959)

127. सूत्रकृतांग : अनुवाद—आचार्य जवाहरलाल जी महाराज (शम्भूमल गंगाराम मूथा, बैंगलोर)

128. स्थानांग : सम्पादन—घासीलाल जी महाराज (भा. श्वे. स्था. जैन शास्त्रोद्धार समिति, राजकोट)

129. स्मृति ग्रन्थ (श्री 108 चारित्रचक्रवर्ति आचार्य शान्ति सागर दिगम्बर जैन जिनवाणी जीर्णोद्धारक संस्था के रौप्य महोत्सव तथा श्री परम पूज्य 108 आचार्य श्री के जन्मशताब्दी महोत्सव के उपलक्ष्य में), (फलटण, 1973)

130. स्वतंत्रता संग्राम सेनानी श्री गोर्धन दास जैन अभिनन्दन ग्रन्थ (आगरा, 1996)

131. हरिवंश पुराण : आचार्य जिनसेन (66 सर्ग, भाषा-संस्कृत) सम्पादन-पं. पन्नालाल जैन साहित्याचार्य (भारतीय ज्ञानपीठ प्रकाशन, 1962)

132. हरिवंश पुराण (महाकवि पुष्पदन्त द्वारा अपभ्रंश में रचित : तिसट्ठि-महापुरिस-गुणालंकारु' शीर्षक महापुराण की संधि 81 से 92 तक की 12 संधियों में भगवान कृष्ण एवं तीर्थंकर नेमिनाथ का वृतांत आचार्य जिनसेन कृत संस्कृत हरिवंश पुराण के अनुरूप वर्णित (डॉ. आल्स डर्फ कृत जर्मन भाषा में प्रस्तावना एवं अनुवाद सहित सन् 1936 ई. में जर्मन के हेमबुर्ग से प्रकाशित)।

133. हिन्दी संत काव्य संग्रह : सम्पादक—श्री गणेश प्रसाद द्विवेदी, संशोधन एवं परिवर्द्धन-पंडित परशुराम चतुर्वेदी (हिन्दुस्तानी एकेडेमी, उत्तर प्रदेश, इलाहाबाद, 1952)।

134. हिन्दू सभ्यता : मूल अंग्रेजी लेखक—डॉ. राधा कुमुद मुकर्जी, हिन्दी अनुवादक -डॉ. वासुदेव शरण अग्रवाल (राजकमल प्रकाशन, दिल्ली, पाँचवा संस्करण, 1975)

135. Ayaranga Sutra (Acarangsutram), the Kalpa Sutra: Sacred Books of the East (SBE) Vol. 22 : Translated from Prakrit by Hermann Jacobi (Motilal Banarsi Dass) (MLBD), 2002.

136. Ancient Geography of India : Alexander Cunningham (MLBD, 1996).

137. An Early History of Vaishali : Dr. Yogendra Mishra (1962).

138. Anguttara Nikaya : Tr. F.L. Woodward and E.M. Hare (The Book of the Gradual Sayings, Pali Text Society, London, Vols. 1-5, 1932-'36)

139. Buddha : His Life, His doctrine, His Order : Hermanna Oldenberg, Tr. William Hoey (MLBD Publications, 1997).

140. Buddhist India : T.W. Rhys Davids (MLBD Publications).

141. Buddhist Mahayana Texts - Tr. by E.B. Cowell and others. 2 Parts in 1.

Part I : Buddha - Carita of Asvaghosha - Tr. by E.B. Cowell.

Part II : The Larger Sukhavati - Vyuha, The Smaller Sukhavati - Vyuha, The Vajracchedika, The Larger Prajna-Paramita-Hrdaya-Sutra, The Smaller Prajna-Paramita-Hrdaya-Sutra - Tr. by F. Max Muller; the Amitayur-Dhyana-Sutra-Tr. by J. Takakusu. (SBE Vol. 49, 1991).

142. Buddhist Philosophy : Keith, A.B. (Oxford, 1923).

143. Buddhist Suttas - Tr. from Pali by T.W. Rhys Davids.

(i) The Maha-Parinibbana-Suttanata,
(ii) The Dhamma-Kakka-Ppavattana Sutta,
(iii) The Tevigga Suttanta,
(iv) The Akankheyya Sutta,
(v) The Ketokhila Sutta,
(vi) The Maha-Sudassana Suttanta,
(vii) The Sabbasava Sutta. (SBE Vol. 11, 2001)

144. Dialogues of the Buddha (Tr. from the Pali of the

Digha Nikaya) (3 Pts.) T.W. Rhys Davids & C.A.F. Rhys Davids, (MLBD, 2000).

145. Dasavaikalika Sutra (Text, with Eng. Tr.) : K.C. Lalwani (MLBD, 1973).

146. The Dhammapada & Sutta Nipata : Tr. F. Max Muller and V. Fausboll (SBE Vol. 10, MLBD).

147. "Evaluation of Program on Anomalous Mental Phenomena" : Hyman, Ray (Journal of Scientific Exploration, Volume 10. Number 1).

148. History of Indian Philosophy (5 Vols.) : Surendranath Dasgupta (Motilal Banarasi Dass).

149. History and the Doctrine of the Ajivikas : A.L. Basham (Moti Lal Banarasi Dass, 1995).

150. How to Think About Weird Things : Schick Jr., Theodore and Lewis Vaughn (Mountain View, California : Mayfield publishing Co., Second edtion, 1998).

151. Jainism in Buddhist Literature : Dr. Bhag Chandra Jain (Alok Prakashan, Nagpur, 1972).

152. Jainism in South India and some Jain Epigraphs : Dr. B.P. Desai (Sholapur, 1957).

153. Majjhima Nikaya : Ed. V. Trenkner and R. Chalmers (Pali Text Society, London, Vols 1-3, 1954-59).

154. Numerical Discourses of the Buddha : An Anthology of Suttas from the Anguttara Nikaya : Nyanaponika Thera (Tr. & Ed.) (MLBD, 2000).

155. Outlines of Jainism : Jagmander Lal Jaini (J.L. Jaini Trust, Indore, 1979).

156. Outlines of Jaina Philosophy : Mohan Lal Mehta.

157. Samyutta Nikaya : Ed. L. Feer (Pali Text Society, London, Vol. 1-6, 1884-1904).

158. Studies in Jaina Philosophy : Dr. Nath Mal Tatia (P.V. Research Institute, Benaras, 1951)

159. Studies in South Indian Jainism : Ayyangar, R. and Rao, S. (Madras, 1922).

160. Studies in the Origin of Buddhism : Pande, G.C. (Allahabad, 1957).

161. The Elusive Quarry : a Scientific Appraisal of Psychical Research : Hyam, Ray (Buffalo, N.Y. : Prometheus Books, 1989).

162. The History and Culture of the Indian People : General Editor - R.C. Majumdar (Paragon Book Reprint Crop. New York, Vols. 1-7, 1951-60).

163. The Upanishads, Part I (SBE Vol. 1) : Tr. F. Max Muller - The Chhandogya - Upanishad, The Talavakara-Upanishad, The Aitareya Aranyaka, The Kaushitaki-Brahmana-Upanishad, and the Vajasaneyi-Samhita-Upanishad, (MLBD).

164. The Upanishads, Part II (SBE Vol. 15) : Tr. F. Max Muller. The Katha-Upanishad, The Mandukya-Upanishad, The Taittiriya-Upanishad, The Brihadaranyaka-Upanishad, The Shvetasvatara-Upanishad, The Prashna-Upanishad, The Maitrayena-Brahmana-Upanishad (MLBD).

165. The Uttaradhyayana Sutra, The Sutrakritanga Sutra, SBE, Vol. 45 : Trasnlated from Prakrit by Hermann Jacobi (MLBD, 1995).

166. Upanishad - Vakya - Maha - Kosa : compilation - Shambhu Sadhale (Vols. 1-2, MLBD).

167. Vinaya Texts (SBE Vol. 13) : The Patimokkha, The Mahavagga I-IV : Tr. - T.W. Rhys Davids, Hermann Oldenberg. (MLBD).

168. Vinaya Texts (SBE Vol. 17) : The Mahavagga (V-X), The Kullavagga I - III, Tr. - T.W. Rhys Davids, Hermann Oldenberg. (MLBD).

169. Vinaya Texts (SBE Vol. 20) : The Kullavagga IV - XII, Tr. - T.W. Rhys Davids, Hermann Oldenberg (MLBD).

170. Viyahapannatti (Bhagavati) : The Fifth Anga of the Jaina Canon (Introd., Critical Analysis, Comm. & Indexes - Jozef Deleu (MLBD).

◆◆◆